21세기에 다시 읽는
요한복음

"내가 그로라" 제1권

21세기에 다시 읽는 요한복음

"내가 그로라" 제1권

강영석 지음

아침향기

"참된 복음적 설교의 회복을 위하여"

장 차 남

(온천제일교회 원로목사, 예장증경총회장)

미국 LA에서 목회하는 외우(畏友) 강영석 목사님으로부터 요한복음 강해 설교집을 낸다면서 추천사를 청하는 연락을 받았습니다. 저는 너무나 반가 웠고 누구보다 기뻤습니다. 왜냐하면 강목사님은 꼭 책을 내야 할 분이었고 늘 기다리던 소식이었기 때문입니다. 저와 강목사님은 1960년 총회신학교에 입학코자 야간열차로 함께 상경하였고 급우로서 동문수학 하였으며 그의 군 입대로 졸업연도는 달라도 신학교에서 만난 첫 번째 친구입니다. 서울에서 는 교육전도사로 같은 교회를 섬기었고 부산에서는 부목사로 다른 교회를 섬기었으나 한 노회였습니다. 그러다가 향학열이 남다른 강목사님은 교회의 허락하에 훌쩍 미국으로 떠났고 결국 그 땅에서 공부와 목회, 목회와 강의를 병행하며 성실하게 살아온게 그의 반생이요 목회사역이었습니다.

강목사님은 신학자요 목회자요 설교가 입니다. 그러므로 그의 요한복음 강해설교집은 여늬 설교집과 차원이 다를 것이라고 여깁니다. 총 21장으로 구성된 요한복음서를 장장 190편의 설교로 강해하여 각권 500여면, 전3권으 로 간행함은 이 책이 성경강해서이면서 연속설교집의 성격을 지녔다고 봅니다. 저자는 신학자로서 개혁주의 신학의 튼실한 기반위에 요한복음 전체를 설교화 하였고 목회자로서 그동안의 온갖 애환과 고난풍파의 경험을 설교속에 용해시켰고 설교자로서 요한복음이 내포한 영적 신비적 말씀과 그 속의 오묘한 진리를 평이하고 쉬운 문체로 강론하였습니다.

주지하다싶이 요한복음서는 평면적이면서 대동소이한 공관복음서와 달리 예수님의 생애를 다룸에 정말 복음중의 복음일만큼 주님의 본체와 말씀의 본질과 진리의 근본을 설파하여 다른 복음서를 완벽하게 보완하였고 더불어 영적 생기를 불어넣었습니다. 그래서 저자가 각별한 애정과 애착을 가진 요한복음 강해설교집을 제일 먼저 출판하는게 아닌가 생각합니다. 은퇴를 기하여 단순히 기념으로 내는 설교집이 아니라 그동안 문서선교에 뜻을 두고 교회예산과 다량의 원고를 준비하였던 바 금번 출판이 그 효시가 될 것이어서 더욱 기대가 큽니다.

특히 오늘날 교회 강단은 신학과 예배와 설교가 변질, 약화되어 가고 있습니다. 주제있고 내용있는 말씀강론은 간곳없고 만담인지 개그인지 연극인지 간증인지 번지없는 설교이기 일쑤입니다. 하지만 이것은 교회의 속화요 예배의 타락이요 설교의 종언을 뜻하기에 신령과 진정의 예배와 권능있는 말씀강론을 통해 한국교회 강단의 권위를 회복해야 합니다. 지금처럼 설교가 개인적 체험의 간증에 밀리고 세속적 놀이문화에 밀리고 사회적 명사의 강연에 밀려 강단을 내어줘야 하는 이 한심한 상황에서 참된 예배와 설교회복을 통해 강단의 권위가 살아나야 한다고 믿습니다. 그러자면 외화내빈의 일탈한 설교보다 성경본문에 충실한 설교를 교회가 선호해야 합니다. 우리시대에 강목사님의 강해설교집이 귀하고 값진 것은 질그릇 속의 보배처럼 모양도 풍채도 없는 것 같으나 그것이 순수한 복음이요 성경본문에 충실한 설교이기 때문입니다.

아무쪼록 이 땅에 산재한 하나님의 백성들이 21세기에 다시 읽는 사도 요한이 전하는 영생의 말씀 '내가 그로라'를 통하여 기독교 진리의 영성과 신비의 핵심에 나아가기를 원하며 더불어 성경공부의 지침서로 애장·애독하시기를 권합니다.

머리말

사도 요한은 공관복음의 기자들이 지나쳤던 것을 수집하였고, 그들이 빠뜨린 것을 요한복음에서 말하고 있습니다. 공관 복음서 기자들은 역사만 보여주었으나, 요한은 역사의 신비까지 보여주고 있습니다. 요한은 요한복음이 공관복음서와 대립되거나, 그것들을 시정하려고 한 것이 아니라, 보충하려고 한 것입니다. 요한복음이 외견상 차이가 있는 것처럼 보이는 것은, 오히려 성육신하신 하나님의 아들의 무한히 풍부하신 생애를 표현하는 것입니다. 요한 이전의 복음서 기자들은 예수님의 육신적인 일들을 더 많이 기록한 것을 볼 수 있으나, 요한복음은 영적인 일들, 곧 복음적인 삶과 정신을 기록하고 있습니다. 우리는 예수 그리스도의 거룩하고 신성한 일들을 요한복음에서 더 확실히 볼 수 있습니다.

교부 클레멘트(Clement)는 일찍이 요한복음을 영적복음서라고 하였습니다. 초대 교부들은 요한복음을 '하늘 문을 여는 열쇠이며, 거기서 우리가 들을 수 있는 첫 음성은 더 높이 더 가까이 오라는 하나님의 음성'이라고 하였습니다.

요한복음은 신약에서 그 유례를 볼 수 없을 정도로 단순한 문체로 되어 있는 역사이면서 교리적 목적을 가진 책입니다. 가장 단순한 어조로 기록되어 있으면서도 가장 심오한 진리를 내포하고 있습니다. 주님께서 하나님의 말씀으로 오셔서, 그가 가르치시며 전하시며 활동하시는 일체의 일이 모두 다 하나님의 말씀이요, 계시라고 하여 그를 가리켜 하나님의 말씀이라고 하였습니다.

사도 요한은 그리스도의 인성을 부인하는 케린터스(Cerinthus)의 가현설(假現設)과 투쟁하였고, 예수님의 신성을 반대하는 에비온파(Ebionism)와 늙기까지 싸우고 교회를 진리의 기둥과 터 위에 순수하게 세워나갔습니다.

요한은 이 책의 기록목적을 이렇게 밝혔습니다. "오직 이것을 기록함은 너희로 예수께서 하나님의 아들 그리스도이심을 믿게 하려 함이요 또 너희로 믿고 그 이름을 힘입어 생명을 얻게 하려 함이니라." (요 20:31)

이 복음서의 가장 뛰어난 특징은 구원의 유일한 조건인 믿음을 생동감 있게 표현한 사실입니다. 요한은 믿음을 표현할 때 명사 피스티스(πίστις)는 단 한 번도 사용하지 않았고, '믿는다,'는 동사형 피스튜오(πιστεύω)를 98회나 사용한 것입니다. 믿음의 종교인 기독교 신앙을 전함에 있어서, 그것을 거의 다 생동감 있는 동사로 사용한 것은 모든 복음 전파자들이 마땅히 동력적 믿음을 소유하도록 촉구하는 것이 아니겠습니까?

신학과 신앙과 윤리는 한 맥을 이루어야 하기에 오늘의 복음의 일꾼들은 사도 요한의 신학과 신앙과 사상을 따르고 항상 가까이 접근하는 것이 마땅할 것입니다. 우리는 요한복음이 이것을 요구하고 있다는 것을 믿습니다.

Contents

· ·

제1장

태초에 계신 말씀

(요 1:1~3)

요한복음 1:1~3 "태초에 말씀이 계시니라 이 말씀이 하나님과 함께 계셨으니 이 말씀은
곧 하나님이시니라, 그가 태초에 하나님과 함께 계셨고 만물이 그로 말미암아 지은 바
되었으니 지은 것이 하나도 그가 없이는 된 것이 없느니라."

예수님이 어떤 분이신가를 확실히 알고 믿는 것이 중요합니다.

혹시 여러분들은 예수님이 베들레헴에서 태어나서

십자가에 못 박혀 죽으신 역사적인 예수님만을 믿지는 않습니까?

예수님이 역사 이전부터 계셨고 창조 이전에도 하나님과 함께 계셨고,

말씀으로 이 세상을 창조하셨다는 것을 믿으십니까?

우 리는 우리가 아는 예수님은 어떤 분인가를 바로 알고 믿어야 합니다. 예수님의 탄생, 생애, 고난, 그리고 죽음과 부활을 기록한 것을 복음서라고 부릅니다. 마태복음, 마가복음, 누가복음은 예수님에 대한 공통적인 견해를 가지고 있음으로 공관복음서(共觀福音書, Synoptic Gospels)라고 부릅니다. 즉 이 세 복음서는 그 내용이 저자들의 상호의존으로 거의 서로 일치하고 있을 뿐만 아니라, 경우에 따라서는 복음서를 해석하는 데 서로 대조해 볼 수 있는 장점을 갖고 있기 때문입니다. 말하자면 이 세 복음서는 공통적인 관점(共觀)으로 기록되었고, 또 공통적인 관점으로 볼 수 있기 때문에 공관복음서라고 하는 것입니다. 마태복음은 예수님이 유대인의 메시야임을 강조합니다. 예수님은 이방인의 메시야이기도 하지만, 마태복음에서 강조하고 있는 점은 유대인이 예수를 메시야로 영접해야 한다는 것입니다. 마가복음은 그리스도를 하나님의 종으로 계시하며, 누가복음은 예수님의 인성을 세밀하게 취급하고 있습니다. 이 세 복음서의 관점에서 더 나아가 요한복음은 예수님의 신성(神性)을 강조합니다. 보이지 아니하는 하나님을 계시해주시는 예수님을 증거 합니다. 그리고 예수님 자신이 하나님이심을 가르치고 강조합니다.

말씀의 선재성(先在性)

요한복음 1:1에서는 "태초에 말씀이 계시니라 (In the beginning was the Word)," 라고 하였습니다. 우선 말씀이 무엇인가를 먼저 생각해 보아야 합니다. 말씀은 헬라어 '호 로고스(ὁ λόγος, The Words)'로 '하나님의 말씀' 곧 예수 그리스도를 가리킵니다. '로고스(λόγος)'란 말은 원래 이성, 고려, 계산 등의 뜻을 가지고 있습니다. 여기서 로고스는 두 가지 의미를 내포하고 있습니다. 하나는 '이성(理性; reason)'이라는 의미와 '말씀(Word)'이라는 의미가 있습니다. 유대인으로 헬라문화를 이해하고 헬라 철학을 전공한 필로(Philo, 주전 20~주후 50)는 로고스를 1300번이나 이야기하면서 로고스를 우화적으로 해석했습니다.

에덴동산에서 아담과 하와가 추방되었을 때, 하나님께서 그들을 동산에 다시 들어올 수 없도록 그룹들과 두루 도는 불 칼(화염검)로 지키게 하였는데, 그룹들은 두 개의 신성한 권세, 즉 하나님의 자애와 주권으로 보고 화염검은 함께 연합할 수 있는 로고스 또는 이성이라고 생각했습니다.

요한이 언급한 로고스란 필로가 말한 이성(Reason)이 아닙니다. 로고스란 바로 '예수님'을 가리킵니다. 요한은 요한복음 1:14에서는 "말씀이 육신이 되어 우리 가운데 거하시매 우리가 그의 영광을 보니 아버지의 독생자의 영광이요 은혜와 진리가 충만하더라."라고 했고,

요한일서 1:1에서는 "태초부터 있는 생명의 말씀에 관하여는 우리가 들은 바요 눈으로 본 바요 자세히 보고 우리의 손으로 만진 바라,"고 썼는데 이것은 모두 말씀이 예수님이라는 것입니다.

요한복음 1:1에서 예수님이 언제 계셨는지 우리에게 정확하게 가리켜주고 있습니다. 곧 '태초에 말씀이 계시니라. 이 말씀이 하나님과 함께 계셨으니, 이 말씀은 곧 하나님이시니라,'라고 우리에게 분명히 밝히고 있는 것입니다. 즉 말씀이 언제 있었는가는 요한복음에서 정확하게 말해주고 있습니다. 요한복음을 시작하는 말씀 "태초에 계시니라"는 창세기의 시작인 "태초에 하나님이 천지를 창조하시니라"의 의미와 상통합니다. 그러나 모세가 말한 태초(창세기의 태초)와 요한이 말한 태초는 다른 뜻입니다.

창세기의 태초는 '베레쉬트(בראשית)'로 쓰였고, 요한복음의 태초는 '엔 아르케(Ἐν ἀρχῇ)'로 쓰였습니다. 창세기의 '태초'와 요한복음의 '태초'는 전혀 다른 단어입니다. '베레쉬트'는 창조의 시작 또는 이 세상 역사의 시작

의 의미이고, '엔 아르케'는 '베레쉬트'보다 전인, 만물이 창조되기 전의 영원 전 시간을 의미합니다. 요한이 깨달았던 것은 창조 전, 역사 전에 예수님이 계셨다는 것입니다. 예수님은 역사 이전에도 계셨고, 창조 이전에도 계셨던 것입니다. 곧 시공간이 생기기 이전 영원 전에 계셨다는 말입니다.

요한복음 8:21~59에서 유대인들이 예수님을 죽이려 할 때, 이 사실을 예수님이 알고, 예수님은 말씀하시기를 "내가 이 세상에 온 것은 스스로 온 것이 아니요, 하나님이 보내셔서 왔다. 너희가 하나님을 너의 아버지라고 한다면 너희가 나를 사랑하였으리라," 하니 유대인들이 "네가 아브라함보다 크냐?"고 물었습니다. 예수님께서는 "너희 조상 아브라함은 나의 때를 바라보고 기뻐하였다,"라고 대답하셨습니다. 그러자 유대인들이 기가 막혀서 묻기를 "네 나이가 오십도 되지 못하지 않았느냐?"라고 하니, 예수님께서 대답하시길, "아브라함이 나기 전부터 내가 있느니라,"라고 하십니다. 이에 유대인들이 돌을 들어 예수님을 치려고 했습니다. 예수님은 분명히 '아브라함이 나기 전부터 존재하신다(ἐγὼ εἰμί),'고 말씀하시는 것입니다.

요한계시록 1:11에서는 "예수는 알파와 오메가요 처음과 나중이다"라고 했습니다. 즉 영원 전부터 계셨고, 영원히 계시는 분이라는 말씀입니다.

말씀의 장소성(場所性)

요한복음 1:1에서는 "이 말씀이 하나님과 함께 계셨으니 (ὁ λόγος ἦν πρὸς θεός)"라고 하였습니다. 본문의 헬라어는 '하나님을 향하여'의 의미를 갖고 있습니다(The Word was face to face with God.). 헬라어의 전치사 'πρὸς'란 말은 '향하여(toward)'라는 뜻입니다. 요한복음 1:1에서 "이 말씀이 하나님을 향하여 계셨다,"라는 것은 하나님과 교통을 의미합니다. 아주 친밀한 교통, 계속적인 교통을 의미합니다.

요한일서 1:2에서는 "이는 하나님과 함께 계시다가 우리에게 나타내신바 된 자니라."라고 기록되어 있습니다. 즉 성부 하나님과 말씀이신 성자 하나님과의 친밀한 교통이 존재한 것을 말합니다. 그러므로 창조 이전의 하나님은 얼마나 심심하고 유한했을까 하는 질문은 어리석은 질문일 수밖에 없습니다. 이 말씀은 또 '예수님이 인간의 몸으로 성육신하신 후에도 기도를 통해 성부 하나님과 교통하셨다.' 라는 의미입니다. 이것은 죄를 회개하는 기도가 아니라 하나님과의 신령한 교통을 뜻합니다.

요한복음 17장에서 예수님의 기도는 대제사장적인 기도로써 '아버지와 아들 간의 교통' 을 의미합니다.

요한복음 17:5에서는 예수님께서 "아버지여 창세전에 내가 아버지와 함께 가졌던 영화로서 지금도 아버지와 함께 나를 영화롭게 하소서,"라고 하시면서 예수님이 언제부터 계셨는지, 그리고 하나님과의 교통이 얼마나 친밀한지를 우리에게 말씀해 주고 있는 것입니다. 이 말씀은 아버지와 아들의 교제를 말해줄 뿐만 아니라 우리의 신앙에서도 적용되어지는 말씀입니다.

요한복음 17:21에서 "아버지께서 내 안에 내가 아버지 안에 있는 것같이 저희도 다 하나가 되어 우리 안에 있게 하사 세상으로 아버지께서 나를 보내신 것을 믿게 하옵소서,"라고 하시면서 하나님과 예수님과의 교제를 우리에게 말해주는 동시에 우리도 하나님과 예수님 '안' 에서 교통하길 원하는 것을 볼 수 있습니다.

말씀의 신성(神性)

요한복음 1:1에서 "이 말씀은 곧 하나님이시니라(the Word was God),"라고 했습니다. 곧 그 말씀이 예수님이요, 그 예수님이 그 하나님이라는 의미를 말해주고 있습니다. 빌립이 하나님을 보여 달라고 했을 때 예수님께서 "이렇게 오래 너희와 함께 있으되 네가 나를 알지 못하느냐?"라고 하셨습니다. 또한 "나를 본 자는 하나님을 보았거늘 어찌 하나님을 보이라 하느냐? 나는 하나님 안에 있고 하나님은 내 안에 있는 것을 네가 믿지 않느냐?"라고 하셨습니다.

사도 바울은 빌립보서 2:6에서 "그는 근본 하나님의 본체시다"라고 했으니, 예수 그리스도를 안다는 것은 곧 하나님을 아는 것이요, 예수 그리스도를 믿는 것은 곧 하나님을 믿는 것입니다. 예수 그리스도를 아는 길은 오직 성경에서뿐입니다. 그러므로 예수님은 일반인들이 이야기 하는 4대성인(공자, 석가, 마호메트)에 속하시는 분이 아닙니다. 성인들은 인간들이지만 예수님은 하나님이시기 때문입니다. 예수님은 하나님이시므로 예수님 안에 하나님의 영광이 있습니다.

우리는 마태복음 17장에서 일어났던 변화산 사건을 잘 알고 있습니다. 예수님께서 영광스러운 모습으로 변화하신 모습은 하나님의 영광이 있기 때문에 가능한 것입니다. 예수님에게는 하나님의 능력, 초자연적인 능력이 있습니다. 자연에게 명령하여 변화시키시는 능력, 질병을 고쳐주시는 능력이 있습니다. 예수님에게는 하나님의 사랑과 거룩하심이 있습니다. 그리고 예수님에게는 하나님의 공의가 있고 하나님의 진리가 있습니다.

성경에서는 하나님의 아들을 무엇 때문에 말씀이라고 불렀습니까? 오리겐(Origen)은 '그가 성부의 비밀을 계시하시기 때문이다,' 고 했고, 칼빈(Calvin)은 '그가 성부의 영원하신 뜻이기 때문이다,' 고 했습니다.

우리들의 믿음의 대상은 하나님이시며 그 하나님이 그 말씀(로고스)으로 우리에게 오신 것입니다. 예수님은 구체적으로 역사 속에 오신 하나님이시고, 사도들이 눈으로 보고, 듣고, 손으로 만짐으로, 사도들의 증거를 통해 하나님이심임을 입증했습니다. 예수님은 하나님으로서 우리의 경배대상이 되시고, 하나님만이 경배를 받으십니다. 따라서 인간숭배나 성자숭배 또는 성모 마리아 숭배는 절대로 불가하고 '오직 예수님' 만을 우리가 경배해야 합니다.

제2장

예수 그리스도는 생명이시다

(요 1:4~5)

요한복음 1:4~5 "그 안에 생명이 있었으니 이 생명은 사람들의 빛이라 빛이
어둠에 비치되 어둠이 깨닫지 못하더라."

우리는 생명이 있기에 살아가고 또 살 수 있습니다.
그런데 이 생명은 어디서 왔습니까? 또한 이 생명은 어디로 갑니까?
육신의 생명은 흙으로 돌아가지만 예수님께서 우리에게 주신
영원한 생명은 우리를 하늘나라 하나님의 곁으로 인도합니다.
예수님은 생명의 창조자이며 부여자이십니다.

그 안에 생명이 있다

요한복음에는 '생명' 이라는 단어가 35회 나오고, '생명을 얻는다,' 라는 문장이 50회나 나옵니다. 생명에 대하여 이처럼 많이 언급한 것은 사도 요한이 요한복음의 주제가 생명임을 밝혀주는 것이라고 볼 수 있습니다. 요한은 예수님의 제자로서 예수님의 전 생애를 통해 인간의 생명을 취급하는 것을 역력히 보았습니다. 병든 자의 생명을 강건한 생명으로 바꾸어주시고, 약한 자의 생명을 강하게 변화시켜 주시는 것을 보았습니다. 그리고 불행하고 굶주린 생명을 행복하고 부요한 생명으로, 또 죽은 자를 살려주는 모습을 보았습니다. 그리고 한 생명을 천하보다 귀하다고 평가하시는 예수님의 생명관을 관찰해 보았습니다. 더 나아가 예수 그리스도 안에 생명이 있는 것을 보았습니다. 그래서 '그 안에 생명이 있었다,' 라고 말했습니다. 예수님(Logos)은 그 생명을 다른 어떤 것으로부터 부여 받은 것이 아닙니다. 예수님 안에 있는 생명은 피조 된 생명이 아니라 본래부터 보유하고 있었던 것입니다. 예수님 그 자신이 바로 생명 자체이십니다.

예수님(Logos) 안에 생명이 있었다고 하는 것은, 첫째 예수님께서 생명의 근원이시오, 창조자요, 생명의 부여자라는 뜻입니다. 이것을 성경에서 찾아 보겠습니다. '생명의 근원' 이라는 말씀은, 요한복음 14:6에서 "예수께서 이르시되 내가 곧 길이요 진리요 생명이니 (생명 자체임) 나로 말미암지 않고는 아버지께로 올 자가 없느니라," 라고 하시면서 예수님이 생명의 근원임을 밝히십니다. 요한복음 11:25에서 "예수께서 이르시되 나는 부활이요 생명이니"라고 했으며, 요한일서 1:2에서는 "이 영원한 생명을 우리가 보았고 증언하여 너희에게 전하노니 이는 아버지와 함께 계시다가 우리에게 나타내신 바 된 이시니라"라고 하여, 예수님께서 생명이 근원이시라는 것을 명확하게 알려주시는 것입니다.

예수님께서 생명의 창조자며 부여자라는 말씀을 찾아보겠습니다. 요한복음 6:27에서는 "영생의 양식을 인자가 준다,"고 하셨고, 요한복음 6:58에서는 "하늘로서 내려온 떡을 먹는 자는 영원히 살리라,"고 하시면서 모세의 떡, 즉 만나는 영생을 주지 못하는 떡으로, 만나는 인간을 죽음에서 벗어나게 할 수 없지만 예수님이 주시는 떡을 먹는 자는 영원히 산다고 하였습니다.

또한 요한복음 17:2에서 "아버지께서 아들에게 주신 모든 사람에게 영생을 주게 하시려고 만민을 다스리는 권세를 아들에게 주셨음이로소이다," 라고 하여 영생을 주시는 예수 그리스도이심을 알려주십니다. 즉 하나님 아버지께서 모든 자에게 영생을 주게 하시려고 아들에게 만민을 다스리는 권세를 주셨다는 말입니다.

예수 그리스도가 우리에게 주신 생명

그렇다면 예수 그리스도가 인생에게 주신 생명은 어떤 것일까요? 예수님께서 우선 우리에게 준 생명은 육신의 생명(physical life)입니다. 하나님께서 인간을 만드실 때 금이나 은, 동, 또는 우라늄으로 만드시지 않고 흙으로 빚으셔서 생기를 그 코에 불어 넣으시니 산 영이 되었습니다.

고린도전서 15:45에는 아담을 가리켜 '산 영(a living soul)이 되었다,' 라고 하고, 예수 그리스도를 가리켜 '살려주는 영(a life-giving Spirit)' 이라고 하였습니다. 아담의 생명은 그리스도로 말미암아 피조된 것이요, 그리스도는 생명의 창조자요 부여자이십니다.

시편 기자는 주님이 우리가 진토(흙, 먼지)이심을 알고 우리의 체질을 아심을 설명합니다. "이는 그가 우리의 체질을 아시며 우리가 단지 먼지뿐임을 기억하심이로다."(시 103:14) 인생은 그날의 풀과 같고 그 영화가 들의 꽃 같습니다. 이런 육신의 생명을 가진 우리를 예수님께서는 생명의 창조자, 부여자로 우리에게 새 생명을 주십니다. 예수님께서는 회당장 야이로의 딸을 살리셨고(막 5:21~43), 나인 성에서 과부의 아들을 살리셨고(눅 7:11~17), 또한 나사로를 살리셨습니다.(요 11:1~44)

예수님께서는 우리에게 죽음의 권세 아래에서 생명을(under the death's power) 찾는 영적 생명 (Spiritual Life)을 주셨습니다. 에베소서 2:1에서는 "그는 허물과 죄로 죽었던 너희를 살리셨도다,"라고 하였습니다. 인간은 생명을 부여받아 하나님을 섬기도록 되어있었으나, 아담과 하와의 범죄로 하나님과 분리 되었던 것입니다. 죽음이란 하나님과 인간의 분리를 가리킵니다. 이처럼 영적으로 죽은 죄인들에게 '새 영' 을 주셨습니다.

예수님께서는 우리에게 '영원한 생명(eternal life)' 을 주셨습니다. 요한복음에서 언급된 생명은 '영원한 생명' 을 지칭하는 말입니다. 영원(eternal)이란 단어는 헬라어로 '아이오니오스(αἰώνιος)라고 하는데, 이 용어는 오직 '하나님' 에게만 적용되는 말입니다. 곧 하나님만이 영원하시다는 의미입니다. 영생이란 바로 '하나님이 가지신 생명' 을 말합니다. 다시 한 번 강조하면, 예수님이 믿는 자들에게 주시는 생명이란 바로 하나님 자신의 생명을 뜻하는 것입니다.

여기서 영생이란 개념에 대하여 오해하지 말아야만 합니다. 영생은 단순히 시간적으로 영원히 계속되는 생명만은 아닙니다. 이런 생명은 축복이 아니라 저주가 될 수도 있습니다. 영생이란 단순히 '생명의 연장' 이 아니라 '하나님의 생명' 을 가리킵니다. 예수 안에 생명이 있었다고 함은 곧 구원론적인 의미를 내포하고 있습니다. 예수님 자신이 죄인을 구원하실 일을 수행하신다는 말입니다. 믿는 자가 영생을 얻었을 때, 즉 하나님의 생명을 받았을 때, 그는 하나님의 존엄과 능력에 대하여 알 수 있고, 하나님과 교통할 수 있다는 것입니다.

그렇다면 어떻게 영생을 얻을 수 있을까요? 요한복음 3:36에 "아들을 믿는 자에게는 영생이 있고" 라고 했고, 요한복음 6:47에서는 "진실로 진실로 너희에게 이르노니 믿는 자는 영생을 가졌노니," 라고 했습니다. 영생을 얻는 길은 영생의 본체가 되시는 예수 그리스도를 믿음으로만 가능하다는 것입니다. 이렇게 믿음이 중요하기에 믿음이라는 용어를 70회나 사용하였습니다. 이런 믿음과 영생에 대한 말씀이 요한복음의 기술 목적이며, 그것은 핵심적으로 요한복음 20:31에서 찾아볼 수 있습니다. "예수께서 하나님의 아들 그리스도이심을 믿게 하려 함이요, 또 너희도 믿고 그 이름을 힘입어 생명(영생)을 얻게 하려 함이라."

둘째로 예수님(Logos) 안에 생명이 있었다고 하는 것은, 이 생명을 받은 자는 심판에 이르지 아니한다는 것을 의미합니다.

요한복음 5:24에서는 "내가 진실로 진실로 너희에게 이르노니 내 말을 듣고 또 나 보내신 이를 믿는 자는 영생을 얻었고 심판에 이르지 아니하나니 사망에서 생명으로 옮겼느니라," 라고 하였습니다. 요한복음 3:16에서는 "하나님이 세상을 이처럼 사랑하사 독생자를 주셨으니 이는 그를 믿는 자마다 멸망하지 않고 영생을 얻게 하려 하심이라," 라고 하였습니다. 예수를 영접하지 아니하고 살아가는 자는 생명이 무엇인지 알지 못하는 자입니다. 예수 없이 살아가는 자는 목숨은 존재하나 그 목숨이 얼마나 비참한 목숨인지 모르고 살아가는 자입니다. 예수를 영접하고 믿는 자는 생명이 무엇이며 영생이 무엇임을 알고 그 가치를 바로 아는 자입니다.

이렇게 예수님을 믿고 영생을 받았으면, 영생을 받은 자의 생활을 해야만 합니다. 영생을 받은 자의 생활을 알아보겠습니다. 우선 영생의 확신을 가져야만 합니다. 영생을 확신하지 못한 사람들에게 누가복음 24:5에서는 이렇게 말씀하고 계십니다. 예수님의 무덤을 찾아가 낙심한 여인들에게, "어찌하여 산 자를 죽은 자 가운데서 찾느냐?" 라고 했습니다. 사두개인들은 부활을 불신했습니다. 하나님은 아브라함의 하나님, 이삭의 하나님, 그리고 야곱의 하나님이십니다. 이 의미는 죽은 자의 하나님이 아니라 산 자의 하나님이라는 뜻입니다.

영생을 받은 자들은 하나님의 목적에 이바지 하는 삶을 살아야만 합니다. 나의 생명이 아니라 하나님의 생명이기 때문입니다. 하나님을 영화롭게 해야 합니다. '너희 몸으로 하나님께 영광 돌리라' 라고 하신 말씀은 육신의 생명으로 하나님께 영광을 돌리라고 하는 말씀이십니다. 그리고 하나님의 일에 충성해야 합니다. 유한하고 일시적인 세상에서 하나님께 모든 충성을 바쳐야 합니다. 순교는 하나님께 바치는 충성 중에서도 가장 고귀한 것입니다. 또한 이웃에 봉사해야 합니다. 이웃에 봉사하면서 영생의 복음을 전파해야만 하겠습니다.

제3장

말씀(λόγος)의 창조 사역
(Works of the Word)

(요 1:1~5)

요한복음 1:1~5 "태초에 말씀이 계시니라 이 말씀이 하나님과 함께 계셨으니 이 말씀은
곧 하나님이시니라 그가 태초에 하나님과 함께 계셨고 만물이 그로 말미암아 지은 바
되었으니 지은 것이 하나도 그가 없이는 된 것이 없느니라 그 안에 생명이 있었으니
이 생명은 사람들의 빛이라 빛이 어둠에 비치되 어둠이 깨닫지 못하더라."

예수님은 말씀이십니다.
말씀은 하나님과 함께 태초에서부터 계셨고,
하나님과 창조사역을 함께 하셨습니다.
이 세상 모든 만물은 말씀에 의해서 창조되었고,
인간도 말씀에 의해 창조되었습니다.
말씀은 오늘도 빛으로 인간에게 생명을 주시고 계십니다.

요한복음 1:1의 '말씀(Word)'은 예수님을 가리키며 그는 역사 이전에 선재(先在, pre-existence)하셨다고 했습니다. 그리고 성부 하나님과 영원 전부터 교제하시며 기뻐하시면서 계셨으며 말씀, 즉 로고스(λόγος)는 곧 그 자신이 하나님이신 것입니다. 여기서 로고스이신 예수님이 하신 일에 대해 살펴보겠습니다.

창조사역

요한복음 1:3에서는 "만물이 그로 말미암아 지은 바 되었으니 지은 것이 하나도 그가 없이는 된 것이 없느니라," 라고 하였습니다. 예수님에 대하여 우리는 흔히 베들레헴 말구유에서 아기로 오신 분으로, 성장하여 십자가를 지시고 고난당하신 분으로만 생각하기 쉽습니다. 그러나 사도 요한은 3년간 예수님과 같이 살며 교육을 받고 또 훈련을 받을 때에 자기의 눈으로 직접 예수 그리스도의 초자연적인 역사를 목도하였습니다. 죽은 자를 살리시고, 병든 자를 낫게 하시고, 바람과 바다를 꾸짖으실 때 바다가 잠잠해지는 현상을 직접 보았습니다. 마귀를 정복하시고, 그 권세를 파괴시키시는 그리스도의 능력도 직접 보았습니다. 예수님과 함께 높은 산에 올라갔을 때, 베드로와 야고보와 함께 '이는 내 사랑하는 아들이요 내 기뻐하는 자' 라는 하나님의 말씀을 들었습니다.

사도 요한은 예수님이 우리와 같은 인성을 가지신 분이 아니요, 그는 하나님이심을 인식하였습니다. 그리하여 그의 복음서 처음부터 예수님은 하나님이심을 증거하고 있습니다. 요한복음 1:1에서 '말씀은 곧 하나님이시다' 라고 하였습니다. 하나님이신 말씀(로고스, λόγος)은 '만물을 창조하신 분' 이라고 하였습니다. 이 로고스가 만물을 창조하신 분이라고 할 때에 유대인에게는 이 말씀이 매우 익숙하게 들려졌습니다. 창세기 1:1에는 "태초에 하나님이 천지를 창조하시니라,"라고 기록하고 있습니다. 빛이 있으라 하시매 (God said let there be light), 빛이 있었다(There was light)라고 했습니다.

유대인들에게는 로고스(말씀)는 어떤 구체적인 사실을 의미합니다. 곧 '말씀' 이라고 할 때에 그것은 하나의 사건(an event)이나 하나의 행동(a deed)을 나타냅니다. '하나님이 빛이 있으라 말씀하시매 빛이 있었다,' 라고 한 창세기의 표현은 '하나님의 말씀은 구체적으로 빛의 존재' 를 나타내는 사건이요 행동이었습니다.

히브리서 1:1~2에서는 "옛적에 선지자들을 통하여 여러 부분과 여러 모양으로 우리 조상들에게 말씀하신 하나님이 이 모든 날 마지막에는 아들을 통하여 우리에게 말씀하셨으니 이 아들을 만유의 상속자로 세우시고 또 그로 말미암아 모든 세계를 지으셨느니라,"라고 말씀과 예수님을 설명하였습니다.

사도 바울은 이렇게 서신을 남겼습니다. 골로새서 1:15~17에서 "그는 보이지 아니하는 하나님의 형상이시요 모든 피조물보다 먼저 나신 이시니, 만물이 그에게서 창조되되 하늘과 땅에서 보이는 것들과 보이지 않는 것들과 혹은 왕권들이나 주권들이나 통치자들이나 권세들이나 만물이 다 그로 말미암고 그를 위하여 창조되었고, 또한 그가 만물보다 먼저 계시고 만물이 그 안에 함께 섰느니라". 고린도전서 8:6에서는 "그러나 우리에게는 한 하나님 곧 아버지가 계시니 만물이 그에게서 났고 우리도 그를 위하여 있고 또한 한 주 예수 그리스도께서 계시니 만물이 그로 말미암고 우리도 그로 말미암아 있느니라," 라고 하였습니다.

사도요한의 '창조' 에 대하여 잘못 해석하는 영지주의(Gnosticism)가 고대서부터 있었습니다. 이 영지주의는 기독교에 대하여 지성적, 철학적 방법으로 생각합니다. 그들은 이 세상에 있는 죄, 악, 슬픔, 고통의 문제를 풀기 어려운 난제로 보았습니다. 영지주의는 이것을 설명하는 이론 체계를 세웠습니다. 영지주의에서는 창조자 하나님(유출물, 데미우르고스)은 '참 하나님과 원수 관계'이고, 창조자 하나님이 구약의 하나님(창세기에서)이라고 주장합니다. 구약의 하나님과 예수 그리스도의 아버지이신 하나님과 다르고 원수 관계에 있다고 가르칩니다. 예수 그리스도 당시에 이런 잘못된 창조론이 성행하였는데 이것은 모두 이단입니다. 사도 요한은 성경의 창조론을 있는 그대로 바로 증거 하려고 '로고스이신 예수님이 성부인 하나님과 함께 천지를 창조했다,'고 가르칩니다.

헬라 철학자들은 창조론을 이야기 하지 않았습니다. 탈레스(Thales, 기원전 6세기)는 만물의 근원은 물이라고 했고, 아낙시메네스(Anaximenes, 대략 기원전 585 ~ 525)는 만물의 근원은 공기라고 했으며, 아낙시멘드로스(Anaximendros, 기원전 610년 ~ 546년)는 만물을 제1실체에서 생긴 것으로 보았습니다. 그는 제 1실체가 무한하고 비결정적인 것(아페이론 apeiron)이라고 주장했습니다. 또한 파르메니데스(Parmenides, 기원전 510년경 - 기원전 450년경)는 우주는 두 요소로 이루어져 있다고 했는데, 그것은 빛과 어두움의 개념으로 빛(the fire of flame)과 어두움(ignorant night)이 우주의 두 요소라고 주장했습니다. 헤라클레이토스(Herakleitos, 기원전 6세기 초)는 흐르는 것(流轉)을 말했습니다.

그러나 사도 요한은 헬라 철학의 영향으로 잘못된 우주기원론을 배우고 알고 있던 당시 사람들에게, 그리고 오늘날 우리에게 '로고스, 즉 말씀(하나님)이 천지를 창조했다'고 가르칩니다. 기독교의 창조는 무에서 유를 창조하신 하나님의 권능을 믿는 것입니다. 창세기 1:1에 "태초에(베레쉬트) 천지를 창조하셨다(무에서 유를),"를 믿는 것입니다. 하나님이 창조하신 것이 보기에 좋았다는 말은 '선했다'라는 말과 통하는 말입니다. 하나님이 결코 물질과 동시에 계시지 않았고, 이 세계를 본래 악하게 창조하시지도 않았습니다.

어디나 존재하시는 하나님

창조주 하나님은 이 세계에서 격리되어 계시지 않고, 인간과 세계에 밀접하게 관계하십니다, 곧 어디나 존재하시는 내재하신 하나님이십니다. 하나님은 우리와 교제하고 교통하실 수 있는 분이십니다. 예수 그리스도는 성육신(Incarnation)하셔서 우리와 함께 계시는 임마누엘(Immanuel)이십니다. 창조는 계시운동의 최초 단계입니다. 이것은 하나님의 자기 계시를 말해주고 계십니다.

창조가 인류에게 보여주는 것은 겸손을 가지도록 가르칩니다. 만물과 인간이 본래 없었던 것인데 하나님의 권능으로 존재하게 되었습니다. 그렇기에 우리는 현재 내 자신이 없는 것처럼 낮아져서 겸손해 져야 합니다. 우리는 본래 아무 것도 없었던, 밑천이 없었던 존재였습니다. 창조는 인류에게 믿음을 가지게 합니다. 우주 만물이 우연히 존재하게 된 것이 아닙니다. 우연이란 무법칙입니다. 만물이 우연히 생성된 것이라면 과학도 있을 수 없다는 말과 똑같습니다. 우연히 우주 만물이 생성되었다는 것을 믿기는 이적을 믿기보다도 어렵습니다. 우리는 하나님의 창조 행위에 의하여 만물이 존재하게 된 것을 기쁘게 믿어야 합니다. 창조가 우리 인류에게 보여주는 것은 청지기 정신을 갖게 합니다. 만물의 주인은 하나님이시고, 하나님이 우리에게 시간, 물질, 재능을 맡겨주신 줄 알아야 합니다. 청지기는 주인의 뜻대로 맡은 것을 사용해야 합니다. 우리의 몸도 우리의 것이 아닙니다. 성령 하나님이 계시는 성전이라고 했습니다. 창조가 우리 인류에게 보여주는 것은 소망을 갖게 합니다. 천지 만물을 그 기쁘신 뜻대로 지으신 하나님이 그것을 쓸데없는 것으로 폐기시키지 않으십니다. 하나님은 우주 만물을 회복시키시고 구원하십니다. 하나님이 자기 형상대로 지으신 인간을 없애버리지 않으시고 구원하십니다.

로고스가 창조주라고 할 때 그리스도께서는 피조물이 아니십니다. 요한복음 1:1에서 "태초에 말씀이 계시니라." 이 의미는 원래 계셨다(Being)는 뜻이고, 요한복음 1:3에서 "만물이 지은바 되었다(Becoming),"는 '되어가는 자' 즉 피조물을 의미합니다.

'그리스도가 피조물인가, 아닌가?' 하는 논쟁은 매우 오래 전에 있었습니다. 바로 아리우스와 아타나시우스의 논쟁입니다. 아리우스(Arius, 주후 250년 또는 260년~336년)는 초기 기독교 시대의 성직자이며 신학자이지만 그의 신학관은 우리가 믿는 신앙과는 달랐습니다. 그는 성자이신 예수 그리스도는 영원한 존재가 아니라 성부 하나님에 종속되는 인간(유사본질, 호모이우시오스)이라고 주장했습니다. 하지만 이에 반대하는 아타나시우스(Athanasius, 293년?~373년)는 성부와 성자의 동일한 본질(호모우시오스)을 주장했습니다. 즉 하나님과 예수 그리스도의 일체를 주장했고, 그는 정통신앙의 아버지로 불리게 되었습니다. 아타나시우스는 신약 27권 체제의 목록을 처음 만들었으며, 지금까지 신약성경의 정경으로 이어내려 오고 있습니다.

예수님은 우리의 경배를 받으실 분이십니다. 즉 우리의 경배의 대상이 되는 분이십니다. 이 의미는 태초로부터 우리의 경배를 받으실 분이라는 뜻입니다. 우리를 구원하실 십자가를 지시기 전부터 우리의 경배를 받으실 분이십니다. 예수님은 절대 주권을 가지신 분이십니다. 우리는 절대 주권을 가진 예수 그리스도에게 복종과 순종을 다해야 하겠습니다.

제4장

사람들의 빛

(요 1:4~5)

요한복음 1:4~5 "그 안에 생명이 있었으니 이 생명은 사람들의 빛이라, 빛이 어둠에 비치되 어둠이 깨닫지 못하더라(In him was life, and that life was the light of men. The light shines in the darkness, but the darkness has not understood it.)"

예수님은 빛이십니다.
예수님은 사람들의 빛으로 세상을 비추고
사람들을 인도하고 사람들을 치료하고
사람들에게 생명을 주십니다.
그러나 우리들은 그 빛을 깨닫지 못하고 살았습니다.
이제 그 빛을 깨달을 때입니다.

삼위일체의 하나님은 빛입니다(Triune God is the light). 예수님 자신 속에 생명이 있었습니다. 그리고 그 생명은 영원한 생명이요, 하나님의 생명입니다. 예수님을 믿는 자에게 영생을 주십니다. 곧 이 영생이란 유한한 인간이 하나님의 생명을 얻는다는 것을 말합니다. 이 하나님의 생명을 얻었기 때문에 수많은 성도들이 순교할 수 있었습니다. 성경은 더 나아가 이 생명은 '사람들의 빛'이라고 합니다. 곧 예수 그리스도는 사람들의 빛이라는 뜻입니다. 성자 예수님을 사람들의 빛(요 1:4), 세상의 빛(요 8:12, 9:5)이라고 하며 성부 하나님을 가리켜 또한 빛이라고 말합니다.

"여호와는 나의 빛이요 나의 구원이시니(시 27:1)," "진실로 생명의 원천이 주께 있사오니 주의 빛 안에서 우리가 빛을 보리이다(시 36:9)." "주께서 옷을 입음 같이 빛을 입으시며(시 104:2)," 라고 하였습니다.

성령님에 대하여도 "가까이 가지 못할 빛에 거하시고(딤전 6:16)"라고 하여 빛이라고 했습니다. 그러므로 성령이 강림하실 때에는 빛이 내려오심이 "마치 불의 혀처럼 갈라지는 것들이 그들에게 보여 각 사람 위에 하나씩 임하여 있더니(행 2:3)"라고 하였습니다. 이처럼 성부, 성자, 성령 하나님이 빛이라고 성경은 밝히고 있습니다. 특히 요한은 그 생명이 '사람들의 빛'이라고 했습니다.

생명이신 예수님이 죄인들에게 하나님의 생명, 즉 영생을 주셨듯이 빛이신 예수님이 인간의 빛이 되시고 빛을 주셨습니다. 요한복음 9장에서 태어날 때부터 맹인된 자에게 빛을 주시는 기적은 예수님께서 인간의 빛이 되시고 우리에게 빛이 되신다는 사실을 말해줍니다.

빛의 특성

1) 빛은 혼돈을 물러가게 합니다(창 1:1~2). 혼돈은 형체가 없고 황폐하고

공허한 것을 말합니다. 태초에 하나님이 천지를 창조하셨을 때, '땅이 혼돈하였다,' 라고 하였습니다. 그리고 공허하고 흑암이 깊음 위에 있고 성령은 수면에 운행하신다고 했습니다. 이런 상황에서 빛을 창조해서 혼돈세계가 질서의 세계로 변모되었습니다. 성자 예수님은 성부, 성령으로 더불어 질서 세계를 만드셨으나, 아담과 하와가 죄를 범하여 세상은 무질서, 혼돈의 세계가 되어 버렸습니다. 불의한 가인이 아벨을 죽이는 무법과 무질서의 사회를 만들고, 유발의 향락주의, 일부다처를 행했던 라멕의 타락생활로 발전합니다. 두발가인의 전쟁무기 생산 등은 타락한 인간사회의 무질서를 역력히 보여주고 있습니다.

이런 무질서, 무법의 세상에 예수님은 빛으로 오셔서 '의와 불의', '선과 악' 을 바로 가르쳐주셨고, '옳음과 그릇됨' 을 분별하시며, '하나님의 세계' 와 사탄의 세계를 분별하도록 가르쳤습니다. 빛을 창조하신 주님은 그 자신이 사람들의 빛입니다. (창 1:3, 요 1:4)

2) 빛은 숨겨진 것을 밝히는 특징이 있습니다. 요한복음 1:9에서 보면, 예수님은 참 빛이시고, 곧 세상에 와서 각 사람들에게 비치는 빛이 되신 것입니다. "악을 행하는 자마다 빛을 미워하여 빛으로 오지 아니하나니 이는 그 행위가 드러날까 함이요," (요 3:20).

빛은 어둠을 물리치고 숨겨진 것을 밝혀냅니다. 예수님은 우리의 마음속까지 밝히 보시는 엑스레이와도 같습니다. 수가성 사마리아 여인과의 대화에서 우리는 그것을 알 수 있습니다. 수가성 사마리아 여인은 같이 사는 남자는 있지만 남편은 아니었습니다. 그런데 예수님께서 이렇게 말씀하십니다. "이르시되 가서 네 남편을 불러 오라. 여자가 대답하여 이르되 나는 남편이 없나이다. 예수께서 이르시되 네가 남편이 없다 하는 말이 옳도다. 너에게 남편 다섯이 있었고 지금 있는 자도 네 남편이 아니니 네 말이 참되도다(요 4:16~18)," 라고 하셨습니다. 이 같이 예수님은 숨겨진 것까지 밝혀내십니다.

주님의 빛은 우리 교회의 구석진 곳, 내 가정의 어두운 곳, 내 자신의 어두운 마음의 골짜기를 밝히시는 조명등과도 같습니다. 모든 빛보다도 더욱 밝으신 주님의 빛에서 우리의 부족, 죄, 결핍 등을 발견해야 합니다.

3) 주님의 빛은 우리의 정체를 알게 합니다. 시몬 베드로가 주님 앞에서 죄인이라고 고백한 것(눅 5:8)은 주님을 보고 자신의 정체를 알게 된 베드로가 주님 앞에서 자신을 죄인이라고 고백하는 것입니다. 주님의 빛을 받아들이기 위해서는 물과 성령으로 거듭나야 합니다. 니고데모가 예수님을 야간에 방문했을 때, 예수님은 '물과 성령'으로 거듭나야 하나님의 나라를 볼 수 있고 하나님 나라에 들어갈 수 있다고 하셨습니다. 주님의 빛, 생명을 받기 위해서는 물과 성령으로 거듭나고, 자신의 정체를 알아, 주님에게 죄를 고백할 때 새로운 생명을 얻을 수 있습니다.

4) 빛은 이끌어주거나 인도하는 특성이 있습니다. 캄캄한 그믐밤에 길을 갈 때면 빛이 필요합니다. 망망대해를 밤에 항해하는 선박은 바닷가에 세워진 등대의 불빛을 보고 방향을 찾습니다. 예수님이 탄생할 때 나타난 '별'은 동방의 박사들의 길을 인도하여 예수님의 탄생지를 찾게 했고, 예수님께 경배할 수 있게 했습니다. 예수님은 우리 인간이 어디에서 왔으며 무엇을 하다가 어디로 가야하는지, 그 인생의 길을 인도해 주십니다.

5) 빛은 치료의 특성이 있습니다. 태양광선이 살균작용과 치료 작용을 하는 것과도 같이 인간의 빛으로 오신 예수님은 육신, 마음, 영혼의 모든 질병을 치료하셨습니다. 태양광선이 오직 육신만을 치료하는 것과는 달리 인간의 빛으로 오신 주님의 빛은 모든 것을 다 치료해 주십니다. "내 이름을 경외하는 너희에게는 공의로운 해가 떠올라서 치료하는 광선을 비추리니 너희가 나가서 외양간에서 나온 송아지 같이 뛰리라(말 4:2)"라고 하여 '치료하는 광선', 즉 빛의 치료의 특성에 대해 말하고 있습니다.

6) 빛은 에너지를 일으키는 특성이 있습니다. 태양열 주택은 빛의 에너지

를 이용한 결과입니다. 빛이신 예수 그리스도를 영접할 때, 적극적인 사고, 적극적인 삶, 그리고 적극적인 봉사를 할 수 있는 것입니다. 그러므로 능력 있는 성도가 되고, 영적 충만한 신앙생활을 하려면 빛이신 주님을 향하여야 합니다. 예수님을 갈망하고 교통함으로 영적 능력이 있는 삶을 살 수 있습니다.

빛의 대적인 어둠

세상에는 빛만큼이나 현실적인 어두움이 있습니다. 어두움은 빛에 대하여 적의를 품지만 빛을 절대로 소멸시킬 수 없습니다. 어두움이 빛을 미워할 수 있지만 절대로 제거하지는 못합니다. 세상을 캄캄하게 할 수 있는 어두움일 지라도 가장 작은 불꽃 하나도 소멸시키지 못합니다. 빛으로 오신 예수님을 어둠과 같은 세상이 소멸하려고 했습니다. 특히 예수님의 동족 이스라엘은 예수님을 대적했습니다. 그래서 십자가에 매달았고 소멸시키려 했습니다. 하지만 예수님의 빛은 결코 소멸하지 않았습니다. 오히려 그 빛은 더욱 밝아 졌고, 부활의 아침에 생명의 빛을 발하셨습니다. 그것을 시작으로 교회가 설립되었고, 예수님의 빛은 마른 들판의 불길처럼 번져서 세계 도처에 주님의 빛이 비쳐지고 있습니다. 그리고 미개인의 마음에도 생명의 빛을 비춰주고 있습니다.

빛을 숭배하는 조로아스터교가 있습니다. 조로아스터교에서는 역사는 빛과 어두움의 두 신의 투쟁에서 진행된다고 보았습니다. 하지만 우리 기독교에서는 이런 이원론적인 교리는 존재하지 않습니다. 빛이 되신 그리스도를 주체로 하고 그를 배척하려는 불신앙을 어두움이라고 보는 것이 바로 우리의 신앙입니다. 그래서 사도 요한은 이런 영지주의를 배척한 것입니다. 영지주의는 아직도 이 세상에 존재하지만, 그들은 엄연한 이단입니다.

요한복음 1:5에서는 "어두움이 빛을 깨닫지 못 하더라," 라고 하였습니다. 세상 사람들이 빛을 이해하지 못했습니다. 예수님께서 가르쳐도 그것을 이해하지 못했습니다. 빛을 이해하기 위해서는 주님께 완전히 복종한 후에 가능한 것입니다. 주님에게 복종한 후에는 빛도 예수님도 이해할 수 있습니다. 빛을 깨달은 후에 모든 것을 극복할 수 있습니다. 마치 레슬링 선수가 상대방 공격에 넘어져도 힘이 있으면 다시 일어서는 것과도 같이 빛을 깨달은 후에는 어두움을 이길 수 있습니다. 요한복음 12:35에서는 "예수께서 이르시되 아직 잠시 동안 빛이 너희 중에 있으니 빛이 있을 동안에 다녀 어둠에 붙잡히지 않게 하라 어둠에 다니는 자는 그 가는 곳을 알지 못하느니라," 고 하시면서 어두움을 극복하는 길은 바로 '빛' 이라는 것을 말해주고 계십니다. 빛이 있는 동안에는 어둠에 붙잡히지 않습니다. 아무리 일식 때라도 태양은 여전히 존재하는 것과 마찬가지로 아무리 어두워도 빛은 존재합니다.

빛의 생활

지금 나는 빛 가운데 살고 있는가를 자신에게 물어보아야 합니다. 예수님은 어둠과 혼돈을 추방하고 생명과 질서 있는 삶을 살게 하십니다. 우리는 우리의 위선과 가리고 사는 것들을 버리고 불투명한 점이 하나도 없이 빛 가운데에서 투명한 생활을 해야 합니다. 모든 사람 앞에서도 부끄럽지 않은 생활을 해야 합니다. 그리고 다른 사람들이 여러분에게서 예수님을 볼 수 있어야 합니다. 우리는 문학, 과학, 경제, 문화, 오락, 예술 등 어떤 분야에서도 참 빛을 발견할 수 없습니다. "너희는 세상의 빛이라 산 위에 있는 동네가 숨겨지지 못할 것이요(마 5:14)" 라고 우리는 세상의 빛이므로 선행을 하라고 강조합니다. "어두운 데에 빛이 비치라 말씀하셨던 그 하나님께서 예수 그리스도의 얼굴에 있는 하나님의 영광을 아는 빛을 우리 마음에 비추셨느니라(고후 4:6)" 라고 함으로 우리에게 빛의 생활을 하라고 강조하십니다.

우리는 날마다 참 빛인 예수님을 깨닫고, 복종하고, 받아들이면서, 빛의 생활을 해야 합니다.

빛의 증거자

(요 1:6~8)

요한복음 1:6~8 "하나님께로부터 보내심을 받은 사람이 있으니 그의 이름은 요한이라. 그가 증언하러 왔으니 곧 빛에 대하여 증언하고 모든 사람이 자기로 말미암아 믿게 하려 함이라. 그는 이 빛이 아니요 이 빛에 대하여 증언하러 온 자라."

세례 요한은 광야의 소리입니다.
그 소리는 말씀이신 예수 그리스도를 증거 하기 위해
이 땅에 왔습니다.
세례 요한은 하나님이 보내셨고,
예수님의 앞길을 닦는 사람이었습니다.
그는 순교할 때 까지도 그리스도를 증거 했을 뿐만 아니라,
사람들에게 주님을 믿게 하는 사명을 온전히 수행한 자입니다.

앞장에서 예수 그리스도를 말씀(the Words, 로고스)이라고 표현하면서 그 말씀(Logos)이 어떤 분인가를 세밀하게 가르쳐 주는 것을 살펴보았습니다. 그 말씀은 태초에 계셨고 만물을 창조하셨고 그 자신 속에 생명을 가지신 분이며 사람들의 빛이라고 했습니다. 이어서 요한복음 1:6에서는 다른 인물을 발견하는데, 그는 이 빛에 대하여 증거 한 세례 요한입니다. 이 요한복음의 기록자 사도 요한과는 다른 세례 요한입니다.

세례요한(John The Baptist)

세례 요한은 제사장 가정에서 출생한 자로 아버지는 사가랴, 어머니는 엘리사벳이었습니다. 요한의 부모는 의인으로서 하나님의 계명과 규례대로 흠 없이 행한 거룩한 성도들이었습니다. 이들이 늙었음으로 잉태할 수 없었는데, 하나님의 특별한 섭리로 아들을 갖게 되었고, 이름을 요한이라고 지으라는 천사의 말을 들었습니다. 모태에서부터 성령의 충만함을 입었고, 태어나서는 포도주 등을 마시지 않도록 성별하게 했습니다. 그의 이름 요한은 '하나님은 은혜로우시다' 혹은 '하나님은 자비로우시다' 라는 의미입니다. 요한은 예수님의 선구자로 보냄을 받은 사람이고, 구약의 마지막 인물이었습니다. 구약성경시대와 신약성경시대 사이의 약 400년을 암흑시대라고 합니다. 말라기 선지자 이후로 약 400년 동안 하나님께서는 이스라엘에 어떤 선지자도 보내시지 않으셨고, 어떤 계시도 주시지 않으셨습니다. 그러다가 세례 요한을 보내신 것입니다. 그러므로 세례 요한은 구약시대 말기의 인물이자, 예수 그리스도의 선구자로 매우 중요한 위치에 있었던 인물입니다.

이 세례 요한의 사명은 무엇입니까? 세례 요한은 하나님으로부터 보냄을 받은 자임을 알았던 사람입니다. 그는 자기의 존재와 예수 그리스도의 존재사이에 차이가 있다는 것을 발견하였습니다. 예수 그리스도는 자기보다 먼저 계신 분이요, 그리스도를 위해 자기가 선구자, 전령자로 이 세상에 온 것을 알았습니다. 요한복음 1장 1절에서 9절까지를 보고, 6,7,8절과 1,2,9절을 비교할 때 우리는 예수님과 세례 요한의 다음과 같은 차이점을 알 수가 있습니다.

예수 그리스도(Jesus Christ)	세례 요한 (John, The Baptist)
영원으로부터 존재(was from eternity)	태어난 존재(Came)
말씀(is the Word, Logos)	단순한 사람(is a mere man)
하나님 자신(is God himself)	하나님에 의해 명받은 자 (is commissioned by God)
참 빛(is the real Light)	빛의 증거자(came to testify concerning the real Light)
믿음의 대상(is the object of trust)	믿음으로 오게 하는 대리인(is the agent through whose testimony men come trust in the real Light, even Christ)

세례 요한의 사명을 성경을 통해 알게 된 우리 성도들은 분명히 '내가 하나님의 심부름꾼으로써 이 세상에 왔고 존재하는 것을 알아야만 합니다. 나는 스스로 이 세상에 태어났거나 존재하는 인물이 아니라, 하나님의 보내심을 받은 자로 이 땅에 왔다' 는 것을 분명히 알아야 합니다. 세례 요한(John, The Baptist)은 자기의 사명 2가지를 파악하였습니다.

빛에 대하여 증거 하러 온 세례 요한

세례 요한의 사명은 우선 빛에 대하여 증거 하러 온 자입니다. 이스라엘에

400년 동안 하나님의 음성과 계시가 없을 때, 세례 요한이 혜성처럼 나타나서, "회개하라, 천국이 가까웠느니라"고 외칠 때에 수많은 군중이 그에게 몰려와서 세례를 받았습니다. 그때 예루살렘에 있는 유대인의 공회에서는 사람들을 보내어 세례 요한의 정체를 알아보도록 지시했습니다. 많은 사람들이 세례 요한을 메시야로 알고 있었기 때문입니다(눅 3:15, 행 13:25). 유대인 공회는 그 당시 70명으로 구성되어 있었고, 거짓 선지자에 대한 재판을 할 수 있는 권세가 있었습니다. 이때 공회에서 파견된 자와 세례 요한과의 대화에서 세례 요한이 자신의 사명을 확실히 인식하고 있다는 것을 알 수 있습니다.

요한복음 1:20~27에는 "요한이 드러내어 말하고 숨기지 아니하니 드러내어 하는 말이 나는 그리스도가 아니라 한 대, 또 묻되 그러면 누구냐 네가 엘리야냐 이르되 나는 아니라 또 묻되 네가 그 선지자냐 대답하되 아니라, 또 말하되 누구냐 우리를 보낸 이들에게 대답하게 하라 너는 네게 대하여 무엇이라 하느냐, 이르되 나는 선지자 이사야의 말과 같이 주의 길을 곧게 하라고 광야에서 외치는 자의 소리로라 하니라, 그들은 바리새인들이 보낸 자라, 또 물어 이르되 네가 만일 그리스도도 아니요 엘리야도 아니요 그 선지자도 아닐진대 어찌하여 세례를 베푸느냐, 요한이 대답하되 나는 물로 세례를 베풀거니와 너희 가운데 너희가 알지 못하는 한 사람이 섰으니, 곧 내 뒤에 오시는 그이라 나는 그의 신발끈을 풀기도 감당하지 못하겠노라 하더라," 라고 기록되어 있습니다.

이 말씀을 살펴보면, 세례 요한은 자기가 그리스도가 아니라고 드러내 놓고 말합니다. 또 엘리야도 아니라고 합니다. 유대인들은 엘리야가 글자 그대로 육체적으로 다시 돌아온다고 믿었습니다. 또 세례 요한은 자기가 '그 선지자'도 아니라고 그 파견된 자에게 밝힙니다. 신명기 18:15에 의하면, 모세가 말하기를 '여호와께서 너희 가운데 네 형제 중에서 너를 위하여 나와 같은 선지자 하나를 일으키시리니' 라고 했습니다. 모세가 예언한 이 말씀은 메시야가 올 것을 예언한 것인데 유대인들은 예수님을 메시야와는 다른 사람으로 봤습니다. 즉 예수님을 메시야로 인정하지 않았습니다. 세례 요한은 자기가 그 빛이 아니요 그리스도가 아니라고 밝히고 있습니다. 그는 빛의 증거자로써 자기의 신분을 밝힌 것입니다. 전도자는 '아닌 것' 을 '~이다' 라고 할 수 없고, '아닌 것' 을 '~인 척' 할 수 없습니다. 전도자는 자기의 위치를 바로 파악하고 '나는 그리스도가 아니다' 라고 명백하게 밝혀야만 합니다. 인간으로서 그리스도의 위치를 점령하거나 사칭하는 것만큼 큰 죄악은 없습니다. 직분을 가졌을 때 그 직분을 그리스도를 증거 하는데 나타내야지 그 직분이 바로 그리스도인 것처럼 행동하거나 행세해서는 절대로 안 됩니다. 직분을 가진 자는 그 직분에 맞는 위치를 바로 지켜야 하고, 절대로 그리스도의 위치를 빼앗는 죄악을 범해서는 안 됩니다. 다만 그리스도를 가르치고 그리스도를 증거 해야 합니다. 세례 요한은 빛이 아니요 그 빛의 증거자임을 이렇게 표현하고 있습니다. '나는 광야에서 외치는 소리다.' 이것은 바로 이사야 40:3에서 "외치는 자의 소리여 이르되 너희는 광야에서 여호와의 길을 예비하라 사막에서 우리 하나님의 대로를 평탄하게 하라" 의 말씀을 인용한 것입니다. 이처럼 세례 요한은 자기의 위치와 자기가 누구인지 확실히 알고 있었고, 그에 합당한 행동을 했습니다.

세례 요한의 위치는 무엇입니까? 세례 요한은 자기를 한 인격이라고 하지 않고 한 '소리(Voice)' 라고 합니다. 그리스도는 '말씀(로고스)' 이고 요한은 '소리(포네, φωνή)' 이었습니다. 말씀이 없다면 소리는 아무 의미가 없습니다. 소리는 모습으로 확실히 나타나지 않습니다. 진정한 성도는 여기서 보는 것과 같이 세례 요한처럼 말씀을 전하는 소리로 만족해야 합니다.

세례 요한은 자기를 예수 그리스도의 종이나 노예도 될 자격이 없는 자라고 했습니다. 세례 요한이 자기는 그리스도도 아니고, 엘리야도 아니고, 다른 선지자도 아니며, '광야에 외치는 소리' 라고 할 때에, 바리새인들로부터 보냄을 받은 자들이 "그러면 네가 어찌하여 세례를 주느냐?" 라고 물었습니다. 그때 세례 요한이 대답하기를 "내가 주는 세례는 물세례로써 너희가 반드시 죄를 회개해야 할 사실을 가르쳐 주는 것이다," 라고 하면서 "내 뒤에 오시는 이는 불과 성령으로 세례를 주신다,"고 하였습니다. 그리고 또한 "나는 그의 신발 끈을 풀기도 감당할 수 없노라"라고 했습니다. 신발 끈을 푸는 일은 종이나 노예들의 임무입니다. 세례 요한은 자신이 예수 그리스도의 종이나 노예가 될 자격조차도 없다고 하면서 예수님이 확실히 누구인가를 밝히고 있습니다.

　세례 요한은 주님은 흥하고 자기는 쇠하는 것을 원하였습니다. (3:29~30) 유대 풍속에 의하면 신랑과 신부를 위하여 두 사람의 들러리가 있었습니다. 혼례 전에는 이 두 사람은 중매자로 활동하고 혼인예식 때에는 신랑신부를 맞이하여 식장으로 인도합니다. 유대 랍비(rabbi) 문서에 의하면 이스라엘 민족을 하나님 앞으로 인도했던 모세는 자기를 '신랑의 들러리' 라고 했고, 하나님이 에덴동산에서 아담과 하와를 축복하실 때에, 천사 가브리엘과 미가엘이 신랑의 들러리 역할을 하였다고 기록되어 있습니다. 세례 요한은 예수님을 신랑에, 성도들을 신부에, 그리고 자기를 들러리에 비유하면서, 성도들이 예수님께로 향하여 가는 것을 보고 기뻐했습니다. 심지어 자기의 두 제자 안드레와 요한이 예수님께로 가는 것을 보고도 기뻐하면서 "그는 흥하여야 하겠고 나는 쇠하여야 하리라"라고 말했습니다. 태양이 떠오를 때 별빛은 자취를 감추는 것과도 같이 의(義)의 태양이 되시는 주님이 오셔서 일하실 때, 세례 요한은 그것을 보고 기뻐했고, 주님이 흥하고(많은 무리가 따르고) 자기가 쇠하는 것을 기뻐했습니다. 세례 요한은 주님의 들러리가 되는 것으로 기뻐하고 만족했습니다. 이런 기쁨은 그가 어머니 뱃속에 있을 때부터 시작되었습니다. 엘리사벳이 마리아의 문안을 받았을 때에 "보라 네 문안하는 소리가 내 귀에 들릴 때에 아이가 내 복중에서 기쁨으로 뛰놀았도다(눅 1:44),"

라고 했습니다.

세례 요한은 순교하면서까지 빛을 증거 했습니다. 세례 요한이 광야에서 메뚜기와 들꿀을 취하면서 회개의 복음을 외칠 때에 수많은 군중이 운집하였고, 그 무리 중에는 사두개인과 바리새인들도 있었습니다. 세례 요한은 이들을 가리켜 '독사의 자식들' 이라고 신랄하게 공격했습니다. 그들은 회개와 믿음이 없는 외식주의자들이기 때문입니다. 아브라함의 후손이면 선택된 민족으로 무조건 천국에 들어간다는 망상을 가진 자들이기 때문입니다.

누가복음 3:7에서 "그러므로 회개에 합당한 열매를 맺고, 속으로 아브라함이 우리 조상이라고 생각하지 말라 내가 너희에게 이르노니 하나님이 능히 이 돌들로도 아브라함의 자손이 되게 하시리라"고 지적했고, 마태복음 3:8~9에서 마태도 같은 내용을 말하였습니다. 예나 지금이나 외식주의는 주님의 저주 대상이요 우리 주님은 이미 도끼가 나무뿌리에 놓였으니 회개하지 않으면 찍어 불에 던지리라고 엄중한 심판을 선언하였습니다.

헤롯 왕(Herod Antipater 약 주전 20~ 주후 39)이 동생 필립의 아내를 빼앗아 자기의 아내로 삼았을 때, 아무도 이 같은 미친 짓을 규탄하는 자가 없었습니다. 바리새인, 사두개인, 유대지도자들 중 어느 누구도 아무 말도 하지 못했습니다. 그러나 세례 요한은 '헤롯의 행동이 옳지 않다' 라고 지적하며 비판했습니다. 그는 순교를 각오하고 이 같은 비판을 한 위대한 선지자요 하나님의 일꾼이었습니다. 그는 옳은 말을 하고, 옳은 일을 하고, 의롭게 살기를 원했습니다.

그는 예수 그리스도(χρίστός)의 선구자로써 활약했을 뿐 아니라, 자기가 직접 보고 듣고 만났던 빛이신 예수 그리스도의 증인으로 살다가 순교하기로 작정한 증인이자 순교자였습니다. 헬라어로 증인(μάρτυς a witness)은 순교자(a martyr)를 뜻합니다. 세례 요한은 빛의 증거자로 왔고 그 빛을 유대 지도자들의 음침한 마음속에 전달해 주었습니다. 위선과 거짓으로 갑옷을 입고 지도자인 척하는 바리새인, 사두개인들의 마음을 향해 그리스도의 빛을 투사시켰습니다. 더럽고 불결한 헤롯왕궁에 죄악의 곰팡이가 생기는 것을 보고 그냥 있을 수 없었습니다.

그는 그리스도의 빛을 증거 했습니다. 좌우에 날이 선 검과 같은 '하나님의 말씀'을 던졌습니다. 그때 세례 요한에게 온 보상은 바로 '헤롯의 복수의 칼'이었습니다. 세례 요한은 그렇게 죽었습니다. 그의 제자들이 세례 요한의 시체를 장례했습니다. 그 후에 빛 자체이신 주님의 복음 사역이 활발하게 전개될 때, 헤롯왕은 자기가 죽인 세례 요한이 다시 살아난 줄 알고 두려워했습니다. 빛을 증거하는 사람은 세례 요한처럼 '희생'을 각오해야 합니다.

호주 동북쪽으로 뉴헤브리디스(New Hebrides) 제도라는 수십 개의 섬으로 형성된 섬들이 있습니다. 포르투갈 사람인 키로스가 17세기에 처음으로 발견했습니다. 이 섬 중에 어떤 섬들은 사람들이 살고 있었고, 주민들은 본래 식인종들이었습니다. 1839년 영국 선교사요, 학자인 존 윌리엄스(John Williams)가 복음을 전하려고 그 섬에 갔습니다. 그러나 그는 상륙 즉시 해변에 발을 올려놓자마자 토착민들에게 살해되었습니다. 두 번째로 해리스(Harris)가 들어갔는데 그도 3일 만에 살해되었습니다. 세 번째로 존 골든(John Golden)부부가 들어가 원주민과 약간 접촉했지만 역시 살해되었고, 네 번째로 제임스 맥네어(James MacNair)도 들어가서 죽었습니다. 다섯 번째로 조지 고든(George Gordon)과 그의 아내 앨렌(Ellen)이 순교하였고, 마지막으로 조지 고든의 동생인 제임스 고든(James Gordon)이 전도하는 데는 성공했지만 후에 순교했습니다. 그들의 뒤를 이어 휴 로버트슨(Hugh Angus Robertson)선교사가 선교를 해서 성공했고, 40년 뒤에는 모든 섬의 전 주민이 기독교인이 되는 놀라운 결과를 나타내서 성령의 섬으로 다시 태어났습니다. 이렇게 빛을 증거 하는 사람은 세례 요한처럼 순교나 자기희생을 각오해야만 합니다.

그리스도를 믿게 하는 사명으로 온 세례 요한

세례 요한의 사명은 빛을 증거 할 뿐만 아니라 모든 사람이 자기로 인하여 그리스도를 믿게 하는 것입니다. 세례 요한의 숭고한 삶의 목적은 자기로 인하여 모든 사람이 그리스도를 믿게 하는 데에 있었습니다. 세례 요한은 자기의 말, 행동, 생애, 시간, 자기의 숨결까지도 그리스도를 증거 하여, 그리스도의 복음을 들을 자들이 그리스도를 믿게 하는 데 있었습니다. 그는 철저한 예수님의 증인이요, 철두철미하게 그리스도를 증거 하는 것으로 만족을 삼고 그리스도를 증거 하는 것을 삶의 최고 목표로 삼았습니다. 그러므로 그의 증거, 그의 존재가 모두 그리스도를 위한 것이었습니다. 그래서 예수님께서 세례 요한을 평가하시길, '여인이 낳은 자 중에 가장 큰 자' 라고 했습니다.

이렇게 세례 요한의 증거와 생애를 살펴보면서, 우리는 '내가 참으로 빛의 증인인가?' 를 자문해 보시기 바랍니다. 또한 '희생을 각오하면서 그리스도의 빛을 증거 하는 자인가?' 도 묻기 바랍니다. 또한 여러분들이 그리스도의 '산 증인' 인가를 생각하시면서, 세례 요한과 같이 생명을 바쳐 말씀의 빛을 증거 하시기를 바랍니다.

제6장

참 빛(A Genuine Light)

(요 1:9)

요한복음 1:9 "참 빛 곧 세상에 와서 각 사람에게 비추는 빛이 있었나니."

참 빛이신 예수님은 하나님으로서 인간의 역사 속에
들어오셨습니다.
우리를 인도하시고, 우리를 참된 하나님의 세상으로 데려가시기
위해서 예수님은 우리에게 오신 것입니다.
참 빛은 의심을 없애고, 절망에서 구원하시고,
사망에서 구원하십니다.
참 빛은 모든 사람을 비추기 위해 이 세상에 오셨습니다.

세계 역사에 있어서 가장 위대한 순간을 생각해 봅시다. 전통적인 대답은 '불을 발견한 때'와 '기계를 발명한 때'라고 합니다. 역사가는 주전 5세기에 있었던 지적 생명을 언급하기도 합니다. 어떤 사람은 로마 시대에 실시된 로마법을 이야기 합니다. 현대인들은 원자력을 발견한 순간이 가장 위대한 순간이라고 말하기도 합니다. 우주인이 달나라에 첫발을 디디던 순간이 가장 위대한 순간이라고도 합니다. 이런 순간들은 우리 인류의 역사에 있어서 매우 흥미 있고 중요한 순간임에는 틀림이 없습니다.

인류 역사 속에 오신 전능하신 하나님

그러나 그리스도인이 생각하는 가장 위대한 순간은, 인류 역사 속에 전능하신 하나님이 오신 사건입니다. 곧 세계를 창조하시고 인간을 자기형상대로 만드신 하나님이 사람의 몸을 입으시고 인류 역사 속에 오신 사건이 가장 위대한 사건입니다. 이 사실을 요한복음 1:9에서는 이렇게 말하고 있습니다. "참 빛 곧 세상에 와서 각 사람에게 비추는 빛이 있었나니(The true light that gives light to every man was coming into the world.)"

'와서(coming)'라는 단어를 '참 빛'에 연관시켜 '세상에 오시는 참 빛'이라고 해석합니다. 사도 요한은 '세상에 와서'란 구절을 예수님이 인간 역사속에 오심을 가리키는 말로 여러 번 사용합니다.

요한복음 6:14에서 "그 사람들이 예수께서 행하신 이 표적을 보고 말하되 이는 참으로 세상에 오실 그 선지자라 하더라(오병이어의 이적),"라고 하였습니다.

요한복음 9:39에서는 "예수께서 이르시되 내가 심판하러 이 세상에 왔으니,"라고 하였습니다.

요한복음 11:27에서는 "주여 그러하외다 주는 그리스도시요 세상에 오시는 하나님의 아들이신 줄 내가 믿나이다,"라고 마르다가 고백합니다.

요한복음 16:28에서는 "내가 아버지에게서 나와 세상에 왔고,"

요한복음 18:37에서는 "네 말과 같이 내가 왕이니라 내가 이를 위하여 태어났으며 이를 위하여 세상에 왔나니,"라고 했습니다.

요한복음 1:10~12에서는 "그가 세상에 계셨으며 세상은 그로 말미암아 지은 바 되었으되 세상이 그를 알지 못하였고, 자기 땅에 오매 자기 백성이 영접하지 아니하였으나, 영접하는 자 곧 그 이름을 믿는 자들에게는 하나님의 자녀가 되는 권세를 주셨으니,"라고 하였습니다. 그러므로 요한복음 1:9의 '와서(coming)'라는 단어는 예수님이 이 세상에 인간의 몸을 입으시고 오신 것을 가리킵니다. 이 말씀을 연관시켜서 이렇게 번역하고 해석할 수 있습니다. '세례 요한은 그 빛이 아니고, 오직 그 빛을 증거 하기 위하여 보냄을 받은 자이다. 그런데 그 참 빛은 벌써 세상에 와서 세례 요한이 일하던 그때에 각 사람에게 비추고 있었다.'

완전한 빛인 참 빛

요한복음 안에서 그 빛을 일컬어 '참 빛'이라고 합니다. 이 '참'이라는 낱말은 헬라어로 두 가지가 있습니다. 하나는 참(알레떼스, ἀληθής)은 거짓에 반대되는 '참'을 의미합니다. 법정에서 진술할 때에 '거짓'이나 '진실'이나 또는 '옳으냐 그르냐'의 문제가 있을 때 이야기되는 '진실' 또는 '옳음'을 참(ἀληθής)이라고 합니다. 사도 요한이 예수님을 참 빛이라고 할 때, 이 '참'은 이런 의미가 아닙니다. 사도 요한이 즐겨 사용하는 용어가 많은데, 여기에서의 '참'은 알레떼논(ἀληθινόν)을 말하고 있습니다. 이 용어는 불완전에 대한 완전함을 의미합니다. 이 단어는 부분적으로만 진실한 것이 아니라 전체적으로 진실한 것을 의미합니다. 이 단어를 더욱 알기 쉽게 번역한다면 '사실적 진실(real truth)' 이나 '순수한 진실(genuine truth)' 을 사용할 수 있습니다.

예수 그리스도의 빛은 참된 빛이기 때문에 인생을 바로 인도합니다. 그러나 모든 다른 빛은 불완전하기 때문에 인생을 바로 인도하지 못합니다. 철학이나, 문학, 도덕, 과학, 경제라는 빛들도 있습니다. 하지만 이러한 빛들은 인생을 완전하게 인도하는 완전하고 순수한(real genuine) 빛이 아닙니다.

불행하게도 많은 인간들은 참 빛이 아니고 완전한 빛이 아닌 불완전하고 부분적인 빛을 따르고 있습니다. 예를 들어, 19세기 인간들은 이 불완전한 빛을 따르다가 실망하였습니다. 그 빛은 '진보' 라는 빛이고, '진화' 라는 빛이었습니다. 이 세계는 날마다, 해마다 진보되어가며 진화되어 간다는 역사관이었습니다. 곧 이러한 사상은 심리적으로 진화론과 연결되어 있습니다. 이때에 인간들은 요한계시록에 기록된 심판에 대하여 믿지 않을 뿐만 아니라 비웃었습니다. 무슨 마지막 심판이 있겠느냐고 웃었습니다. 그러나 2차 대전이 일어나 수많은 사람들이 죽었고, 인간들이 쌓은 문명의 바벨탑이 파괴되었습니다. 재난이 오고 무서운 질병이 땅을 덮었을 때 이 세상이 진보되고 진화되어 간다는 그 꿈은 물거품이 되고 말았습니다. 진화와 진보는 필연적이라는 그 꿈은 큰 착각이 되어 버린 것입니다.

다른 하나의 불완전한 빛은 물질 번영을 추구하는 것입니다. 오늘날 대다수의 사람들은 물질적 번영이나 행복이 인간이 따라야 할 빛이라고 생각합니다. 연 소득이 얼마나 되느냐에 따라 행복이 결정되는 것처럼 생각합니다. 일주일에 4일 근무, 별장 소유, 세계 일주 여행 등, 인간으로써 마음껏 즐길 수 있도록 물질번영을 추구하는 것이 '빛' 을 발견하는 것이라고 생각합니다. 물질 번영은 상대적인 의미에서 우리에게 행복의 빛을 준다고 할 수 있습니다. 그러나 물질 번영이 인간의 마음을 얼마나 타락시키며 어둡게 하느냐 하는 사실을 기억해야만 합니다. 물질 번영이 인간의 영혼의 굶주림을 절대로 해결할 수는 없습니다. 성경은 말합니다. "양식이 없어 기근이 아니요, 물이 없어 기갈이 아니라 하나님 말씀을 듣지 못한 기근이요, 기갈이다(암 8:11)," 고 하였습니다.

모든 사람에게 비추는 참 빛

이 본문 말씀에서 두 번째로 가르치는 중요한 교훈은 예수 그리스도의 참된 빛이 모든 사람(every man)에게 비춘다는 사실입니다. 사도 요한이 참된 빛이 모든 사람에게 비춘다는 말씀을 강조하여 기록한 이유가 있습니다. 유대인들은 '하나님은 유대민족만 선택된 민족인 선민으로 뽑으시고 유대민족에게만 복을 내려 주신다,' 는 독선적인 사고방식을 가지고 있었습니다. 그리하여 유대민족은 아브라함의 피로 이어져 내려온 후손임을 자랑스럽게 생각하고, 하나님은 유대민족의 하나님이시요, 이방인의 하나님은 아니라고 하는 편협주의에 빠져 있었습니다. 이 사실을 유대인인 사도 요한이 잘 알고 있었지요. 그래서 요한은 '참된 빛인 예수 그리스도는 유대인에게만 비추시는 참 빛이 아니시요, 헬라인, 로마인 등 어느 민족에게나 비추시는 순수한 참 빛(Genuine Light)' 임을 밝히고 있는 것입니다. 이 빛은 옛날 사람이나 지금 사람이나, 천한 자나 부유한 자나, 그 누구를 막론하고 다 비추시는 참 빛이십니다. 이런 참 빛으로 오신 그리스도로 인해 우리들에게는 어떤 유익이 있을까요?

참 빛이 오심으로 의심의 그림자를 추방시켰습니다. 예수님이 오시기 전까지 사람들은 하나님에 대하여 추측하고, 억측하는 일이 허다했습니다. 헬라인들은 '하나님에 대하여 이해하기는 어려우며, 또한 하나님에 대하여 이해했다고 하여도 그것을 다른 사람에게 설명하기란 불가능하다,'라고 생각했습니다. 이방인들에게 있어서 하나님은 사람들이 들여다 볼 수 없는 어두운 그늘에 존재하시거나, 사람들이 접근할 수 없는 빛에 거하는 줄 알았습니다. 구약시대에는 제사장들이 성막의 지성소에서 '빛'을 보았습니다. 이 빛을 하나님의 현현, 하나님의 빛인 쉐키나(Shekinah)라고 합니다. 구약시대에는 오직 지성소에 비춰지는 빛을 보았을 뿐이지만, 신약시대에는 빛 자체를 보았습니다. 이 빛은 하나님의 영광인 참 빛으로 오신 예수님의 그 빛입니다. 예수님이 오심으로 하나님이 어떤 분임을 환하게 보여주었습니다. 더 이상의 의심이나 알지 못함이 있을 수 없습니다.

참 빛이 오심으로 절망의 그늘을 추방시키셨습니다. 예수님은 절망에 빠진 세상에 오셨습니다. 이 절망은 인간이 범한 죄 때문이었습니다. 이스라엘 백성이 깊이 타락하고 범죄 했을 때 하나님은 그들과 교통을 끊어버렸습니다. 말라기 선지자가 죽은 이후 400년 동안이나 하나님의 계시가 없을 때 그들은 절망의 심연에 빠졌었습니다. 그때에 예수님이 참 빛으로 오셨습니다. 유대인 뿐 아니라 하나님을 모르던 이방인들도 죄로 인하여 절망에 빠져 있었습니다. 어떤 면에서 보면, 유대인은 절망에 빠져 있다는 사실을 알고 절망 속에서 살았지만, 이방인들은 절망 속에 있으면서도 절망인지 모르고 살았습니다. 고대 로마 제국 시대의 정치인이며 사상가이고 문학가인 세네카(Seneca)는 '인간은 자기의 무력함이 필연적이라고 의식하고 있다,'라고 했습니다. 이방인은 절망 속에 빠져 있는 것이 당연한 것처럼 생각했는지도 모릅니다. 예수님은 이런 절망 속에 빠져 있는 인간에게 참 빛으로 오셨습니다. 그는 인간들에게 단순히 참 빛을 보여주시기 위해서 오셨을 뿐만 아니라 사람들로 하여금 구원의 길을 갈 수 있도록 이끌어 주시는 다이내믹한 힘을 가지고 오셨습니다. 예수님은 인간들에게 가르쳐 주시기 위해서만 오신 것이 아니라 인간의 손을 붙잡고 그들에게 힘을 주시려고 오셨습니다.

참 빛이 오심으로 사망의 어두움을 물리쳤습니다. 사람들은 죽음을 두려워합니다. 좋게 생각해서 죽음은 무로 돌아가는 것이라고 했습니다. 죽음은 하나님의 형벌이기에 두려워한 것입니다. 인간의 무서운 원수인 사망의 그늘을 몰아내기 위해 예수님은 참 빛으로 이 땅에 오신 것입니다. 유대인들은 이 죽음의 문제에 있어서도 다른 민족, 곧 이방인을 천시했습니다. 그들은 '이방인들은 지옥 불을 피우기 위한 연료로써 창조되었다,' 라고 생각했습니다. 헬라인들이 '법은 로마에만 있는 것' 이라고 해서 법률이 없는 다른 민족을 천시했던 것과 비슷합니다.

예수님은 참 빛으로 모든 사람에게 비추시는 빛이십니다. 모든 사람이 공유하는 참 빛이시니, 그는 모든 사람들의 빛이 되시려고 오신 것입니다.

제7장

알려지지 않은 자(Jesus, the Unknown)

(요 1:10~13)

요한복음 1:10~13 "그가 세상에 계셨으며 세상은 그로 말미암아 지은 바 되었으되 세상이 그를 알지 못하였고, 자기 땅에 오매 자기 백성이 영접하지 아니하였으나, 영접하는 자 곧 그 이름을 믿는 자들에게는 하나님의 자녀가 되는 권세를 주셨으니, 이는 혈통으로나 육정으로나 사람의 뜻으로 나지 아니하고 오직 하나님께로부터 난 자들이니라."

우리는 너무 많은 세상 욕정에 물들어
예수님이 오셨어도 알지 못했습니다.
영접하지 않았습니다.
그러나 우리가 예수님이 이 땅에 오신 것을 아는 순간,
우리는 예수님을 영접해야만 합니다.
영적으로 눈 먼 맹인이 된 우리가
눈을 뜨고 밝은 참 빛을 볼 수 있는 길은 오직 이 길뿐입니다.

철학자 플라톤(Platon)은 인간을 비유하여 말하기를 '동굴 속에 묶여있는 소년과 같다,' 고 했습니다. 한 죄수가 어릴 때부터 동굴 안에 쇠사슬로 묶여 살았습니다. 그 소년은 앞만 보고 있었고 그의 뒤에 피워둔 불빛에 비치는 세상 물질들의 그림자를 세상으로 알고 살아왔습니다. 후일에 그가 한 번 동굴 밖으로 나왔으나 참으로 아름다운 세상을 믿지 않았고, 참 빛인 태양으로 인해 눈이 아파서 보지 못하고 동굴 속에서 묶여 사는 죄수의 삶이 있는 그 세계가 참인 줄 알고 그 동굴의 세계로 돌아간다는 이야기입니다. 이 이야기는 동굴의 우화(Allegory of the Cave), 플라톤의 공화(The Republic by Plato) 중에서 나오는 이야기입니다. 이것은 불쌍한 인간의 무지와 거기서 오는 죄의 형상을 보여주는 비유입니다.

우리의 무지로 알지 못했던 예수님

사도 요한은 참 빛으로 오신 예수 그리스도를 모르는 인간의 무지에 대해 다음과 같이 말하고 있습니다.

"그가 세상에 계셨으며 세상은 그로 말미암아 지은 바 되었으되, 세상이 그를 알지 못하였고, 자기 땅에 오매 자기 백성이 영접하지 아니 하였다."

이 말씀은 참으로 놀랄만한 사건입니다. 우리 시대에 가장 잘 알려진 분이 '예수 그리스도' 이신데, 예수님이 한때는 알려지지 않은 자로 계셨다는 사실은 매우 이상합니다. 오늘날 서양이나 동양이나 지구의 끝까지, 예수 그리스도가 널리 알려져 있는데, 어떻게 예수님이 '알려지지 않고 인정을 받지 못했나' 하는 것은 정말로 놀랄만한 일이 아닐 수 없습니다. 사도 요한이 이렇게 '예수님이 인정받지 못하고 알려지지 않았다' 고 한 것은 어떤 제한된 기간을 이야기하고 있음이 분명합니다. 따져보면 이 기간은 예수님의 성육신(Incarnation)으로부터 세례 요한의 공적 사역(Public Ministry)까지의 약 30년을 가리키는 것이라고 볼 수 있습니다. '영광의 주님이 인간 세상에 계셨으나 인간들은 그가 참 빛임을 몰랐다' 는 것은 인간에게 있어서 큰 무지요, 불행을 초래하는 무지였습니다.

그가 세상에 계셨다고 하는 말씀은 무슨 의미입니까? 이것은 두 가지로 나누어 생각할 수 있습니다. 우선 성육신하시기 전에 이 세상에 계셨다는 것으로 생각할 수 있고(Pre-Incarnation), 세례 요한이 예수님의 선구자로 와서 일하고 있을 그때에 벌써 예수님은 이 세상에 와서 계셨다는 뜻일 수도 있습니다. 결론적으로 사도 요한이 말하는 것은 후자의 의미일 것입니다.

그는 창조주였으나, 사람들이 알지 못하였다. 이 말씀은 이미 요한복음 1:3에도 언급이 되었습니다. '만물이 그로 말미암아 지은 바 되었다' 라고 했습니다. 오늘날에 수많은 인간들은 만물의 창조주요, 인간을 창조하신 하나님을 알지 못하는 무지 속에 살고 있습니다. 단세포 생물에서 다세포 생물로 진화하여, 마침내 인간이라는 존재가 생겼다는 진화론을 믿고 가르치고 주장하는 현대인 역시 조물주 하나님을 알지 못하고 있습니다. 과학이 발달하지 못한 옛날 사람들은 번개가 번쩍이고 천둥이 칠 때, 그것은 하나님이 노하신 표시라고 두려워했지만, 오늘날 과학이 발달하고 이성의 작용이 예민해진 현대인은 성숙한 인간이기 때문에 하나님이 필요 없다고 말하기도 합니다. 이처럼 옛날 사람이나 지금 사람이나 '창조주 하나님을 모르는 원리와 창조주 하나님을 아는 원리' 는 똑같습니다. 창조주 하나님을 알려고 하지 않고 인정하지 않으려고 하는 사람은 하나님을 절대로 알 수 없습니다. 예수님께서 친히 인간 역사 속에 오셨음에도 불구하고 그를 알려고 하지 않고 인정하지 않을 때에, 그들은 예수가 누구인지 알 수 없었습니다. 예수 그리스도 안에 나타나신 하나님, 곧 예수님이 하나님이심을 알 수 없었다는 말입니다.

한 유명한 정비사가 출근하는 길에 자동차가 고장이 났습니다. 그는 차를 고치려고 했지만 고칠 수가 없었습니다. 그때 지나가던 자동차 하나가 멈추더니 노인 한 분이 차에서 내려서 물었습니다. "도와드릴까요?" 정비사는 자기는 정비사니 괜찮다고 하고는 다시 차를 고치려 했지만 도무지 뭐가 고장인지 알 수가 없었습니다. 물끄러미 보고만 있던 그 노신사는 차의 몇 군데를 만지더니 시동을 걸어보라고 했습니다. 정비사는 기대도 하지 않고 키를 돌리는 순간 시동이 쉽게 걸렸습니다. "도대체 당신은 누구십니까? 이 도시에서 제일 유명한 나도 고치지 못하는 차를 고쳤으니." 그러자 노신사가 웃으며 말했습니다. "내 이름은 헨리 포드입니다." 그 노신사는 자동차를 만든 헨리 포드였습니다. 노신사의 정체를 알기 전에는 누구도 그가 헨리 포드인지 몰랐습니다. 그를 알기 위해 정비사가 '물은' 후에, 그 정비사는 헨리 포드가 누구인지 확실하게 알았습니다. 예수님이 누구신지 아는 것도 이와 같습니다. 예수님을 알기 위해서는 알려고 노력하고 인정해야만 합니다.

우리가 알고 영접해야할 예수님

성경에는 예수님을 알지 못하고 영접하지 않았던 예가 많이 나옵니다. 성경에 나타난 예수님의 탄생 이야기를 보면, 마리아와 요셉이 나사렛에서 베들레헴으로 여행할 때, 예수님을 잉태했던 마리아는 해산의 시간이 다가왔음을 알았습니다. 그래서 여관을 찾았지만 여관 주인은 그들에게 방을 내주지 않았습니다. 여관 주인은 예수 그리스도를 알지 못했고, 영접하지도 아니했습니다. 헤롯왕도 예수 그리스도를 알지 못했고, 영접하지도 아니 하였습니다. 헤롯왕은 예수 그리스도가 유대의 왕으로 나신 자라는 동방박사들의 말을 듣고 예수님을 살해하려고 했습니다. 그는 베들레헴에 있는 두 살 아래 남자아기들을 모두 다 살해하도록 명령했습니다. 성경을 연구한 서기관들도 예수님이 그리스도이며 메시야임을 알지 못했고 영접하지 아니 했습니다. 당시 종교지도자로 자칭했던 바리새인과 사두개인들도 예수님을 구주로 알지 못하였고 영접하지 아니 했습니다. 예수님의 메시야적 이적을 보고도 그들은 예수님을 메시야로 인정하지 않고 영접하지 아니 했습니다. 나면서 맹인이 된 자와 나병 환자를 고치시고, 혈우병자와 앉은뱅이, 귀신 들린 자를 낫게 해 주셨지만, 그들은 예수님을 알지 못했고 영접하지 아니 했습니다. 죽은 자를 살려주셨으나 끝까지 예수님은 거절당했고, 영접 받지 못했습니다.

이 사실을 사도 요한은 요한복음 1:11에서 이렇게 증거하고 있습니다. "자기 땅에 오매 자기 백성이 영접하지 아니하였다," 라고 했습니다. 이것은 자기 집으로 받아들이지 않았고, 또한 민족 전체적으로 환영한 것이 아닌, 공적인 환영(파라람바노, $\pi\alpha\rho\alpha\lambda\acute{\alpha}\mu\beta\alpha\nu\omega$)이 아닌 개인적인 환영(람바노, $\lambda\acute{\alpha}\mu\beta\alpha\nu\omega$)만을 받았을 뿐입니다. 그리고 궁극적으로는 죽임을 당하게 됩니다. 예수님께서 인간 역사 속에 오실 때에 로마나 헬라나 애굽이나, 동방 어느 제국으로 오신 것이 아닙니다. 그는 팔레스타인에 오셨고, 이 땅은 하나님께서 특별히 택하신 땅입니다. 그리고 하나님은 먼저 택하신 유대민족으로 오셨습니다.

하나님이 택하신 땅 '유다'는 특별한 의미가 있습니다. '유다'는 이스라엘, 팔레스타인, 그리고 요르단 일부 지방을 뜻하는데 하나님은 거룩한 땅이라고 하여 '성지'라고 부르시며, 주의 땅, 당신의 땅이라고 부르십니다. 하나님께서는 왜 그러실까요? 유다는 하나님의 특별한 소유이기 때문입니다.

"여호와께서 장차 유다를 거룩한 땅에서 자기 소유를 삼으시고 다시 예루살렘을 택하시리니(슥 2:12, 제 2 마카비서 1:7, 지혜서 12:3)"라고 했습니다.

"토지를 영구히 팔지 말 것은 토지는 다 내 것임이니라(레 25:23)," 명령하십니다.

"세계가 다 내게 속하였나니 너희가 내 말을 잘 듣고 내 언약을 지키면 너희는 모든 민족 중에서 내 소유가 되겠고(출 19:5),"

"여호와께서 자기를 위하여 야곱 곧 이스라엘을 자기의 특별한 소유로 택하셨음이로다(시 135:4)."

"너는 여호와 네 하나님의 성민이라(신 7:6)."

"그가 말씀하신 대로 너를 네 하나님 여호와의 성민이 되게 하시리라(신 26:19)."

"여호와의 분깃은 자기 백성이라(신 32:9)."

유대인들은 하나님의 분깃이었습니다.

예수님은 바로 하나님의 땅과 하나님의 백성에게로 오셨습니다. 그러나 그들은 예수님을 몰라보고 그리스도로 인정하지 아니 했습니다. 예수님은 마땅히 자기 집에 돌아온 주인과 같이 자기 집안 식구들에게 영접을 받아야 하고 환영을 받아야만 했습니다. 그 보다도 자기 나라에 돌아온 왕과 같이 환영을 받아야만 했습니다. 그러나 오히려 배척을 받고 죽음을 받았습니다. 예수님은 증오의 환영은 받았으니 경모의 환영은 받지 못하였고 결국에는 십자가의 죽음을 맞이하셨습니다.

결과적으로, 예수님에 대한 이 같은 대우는 유대민족이 2,000년간 나라 없는 백성이 되어 다른 민족들에게 대량 학살을 당하는 결과를 빚었습니다. 하나님은 "소는 그 임자를 알고 나귀는 그 주인의 구유를 알건마는 이스라엘은 알지 못하고 나의 백성은 깨닫지 못하는도다(사 1:3)," 라고 탄식을 하셨습니다.

사도 요한은 예수님께서 왜 환영을 받지 못하고 배척을 당하였는가에 대하여 이렇게 밝히고 있습니다.

"그 정죄는 이것이니 곧 빛이 세상에 왔으되 사람들이 자기 행위가 악하므로 빛보다 어둠을 더 사랑한 것이니라(요 3:19)," 라고 하였습니다. 이것은 마치 맹인이 밝은 태양을 인식하지 못하는 것은 태양이 존재하지 않아서가 아니라 맹인의 시력이 죽었기 때문에 태양을 보지 못하는 이치와 같습니다. 예수님께서 그처럼 밝은 빛으로 오셨고, 참 빛으로 오셨으되 사람들이 알지 못하고 영접하지 아니한 것은 영적 맹인 상태가 되었기 때문입니다.

에덴동산에서 사탄은 하와로 하여금 범죄 하게 할 때, '하나님이 금하신 선악과를 따먹으면 네가 눈이 밝아져서 하나님과 동등하게 된다,' 고 유혹했습니다. 이것은 바로 영적 맹인이 되게 한 것으로 영적 맹인이 되면 허물과 죄로 가려진 존재가 되어 참 빛을 볼 수 없습니다. 아담의 후손인 인간들에게 총체적인 악행의 악이 구체적으로 나타나는 병리현상, 즉 영적 맹인이 되는 현상이 일어나면, 하나님의 일을 생각하지 아니하고, 하나님의 일을 볼 수 없게 됩니다. 그러므로 하나님의 일을 깨닫지 못하게 되는 것입니다.

영적으로 눈이 먼 우리를 깨우쳐 주시는 예수님

고린도후서 4:3~4에는 "만일 우리의 복음이 가리었으면 망하는 자들에게 가리어진 것이라, 그 중에 이 세상의 신이 믿지 아니하는 자들의 마음을 혼미하게 하여 그리스도의 영광의 복음의 광채가 비치지 못하게 함이니 그리스도는 하나님의 형상이니라. (And even if our gospel is veiled, it is veiled to those who are perishing. The god of this age has blinded the minds of unbelievers, so that they cannot see the light of the gospel of the glory of Christ, who is the image of God.)" 라고 했습니다.

고린도전서 2:14에는 "육에 속한 사람은 하나님의 성령의 일들을 받지 아니하나니 이는 그것들이 그에게는 어리석게 보임이요, 또 그는 그것들을 알 수도 없나니 그러한 일은 영적으로 분별되기 때문이라," 고 했습니다. 이렇게 영적 맹인이 된 자들은 영적인 분별력이 없기 때문에 예수 그리스도가 참 빛이며 하나님이라는 것을 알지 못하고 영접하지 아니 합니다. 하지만 예수님은 오늘 우리 크리스천들에게는 맹인된 눈을 뜨게 하여주셨습니다. 예수님의 동족인 유대인들이 알지 못하고 영접하지 않았던 그 주님을 우리가 알고 영접한 것은 커다란 축복입니다. 그러나 때때로 우리 크리스천들도 주님을 외면하고 영접하지 않을 때가 있습니다.

우리는 엠마오 도상에서 그리스도를 만난 두 제자를 생각해 볼 수 있습니다. 예수님이 십자가에서 돌아가신 후, 다시 부활을 했음에도 이 두 제자는 그것을 의심하면서 사두개인, 바리새인들에게 잡힐까봐 엠마오로 내려가고 있었습니다. 그런데 그리스도께서 나타나신 것입니다. 그러나 그들은 영안이 뜨이지 않은 영적 맹인들이었기에 예수님을 알아볼 수가 없었습니다. 그 후에 예수님과의 대화와 예수님이 주신 떡을 통해서 영안이 떠져서 예수님을 알아보게 되었습니다.

이렇듯이 우리는 주님과 함께 있다고 말로는 하고 있지만 실제로는 영적인 맹인으로 살고 있을 수도 있습니다. 교회나 가정에서, 또는 나 자신 스스로에게 물어봅시다. 주님의 뜻을 생각하지 않고 내 마음대로 행하고 있는가? 주님이 원하시는 것을 최우선으로 하지 않고 다른 것부터 챙긴 다음에 주님의 원하시는 것을 2차, 3차하는 식으로 뒤로 돌리지는 않는가? 그리고 말로만 주를 인정하면서 실제로 마음 깊은 곳에서는 주님을 신뢰하지 않고 있지는 않는가? 이런 것들을 점검해 보시기 바랍니다.

영적인 눈이 깨우쳐지지 않은 자의 예를 우리는 열왕기하 16장에서 볼 수 있습니다. 수많은 아람의 군대가 도단 성으로 엘리사를 잡으려 쳐들어 왔을 때, 엘리사의 사환 게하시는 영적인 눈이 없기에 두려워만 합니다. 하지만 엘리사는 아람의 군대보다도 더 많은 하나님의 천군천사 군대가 자신을 보호하고 있다는 것을 봅니다. 엘리사가 게하시의 영적 눈이 열리도록 기도하니 그때야 게하시는 그 천군천사들을 보게 됩니다. 그러나 게하시는 자신의 욕심에 다시 영적 맹인이 되어 아람군대의 장군 나아만에게 선물과 금전을 사취해서 결국은 문둥병에 걸리게 됩니다.

　지금 여러분들은 이런 말씀을 묵상하면서 자신에게 질문을 해보시기 바랍니다. 지금 내가 주님을 외면하고 있지는 않는가? 지금 주님이 여러분에게 외면당하고 있지는 않는가? 주님을 알고, 영접하였지만, 영적인 맹인이 되지는 않았는가? 직장이나 가정, 또는 어떤 것이라도, 학문이나 연구나 물질이나 마음에서도 주님을 외면하지 않고 있는지 생각해 보시기 바랍니다. 주님을 외면하는 자, 즉 영적 맹인인 자는 심판 날에 주님이 여러분들을 외면하실 것입니다. 주님께서 분명히 말씀하셨습니다. 이런 자에게 '나는 너를 모른다.' 라고 할 것이라고 하셨습니다.

제8장

무상제공의 복 받은 자

(요 1:12~13)

요한복음 1:12~13 "영접하는 자 곧 그 이름을 믿는 자들에게는 하나님의 자녀가 되는
권세를 주셨으니, 이는 혈통으로나 육정으로나 사람의 뜻으로 나지 아니하고
오직 하나님께로부터 난 자들이니라."

우리들은 우리의 의지에 의해
모든 것을 생각하고 판단하고 살아갑니다.
구원받는 것도 이처럼 생각하는 사람들이 있습니다.
또한 조건으로 구원받는다고 생각하는 사람들도 있습니다.
그러나 이런 조건, 의지, 상황 등은
구원을 받을 수 있는 요소가 아닙니다.
오직 하나님께로부터 다시 낳아야지만
구원을 받을 수 있는 것입니다.

예수님은 자기가 창조하시고 특별히 자기의 땅이라고 지명한 팔레스타인 땅, 그리고 모든 민족 중에서도 자기 민족이라고 지칭한 유대민족에게로 오셨습니다. 그러나 예수님은 자기 민족에게 거절을 당하고 영접을 받지 못했으며, 자기 땅에서 십자가에 못 박혀 죽으셨습니다. 유대민족은 공적으로 예수님을 영접하지 않았으나, 그들 가운데 개인적으로 예수님을 구주로 믿고 영접한 사람들이 있었습니다. 이들에게 주어질 큰 축복이 오늘 본문에 나와 있습니다. 오늘의 세계가 공적으로 예수님을 영접하지 않으나, 우리가 개인적으로 예수님을 영접하면 이런 커다란 축복이 내려집니다. 요한복음 1장 12절의 말씀은 우리 성도들에게 가장 영광스러운 말씀입니다. 다시 한 번 강조합니다. "영접하는 자, 곧 그 이름을 믿는 자들에게는 하나님의 자녀가 되는 권세를 주셨으니."

영어 성경이나 우리 말 성경에는 요한복음 1:12의 말씀이 아람어의 관용법보다는 덜 확실하게 번역된 것 같습니다. 아람어에서는 본문의 말씀이 '...하는 자는 누구든지' 라는 의미가 있습니다. 영접하는 자, 곧 그 이름을 믿는 자들은 얼마든지, 또는 누구든지(as many as) 하나님의 자녀가 되는 권세를 주신다고 번역되어야 합니다. 영문성경을 보면 "Yet to all who received him, to those who believed in his name, he gave the right to become children of God." 이라고 되어 있습니다. 즉 예수님을 영접하고 그 이름을 믿는 자에게는 혈통, 직위, 국적, 성별 등에 관계없이 "누구든지" 하나님의 자녀가 되는 권세를 주셨다는 말입니다.

이 본문의 말씀은 우리에게 어떻게 하나님의 자녀가 되는가 하는 방법을 보여주고 있습니다. 그리고 요한복음 1:13에서는 하나님의 자녀가 될 수 없는 길을 가르쳐 줍니다. 하나님의 자녀가 될 수 없는 길은 혈통으로 될 수 없고, 육정으로 될 수 없으며, 사람의 뜻으로 될 수 없습니다. 하나님의 자녀가 될 수 없는 3가지 방법을 살펴봅시다.

혈통으로는 하나님의 자녀가 될 수 없다

혈통으로 하나님의 자녀가 될 수 없습니다. 여기서 혈통이란 '피(bloods)'를 의미합니다. 그러므로 혈통이란 부모로부터 물려받은 피, 더 나아가 조상들로부터 물려받은 피를 의미합니다(The bloods of two parents, and the bloods of many distinguished ancestors). 유대민족은 이 혈통만으로 하나님의 자녀가 된다고 확신했습니다. 그러나 사도 요한은 이런 혈통으로 하나님의 자녀가 될 수 없다고 주장하고 가르칩니다. 그는 자기 동족이 이런 잘못된 사상을 지니고 있을 때에 그것을 지적하고 있습니다. 요한복음 8:32 이하에 보면 예수님과 유대인 간의 대화 내용이 나옵니다.

그것은 자유의 문제로부터 시작됩니다. "너희가 진리를 알지니 진리가 너희를 자유케 하리라,"고 예수님이 말씀하십니다. 유대인들이 말하기를 "우리가 아브라함의 자손이라. 우리가 남의 종이 된 적이 없거늘 어찌하여 우리가 자유를 얻어야 한다고 말하는가?"라고 반문합니다. 유대인들은 사실 아브라함 시대 이후부터 다른 민족들에게 침략을 당하고 정치적으로 속박을 받은 종의 경험을 가진 민족입니다. 그들은 애굽, 바벨론, 시리아, 모압, 에돔, 암몬, 블레셋, 헬라, 로마인 등 수많은 민족들에게 침략당하고 종이 되기도 하였습니다. 그러나 예수님은 실제로 이런 정치적인 속박이나 노예를 말씀하신 것이 아닙니다. 예수님은 죄의 종을 말씀하시는 것입니다. "죄를 범하는 자마다 죄의 종이라,"라고 하시면서 "종은 영원히 집에 거하지 못 하느니라," 하고 하셨습니다. 이런 죄의 종을 하나님의 아들은 자유케 할 수 있다고 하십니다. "나도 너희가 아브라함의 자손인 줄 아노라. 그러나 내 말이 너희 속에 있을 곳이 없음으로 나를 미워하고 죽이려 하는 도다."라 하셨습니다. 그 말을 듣고 유대인들이 예수님을 죽이려고 하자, "너희가 아브라함의 자손이면 아브라함처럼 행하여라. 아브라함은 너희처럼 사람을 죽이려 하지 아니 하였다."라고 했습니다.

유대인들은 혈통을 고집하면서 "우리가 음란한 데서 나지 아니하였고 아버지도 한 분뿐이다. 곧 하나님이시다(One God, One Father)."라고 하자, 이때 예수님께서 말씀하시길, "너희의 아버지는 하나님이 아니고, 너희의 아비는 마귀다,"라고 하셨습니다. 즉 "너희는 마귀에게서 났으니 마귀의 자식이다,"라고 하신 것입니다. 유대인인 예수님은 유대인인 자기 동족이 자기 스스로를 인정해서 '하나님의 자녀'라고 할 때, 그들은 하나님의 자녀가 아니라고 명백하게 부정했습니다. 예수님의 이 가르침은 '인간의 혈통'으로 하나님의 자녀가 될 수 없다는 것을 알려주고 있는 것입니다. 유대민족은 하나님과 특별한 역사적 관계를 가지고 있는 민족이었습니다. 그러나 아브라함의 피를 이어받았다는 혈통만으로는 절대로 하나님의 자녀가 될 수 없다고 예수님은 말씀하십니다. 요한복음에서는 "너희가 속으로 아브라함의 자손이라고 하지 말라. 하나님은 이 돌들로도 아브라함의 자손을 만들 수 있다,"라고 분명히 우리에게 말해주고 있습니다. 소위 양반의 혈통이나 귀족의 혈통, 학문이 뛰어난 가문의 혈통, 벼슬을 지낸 가문의 혈통 등 그 어느 자랑할 만한 인간의 혈통으로도 '하나님의 자녀'가 될 수 없습니다. 어떤 왕가의 혈통으로도 절대 하나님의 자녀가 될 수 없습니다.

육정으로는 하나님의 자녀가 될 수 없다

육정으로도 하나님의 자녀가 될 수 없습니다. 신약에서 육(flesh, '사르크스, $\sigma\acute{\alpha}\rho\xi$)의 의미는 주로 인간의 자연적 욕망(natural appetites)을 가리킵니다. 이 육정은 육체적 욕망(carnal desire), 남녀의 성적 충동(the sexual impulse of man or woman), 그리고 출산에서 여자의 역할(the woman's part in procreation-어거스틴) 등이 있습니다. 이 육적인 것으로는 절대로 하나님의 자녀가 될 수 없습니다. 육정은 또한 우리의 감정(emotion)을 내포하고 있습니다. 많은 사람들이 '자기 마음대로 크리스천이 될 수 있다,' 고 생각합니다. 내가 내 감정을 조절하고 수양을 닦으면, 하나님의 자녀가 될 수 있다고 생각하는 것은 잘못입니다. 고상한 감정이나 고상한 마음을 갖고 있다고 해도 하나님의 자녀가 될 수 없다고 본문 말씀은 지적해 주고 있는 것입니다.

사람의 뜻으로 하나님의 자녀가 될 수 없다

사람의 뜻으로도 하나님의 자녀가 될 수 없습니다. 사람의 뜻을 어거스틴은 '남성의 생식(생산, 출산)에 대한 욕구(the procreation urge of the male)' 라고 해석했습니다. 인간은 자기 결정(self-determination)과 적극적 사고의 힘(the power of positive thinking)으로 얼마든지 하나님의 자녀가 될 수 있다고 생각할지 모릅니다. 그러나 이런 사람의 뜻으로는 절대로 하나님의 자녀가 될 수 없습니다.

이렇게 인간의 혈통이나 인간의 수양, 양심과 도덕, 인간의 자기 결정은 절대로 우리를 하나님의 자녀로 만들어주지 못합니다. 그렇다면 하나님의 자녀가 되는 유일한 길(only one way)은 무엇입니까?

오직 하나님께로부터 나야 하나님 자녀가 될 수 있다

하나님께로부터 나야 합니다(중생, regeneration). 요 1:13에서 자녀라는 개념은 본래 '낳다' 라는 의미입니다. 나지 않고서 자식이 될 수 없습니다. 부모와 자식과의 관계는 근본적으로 낳고 낳아진 관계입니다. 부모가 자식을 낳았기 때문에 자식은 부모를 알고 부모와의 관계를 압니다. '거듭난다,' 라는 뜻의 중생도 '난다' 는 뜻입니다. 성령으로 다시 태어나는 것을 의미합니다. 자식이 자기의 희망대로 언제 이 세상에 태어나야 되겠다고 할 수 없습니다. 또한 내가 어디에서 어떤 신분으로 태어나야 되겠다고 선택할 수 없습니다. 다만 부모가 낳을 때에 낳아지는 것뿐입니다. 그러므로 자녀의 출생이란 전혀 수동적인 의미일 뿐입니다. 이와 마찬가지로 성도의 중생도 전혀 수동적입니다. 나의 감정이나 소원, 의지대로 중생하는 것이 아닙니다. 하나님의 절대 주권의 영광으로 우리들은 중생되는 것입니다.

'난다' 라는 것은 단회적입니다. 한 개체의 생명이 난다는 것은 딱 한번 밖에 일어나지 않는 것입니다. 한번 태어나서 사는 한 번의 삶이고 한 개의 생명일 따름입니다. 중생도 단회적입니다. 한번 중생하는 것으로 그치는 것이지 여러 번 중복, 반복되는 것이 아닙니다.

'하나님께로부터 난다' 는 의미는 무엇입니까? 거듭난다는 의미입니다. 요한복음 3장을 보면 이 의미에는 '위로부터' 의 뜻이 있습니다. 우리 인생은 모두 땅에서 났으나 거듭남(regeneration)은 하나님의 생명을 받은 것을 뜻합니다. 예수님께서 거듭나야 한다고 말씀하시니, 니고데모는 이것을 두 번(twice)으로 잘못 해석하여 어리석은 질문을 했습니다. 또 이 '중생한다' 는 의미는 '새롭게 난다,' 의 뜻이 있습니다. 거듭나면 자연인(natural man)이 신령인(spiritual man)으로 변화되고 변신됩니다. 새로운 피조물이 되고 새로운 인생관과 우주관을 가지게 됩니다. "이전 것은 지나갔으니, 보라 새 것이 되었도다," 라는 말씀이 바로 그것입니다. 그러므로 중생은 전적으로 하나님의 성령의 역사이십니다.

하나님께로부터 난 자는 예수님을 영접한 자입니다. 중생이 없이 예수 그리스도를 구주로 영접할 수는 없습니다. 예수 그리스도를 나의 구세주 메시야로 영접해야 합니다. 영접하는 시간이 빠르고 느린 점은 있지만 어쨌든 거듭난 자는 예수를 영접하게 되어 있습니다. 하나님께로부터 난 자가 하나님의 아들을 영접하지 않을 수가 없습니다. 영접한다는 것은 믿는다는 '믿음'을 말합니다. 예수 그리스도를 하나님의 아들로 믿고 나의 구주로 믿으며, 그리스도가 하나님의 아들임을 고백하는 자가 진정한 하나님의 자녀가 되는 것입니다.

예수를 영접하는 자, 곧 그 이름을 믿는 자에게 '하나님의 자녀가 되는 권세'를 주셨습니다. 영접하는 것(람바노, λαμβάνω)과 하나님의 자녀 되는 권세를 받는 것(에도우켄, δωκεν=to give, 주다)은 동시적입니다. 그리스도를 영접하는 바로 그 순간에 하나님의 자녀가 된다는 말입니다. 요한일서 3:2에 "사랑하는 자들아 우리가 지금은 하나님의 자녀라,"라고 했습니다. 권세란 무엇입니까? 권세(엑수시아, ἐξουσία=the power of choice)에는 권리(right)와 힘(power) 두 가지 의미가 있습니다.

힘은 정치적 힘(political power, 크라토스 κράτος)이라는 의미와 폭발적 힘(explosive power, 두나미스, δύαμις)이라는 두 개의 의미가 있습니다. 요한복음 1장 12절에는 이런 정치적 힘이나 폭발적 힘의 의미가 사용되지 않았고, 하나님의 자녀 되는 권세라는 의미로 사용되었으므로 authority라는 뜻으로서 하나님의 자녀로서 담대함을 가리킵니다. 자녀 되는 권세를 받으면 하나님 앞에 당당히 나아갈 수 있게 됩니다. 하나님의 자녀가 되는 권세(엑수시아, ἐξυσία)는 왕 중의 왕이시고, 가장 높은 권세를 지니신 신들 중의 신이신 하나님께서 주십니다.

하나님의 자녀가 되면 하나님을 아버지(아바 아버지)라고 부를 수 있습니다. 아버지가 있는 사람은 고아가 아닙니다. 하나님을 아버지로 모셨으니 우리는 이제 영적 고아가 아닙니다. 그리고 우리가 갈 수 있는 집(하늘나라)이 있습니다. 또한 하나님 자녀가 됨으로써 우리는 하나님 나라의 기업을 얻습니다. 즉 하나님의 상속자라는 말입니다. 하나님의 후사로 그리스도와 함께 한 후사라는 말입니다.

하나님의 자녀가 되었으니 우리는 감사해야 합니다. 우리는 더 이상 죄인이 아니고 마귀의 자식도 아닙니다. 하나님의 자녀입니다. 우리는 마땅히 하나님 자녀답게 살아야 합니다. 하나님을 기쁘시게 하고 하나님께 영광 돌리면서 살아야 합니다. 절대 탕자의 길로 가지 말아야만 합니다. 또한 하나님의 자녀가 되는 길을 다른 사람들에게 증거 해야 합니다. 마귀의 자녀는 종이나 노예입니다. 하나님의 자녀는 자유로운 자유인입니다. 이런 자유인의 기쁨을 다른 사람과 함께 나누고 그들을 하나님의 자녀가 되게 이끌어야 합니다.

마지막으로 거듭남의 은혜는 전적으로 하나님의 신성하신 영광이며 무상으로 우리에게 주어진 영광이라는 사실을 꼭 기억하시기 바랍니다.

제9장

말씀이 육신이 되다(Incarnation)

(요 1:14)

요한복음 1:14 "말씀이 육신이 되어 우리 가운데 거하시매 우리가 그의 영광을 보니 아버지의 독생자의 영광이요 은혜와 진리가 충만하더라."

우리는 왜 예수님이 성육신하여 우리에게 오셨는지를
깨달아야 합니다.
예수님은 우리를 이해하고 모범이 되고,
생명가치를 새롭게 하시기 위해서
이 땅에 오셨습니다.
우리의 죄에 대한 대속물로 이 땅에 오셨습니다.

요한복음 1:1에서 "태초에 말씀이 계시니라 이 말씀이 하나님과 함께 계셨으니 이 말씀은 곧 하나님이시니라."라는 구절과, 요한복음 1:14에서 "말씀이 육신이 되어"라는 두 구절의 '말씀' 이란 똑같이 '성자' 하나님을 가리킵니다. 우리가 이미 알아본 바와 같이 예수님은 만물이 창조되기 이전에 벌써 말씀으로 존재하셨고 성부 하나님과 교통하시며 계신 분이십니다. 그런데 그 말씀이신 하나님이 육신이 되었다고 요한복음 1:14절에서 사도 요한은 밝히고 있습니다. 요한복음 1:1과 요한복음 1:14절을 비교해 보면 다음과 같습니다.

요한복음 1:1	요한복음 1:14
태초에 하나님이 계시다	육신이 되셨다
하나님과 같이 계시다	우리 가운데 거하시다

여기서 "말씀이 육신이 되었다,"는 의미는 '사람이 되었다' 거나 '사람으로 변해 버렸다' 라는 뜻이 아닙니다. '되셨다(에게네토, ἐγένετο) 라는 의미는 부정과거형으로 한 번 됨으로 영원히 되는 것을 의미합니다. 우리가 믿음으로 하나님의 자녀가 된다는 것을 말씀하신 후(12절), 하나님의 아들이 영원히 하나님의 자녀가 되는 것을 가르쳐주시는 것입니다.

먼저 말씀이 육신이 된다는 의미를 알아보겠습니다. '된다(기노마이, γίνομαι),' 라는 말의 뜻은 특별한 의미를 내포하고 있습니다. 이 말은 전에 존재했었던 것을 그만 두는 것이 아니라, 그 존재가 여전히 그대로 남아 있다는 뜻입니다. 한 가지 예를 든다면, 구약시대에 롯(Lot)이란 인물이 있었습니다. 그가 살던 소돔과 고모라 땅이 범죄하고 타락했을 때, 하나님께서 그 땅에 유황불을 내려 심판하였습니다. 그때 하나님을 잘 경외하고 섬겼던 롯과 그 가정 식구들을 하나님께서 천사를 보내어 구출했습니다. '천사가 그들에게 뒤를 돌아보지 말고 피난처로 지정한 소알 땅만 바라보고 달려가라' 고 했습니다. 그러나 롯의 아내는 뒤를 돌아보다가 그만 소금기둥이 되어 버렸습니다. 여기에서 '롯의 아내가 소금기둥이 되었다,' 라고 할 때에 그 여인은 더 이상 롯의 아내가 아닙니다. '롯의 아내 되는 것을 그만 두었다,' 라는 뜻입니다. 그러나 롯은 살아서 모압과 암몬이란 아들들을 얻었습니다. 그러면 롯은 모압과 암몬의 아비로써 그대로 존재한 것입니다.

말씀이 육신이 되었다는 이 구절의 의미도 그 말씀이 변하여 육신이 되었다는 것이 아니고 그 말씀이 그대로 존재하면서 육신을 덧 입으셨다는 뜻입니다. 다시 말하면, "말씀이 육신이 되었다" 는 것은 '하나님이 사람의 몸'을 입고 인류 역사 속에 오셨다는 뜻입니다. 곧 하나님이 하나님의 존재를 보유하시면서 사람의 몸을 입고 우리 인간의 속에 오셨다는 의미입니다. 이것이 바로 성경이 말하는 크리스마스요, 성탄입니다.

하나님이 사람의 몸을 입고 우리에게 오셨다

2000년 전 사도 요한이 살던 당시에는 헬라의 문명이 세계를 지배했고, 헬라의 사상이 세계의 사상이었습니다. 고도로 발달한 헬라의 철학이나 헬라의 문학에 '하나님이 사람의 몸을 입고 오셨다,' 라는 사실은 전혀 생각조차도 할 수 없었습니다. 어거스틴은 기독교 신자가되기 전에 위대한 이교도 철학자들과 그들의 저서들을 읽고 연구하였으며 그 외에도 많은 책을 읽어보았지만, '"말씀이 육신이 되었다,"라는 말을 읽어본 적이 없다,' 고 했습니다. '말씀이 육신을 입으셨다,' '하나님이 인간의 몸을 취하셨다,' 라는 것은 헬라 사람들이 절대로 꿈에서도 생각할 수 없었던 사실이었습니다. 헬라인들에게 있어서 육신은 악한 것으로 영혼이 속박되어 있는 감옥이며 정신이 유폐되어 있는 무덤이라고 생각했습니다. 스토아(Stoic)학파의 학자이며 로마 황제인 마르쿠스 아우렐리우스(Marcus Aurelius)는 육체를 경멸했습니다. 피와 뼈와 신경과 정맥, 동맥의 복잡한 것으로 되어 있는 육체는 가치가 없다고 했습니다. 이 같은 육체의 조직은 부패한 상태에 있다고 하면서 경멸했습니다.

사도 요한이 살고 있던 그 당시 교회 안에도 이런 헬라 철학사상이 들어와서 '하나님이 사람의 몸을 취하시고 우리 인간 역사 속에 오셨다,' 라는 것을 부인하는 이단이 있었습니다. 그것이 바로 앞장에서 설명한 바 있는 영지주의(Gnosticism)입니다. 이들은 모든 영적인 것은 선이다(All things spiritual are good.)라고 하면서 모든 육체적인 것은 악이다(All things physical are evil.)라는 헬라 철학의 영향을 받고, '어떻게 선하신 하나님이 악한 육신(물질)을 입는단 말이냐?' 라고 하며 말씀이 육신이 되신 사실을 부인하였습니다. 그저 하나님이 나타나셨을 뿐이지 구체적으로 인간의 몸을 입고 오신 것은 아니라고 주장했습니다. 이것을 도케티즘(가현설, Doketism, 또는 Docetism)이라고 하는데 '예수는 하나님이기 때문에 인간으로서의 몸은 환상이다,' 라고 주장하는 것입니다. 도케티즘은 헬라어 도케인(δοκεῖν)에서 나온 말로 '환상으로 보인다,' 라는 뜻을 가지고 있습니다.

그러나 사도 요한은 영지주의의 이단을 배격하기 위해 글을 썼습니다. 요한일서 4:1~3에서 "사랑하는 자들아 영을 다 믿지 말고 오직 영들이 하나님께 속하였나 분별하라 많은 거짓 선지자가 세상에 나왔음이라, 이로써 너희가 하나님의 영을 알지니 곧 예수 그리스도께서 육체로 오신 것을 시인하는 영마다 하나님께 속한 것이요, 예수를 시인하지 아니하는 영마다 하나님께 속한 것이 아니니 이것이 곧 적그리스도의 영이니라,"라고 했습니다. 사도 요한은 이와 같이 "말씀이 육신으로 되셨다(The Word became flesh)" 라는 사실을 증거 하는 증인입니다. 하나님이 인간의 육신의 몸을 취하고 오신 사실을 증거 할 때에 이 사실을 믿지 않고 받아들이지 아니할 때에 적그리스도(Anti-Christ, 이단)로 규정하였습니다.

사도 요한이 이렇게 성육신(Incarnation)을 중요시하고 증거 한 것은 도성인신(道成人身)이 기독교의 근본 진리가 되기 때문입니다. 성육신의 중요성은 무엇입니까? 그것은 주 예수 그리스도가 죽는다는 것을 가능하게 만듭니다. 말씀이신 하나님이 사람의 몸을 취하신 것은 사람들의 죄를 위하여 죽으실 목적으로 그렇게 하신 것입니다. 곧 예수님의 성탄의 목적은 저 갈보리의 십자가에 있었습니다. 구약의 중심 주제는 바로 예수 그리스도의 죽음에 있었습니다. 예수님이 오시기 전에도 구약의 성도들이 죄를 범했을 때, 하나님께 속죄 받을 길이 있었습니다. 그것은 바로 짐승의 피를 하나님께 드리는 제사를 통해서 가능했습니다. 양, 염소 또는 소의 피를 하나님께 드리는 제사를 통해서 그들은 죄의 사함을 받았습니다. 그러나 이 같은 짐승의 피는 사람들의 죄를 완전히 없앨 수는 없었습니다. (For it is not possible that the blood of bulls and of goats should not take away sins.) 그래서 하나님은 죄인들의 죄를 용서해 줄 수 있을 뿐만 아니라 죄를 완전히 없앨(take away) 수 있는 '한 몸(body)' 을 예비하셨는데 그 몸이 곧 성육신하신 예수님의 몸입니다.

히브리서 10:3~7에서는 "이 제사들에는 해마다 죄를 기억하게 하는 것이 있나니, 이는 황소와 염소의 피가 능히 죄를 없이 하지 못함이라, 그러므로 주께서 세상에 임하실 때에 이르시되 하나님이 제사와 예물을 원하지 아니하시고 오직 나를 위하여 한 몸을 예비하셨도다. 번제와 속죄제는 기뻐하지 아니하시나니, 이에 내가 말하기를 하나님이여 보시옵소서 두루마리 책에 나를 가리켜 기록된 것과 같이 하나님의 뜻을 행하러 왔나이다 하셨느니라." 라고 하였습니다.

말씀이 육신이 되어 오신 예수님의 성육신은 '예수님 자신이 하나님께 바쳐지는 제물' 이 되시려 함이었습니다. 세례 요한은 예수님을 가리켜, "보라 세상 죄를 지고 가는 하나님의 어린 양이로다(요 1:29)"라고 했습니다. 하나님은 영이십니다. 예수님도 이 세상에 오시기 전에 말씀으로 존재하신 하나님이십니다. 그러므로 영이신 그 말씀이 영으로만 계신다면 제물이 될 수 없습니다. 육신을 입고 뼈와 살과 피의 조직체를 가진 사람으로 오실 때만이 하나님께 드려지는 제물이 될 수 있는 것입니다. 곧 피를 흘려서 하나님께 자기 몸으로 제사를 드릴 수 있는 것입니다.

예수님이 육신을 입고 우리에게 오신 이유

마태복음 20:28에 예수님은 친히 말씀하시기를, "인자가 온 것은 섬김을 받으려 함이 아니라 도리어 섬기려 하고 자기 목숨을 많은 사람의 대속물로 주려 함이니라,"고 하셨습니다. 이 같은 도성인신(道成人身)의 사실을 알게 될 때에 우리는 인간의 몸을 입고 오신 하나님이신 예수, 사람이신 예수님을 영접하지 않을 수 없습니다. 이것은 우리와의 밀접한 관계를 말해주고 있는 것입니다. 이 같은 성육신의 내용을 알아야만 진정한 구주성탄을 축하하고 기뻐할 수가 있습니다.

예수님은 인간을 이해하시기 위하여 성육신하셨습니다. 예수님은 성육신하지 아니 하셨어도 인간의 환경과 연약함을 이해하시는 모든 것을 아시는 (全知) 하나님이시지만, 인간의 몸을 취하시고 인간 역사 속에 오셔서 죄인들의 비참함과 연약함과 절망과 고통을 보시고 해결해 주시려고 오셨습니다. 하나님이 성육신하셔서 우리 죄인들을 이해하실 때에 우리와 주님과는 아주 밀접한 관계가 되는 것입니다.

히브리서 2:17~18에서는 "그러므로 그가 범사에 형제들과 같이 되심이 마땅하도다 이는 하나님의 일에 자비하고 신실한 대제사장이 되어 백성의 죄를 속량하려 하심이라. 그가 시험을 받아 고난을 당하셨은즉 시험 받는 자들을 능히 도우실 수 있느니라," 하였습니다.

히브리서 4:15~16에서는 "우리에게 있는 대제사장은 우리의 연약함을 동정하지 못하실 이가 아니요 모든 일에 우리와 똑같이 시험을 받으신 이로되 죄는 없으시니라. 그러므로 우리는 긍휼하심을 받고 때를 따라 돕는 은혜를 얻기 위하여 은혜의 보좌 앞에 담대히 나아갈 것이니라,"라고 했습니다. 예수 그리스도는 성육신하셔서 인간들이 당하는 비참하고 참담한 사실을 직접 체험하셨기 때문에 이 같이 고난을 당하는 자들을 능히 이해하시고 도와주십니다.

예수님은 성도의 모범이 되시기 위하여 성육신하였습니다. 베드로전서 2:21에서는 "그리스도도 너희를 위하여 고난을 받으사 너희에게 본을 끼쳐 그 자취를 따라오게 하려 하셨느니라,"라고 했습니다. 예수 그리스도는 성육신하셔서 십자가를 지심으로 하나님을 기쁘시게 해드렸습니다. 십자가에서 '내가 다 이루었다'라고 하신 것은 구속의 대가를 다 치르셨다는 의미입니다. 곧 성부와 성자 사이의 구속 계약을 성취하시고 성부 하나님을 기쁘시게 해드렸다는 뜻입니다. 그러므로 예수 그리스도의 성육신은 우리 성도들로 하여금 '반드시 하나님을 기쁘시게 하면서 살아야 한다,'라는 본보기를 보이신 것입니다. 이렇게 하나님을 기쁘시게 하려면, 믿음이 있어야 하나님을 기쁘시게 할 수 있고, 하나님의 계명을 지켜야 하고, 맡은 일에 충성해야 하고, 신앙이 자라가야 하며, 또 그리스도를 증거 하면서 전도를 해야 합니다.

예수님의 성육신은 인간 생명의 가치를 새롭게 하였습니다. 예수님의 성육신은 인간 생명의 가치를 성화(聖化)시켰습니다. 그리스도의 성육신 이전의 인간의 생명은 너무나 값싼 생명이었습니다. 특히 헬라사상에 보면 그것이 잘 나타나 있습니다. 그러나 주님은 오셔서 한 생명이 천하보다 귀하다고 가르쳐 주었습니다. 곧 생명의 존엄성을 가르쳐 주신 것입니다. 오늘날도 성육신의 참뜻을 모르는 불신세계와 공산주의 국가에서는 생명의 가치를 하락시키고 있습니다. 죄악된 인간은 스스로 인간의 고귀한 생명을 값싸게 전락시키고 있습니다. 무슨 현상이 생명의 가치를 하락시킵니까? 바로 전쟁입니다. 전쟁은 범죄입니다. 일본에 원자탄을 투하했던 핵전쟁은 인간의 생명의 가치를 하락시키는 좋은 예라 할 수 있습니다. 그것 이외에도 대형 교통사고나 합법적인 낙태 등으로 지금 우리 사회는 인간의 가치를 하락시키고 있습니다. 그러나 그리스도의 성육신은 한 생명을 구원하시려는 구원운동이요, 인간의 생명가치를 재발견하게 하는 하나님의 사랑의 운동입니다.

제10장

하나님이 우리와 함께 하시다

(요 1:14)

요한복음 1:14 "말씀이 육신이 되어 우리 가운데 거하시매 우리가 그의 영광을 보니 아버지의 독생자의 영광이요 은혜와 진리가 충만하더라."

하나님은 항상 우리와 함께 거했고, 거하시며, 거하실 것입니다.
예수님이 육신이 되어 우리 가운데 거하시면서
영광을 나타내셨고,
우리는 예배를 통해서 하나님의 영광을 볼 수 있습니다.

오늘은 "우리 가운데 거하시매"라는 말씀을 묵상하고자 합니다. 여기 거한다는 말(에스케노센, ἐσκήνωσεν)은 세 가지로 나누어 볼 수 있는데, 첫째로 "천막 속에 거하다(to dwell in a tent)"와 둘째로 "우리 가운데 그의 천막을 쳤다(Pitched his tent among us)" 그리고 마지막으로 "우리 가운데 성막, 회막을 치다(Put tabernacle among us)"로 볼 수 있습니다. 여기에서 세 번째의 의미가 가장 중요한데 그 이유는 유대인에게 성막이나 회막(tabernacle)은 광야에서도 이동할 수 있는 성소를 일컫기 때문입니다. 이 성막은 유대인들이 광야를 이동할 때에도 하나님을 예배할 수 있는 가장 중요하고도 중심적인 예배장소로 이스라엘 진에서는 가장 중요한 곳이었습니다. 성막의 길이는 45피트, 넓이는 약 15피트 정도가 됩니다. 이 성막의 맨 안쪽인 지성소에는 언약궤(The ark of the Covenant)가 있고, 바깥방인 성소에는 금으로 만든 향단, 떡상, 금 촛대가 있습니다. 그리고 마당이 있는데 마당의 길이는 175피트이고 넓이는 약 87피트 정도가 됩니다. 이 마당에는 놋으로 만든 놋 제단이 있고, 더러운 것을 씻는 놋대야가 비치되어 있습니다. 이 성막은 하나님이 설계를 하셨고, 모세가 하나님의 설계하신대로 일꾼들을 시켜 만들었습니다.

우리 생활의 중앙에 계시는 하나님

이 성막은 이스라엘 진의 중앙에 있었습니다. 이스라엘 백성이 출애굽 하여 가나안 땅을 향하여 갈 때 그들은 광야에서 40년 생활을 하게 됩니다. 그 때 200만이 넘는 이스라엘 사람들이 어떻게 행군하였는가는 민수기에 기록되어 있습니다.

이스라엘 12지파가 성막을 중심으로 각각 세 지파씩 진을 쳤습니다. 성막

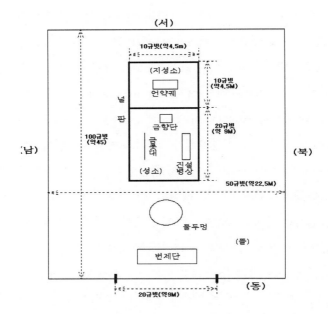

의 동쪽에는 유다, 잇사갈, 스불론 지파가 진을 쳤고, 남쪽에는 르우벤, 시므온, 갓 지파가, 서쪽에는 에브라임, 므낫세, 베냐민 지파가, 그리고 북쪽에는 단, 아셀, 납달리 지파가 자기 위치를 따라 행진하기도 하고 진을 치기도 했습니다. 레위지파는 성막과 함께 진 중앙에 있었습니다. 성막 위에는 낮에는 구름 기둥이 밤에는 불기둥이 나타났고 그것들이 움직이는 것을 보고 행진하기도 하고 유진하기도 했습니다.

하나님이 이스라엘 진중에 계셨듯이 육신을 입고 오신 예수 그리스도는 성도와 교회의 중심이고, 또한 역사의 중심입니다. 예수를 배척하고 반대하는 무신론자들이나 공산주의자들까지도 역사를 기록할 때에 주전(BC)와 주후(AD)를 사용합니다. 예수님은 우리 가운데에 계십니다. 마태복음 18:20에서 "두세 사람이 내 이름으로 모인 곳에는 나도 그들 중에 있느니라(For where two or three come together in my name, there am I with them.)"라고 했습니다. 예수님은 교회의 중심입니다.

이 성막은 하나님의 자기 계시의 장소였습니다(The place of Revelation). 하나님은 이 성막에서 제사장들을 만나시고 말씀하셨습니다. 제사장들은 이스라엘 백성들을 대표하는 자들임으로 하나님이 제사장들을 만나시고 말씀하신 것은 곧 이스라엘 백성들을 만나시고 말씀하시는 것과 동일합니다. 그래서 이 성막을 가리켜 회의를 하는 막사, 즉 회막(The tent of meeting)이라고 합니다.

둘째, 성막(The second Tabernacle)이 되시는 예수 그리스도는 하나님이 인간을 만나주시고 말씀하신 인격과 장소라고 할 수 있습니다. 하나님은 이스라엘의 지도자 모세에게 말씀하시기를 "네가 내 얼굴을 보지 못하리니 나를 보고 살 자가 없음이니라(출 33:20)"이라고 하셨습니다. 그러나 하나님은 예수 그리스도 안에서 자신을 완전히 우리에게 계시하셨습니다. 히브리서 1:3에서는 "하나님의 영광의 광채시요 그 본체의 형상이시라(The Son is the radiance of God's glory and the exact representation of his being)"라고 하셨습니다. 그리고 빌립에게 "나를 본 자는 하나님을 본 자니라,"라고 하셨습니다. 이 말씀은 우리는 하나님을 볼 수는 없지만 예수님을 통해서 하나님을 볼 수 있다는 말씀입니다.

셋째, 이 성막은 희생 제물이 바쳐지는 곳입니다(The tabernacle was also the place where sacrifices were made). 성막의 바깥마당에는 놋으로 만든 제단이 있습니다. 그곳에는 '항상 희생 제물이 타고 있었다,'고 합니다. 조석으로 제물을 하나님께 바쳤다는 말입니다. 성막에 들어가려면 제일 먼저 이 희생제단을 거쳐야만 합니다. 레위사람들이나 제사장들이 성막에 들어갈 때 이 희생제단을 제일 먼저 만납니다. 이것은 매우 중요한 의미를 지녔습니다. 하나님을 만나려고 접근하는 사람들은 반드시 희생제물을 지참해야 한다는 뜻입니다. 곧 희생제물의 피 없이는 하나님에게 나아갈 수 없다는 중요한 교훈이 있습니다. "피 흘림이 없은즉 사함이 없느니라," (히 9:22).

예수 그리스도는 그 자신의 몸을 갈보리 십자가 제단에서 희생 제물로 하나님께 드리셨습니다. 그러므로 그리스도의 피 없이는 그 어느 누구도 하나님께 나아갈 수 없습니다.

우리의 예배에 영광을 나타내시는 하나님

본성적으로 죄인인 인간이 어떻게 거룩하신 하나님을 만날 수 있겠습니까? 전적으로 타락한 인간이 어떻게 거룩하신 하나님에게 접근할 수 있겠습니까? 이 문제는 인류에게 가장 중요한 문제입니다. 이 문제는 어떤 정치적, 과학적 문제보다도 더 중요하고 시급한 문제입니다. 우리의 사업이나 직업의 문제보다도 더 중요한 문제입니다. 온 인류 역사와 어느 시대의 사람에게나 주어진 중요한 문제입니다.

인류 전체를 통틀어 볼 때, 그 어느 누구도 하나님을 필요로 하지 않은 존재는 없습니다. 그러나 어떻게 그 하나님을 발견하며, 하나님을 이해할 수 있도록 하나님께 접근할 수 있느냐? 어떻게 우리가 하나님께 받아들여질 수 있느냐? 어떻게 우리의 죄를 사함 받을 수 있으며, 우리가 어떻게 하나님과 교제할 수 있느냐? 그 대답은 바로 예수 그리스도를 믿고 영접하는 것입니다. 예수 그리스도는 완전하고도 온전한 희생 제물로 우리를 위해 하나님께 바쳐졌습니다. 예수 그리스도는 우리의 거처인 지상(on earth)에서 죽으셨습니다. 하나님의 어린 양이 희생됨으로써 진노의 자식이었던 우리가 하나님의 자녀로 되는 권세를 받게 되는 것입니다. 이렇게 우리는 하나님께 접근할 수 있는 것입니다.

이 성막은 이스라엘 백성들이 예배했던 장소입니다. 이스라엘 백성들이 성막에 나올 때에는 반드시 희생을 가져왔습니다. 그리고 희생 제물 외에도

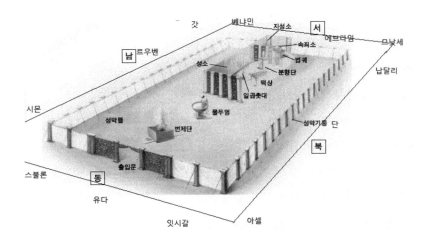

예물을 가져왔습니다. 이스라엘 백성 전체가 때로는 하나님의 음성을 듣도록 회막에 소환을 받았습니다. 마찬가지로 오늘의 교회는 성막의 본체이신 예수 그리스도의 이름으로 모이고 예배를 드립니다. 미국 C. R. C.(Christian Reformed Church, 개혁 장로교회)교단에서는 교회에서 드리는 어떤 예배에서든지 헌금을 드리는 것을 보았습니다. 구약에서 제사를 드리러 오는 성도들이 반드시 제물과 예물을 가지고 오는 원리에서 저녁예배나 수요예배나 어떤 예배든지 빈손으로 오지 않는다는 것입니다.

이 성막은 하나님의 영광이 나타난 곳입니다. 제사장들이 지성소에 들어갈 때에는 항상 피를 가지고 들어가야 하며, 그곳에서 피의 제사를 드렸습니다. 피의 제사를 드리기 위하여 지성소에 들어갈 때에 그곳에 하나님의 빛이 비쳤습니다. 그 빛, 곧 영광을 하나님의 현현(顯現) 곧 쉐키냐 글로리(Shekinah Glory)라고 합니다. 이 빛을 제사장들이 육안으로 실제로 보면서 제사를 드립니다. 쉐키냐라는 말은 문자적으로 보면 '머물러 거주하는 곳(the dwelling)' 이라는 의미입니다. 그리고 이 말은 사람들 가운데 하나님이 가상적(可想的; 실제적 형상)으로 임재 하는 것을 의미합니다. 구약에 보면 하나님의 영광이 사람들 가운데 보이도록 나타난 때가 있습니다.

출애굽기 16:10에서 하나님이 이스라엘 백성들에게 만나를 주시기 전에 하나님의 영광이 나타났습니다. "아론이 이스라엘 자손의 온 회중에게 말하매 그들이 광야를 바라보니 여호와의 영광이 구름 속에 나타나더라."

하나님이 십계명을 주시기 전에도 하나님의 영광이 나타났습니다. "여호와의 영광이 시내 산 위에 머무르고." (출 23:16)

성막이 세워지고 모든 치장을 끝냈을 때 하나님의 영광이 나타났습니다. "구름이 회막에 덮이고 여호와의 영광이 성막에 충만하매." (출 40:34)

솔로몬이 성전을 건축하고 봉헌 제사를 드릴 때에 하나님이 영광이 나타났습니다. "제사장이 그 구름으로 말미암아 능히 서서 섬기지 못하였으니 이는 여호와의 영광이 여호와의 성전에 가득함이었더라." (왕상 8:11)

이사야가 성전 안에서 환상을 보았을 때에 하나님의 영광이 나타났습니다. "만군의 여호와여 그의 영광이 온 땅에 충만하도다." (사 6:3)

에스겔 선지자가 하나님의 영광을 보았습니다. "그 사방 광채의 모양은 비 오는 날 구름에 있는 무지개 같으니 이는 여호와의 영광의 형상의 모양이라 내가 보고 엎드려 말씀하시는 이의 음성을 들으니라." (겔 1:28)

육신을 입고 하나님의 영광을 나타내시는 예수님

구약성경에서 하나님의 영광은 하나님이 아주 가까이 계실 때에, 그리고 아주 밀접하게 계실 때에 언제나 나타났습니다. 사도 요한은 "말씀이 육신이 되어 우리 가운데 거하시매, 우리가 그 영광을 보니 아버지 독생자(모노게네스, μονογενῖς)의 영광이요," 라고 하였습니다. 이것은 그리스도의 영광이 하나님의 영광이라는 의미입니다. 여기에서 '영광을 보니' 의 '본다' 라는 말은 헬라어로 '에떼아사메따(εθεασαμεθα)' 로 실제 육안으로 본다는 의미이며, 신약에서는 약 20회 가량 나오는 말입니다. 구약의 제사장들이 성막의 가장 거룩한 지성소에서 쉐키냐의 영광을 본 것처럼 사도 요한은 예수님에게서 쉐키냐의 영광을 보았습니다.

예수님이 육신을 입고 우리 인간 속에 오셨을 때, 그는 하나님의 쉐키냐의 영광을 나타내셨습니다. 그래서 천군천사들이 경배하였고, 동방의 박사들이 예수께 경배하려 먼 길을 왔으며, 양치는 목자들이 경배했습니다. 유명한 작곡가 헨델은 금식하고 기도하던 중에 예수 그리스도의 영광을 보면서 눈물을 흘리고 감격하고 감사하며 메시야를 작곡했습니다. 이렇게 예수 그리스도의 영광을 나타내는 미술, 과학, 교육, 경제, 조각, 문화 등은 영원히 사람들에게 기억되고 영원히 존재합니다.

우리는 우리 가운데 계신 임마누엘(Immanuel)이신 예수 그리스도를 경배하며 그 안에 살고, 그와 더불어 살고, 그와 동행하는 삶을 살아야 합니다. 이러한 삶이 바로 영광스러운 삶입니다. 예배드리는 이 시간도 '우리 가운데 거하시는 예수님' 을 바라보아야 합니다. 우리 가운데 성막(Tabernacle)을 세우신 구주 예수님의 영광을 바라보아야 합니다. 주의 영광이란 바로 하나님의 임재를 의미하며 그 영광을 바라본다고 하는 것은 주의 임재를 느끼고 체험하는 것입니다.

제11장

은혜와 진리

(요 1:14)

요한복음 1:14 "말씀이 육신이 되어 우리 가운데 거하시매 우리가 그의 영광을 보니 아버지의 독생자의 영광이요 은혜와 진리가 충만하더라."

예수님께서는 우리에게 특별한 은혜,
즉 선택받은 자의 구원이라는 은혜를 주셨습니다.
예수님이 육신이 되어 우리에게 오신 것은
하나님에 대해 말해주기 위해서가 아니라
우리에게 하나님을 직접 보여주시기 위해 오셨습니다.

요한복음 1:14의 마지막 부분인 '은혜와 진리'에 대해서 묵상해 봅시다. 한국 교회에서 봉사하는 목사들을 어떤 성도가 자기 나름대로 재미있게 분류하여, 살이 찌고 푸근한 인상을 가진 비만형의 목사를 '은혜의 종'이라고 부르고, 얼굴이 깡마르고 예리하게 생긴 목사를 '진리의 종'이라고 불렀다고 합니다. 이렇게 생각한 성도는 "은혜와 진리"가 어떤 뜻을 지니고 있는지 파악하고 그랬는지 몰라도 은혜와 진리를 분리시켜서 생각한 것 같습니다. 그러나 은혜와 진리는 불가분의 관계가 있습니다. 은혜 안에 진리가 있고, 진리 안에 은혜가 있다는 사실을 우리는 잊지 말아야 합니다. 육신을 입고 오신 예수 그리스도는 은혜와 진리가 충만한 분이었습니다.

은혜(χάριτος)란 무엇인가?

은혜는 전혀 받을 만한 가치가 없는 사람에게 주어지는 하나님의 과분한 사랑을 의미합니다. 은혜란 말 속에는 '사람 스스로가 얻지 못하고, 사람의 힘으로는 도저히 성취할 수 없고, 달성할 수 없는 것'이라는 개념이 들어있습니다. 그러므로 은혜란 하나님에게서부터 나오는 순수한 사랑의 행위입니다. 또 은혜의 개념에는 그 안에 '아름답다'라는 의미를 가지고 있습니다. 즉 매력이라는 말입니다. 그리스도 안에서 하나님의 참다운 매력을 볼 수 있는 것이 은혜입니다. 사람들은 능력, 권위, 권세, 심판이라는 관점에서 하나님을 생각했었습니다. 그러나 하나님에게는 이런 은혜의 아름다움도 갖고 계신다는 사실을 잊어서는 안 됩니다. 예수님을 통해서 하나님의 아름다움에 직면한다는 것은 정말로 큰 은혜입니다.

우리는 여기에서 두 가지 종류의 은혜를 살펴볼 수 있습니다. 우선 하나님이 베푸시는 일반적인 은혜(Common Grace)입니다. 하나님이 모든 사람에게 주시는 사랑을 의미합니다. 사실 하나님이 인간들에게 은혜를 베풀어야 할 책임이 있는 것이 아닙니다. 아담이 인류의 대표자로 하나님이 금하신 계명을 범했을 때, 모든 인류에게 죄가 침투하였고, 그 죄로 말미암아 타락하게 되었을 때, 인간은 아무런 존재가치가 없었습니다. 죄로 인하여 타락하고 죽음으로 향하는 인간에게 하나님이 은혜를 베풀어야 할 아무런 이유가 없었습니다. 인간은 하나님의 계명을 어겼음으로 진노와 심판을 받아 멸망하기에 아주 적합한 존재였습니다. 인간들이 다 지옥에 들어가서 멸망을 당해도 하나님은 천사들로부터 영원한 찬송을 받으시기에 합당한 분입니다. 이러한 인류에게 하나님은 은혜를 주셨습니다. 생존할 수 있고 생활할 수 있으며 번식할 수 있는 은혜를 주셨습니다.

"하나님이 그 해를 악인과 선인에게 비추시며 비를 의로운 자와 불의한 자에게 내려주심이라,"(마 5:45) 하나님께서 악한 자에게나 의로운 자에게나 구별하지 않으시고 비를 주시며 의로운 자나 불의한 자에게 꼭같이 햇빛을 주십니다. 우리가 가진 건강, 재능이 모두 하나님의 은혜요, 우리의 가정, 직장, 직업, 의식주 등 모든 것이 하나님이 주신 은혜입니다. 이러한 은혜를 일반적 은혜라고 합니다. 이런 은혜는 모든 사람이 동등하게 받는 은혜입니다. 하나님은 누구에게나 이런 은혜를 베푸십니다. 이런 일반적 은혜를 자연 은총(Natural Grace)이라고도 합니다.

자연은혜, 즉 자연은총과는 달리 하나님이 베푸시는 특별한 은혜(Special Grace)가 있습니다. 이 은혜는 사도 요한이 요한복음 1:14에서 강조하는 은혜를 말합니다. 하나님이 우리 '택한 자'에게 주시는 은혜의 본질은 예수 그리스도 안에 있는 구원입니다. 즉 구원의 은혜를 말합니다. 죄인을 죄악에서 구원해 주시는 것은 하나님이 인간에게 주시는 최대의 은혜요, 사랑이요, 선물입니다. 죄악에서 해방되고 죄 사함을 받아 신령한 자유인이 되는 것은 인간 스스로의 힘으로는 절대로 불가능합니다. 인간의 능력과 재능으로는 절대로 이것을 성취할 수 없습니다. 죄 가운데 죽어 마땅한 인간이 사죄의 은총을 받고 영생의 축복을 받은 것은 하나님에게로부터 베푸신 선수적(先手的) 사랑의 행위입니다. 인간에게 하나님의 이 같은 사랑을 받을 만한 공로나 업적이 있어서 하나님이 사랑을 베푸시는 것이 아닙니다. 인간에게는 하나님의 은혜를 받을 만한 가치나 공적이 전혀 없습니다. 그럼에도 불구하고 하나님은 우리에게 은혜를 주신 것입니다. 요한복음 1:14은, 말씀이 육신이 되어 오신 예수님은 우리 인간의 죄를 담당하시려고 하나님의 보내심을 받고 오신 분이십니다. 우리의 죄를 그 몸에 짊어지고 십자가에서 죽으시기 위해 오신 예수님이라는 것을 우리에게 강조하고 있습니다.

하나님께서 범죄 한 인간을 구원해야 할 책임이 있고 의무가 있어서 그 아들을 이 세상에 보내셨습니까? 인간이 하나님께 그 아들을 이 세상에 보내셔서 인간의 죄를 담당하고 죽으셔야 한다는 요청을 당당하게 할 수 있기 때문에 하나님이 할 수 없이 그 아들을 이 땅에 보내셨을까요? 절대로 그렇지 않습니다. 하나님은 그것에 대한 책임이 없고, 인간은 그것에 대한 청원권이 없습니다. 인간은 하나님에게 이 같은 요청이나 요구를 할 수 있는 자격이 전혀 없습니다. 다만 하나님의 속성과 하나님의 성품이 은혜로우셔서 그 아들 예수 그리스도를 성육신 하시도록 우리 인간의 역사 속에 보내신 것입니다. 이처럼 예수 그리스도의 성육신은 바로 하나님의 은혜입니다. 말씀(Logos)이 육신이 되어 우리 인간 속에 오신 그 행위 자체가 바로 하나님의 특별한 은혜입니다.

사도 요한은 성육신하신 예수님을 은혜라고 했습니다. 죄인들이 받은 은혜라고 가리킵니다. 하나님은 이 은혜를 우리에게 그저 무상으로 선물로 주신 것입니다. '은혜' 라는 말은 우리의 죄와 허물을 사하여 주시는 것을 내포하고 있고, 이 은혜는 자녀들에게 용서와 정의와 입양으로써 죄와 허물을 제거한다는 의미입니다. 그러므로 예수님의 성육신은 하나님이 자기 백성들에게 주시는 특별한 은혜요, 초자연적인 은혜이고, 또 구원하시는 은혜입니다. 이처럼 은혜라는 말은 인간으로서는 어찌할 수 없는 연약함을 보여주며, 동시에 하나님의 사랑이 한량없음을 강조합니다. 그래서 하나님의 사랑은 아름답습니다.

존 뉴턴(John Newton, 1725년~1807년)은 런던에서 태어나 어머니를 일찍 여의고 갖은 고생을 다하다가 노예상인이 되어 다른 노예들과 함께 인도로, 서아프리카로 떠돌며 살다가 다시 영국으로 돌아오게 되었습니다. 거기서 심한 폭풍을 만나 배가 파손되는 위기에까지 갔는데 그때 하나님을 향해 부르짖으며 기도하는 경험을 통하여 영적인 깊은 자각을 하였습니다. 학교 공부라고는 2년이 전부였던 그가 다시 공부를 시작하고 성공회 신부가 되었고 위대한 찬송가 작가가 되었습니다. 하나님의 은혜를 잘 아는 그가 자신을 그리스도께 드리는 삶을 살며 작사한 찬송가 Amazing Grace는 많은 사람들이 애창하는 찬송이지요.

> "나 같은 죄인 살리신 주 은혜 놀라워 잃었던 생명 찾았고 광명을 얻었네.
> 큰 죄악에서 건지신 주 은혜 고마워 나 처음 믿은 그 시간 귀하고 귀하다."

진리(ἀλήθεια)란 무엇인가?

진리(ἀλήθεια)란 단어는 진실(reality, truth)이라는 의미로 요한이 쓴 복음 가운데 24번이나 나옵니다. 요한복음 1:14에서 이 단어가 처음으로 나옵니다. 진리는 하나님의 성격과 관계된 말씀입니다. 이 진리에 대하여 요한은 계속하여 설명합니다. 14:6에서 "내가 곧 길이요 진리요 생명이니"라고 했고 14:17에서는 "성령은 진리의 영"이라고 15:26과 16:13에서는 "진리의 성령"

이라고 했습니다. 삼위일체의 하나님은 곧 진리이십니다. 진리이신 하나님은 거짓을 미워하시고 허위를 배격하십니다. 하나님의 말씀을 볼 때 진실하신 말씀으로 받아야 합니다. 그 말씀을 연구할 때 사람의 의견을 강조하거나 주장해서는 안 됩니다. 왜냐하면 "주께서는 중심이 진실함을 원하시며(시 51:6)" "거짓된 혀를 미워하시기(잠 6:17)" 때문입니다.

　진리에 대하여 프란시스 쉐퍼(F. Schaeffer) 박사는 "현대인은 진리를 똑바로 믿지 않고 헤겔 철학의 철학적 진리를 따른다,"라고 했습니다. 하나의 사실이 진리라면 그 사실에 반대는 반드시 거짓이어야 한다는 것입니다. 그러나 헤겔이 죽은 후에 헤겔의 사상을 발전시킨 그 후배들은 '진실이 거짓의 반대라고 이야기해서는 안된다,' 라고 말했습니다. 어떤 개인이 지금 참이라고 하는 것이 진실이라는 말입니다. 나의 진리가 반드시 너의 진리는 아니고 지금 내게 진리인 것이 내일에는 진리가 아닐 수도 있다고 주장했습니다. 이 같은 헤겔의 철학이 18세기에 와서 신학에 침투되어 영향을 주었습니다. 바우어나 스트라우스 같은 사람들은 아예 성경의 절대적 진리를 부인했습니다. 그리고 실존철학에도 영향을 주어 키르케고르 같은 덴마크의 신학자이며 실존주의의 선구자에게도 영향을 주었습니다. 그들의 영향을 받은 사람들은 '절대적 진리가 없고, 오직 상대적 진리' 만이 존재한다고 주장합니다.

　그러나 예수님은 '내가 진리다' 라고 가르쳐 주시고 "진리가 너희를 죄에서부터 해방시켜 자유케 하리라."라고 하셨습니다. 예수님만이 절대적 진리요, 죄인에게 자유를 주시는 절대 해방자이십니다. 그러므로 진리를 보기 위해서는 예수님을 보아야만 합니다. 진리를 탐구하기 위해서는 예수를 배워야만 합니다. 아름다움에 대해 사색하고 논의할 수는 있지만 그 색채나 조화나 균형 등을 따져본다면, 아름다움의 정의에 보다 더 가까이 이를 수는 없습니다. 그러나 만일 우리가 아름다운 물체를 지적할 때, 그 아름다움이란 구체화되고 명확해 지는 것입니다. '이 꽃이 아름답다' 고 한다면 그 '아름답다'

는 개념을 실제로 파악해야 합니다. 인간이 하나님이 누구인가를 사색하고 추상하고 유추해 보아도 그 정의를 내리지 못합니다. 그러므로 우리는 더 이상의 사색을 중단하고 예수 그리스도를 바라볼 때에, '하나님께서 바로 이런 분이시다'라고 말할 수 있습니다.

예수님께서 육신으로 오신 것은 하나님에 관해서 사람들에게 말하기 위해서가 아니라, 인간에게 하나님이 어떤 분이신지 직접 보여주시기 위하여 오셨습니다. 그리고 가장 비천한 사람들도, 가장 학식이 있고, 가장 위대한 철학자만큼 하나님을 알 수 있게 하기 위해서 오신 것입니다. 하나님을 보여주기 위해서 오셨다는 것은 하나님이 진리요 은혜라는 것을 보여주시기 위해 오셨다는 의미입니다. 그러므로 예수 그리스도는 바로 은혜 그 자체이고 진리 그 자체이십니다.

본문에서 사도 요한은 '은혜와 진리(Grace and Truth)'라고 하지 않고 '전(全) 은혜와 진리(full of grace and truth)'라고 했습니다. 이 말은 하나님 안에 있는, 그리고 하나님으로부터 비춰지는 모든 것이 영광이고 진리라는 뜻입니다.(When John writes 'full', he means that all that was in Him and shone forth from Him was grace and truth.) 예수 그리스도는 성육신하셔서 하나님의 진실하심을 구체적으로 보여주시고, 예수 그리스도 자신이 진리 그 자체이심을 밝혀준 것입니다. 예수 그리스도 안에 있는 모든 것, 예수 그리스도로부터 풍겨 나오는 모든 것은 바로 은혜와 진리뿐이라는 것입니다.

은혜 충만한 생활은 예수로 충만하고 만족하는 생활이고, 진리 충만한 사람은 예수가 누구임을 알고 그 진리를 아는 사람입니다.

제12장

유일무이하신 예수 그리스도

(요 1:15~18)

요한복음 1:15 "요한이 그에 대하여 증언하여 외쳐 이르되 내가 전에 말하기를
내 뒤에 오시는 이가 나보다 앞선 것은 나보다 먼저 계심이라 한 것이 이 사람을
가리킴이라 하니라. 우리가 다 그의 충만한 데서 받으니 은혜 위에 은혜러라. 율법은
모세로 말미암아 주어진 것이요 은혜와 진리는 예수 그리스도로 말미암아 온 것이라,
본래 하나님을 본 사람이 없으되 아버지 품 속에 있는
독생하신 하나님이 나타내셨느니라."

예수님은 유일하십니다.
기원이 유일하시고, 유일한 축복의 통로이고,
은혜와 진리의 유일한 근원이시고,
그 안에서 하나님을 볼 수 있고 만날 수 있는
유일한 분이십니다.

요한복음에는 예수님에 대한 별칭이 많이 나옵니다. 여태까지 우리가 살펴본 대로 예수님에 대한 명칭이 말씀(로고스), 생명(Life), 빛(Light)으로 표현되었습니다. 그런데 예수님이 성육신하셔서 가지신 명칭은 매우 중요한 의미를 갖습니다. 요한복음 1:14에는 '독생자'로, 1:17에는 '예수 그리스도'로, 그리고 요한복음 1:18에서는 '독생하신 하나님'이라고 하였습니다. 흔히 독생자 예수님을 이야기할 때에 수적(數的)인 개념으로만 생각하기 쉽습니다. 하나님은 아들 하나 밖에 없었는데 그 아들(외아들)을 우리에게 주셨고, 그 외아들이 십자가에서 우리 대신 제물로 희생되었다고 생각합니다. 그리고 '아들'이라고 하는 개념을 '피조물'이나 또는 성부와 성자의 '차별'로 생각하는 것은 잘못입니다. 예수님이 독생자라고 할 때에 이런 수적 개념보다는 "예수님은 본질적으로 영원부터 존재하신 하나님이시다,"라고 생각해야 합니다. 즉 예수님은 삼위일체 성자(Christ"s Trinitarian sonship)라고 생각해야 합니다. 독생자란 유일하신 하나님의 아들이라고 생각해야 합니다. 유일하신(Unique) 예수님이란 의미는 이 세상 어떤 것과 견줄 수 없는 가장 위대한 존재로서, '같은'이나 '동등'이나 '하나(두 개 이상의 의미와 대조되는)'라는 의미를 갖지 않은 존재이십니다. 이 세상에서는 어떤 피조물도 예수님과 동등하고 상대될 만한 존재가 없습니다. 또한 예수님은 그의 존재(His being) 전체에서 유일하신 분입니다. 그의 인격, 탄생, 가르침, 이적, 행하심, 죽음, 부활, 그리고 재림 등 모든 것이 유일하신 분이십니다.

특별히 본문을 통해서 예수 그리스도의 유일한 점을 살펴봅니다.

예수님의 기원이 유일하시다

요한복음 1:15에서 "요한이 그에 대하여 증언하여 외쳐 이르되 내가 전에 말하기를 내 뒤에 오시는 이가 나보다 앞선 것은 나보다 먼저 계심이라,"고 하였습니다. 사실 나이로 볼 때, 예수님은 세례 요한보다 6개월 아래였습니다. 세례 요한은 아주 단순하게 '나이가 어린 그가 나보다 앞서 존재하였다,'고 한 것입니다. 세례 요한은 이렇게 말하고 있습니다. "나는 예수님보다 광야에 먼저 있었다. 나는 예수님보다 앞서 유대 군중을 만나고 세례를 베풀고, 설교할 수 있는 무대의 중심을 차지하였다. 나는 예수님보다 먼저 하나님의 일을 시작했다. 그러나 내가 하고 있는 것은 모두 예수님의 오심을 위해 길을 예비하는 것에 불과한 것이다. 나는 다만 주력부대의 전초병이요, 선발대에 불과하며, 왕의 사자인 심부름꾼에 불과하다."라고 분명히 밝히고 있는 것입니다. 세례 요한은 이보다 더욱 깊게 생각하고 있습니다. 예수님의 존재를 이야기할 때에 인간이 생각하는 '시간' 이라는 관점에서가 아니라 '영원' 이라는 관념에서 생각합니다. 곧 예수님은 창세 이전에 존재하셨고(before history), 예수님을 떠나서는 어떠한 인간도 존재할 수 없고, 어떤 피조물도 존재할 수 없다는 것을 세례 요한이 우리에게 가르치고 있는 것입니다. 예수님은 역사적인 기원이 없으시고(Jesus was entirely without historical origin) 역사 이전에 존재하신 하나님입니다. 이것은 '그가 하나님이시다,' 라는 것을 명백하게 말해주는 것입니다.

미국의 신학자인 도널드 반하우스(Donald Grey Barnhouse 1895~1960)는 그의 사후인 1961년에 발표된 '열려진 무덤을 통해 나온 그 십자가(The Cross through the open tomb)' 라는 책에서 이렇게 말했습니다.

"모든 사람의 역사는 출생으로부터 시작한다. 그러나 예수 그리스도는 영원 전부터 존재하신다. 제 2의 하나님으로 존재하셨다. 그는 베들레헴에서 탄생하시기 전에 존재하셨다. 그는 성부와 함께 계셨고, 본질과 존재에 있어서 성부와 동일하신 분이다. 그가 아기로 탄생하시기 전에 사람들 중에 다니셨고, 그들에게 그 자신을 계시하였다."

우리는 예수님 자신의 증거로 그 기원의 유일함을 알 수 있습니다. 예수님 자신이 자기를 "영원 전에 있었고, 역사 이전에 존재했다,"라고 증거 하셨습니다.

요한복음 8:56~58에서 예수님께서 "내가 아브라함 전에 존재하였고, 아브라함은 나의 때를 볼 것을 즐거워하다가 또 보고 기뻐하였느니라,"라고 했고, 요한복음 12:41에서는 이사야 선지자가 예수님을 보았다고 말하고 있습니다. 세례 요한은 예수에 대하여 증거 하기를, 예수님은 자기보다 먼저 계신 자라고 했습니다. 요한복음 1:15에서 "증거 한다"는 동사의 시제가 현재형으로 되어 있음을 볼 수 있습니다(마르투레이, μαρτυρεῖ=being witness). 이것은 역사적인 현재를 뜻하면서 진리임을 의미합니다. 그의 증거가 과거에 된 사실이면서도 현재까지도 살아서 생생하게 우리 귀에 그 사실을 전한다는 뜻입니다. 즉 역사적 현재(historical present)를 가리킵니다. 여기서 증거 한다(μαρτυρεῖ)라고 하는 것은 순교정신으로 증거 하는 것을 뜻하고, 외친다(보운토스, βοῶντος)라는 뜻은 '말씀의 전달자'라는 것을 의미합니다.

예수님은 하나님의 축복의 유일한 근원이시다

요한복음 1: 16에는 "우리가 다 그의 충만한 데서 받는다,"고 하였습니다. 충만(플레로우마, πλήρωμα)이라는 말은 '하나님 안에 있는 모든 것'을 가리킵니다.

골로새서 1:19에서 사도 바울은 "아버지께서는 모든 충만으로 예수 안에 거하게 하시고" 라고 하였습니다.

성육신하신 예수님 안에는 하나님의 모든 충만한 것이 내재 하십니다. 하나님의 지혜, 능력, 사랑의 총체가 예수 안에 있다는 뜻입니다. 그러므로 예수님은 무진장한 보화와 축복을 가지신 분이요, 예수님 자신이 바로 축복의 원천이시라는 뜻입니다. 성육신하신 예수님은 인간이 하나님의 복을 받을 수 있는 유일한 통로입니다. 물질적인 축복이든 영적인 축복이든 예수 그리스도를 통하여 받는 것입니다. 그리고 이미 사람들이 예수 그리스도를 통하여 창조주 하나님의 일반적 은혜(common grace)를 받았고 또 지금도 받고 있습니다. 우리의 건강, 지식, 친구, 물질 등 무엇이든지 주님이 주신 일반적 은혜입니다.

예수님은 우리에게 생명의 떡과 생명의 물을 주셨습니다. 예수님은 유대 군중 가운데 가난한 사람들을 불쌍히 여기시고 그들의 굶주린 배를 채워주셨습니다.(5병2어, 7병2어) "누구든지 목마르거든 내게로 와서 마셔라. 누구든지 굶주리거든 내게로 와서 생명의 떡을 취하라"고 하셨습니다. 사람들은 누구나 어떤 포부와 이상을 가지고 예수께 나아갈 수 있으며, 그 이상을 예수 그리스도 안에서 실현할 수 있습니다. 아름다움에 대한 애착을 가진 사람들은 예수님에게서 메시야의 아름다움을 발견할 수가 있습니다. 지식을 탐구하는 사람들은 예수님에게서 궁극적인 계시를 발견할 수 있습니다. 용기를 얻고자 하는 사람들은 예수님에게서 용기와 위용을 발견할 수 있습니다. 훌륭한 스승의 도리를 생각하는 사람들은 예수님에게서 참된 스승의 도를 발견할 수 있습니다. 인생의 근본 윤리와 도덕을 탐구하려는 사람들은 예수님에게서 면죄의 용서와 선하게 될 수 있는 능력을 발견할 수가 있습니다. 영생의 진리를 터득하고 기쁨을 알고자 하는 사람들은 예수님에게서 진정한 생명을 발견하고 감격의 함성을 지를 수 있습니다.

예수 안에는 하나님의 모든 충만한 것이 있습니다. 하나님께 존재하는 모든 것이 있습니다. 영국의 주교이며 성서학자였던 웨스트컷(Westcott)은 '예수님은 하나님의 생명의 샘'이라고 불렀습니다. 사도 요한은 예수님이 모든 축복의 유일한 근원이 되심을 가르칠 뿐만 아니라, 예수님으로부터 은혜 받는 것을 '은혜위에 은혜를 받는다,' 라고 강조합니다. 여기서 '은혜위에 은혜' 란 '믿는 자들이 은혜의 자리에서 계속 은혜를 받는다,' 는 뜻입니다.

　세대가 다르고 생활환경이 다르면 은혜의 종류도 다양하게 요구됩니다. 번영하는 시대와 역경의 시대는 서로 다른 은혜가 필요합니다. 청춘시절에 필요로 하는 은혜와 인생의 황혼시기에 필요로 하는 은혜가 다릅니다. 박해를 받는 시대에 교회가 필요로 하는 은혜와 평화로운 시대에 교회가 필요로 하는 은혜가 다릅니다. 성공했을 때에 필요한 은혜와 절망하고 낙심했을 때에 필요한 은혜가 다릅니다. 내 자신이 무거운 짐을 들고 있을 때와 내가 다른 사람의 짐을 지고 있을 때 필요한 은혜가 다릅니다. 확신을 가진 자와 불확실성 속에서 사는 자가 필요로 하는 은혜가 다릅니다. 하나님의 은혜는 항상 동적이지 정적인 것은 아닙니다. 그래서 성경은 우리에게 가르치기를 "때를 따라 돕는 은혜를 얻기 위하여 은혜의 보좌 앞에 담대히 나아가자"고 합니다. 바울은 말하기를, "보라 지금은 은혜 받을 만한 때요, 보라 지금은 구원의 날이로다,"라고 하였습니다. 예수 그리스도의 은혜는 어떤 상황에 있을지라도 그 은혜가 충분하고도 남음이 있습니다. 지금도 주님은 우리에게 은혜위에 은혜를 주시려고 우리를 부르십니다.

예수님은 은혜와 진리의 유일한 근원(Source)이시다

　요한복음 1:17에서는 "율법은 모세로 말미암아 주어진 것이요 은혜와 진리는 예수 그리스도로 말미암아 온 것이라,"고 했습니다. 어거스틴은 '율법도 하나님이 주신 것이요, 은혜와 진리도 하나님이 주시는 것이다,' 라고 했습니다. 율법은 모세를 통해서 주셨으나, 은혜와 진리는 예수님이 직접 가지고 오신 것입니다. 이 양자 사이에는 대조가 있습니다.

율법 하에서 하나님은 인간에게서 의를 요구하셨습니다. 그러나 은혜 아래에서 하나님은 인간에게 의를 선물로 주셨습니다. 율법 하에서 의는 인간의 선행에 기초했습니다. 그러나 은혜 아래에서 의는 그리스도와 그리스도의 특성, 그리고 그리스도의 행하심에 기초합니다. 율법 하에서 축복은 복종을 전제로 합니다. 그러나 은혜 아래서 축복은 하나님이 무상으로 주시는 선물입니다.

율법은 죄인에게 의를 보장할 수 없는 무력자(힘없는 자)입니다. 죄 있는 종족의 생명을 보장할 수 없는 무력자입니다. 그러나 은혜는 예수 그리스도의 죽음과 부활을 통하여 죄인들을 하나님 앞에서 '의롭다 칭함'을 받게 합니다.

예수님은 그 안에서 우리가 하나님을 볼 수 있는 유일한 분이시다

옛날 사람들은 하나님과 인간과는 무한한 거리가 있다고 생각했습니다. 그래서 하나님에 대하여는 철저히 모른다고만 생각했습니다. 출애굽기 33:20에서는 하나님께서 모세에게 "네가 내 얼굴을 보고 살지 못하리니, 나를 보고 살 자가 없느니라."라고 하셨습니다. 헬라의 사상가들도 이런 사상을 갖고 있었습니다. 크세노파네스(Xenophanes of Colophon 주전 570년~주전475)는 "모든 것이 추측이다."라고 했고, 플라톤은 "결코 인간과 신은 만날 수 없다."라고 했으며, 켈수스(Publius Iuventius Celsus, 주후 67년~130)는 하나님은 모든 것들을 초월해 계시는데 크리스천이 하나님을 아버지라고 부르는 것을 비웃었습니다. 글로버(Glover)는 "하나님이 어떤 분이시든지 간에 그는 평범한 인간들의 영역 밖에 있다."라고 했습니다.

그러나 예수님은 유일무이의 존재로서, 성부 하나님 품속에 있었던 성자 하나님이 우리에게 하나님을 나타내 보이신 것입니다. 초월의 하나님은 내재의 하나님이십니다. 성육신하신 예수님은 그 어느 누구와도 다르고 독특하신 분이십니다. 영원 전부터 존재하신 유일하신 분이시고, 하나님의 축복의 유일한 통로이시고, 은혜와 진리의 근원이십니다. 그에게서만 하나님을 볼 수 있고 인식하고 깨달을 수 있습니다.

제13장

광야의 소리

(요 1:19~28)

요한복음 1:19~28 "유대인들이 예루살렘에서 제사장들과 레위인들을 요한에게 보내어
네가 누구냐 물을 때에 요한의 증언이 이러하니라. 요한이 드러내어 말하고 숨기지
아니하니 드러내어 하는 말이 나는 그리스도가 아니라 한 대, 또 묻되 그러면 누구냐 네가
엘리야냐 이르되 나는 아니라 또 묻되 네가 그 선지자냐 대답하되 아니라. 또 말하되
누구냐 우리를 보낸 이들에게 대답하게 하라 너는 네게 대하여 무엇이라 하느냐. 이르되
나는 선지자 이사야의 말과 같이 주의 길을 곧게 하라고 광야에서 외치는 자의 소리로라
하니라. 그들은 바리새인들이 보낸 자라, 또 물어 이르되 네가 만일 그리스도도 아니요
엘리야도 아니요 그 선지자도 아닐진대 어찌하여 세례를 베푸느냐. 요한이 대답하되 나는
물로 세례를 베풀거니와 너희 가운데 너희가 알지 못하는 한 사람이 섰으니, 곧 내 뒤에
오시는 그이라 나는 그의 신발끈을 풀기도 감당하지 못하겠노라 하더라. 이 일은 요한이
세례 베풀던 곳 요단 강 건너편 베다니에서 일어난 일이니라."

세례 요한은 광야의 소리로
뒤에 오시는 예수님이 그리스도라고 분명하고 담대하게 증거 합니다.

세례 요한은 자기가 예수님의 신발 끈조차도
풀 자격이 없는 사람이라고 말합니다.

예수님에게 있어서 세례 요한은 자신이
종이나 노예 신분도 될 자격이 없다고 고백합니다.

세례 요한은 오직 예수님만을 증거 하기 위해 살았습니다.

요한복음 1:6~9과 요한복음 1:19~28과는 연관이 있습니다. 요한복음 1:6~9에서 세례 요한은 자기의 정체를 밝히기를 '나는 빛이 아니다. 참 빛은 예수 그리스도이다. 나는 그 빛을 증거 하려고 보냄을 받은 자이다. 나를 통하여 많은 사람이 참 빛이신 예수 그리스도를 믿을 것이다.' 라고 하였습니다.

1:19 이하에 나오는 사실들을 보면 세례 요한이 바리새인들로부터 보냄 받은 자에게 4가지 질문을 받은 내용이 있습니다. 질문을 한 사람들은 제사 장들과 레위인들이었고, 이 사람들은 유대인들이 파견한 사람들로써 세례 요한을 조사하도록 임무를 맡은 조사관들이었습니다. 여기 유대인들이란 항 상 예수님을 적대하고 예수님의 말씀에 올무를 놓고 예수님의 교훈을 비판 하고 비난했던 악한 사람들이었습니다.

요한복음에는 유대인이란 말이 70번 가량 나옵니다. 제사장들과 레위인들 이 세례 요한에 대해 관심을 가지는 것은 당연한 일이었습니다. 유대교에 있 어서 제사장의 유일한 자격은 혈통, 즉 피를 이어받은 사람이었습니다. 세례 요한은 사가랴의 아들이요, 사가랴는 제사장이었습니다(눅 1:5). 아론의 자 손이 아니고는 아무도 제사장이 될 수 없습니다. 그리고 아론의 자손이 제사 장이 되는 것을 그 누구도 막을 수 없습니다. 그러므로 제사장들이나 레위인 들의 안목으로 볼 때, 세례 요한은 분명히 제사장이었습니다. 그런데 제사장 인 세례 요한이 성전에서 제사장 일을 하지 아니하고, 왜 광야에서 운집한 군 중들에게 "회개하라, 천국이 가까웠다."고 외치는 비정상적인 처신을 하는 지 그 이유를 알려고 찾아온 것이라고 우리는 추정해 볼 수 있습니다. 또한 제사장들과 레위인들이 유대나라의 최고 회의 기관인 산헤드린(Sanhedrin, 수네드리온, Συνέδριον)에서 파송을 받았다면 이 세례 요한을 조사하는 이 유는 아마 그 당시 세례 요한이 메시야라고 하는 소문이 퍼지면서 그가 정말 로 메시야인가 알아보라는 사명을 받았을 것입니다. 산헤드린에서는 거짓 예언자로 혐의를 받는 사람과 거짓 메시야로 자처하는 사람을 재판하는 임무를 맡고 있었습니다. 유대인들은 세례 요한이 혹시 거짓 예언자나 거짓 메시야가 아닌지 살펴보도록 보냄을 받았을 것입니다. 파송 받아서 온 제사장들과 레위인들이 세례 요한을 향해서 한 질문을 살펴봅니다.

네가 누구냐?

이 질문은 "네가 그리스도가 아니냐? 메시야가 아니냐?" 하는 질문입니다. 이때 세례 요한은 "나는 그리스도가 아니다,"고 분명하게 말했습니다. 세례 요한 당시 유대 나라는 로마의 속국이 되어 지배를 받고 있었습니다. 유대민족은 하나님의 선민이라는 의식이 강했기 때문에 이렇게 지배와 속박 속에 있는 자기 민족을 구원하기 위해 하나님이 직접 개입하실 것을 믿었습니다. 유대인 군대를 이끌고 전 세계를 지배할 수 있는 민족적인 지도자, 곧 정치적인 메시야를 하나님이 빠른 시일에 보내 주실 것을 믿고 기다렸습니다.

그러나 세례 요한은 자기가 유대인들이 기다리는 그러한 메시야가 아니라고 잘라서 말했습니다. 백성들에게 '회개하라, 천국이 가까이 왔다,' 고 외치는 세례 요한이 마치 그들이 바라던 메시야처럼 보였는지 모릅니다. 그러나 그는 "나는 그리스도가 아니다. 나는 메시야가 아니다,"라고 강하게 부정하였습니다. 세례 요한의 부정의 말은 "메시야는 내가 아니다. 그러나 만일 너희가 알고자 한다면 메시야는 여기 계신다,"라는 뜻을 내포하고 있습니다.

네가 엘리야냐?

유대인들은 메시야가 오시기 전에 엘리야가 먼저 다시 와서 메시야가 오신다는 소식을 전하고 사람들이 메시야를 영접하도록 준비한다고 생각했습니다. 특별히 엘리야는 메시야를 반대하는 사람들을 처리하기 위해 온다고 믿었습니다. 엘리야가 와서 유대인과 유대인이 아닌 이방인들을 가려내고 흩어져 있는 유대인 가족들을 모으며, 사람이건 물건이건 깨끗한 것과 불결한 것을 가려낸다고 믿었습니다. 유대인들의 전통적인 율법에 따르면 금전이나 재산의 소유주가 누구인지 밝히기 어려울 때는 엘리야가 올 때까지 기다려야 한다고 했습니다. 엘리야는 메시야가 와서 제위에 오를 때에 메시야에게 기름을 붓는 자라고 생각하고 죽은 자들을 일으켜 새 왕국에 참여시킨다고 생각했습니다. 그러나 세례 요한은 유대인이 생각하고 믿는 그런 엘리야가 아니요, 엘리야가 차지하는 영예가 자기 것이 아니라고 부정하였습니다. 말라기 선지자가 4:5~6에 한 예언 말씀을 이스라엘 사람들은 잘못 해석해서 이런 억측을 낳았고, 어리석은 기대를 가졌던 것입니다.

"보라 여호와의 크고 두려운 날이 이르기 전에 내가 선지자 엘리야를 너희에게 보내리니, 그가 아버지의 마음을 자녀에게로 돌이키게 하고 자녀들의 마음을 그들의 아버지에게로 돌이키게 하리라 돌이키지 아니하면 두렵건대 내가 와서 저주로 그 땅을 칠까 하노라 하시니라(말 4:5~6)"

이 말씀에 대한 해석은 누가복음 1:17에 나타나 있습니다. 천사가 세례 요한의 출생을 예언하면서 동시에 그의 사역을 밝힌 것입니다. "그가 또 엘리야의 심령과 능력으로 주 앞에 먼저 와서 아버지의 마음을 자식에게, 거스르는 자를 의인의 슬기에 돌아오게 하고 주를 위하여 세운 백성을 준비하리라(눅 1:17)." 세례 요한은 엘리야의 마음과 그 능력을 가지고 예수 그리스도 메시야의 길을 평탄하게 하러 온 사람이지 엘리야 자신은 아닙니다. 유대인들이 기다리던 그런 메시야의 선구자는 아니라고 분명히 말했습니다.

네가 그 선지자냐?

유대인들은 메시야가 다시 올 때에는 엘리야 외에 어떤 다른 선지자가 있다고 생각하였습니다. 그들은 아마 이사야나 예레미야일지도 모른다고 생각했을 겁니다.

"네 하나님 여호와께서 너희 가운데 네 형제 중에서 너를 위하여 나와 같은 선지자 하나를 일으키시리니 너희는 그의 말을 들을지니라(신 18:15)." 이와 동일한 말씀이 사도행전에도 있습니다.

"모세가 말하되 주 하나님이 너희를 위하여 너희 형제 가운데서 나 같은 선지자 하나를 세울 것이니 너희가 무엇이든지 그의 모든 말을 들을 것이라(행 3:22)."

또 사도행전 7:37은 "이스라엘 자손에 대하여 하나님이 너희 형제 가운데서 나와 같은 선지자를 세우리라 하던 자가 곧 이 모세라." 말씀하시고 있습니다.

그러나 세례 요한은 "나는 선지자 이사야의 말과 같이 주의 길을 곧게 하라고 광야에서 외치는 자의 소리"라고 말하면서 이사야서 40:3의 말씀을 인용하여 증거 합니다. "외치는 자의 소리여 이르되 너희는 광야에서 여호와의 길을 예비하라 사막에서 우리 하나님의 대로를 평탄하게 하라." 그 당시 동방의 도로는 평평하지도 않았고 자갈이 깔려있지도 않았습니다. 그 길들은 단지 밟아서 다져진 길들이었습니다. 왕이 어느 지방에 행차하려고 할 때나 정복자가 자기 영토를 지나가려고 할 때는 반드시 사람들이 나와서 밟고 다져서 정리가 되어야 합니다. 곧 세례 요한은 예수님의 앞에 와서 예수님을 위해 그런 길을 다지고 있는 것이라고 증거 하는 것입니다.

세례 요한은 "나는 아무 것도 아니다. 나는 다만 왕(예수 그리스도)이 오실 길을 예비하라고 말하는 소리일 뿐이다."라고 하면서 "왕이 방금 오시고 있으니 스스로 예비하라," 라고 외쳤습니다. 그는 유대광야에서 외쳤던 유명한 설교가요, 사람들에게 회개를 촉구한 교사요, 선지자였으나, 그는 자신이 '예수님의 소리' 에 불과하다고 했습니다. 예수님은 말씀이요, 자기는 그 말씀을 전달하는 소리라고 하였습니다. 소리는 말씀이 없을 때 아무런 가치가 없습니다. 소리는 눈으로 볼 수가 없고 다만 들을 수 있을 뿐입니다. 그가 자기를 소리라고 하는 이유는 유대 백성들에게 자기를 보지 말고 왕 되시는 예수 그리스도를 보라고 하는 뜻입니다.

이렇게 세례 요한이 예수 그리스도의 길을 예비한 것과도 같이 우리도 진정한 메시야, 예수 그리스도를 우리 마음에 영접할 수 있는 마음의 고속도로를 만들어야 하겠습니다.

왜 세례를 주느냐?

요한복음 1:25 이하와 마태복음 3:11, 그리고 누가복음 3:16절에서 세례 요한은 그 이를 "나는 물로 세례를 주는 자이나, 내 뒤에 오시는 이는 성령과 불로 세례를 주시리라,"고 하였습니다. 유대인들이 파견한 자들은 "네가 그리스도도 아니고, 엘리야도 아니고, 그 선지자도 아닐진대 어찌하여 세례를 주느냐?"고 세례 요한을 책망했습니다. 그들은 세례 요한의 설교보다 '세례'에 더 중점적으로 관심을 갖고 있다는 것을 말해줍니다. 제사장들은 아무나 정결예식을 하도록 허용하지 않는 것을 알고 있었습니다. 그래서 세례 요한에게 그들은 자격도 없이 어떻게 정결예식을 하는가?"라고 물었던 것입니다. 여기서 정결예식은 메시야의 사역이라는 사실을 알게 됩니다. 에스겔 36:25, 37:23에서 정결케 하는 예식은 메시야가 와서 하는 일이라고 기록되어 있는데 왜 세례 요한이 그 의식을 하느냐고 묻는 것입니다.

세례 요한은 물로 세례를 주었지만, 메시야는 성령과 불로써 세례를 줄 것이라고 자신이 하는 일과 메시야가 앞으로 할 일과의 현격한 차이를 지적하고 있습니다. 자기가 물로 세례를 베푸는 것은 죄 씻는 사실의 하나의 표시에 불과하지만 메시야가 실제로 그 죄를 제거해 주시는 능력을 소유하신 분이라는 말입니다. 그는 메시야가 우리 가운데 벌써 와서 계신다고 증거 하였습니다.

세례 요한은 이 같이 주님이 너무 영광스러워서 자신은 예수님과 비교할 수도 없다고 증거 했습니다. "나는 그의 신발 끈을 풀기도 감당할 수 없다(I am not worth to untie the thongs of his sandals.)"고 자신의 가치가 주님과 비교할 때 하찮다는 것을 증거 합니다. 신들메(the thongs of sandals), 즉 신발 끈을 푸는 것은 종의 일입니다. 세례 요한은 자기가 메시야의 종이 될 자격조차도 없다고 증언하고 있습니다. 세례 요한이 유대인들의 파견자들로부터 이런 질문을 받은 것은 예수 그리스도에게 세례를 베푼 직후의 일입니다. 그때 예수 그리스도에게 성령이 비둘기같이 임하는 것을 보았고, 또 하나님의 음성을 들었습니다. "이는 내 사랑하는 아들이요, 내 기뻐하는 자니라."

세례 요한은 그리스도를 증거 하는 광야의 소리였습니다. 세례 요한에게는 세 가지 미션이 있었습니다.

첫째는 예수 그리스도가 메시야이심을 증거 해야 했습니다. 독일의 신학자이며 교회 역사가인 하르낙(Adolf von Harnack, 1851년~1930년)은 그의 저서 '기독교의 선교와 확장(The Christian Mission and Expansion of Christianity)' 에서 이렇게 말했습니다. "우리는 위대한 기독교 미션이 비공식적인 평신도 선교사들(Informal missionaries)을 도구로 해서 성취되었던 사실을 믿는 것에 주저하지 말아야만 합니다." 즉 기독교의 놀라운 전파는 선교사들 보다 형식적으로 선교사 이름을 가지지 않은 사람, 즉 비공식적인 평신도 선교사들에 의하여 성취되었다는 말입니다. 세례 요한이 한 일은 바로 이런 것을 의미합니다.

둘째로 예수 그리스도가 참 빛이심을 증거 해야 했습니다. 신자는 인간 문제의 해답자가 아니요, 빛이 아닙니다. 예수 그리스도만이 인생문제의 해답자입니다. 예수 그리스도가 빛이시요, 모든 문제의 해결자이십니다. 사람들로 하여금 그에게 향하도록 해야 합니다. 그렇기에 세례 요한은 예수 그리스도를 증거 하고 그의 제자 안드레와 요한에게 예수 그리스도를 믿도록 예수님을 따르게 했습니다.

셋째로 겸손해야 했습니다. 그는 숨었고 나타나지 아니 하였습니다. 그는 '소리'로만 만족했고, 예수 그리스도를 증거 하는 것으로 만족했습니다. '그는 흥해야 하였고, 나는 쇠하여야 한다,'고 세례 요한은 강하게 증언하고 있습니다. 바울도 "나의 나 된 것은 하나님의 은혜로다,"라고 했습니다. 우리들도 예수 그리스도가 메시야인 것을 증거 하고, 참 빛인 것을 증거 해야 합니다. 오직 예수 그리스도만을 증거 해야만 합니다.

제14장

하나님의 어린 양

(요 1:29~34)

요한복음 1:27~34 "이튿날 요한이 예수께서 자기에게 나아오심을 보고 이르되 보라 세상 죄를 지고 가는 하나님의 어린 양이로다. 내가 전에 말하기를 내 뒤에 오는 사람이 있는데 나보다 앞선 것은 그가 나보다 먼저 계심이라 한 것이 이 사람을 가리킴이라. 나도 그를 알지 못하였으나 내가 와서 물로 세례를 베푸는 것은 그를 이스라엘에 나타내려 함이라 하니라. 요한이 또 증언하여 이르되 내가 보매 성령이 비둘기 같이 하늘로부터 내려와서 그의 위에 머물렀더라. 나도 그를 알지 못하였으나 나를 보내어 물로 세례를 베풀라 하신 그이가 나에게 말씀하시되 성령이 내려서 누구 위에든지 머무는 것을 보거든 그가 곧 성 령으로 세례를 베푸는 이인 줄 알라 하셨기에, 내가 보고 그가 하나님의 아들이심을 증언하였노라 하니라."

예수님께서는 우리의 죄를 대속하시기 위해
어린 양으로 이 땅에 오셨습니다.
세례 요한은 예수님께서 자신을 희생양으로 바침으로
죄인된 우리의 죄를 깨끗하게 하고 구원을 얻게 하시려고
이 땅에 오신 것에 대해서 증거 했습니다.

제1권 내가 그로라 **111**

예수님 공생애 중에서 중요한 처음 한 주간의 둘째 날 세례 요한은 예수님을 만났습니다.

"이튿날 요한이 예수께서 자기에게 나아오심을 보고 이르되, 보라 세상 죄를 지고 가는 하나님의 어린 양이로다(요 1:29)," 라고 하였습니다. 이때는 벌써 예수님이 세례를 받으시고 40일 금식 후에 사탄의 시험을 이기시고 승리를 하신 때입니다. 세례 요한은 이 예수님을 보고 "보라 세상 죄를 지고 가는 하나님의 어린 양" 이라고 증거 한 것입니다. 세례 요한이 이렇게 예수님을 부른 것은 구약의 배경을 지니고 있는 귀한 증거입니다.

세례 요한이 말한 '어린 양(God's Lamb, ὁ ἀμνὸς)'

하나님의 양이란 유월절 어린 양을 말합니다(출 12:1~13:, 요 19:36, 고린도전서 5:7, 베드로전서 1:19). 요한복음 2:13에는 유대인의 유월절이 가까웠다고 가르치고 있습니다. 세례 요한이 예수님을 가리켜 "하나님의 어린 양" 이라고 부른 것은 유월절에 희생되는 어린 양을 지칭한 것입니다. 유월절 어린 양에 대한 기록은 출애굽기 12:11~13에 기록되어 있습니다. 하나님께서 애굽에서 노예생활을 하는 이스라엘 백성을 구출하려고 하실 때에 비상수단을 사용하셨습니다. 애굽의 바로가 이스라엘 백성을 해방시키려 하지 않고 계속 노예로 부리려고 했기 때문에, 하나님은 바로 왕의 장자로부터 맷돌 돌리는 서민의 장자까지 하룻밤 사이에 다 죽여 버렸습니다. 그러나 고센 땅에 있는 이스라엘 백성들에게는 하나님께서 자비를 베푸시고 은혜를 주셔서 장자가 죽는 재앙을 면하게 했습니다. 하나님은 미리 이스라엘 백성들로 하여금, 어린 양을 잡아서 그 피를 문설주에 바르고 그 고기는 그날 밤에 온 식구들이 함께 급히 먹고 하나님이 지시하는 시간에 애굽을 출발하도록 명령하셨습니다. 그날 밤에 죽음의 사자가 애굽인들의 집에 들어가서 그들의 장자를 다 죽였습니다. 그러나 문설주에 어린 양의 피가 묻어 있는 이스라엘 집은 죽음의 재앙을 내리지 않고 넘어갔습니다.

이스라엘 백성을 무서운 파멸에서 구해준 것은 바로 '어린 양'의 피였습니다. 이 피를 보고 죽음의 사자는 그 집을 넘어갔기 때문입니다. 유월절이란 '넘어갔다'는 뜻을 지닙니다(Pass-over, Paschal Lamb). 그러므로 첫 소산물(장자)은 하나님의 소유입니다. 하나님은 하나님의 것이라고 구별하여 이스라엘 중에서도 레위지파를 하나님의 소유로 구별하도록 했습니다.

세례 요한이 예수님을 가리켜 하나님의 어린 양이라고 부를 때, 바로 이 유월절의 양을 생각했습니다. 양이 죽고 그 피가 문설주에 발라지면 그 희생의 피로 인해서 구원을 얻은 것처럼 예수님은 바로 너희를 사망에서 구원하여 주시는 '유월절 양'이시라고 세례 요한은 가르쳐줍니다. 진실로 예수님은 죄인을 사망에서 구원하여 주는 참된 제물이십니다. 예수님의 피로 우리는 사망에서 구원되었습니다. 그러므로 기독교는 피의 신학이고 교회는 피의 교회이며, 우리의 가정도 피의 가정입니다. 세례 요한이 예수님을 보았을 바로 그때에 그 나라의 방방곡곡으로부터 예루살렘으로 끌려가는 양떼들이 거기를 지나가고 있었다는 것이 여기에서 암시되기도 합니다. 사도 바울은 고린도전서 5:7에서 "예수님은 유월절의 양"이라고 불렀습니다. 즉 "우리의 유월절 양, 그리스도께서 희생이 되셨느니라,"라고 하였습니다. 베드로도 베드로전서 1:19에서 "오직 흠 없고 점 없는 어린 양 같은 그리스도의 보배로운 피가 우리를 죄에서 대속하였다,"라고 밝히고 있습니다. 예수 그리스도만이 우리에게 구원을 가져다 줄 수 있습니다.

세례 요한이 말한 '어린 양'은 매일 제사에 사용되는 어린 양(The Lamb for daily offering)을 말합니다. 민수기 28:3~4에서 "또 그들에게 이르라 너희가 여호와께 드릴 화제는 이러하니 일 년 되고 흠 없는 숫양을 매일 두 마리씩 상번제로 드리되, 어린 양 한 마리는 아침에 드리고 어린 양 한 마리는 해질 때에 드릴 것이요,"라고 하였습니다. 세례 요한은 제사장의 아들이었으므로 모든 성전예식과 제사제도를 잘 알고 있었습니다. 성전에서는 그 백성들의 죄를 위해 아침저녁으로 끊임없이 어린 양을 제물로 드리고(출 29:38~42), 성전이 존속하는 한 이런 일상적인 제사는 계속됩니다. 전쟁이 일어나 예루살렘이 포위되고 성전이 포위가 되어서 백성들이 아사지경에 이르렀을 때까지도 "제사 드리는 일"을 중지하지 아니 하였습니다. 주후 70년에 성전이 파괴될 때까지도 결코 어린양을 제물로 드리는 제사를 중지하지 아니 하였습니다. 백성들의 죄를 용서받을 수 있는 길은 어린 양을 제물로 드리는 길밖에 없었기 때문입니다. 이것은 우리가 날마다 범죄하고 있지만 그 죄를 용서받을 수 있는 길은 "예수의 피"를 믿는 길밖에 없다는 사실을 말해줍니다. 그러므로 성도의 생활은 날마다 회개하는 생활이어야 하고, 가정예배는 매일 드려야만 합니다.

세례 요한이 말한 '어린 양'은 이사야가 말한 어린 양, 수난의 어린 양을 말합니다.

이사야 53:6~7에서 "우리는 다 양 같아서 그릇 행하여 각기 제 길로 갔거늘 여호와께서는 우리 모두의 죄악을 그에게 담당시키셨도다. 그가 곤욕을 당하여 괴로울 때에도 그의 입을 열지 아니하였음이여 마치 도수장으로 끌려가는 어린 양과 털 깎는 자 앞에서 잠잠한 양 같이 그의 입을 열지 아니하였도다,"라고 하였습니다.

세례 요한이 예수 그리스도에 대하여 증거 할 때에 이사야서 40:3을 인용하여 "나는 선지자 이사야의 말과 같이 주의 길을 곧게 하라고 광야에서 외치는 자의 소리"라고 하였습니다. 도살장으로 끌려가는 양, 털 깎는 자 앞에서 잠잠했던 어린 양, 곤욕을 당하여 괴로울 때에도 그 입을 열지 않은 어린 양, 이사야가 말했던 이런 어린 양을 세례 요한은 설명한 것입니다. 구약성경

중에서 가장 중요한 메시야 예언이 바로 이사야 53장의 "고난의 어린 양"입니다. 세례 요한은 '세상 죄를 지고 가는' 고난의 메시야를 가장 먼저 이해하고 증거 하였습니다. 그는 이사야서 53장의 어린 양을 생각하면서 예수 그리스도를 가리켜 "하나님의 어린 양"이라고 한 것입니다.

마태도 이사야 53장의 "수난의 어린 양"을 예수 그리스도로 이해했습니다. 마태도 "이는 선지자 이사야를 통하여 하신 말씀에 우리의 연약한 것을 친히 담당하시고 병을 짊어지셨도다 함을 이루려 하심이더라(마 8:17),"라고 했고,

베드로는 "그는 죄를 범하지 아니하시고 그 입에 거짓도 없으시며, 욕을 당하시되 맞대어 욕하지 아니하시고 고난을 당하시되 위협하지 아니하시고(벧전 2:22~23),"라고 하면서 예수님이 당한 고난에 대해, 이사야서의 경우와 마찬가지로 예수님을 증거 합니다.

히브리서 7:27에서는 "그는 저 대제사장들이 먼저 자기 죄를 위하고 다음에 백성의 죄를 위하여 날마다 제사 드리는 것과 같이 할 필요가 없으니 이는 그가 단번에 자기를 드려 이루셨음이라,"라고 하여, 하나님의 수난의 어린 양이 자신을 제물로 바쳐서 우리의 죄를 '단번'에 대속했음을 말해주고 있습니다.

하나님의 어린 양이 세상 죄를 지고 간다는 의미

본문 '죄를 지고'에서 '지고'는 헬라어로는 '호 아이로운, ὁ αἴρων'이라고 하고 그 원형은 '아이로우, αἴρω'입니다. 이 αἴρω에는 세 가지 뜻이 있습니다.

첫째로 αἴρω는 '들다(pick)'라는 뜻이 있습니다. 예수님께서 유대인들에

게 아브라함이 나기 전부터 존재했다고 설명할 때에 '유대인들이 돌을 들어 예수님을 치려고 하였다,' 에서 보여주는 '든다,' 라는 의미입니다.

둘째로 αἴρω는 '진다(take)' 라는 뜻이 있습니다. 즉 '짐을 진다' 라고 할 때 '진다' 입니다. 마태복음 16:24에서 "누구든지 나를 따라 오려거든 자기를 부인하고 자기 십자가를 '지고' 나를 따를 것이니라," 라고 할 때의 '진다' 의 의미입니다.

셋째로 옮긴다, 또는 '취하여 간다(take away)' 의 뜻이 있습니다.

요한복음 20:1에서 "막달라 마리아가 예수의 무덤에 와서 돌이 무덤에서 '옮겨' 간 것을 보았다," 에서 보이는 '옮기다' 의 의미입니다. 이때 여자의 힘으로는 도저히 옮길 수 없는 무거운 돌을 천사가 벌써 옮겨 놓은 것을 본 것입니다. 세례 요한이 '세상 죄를 지고 가는 하나님의 어린 양이라' 고 했을 때, 그 '지고' 의 뜻은 이 세 가지 의미를 모두 포함하고 있습니다.

이 세 가지 의미에서의 '진다' 는 무슨 뜻일까요? 예수님은 자신이 친히 이런 예언을 하였습니다. 모세가 광야에서 뱀을 든 것 같이 인자도 들려야 한다고 하셨습니다. 이것은 들림을 받았다, 즉 십자가 나무에 매달렸다는 것을 의미합니다. 예수님은 친히 자기 십자가를 지시고 넘어지면서 갈보리 산의 언덕으로 가셨습니다. 같이 가는 강도들이 진 십자가와 예수님이 지신 십자가는 비슷한 무게이지만, 예수님의 십자가는 세상의 죄를 다 담당한 십자가이기에 세상에서 가장 무거운 십자가였습니다. 예수님은 십자가를 지심으로 우리의 죄를 치워버렸습니다. 우리의 죄를 옮겨버렸습니다(take away). 죄를 없게 만드셨습니다. 구약시대에 드려진 어린 양의 피는 죄인들의 죄를 옮겨서 없앨 수 없었습니다. 다만 그 피를 통하여 용서를 받을 뿐이었습니다. 그러나 예수님은 우리의 죄를 지시고 십자가에서 죽으심으로 우리의 죄를 옮겨주셨고, 없애 주셨습니다. 우리는 우리의 죄로 인하여 고통, 괴로움을 당하고 죽을 수밖에 없었습니다. 이런 우리의 죄를 예수님이 대신해 주신 것입니다.

"보라, 세상 죄를 지고 가는 하나님의 어린 양이다"라고 세례 요한이 증거한 것은 정말로 감격적인 증언입니다. 세례 요한 자신의 죄까지 포함하여 모든 인간의 죄를 지고 가시는 예수님을 가리키는 증언입니다. 구약시대의 모든 양은 사람들이 준비했습니다. 그러나 예수 그리스도는 하나님께서 준비하신 양입니다. 그러므로 구약시대에 제물로 사용했던 모든 어린 양은 하나님이 예비하신 양, 예수 그리스도의 상징입니다. 하나님이 예비하신 예수 그리스도는 유대인의 죄만을 지고 가시는 하나님의 양이 아니라, 모든 족속 모든 민족의 죄를 없애기 위해 예비 된 양이라고 세례 요한은 증거 합니다.

우리도 세례 요한이 담대히 증거 한 것과 같이, 하나님의 양을 증거 해야만 합니다. 그리고 그 피로 인해 생명을 얻은 것을 감사해야 합니다. 생명이 있는 신자가 산 교회를 이룩할 수 있다는 것을 가슴에 새겨두시길 바랍니다.

제15장

무엇을 전할까(증거의 내용)

(요 1:29~34)

요한복음 1:29~34 "이튿날 요한이 예수께서 자기에게 나아오심을 보고 이르되 보라 세상 죄를 지고 가는 하나님의 어린 양이로다. 내가 전에 말하기를 내 뒤에 오는 사람이 있는데 나보다 앞선 것은 그가 나보다 먼저 계심이라 한 것이 이 사람을 가리킴이라. 나도 그를 알지 못하였으나 내가 와서 물로 세례를 베푸는 것은 그를 이스라엘에 나타내려 함이라 하니라. 요한이 또 증언하여 이르되 내가 보매 성령이 비둘기 같이 하늘로부터 내려와서 그의 위에 머물렀더라. 나도 그를 알지 못하였으나 나를 보내어 물로 세례를 베풀라 하신 그이가 나에게 말씀하시되 성령이 내려서 누구 위에든지 머무는 것을 보거든 그가 곧 성령으로 세례를 베푸는 이인 줄 알라 하셨기에, 내가 보고 그가 하나님의 아들이심을 증언하였노라 하니라."

세례 요한은 예수님이 누구신가,
무엇을 하셨는가를 증거 했고,
성령으로 세례를 주실 것이라는 것과
하나님의 아들이라는 사실을 증거 했습니다.

세례 요한의 생애와 그의 외침의 중점은 예수를 증거 하는 데 있었습니다. 요한복음 1:7~8에서 그는 빛을 증거 하러 왔다고 밝히고 있습니다. 곧 예수님이 빛이심을 증거 하려고 왔다고 분명히 밝히고 있는 것입니다. 세례 요한은 자기의 사명을 바로 알았던 현명한 사람이었습니다. 1장 23절에서도 세례 요한은 자기를 '광야의 소리'라고 합니다. 이것은 예수 그리스도를 증거 한다는 간접적인 표현입니다. 예수 그리스도는 말씀이고 자기는 말씀을 전하는 "소리"일 뿐이라고 했습니다. 1장 32절, 34절에서도 예수님이 성령으로 세례를 주는 자요, 하나님의 아들인 것을 증거 한다고 했습니다. 1장 31절에서 내가 와서 물로 세례를 주는 것은 예수 그리스도를 이스라엘에 나타내려 함이라고 말하고 있습니다. 그러면 세례 요한이 무엇을 증거 하려 했습니까?

예수 그리스도가 누구인가를 증거 하였다

먼저 세례 요한은 예수님의 존재의 시간을 증거 하였습니다. 1장 30절에서 "그는 나보다 먼저 계심이다(He was before me.)."라고 하였습니다. 태초에 계신 분, 시간이 있기 전에 존재했던 분, 자기보다 6개월 후에 세상에 오셨으나 창세전에 계신 분이라고 증거 하였습니다. 실제로 예수님은 요한복음 8:58에서 아브라함의 시대 이전부터 있었다고 하십니다. 세례 요한은 예수님이 언제 계셨냐는 것을 증거 하였습니다. 그리고 그는 예수님을 하나님의 아들이라고 증거 하였습니다(요 1:34). 유대인들에게 있어서 하나님의 아들이라 함은 하나님 자신을 가리키는 말입니다. 즉 하나님인 동시에 인간인 것을 가리킵니다. 하나님이시라면 우리의 예배의 대상입니다. 예수님을 떠나서는 하나님을 알 수가 없습니다. 하나님의 아들이라는 뜻은 이런 의미가 있습니다.

예수님께서는 "나와 하나님은 하나이다(요 10:30)."

"나는 하나님의 아들이라 하는 것으로 너희가 어찌 신성모독이라 하느냐 (요 10:36)"

"나를 본 자는 하나님을 본 자이다(요 14:9)."라고 하셨는데 이 구절들은 다 유대인들이 "네가 사람이 되어 자칭 하나님이다 하는도다."라는 것에 대한 정확한 대답입니다.

오늘날 기독교인들은 예수님이 하나님이라는 말씀을 소홀히 하는 경향이 있습니다. 우리는 이 같은 진리를 담대하게 증거 해야 합니다. 죄인을 구원할 수 있는 분은 죄 없는 하나님이어야 합니다.

예수 그리스도가 무엇을 하였는가에 대해 증거 하여야 합니다.

요한복음 1장 3절은 "만물이 그로 말미암아 지은 바 되었다"고 창조의 역사를 증거 하고 있습니다. 또한 속죄의 역사를 주장합니다. 그리스도의 사역의 초점은 십자가에서 죽으심입니다. 세례 요한은 예수님을 본 순간에 예수님께서 담당해야 할 이 사명을 밝히 알았습니다. 유월절의 양, 어린 양으로 오셔서 희생제물이 되어야 할 수난의 양을 알아보았던 것입니다. 그가 죽어야만 인생의 극한 상황인 죽음의 문제를 해결할 수 있다는 것을 알았던 것입니다. 죄로 인하여 죽음의 극한상황에 있는 인간을 예수님이 대신 죽음으로 살려주셨습니다.

어떤 철로길이 있었습니다. 기차가 달려오고 있었지만, 한 철부지 어린 아이가 기차가 오는 것도 아랑곳 하지 않고 기차가 오고 있는 건널목을 건너려고 합니다. 그때 그것을 본 어머니가 달려가서 아이를 밀쳐내고 자신은 기차에 깔려 죽습니다. 이때 어머니는 아기의 생명을 연장시키고 자신은 죽음에 이릅니다.

예수 그리스도는 오늘날 죽음으로부터 인간들을 해방시키십니다. 성경에서 말하는 죽음의 의미는 세 가지가 있습니다. 육신의 죽음(physical death), 영혼의 죽음(spiritual death), 그리고 영원한 죽음(eternal death)입니다. 이 죽음은 죄의 결과입니다. 예수 그리스도는 죽음의 원인이 되는 죄를 옮겨 없애 주십니다. 우리의 죄를 담당하시기 위해 십자가를 지고, 갈보리로 가셔서, 십자가에 달리시는 것입니다. 세상의 죄를 지고(αἴρω) 가시는 것입니다. 세상의 죄를 지고(αἴρω) 가신다는 의미는 우리가 앞에서 살펴본 것과 같이 우리의 죄를 '들고, 지고, 옮겨서' 없애는 것입니다. 이 사실을 믿는 자, 곧 예수 그리스도의 죽음과 그를 믿는 자는 새 생명과 평화와 기쁨과 자유를 얻어서 하나님께 나아갈 수 있다는 것입니다.

성령으로 세례를 주는 것을 증거 하였다

요한복음 1:31과 1:33에서 세례 요한은 똑같이 "나도 그를 알지 못했다," 고 말합니다. 그런데 어떻게 그는 예수님이 세상 죄를 지고 가는 어린 양으로 알아보았을까요?

'안다' 고 하는 의미는 헬라어로 두 가지 뜻이 있습니다. 하나는 알다(헬라어 '오이다, οἶδα)로 직관에 의해 아는 것을 가리키고, 알다(기노우스코우, γινώσκω)는 관찰과 경험에 의해서 아는 것을 뜻합니다. 이 본문에서 세례 요한은 예수 그리스도를 자기의 직관으로 알지(οἶδα)못했다는 뜻입니다. 세례 요한은 그를 계시(Revelation)로 알았다고 증거하고 있습니다. 본문에서 "성령이 내려서 그의 위에 머무는 자는 성령으로 세례를 주는 이" 인 줄 알라고 했기에, 세례 요한은 성령이 예수님의 위에 머무는 것을 보고 하나님의 계시로 그가 성령으로 세례를 주는 이라는 것을 알게(γινώσκω) 되는 것입니다. 이것은 아주 중요한 사실입니다.

요한복음 1:32에서는 "성령이 비둘기 같이 하늘로부터 내려와서 그의 위에 머물렀더라,"라고 해서 바로 하나님의 계시가 이루어졌음을 증거 하고 있습니다.

누가복음 3:22에도 성령이 비둘기 같은 형체로(a bodily form) 그의 위에 강림하셨다,"고 하였습니다. 세례 요한의 눈에 이 같은 현상이 실제적으로 보였던 것입니다. 이 사실은 성령께서 예수님에게 기름 붓는 것을 세례 요한이 똑똑하게 직접 목격한 것입니다. 이것은 중보자로 기름 부음을 받았다는 사실과 실제로 중보자의 일을 수행하신다는 것을 사실적으로 보여준 것입니다.

유대인들은 비둘기에 대해 익숙하게 알고 있었고, 그것이 신성하다고 여겨 사냥이나 식용을 금했으며, 필론(Philon)의 말에 의하면 아스칼론(Ascalon, 이스라엘의 한 도시)에는 많은 비둘기가 있는데, 그것은 유대인들이 비둘기를 신성하게 여겨서 잡지 않기 때문입니다. 비둘기는 사람과 친숙한 새이고, 랍비들도 그렇게 믿고 있었습니다. 창세기 1:2에서 기록된 "하나님의 영은 수면 위에 운행하시니라,"를 랍비들은 '하나님의 영은 태고의 혼돈 속에 질서와 미를 불어넣어 주는 것으로 비둘기 같이 수면 위를 운행했다,' 라고 말하기도 합니다.

'성령이 그 위에 머물렀다,' 라는 말씀은 성령이 예수님의 위에 영구적으로 계심을 뜻합니다.

예수님이 하나님의 아들임을 증거 하였다

공관복음서에서 공통적으로 "이는 내 사랑하는 아들이요, 내 기뻐하는 자라는 음성이 들려왔다"고 했습니다. 세례 요한은 이 하늘에서 들려온 소리를 증거 합니다. 그것은 곧 하나님의 아들(Son of God)이라는 말씀입니다. 하늘 음성의 메아리는 영원히 없어지지 않는 메아리입니다. 예수 그리스도는 성령을 주시는 자, 성령 세례를 주시는 자, 성령을 보내 주시는 자입니다.

요한복음 14:26절에는 이렇게 기록되어 있습니다. "보혜사 곧 아버지께서 내 이름으로 보내실 성령 그가 너희에게 모든 것을 가르치고 내가 너희에게 말한 모든 것을 생각나게 하리라." 성령의 사역은 무엇입니까? 사람에게 진리를 가르쳐(그리스도는 곧 진리), 그것을 인식하게 하고, 그 진리를 다른 사람들에게 전할 수 있는 능력과 용기를 주는 것입니다. 즉 하나님을 아는 지식을 주어 하나님의 뜻에 따른 삶의 의미와 인생의 의미를 깨달을 수 있게 해주며, 바른 것을 행할 수 있는 강한 삶의 힘을 주시는 것입니다. 세례 요한은 예수 그리스도를 "성령으로 세례를 주는 이"라고 증거 했습니다(요 1:33). 이것은 성령에 깊이 잠겨 삶이 거기에 스며들게 되고, 성령에 몰입되어 우리의 생활, 마음, 존재가 하나님의 영으로 충만하게 되도록 성령을 우리에게 보내주신다는 의미입니다. 이런 성령의 세례를 우리 예수 그리스도가 주십니다. 성령은 또 개인적으로 우리가 예수 그리스도를 알게 하고, 또 만날 수 있게 하십니다.

세례 요한은 예수 그리스도는 성령을 보내 주시는 자(Giver)라고 증거 합니다. 우리는 예수 그리스도가 누구시며, 무엇을 하셨으며, 예수 그리스도를 통해 하나님과 교통하는 방법을 반드시 깨우쳐야만 합니다. 세례 요한은 그의 전 생애 동안 예수 그리스도만을 증거 하였습니다. 그리고 예수 그리스도를 증거 하다가 순교하였습니다. 예수님도 세례 요한을 가리켜 '여자가 낳은 자 중에 가장 큰 자' 라고 하셨습니다. 우리도 예수 그리스도만을 증거 해야 한다는 것을 깊이 생각해야 할 것입니다.

영국의 대 철학자였고 수학자였던 알프레드 화이트헤드(Alfred North Whitehead, 1861년~1947) 교수의 일화입니다. 화이트헤드는 우리가 잘 아는 철학자 버드란트 러셀(Bertrand Arthur William Russell, 1872년~1970년)의 스승이기도 하고, 또 두 사람이 함께 여러 책을 저술하기도 했습니다. 그는 본시 교육가의 집안에서 태어났습니다. 물론 대대로 믿어오던 기독교 가문이었습니다. 그러나 화이트헤드는 젊은 시절 철학과 수학에 심취하면서 그만 신앙에 대한 깊은 회의에 빠져버리고 말았습니다. 급기야 대대로 이어받았던 신앙을 완전히 포기해 버렸습니다. 그리고 교회와도 완전히 담을 쌓고 살았습니다. 그러는 가운데 그도 어느덧 인생의 황혼기에 접어들게 되었습니다. 하루는 그가 살고 있는 도시에 엄청난 폭설이 내렸습니다. 서둘러서 집으로 돌아오고 있는 길에 웬 할머니 한 사람이 눈구덩이에 빠져서 허우적거리고 있었습니다. 노교수는 다가가서 그 할머니를 눈구덩이 속에서 구해 주었습니다. 할머니는 노교수에게 고맙다고 인사를 하면서 이렇게 물어 보았습니다. "내게 이와 같이 큰 친절을 베풀어 주시는 것을 보니까, 댁도 깊은 신앙심을 가지고 있는 분이심이 분명합니다. 실례지만 어느 교회에 출석하고 계십니까?" 노교수 화이트헤드는 겸연쩍은 듯이 이렇게 대답했습니다. "저는 교회에 다니지 않습니다. 또 제게는 신앙심도 없습니다." 그러자 할머니는 의외라는 듯이 이렇게 말했습니다. "아니, 다 늙은 사람이 어쩌자고 아직도 예수님을 믿지 않는단 말이오! 그러다가 나처럼 뜻밖의 사고를 당하면 어떻게 하려고 그러시오? 나는 저 눈 구덩이 속에서, 이제 죽는 줄 알고, 계속해서 열심히 찬송을 부르고 있었소. 내가 저 눈 구덩이에서 죽었어도 우리 예수님을 만나기에 그렇게 했죠." 그 말을 듣는 순간 노교수는 절로 숙연해 지지 않을 수 없었습니다. "도대체 무엇이 저 노파로 하여금, 저토록 확신 있는 삶을 살게 만드는 것일까? 내가 지금 탐구하고 있는 철학과 수학, 아니 전 영국의 모든 학문을 통 털어서라도 저 노파가 가지고 있는 진리에 대한 확신을 발견할 수 있을 것인가?" 아무리 생각해도 자신이 서지 않았습니다. 그때부터 그는 자기가 탐구해 왔던 학문에 대하여 회의하기 시작했습니다. 젊어서는 신앙에 대하여 회의했었는데, 이제는 자기가 추구해 왔던 학문에 대한 회의에 빠지고 만 것입니다. 마침내 그는 집 근처에 있는 교회에 다시 출석을 하기 시작했습니다. 화이트헤드와 같은 세계적인 대 석학이 교회에 출석하자 그 교회의 젊은 목사가 너무 놀랐습니다. 그래서 화이트헤드만 의식하고 설교를 하다가 그만 설교를 다 망쳐버리고 말았습니다. 다시 그 젊은 목사는 심혈을 기울여서 멋진 설교를 준비했습니다. 주일마다 열심히 설교를 했습니다. 그런데 그 설교의 내용들은 화이트헤드를 의식해서 그런지 '철학과 신앙의 대화,' '수학과 신앙의 만남' 등 과학적이고 유식한 설교였습니다. 대 석학을 앞에 놓고 설교를 하려고 하니까, 자기 나름대로 그것이 좋을 줄 알고 그렇게 설교를 준비했던 것입니다. 그러던 어느 날이었습니다. 화이트헤드 교수가 젊은 목사를 찾아왔습니다. 젊은 목사는 대 석학이 자기를 찾자 너무나 기뻐서 맨발로 뛰어나가 그를 맞을 정도였습니다. 화이트헤드는 어떻게 해서 자기가 오랫동안 담쌓고 지냈던 교회를 다시 찾았는지, 그 동기를 말하면서 등록교인이 되겠다고 했습니다. 젊은 목사는 자기의 설교가 너무 좋아서 그런지 착각하고는 화이트헤드에게 자기의 설교가 어떤 점이 좋았냐고 물어보았습니다. 그러자 화이트헤드는 이렇게 말했습니다. "목사님, 아무래도 목사님께서 요즘 설교하시는 내용은 제가 목사님보다는 전문일 것 같습니다. 그런 설교 마시고, 그 날 눈구덩이 속에서 그 할머니가 가졌던 진리에 대한 확신, 그런 예수 그리스도에 대한 뜨거운 신앙을 제게 전해 주시기 바랍니다. 그러면 저는 정말 고맙겠습니다." 그 말에 충격을 받은 젊은 목사는 크게 뉘우치고, 그 후부터는 예수 그리스도 외에는 전하지 않고, 오직 예수님만을 전했다고 합니다.

제16장

무엇을 구하느냐

(요 1:35~42)

요한복음 1:35~42 "또 이튿날 요한이 자기 제자 중 두 사람과 함께 섰다가, 예수께서
거니심을 보고 말하되 보라 하나님의 어린 양이로다. 두 제자가 그의 말을 듣고 예수를
따르거늘, 예수께서 돌이켜 그 따르는 것을 보시고 물어 이르시되 무엇을 구하느냐
이르되 랍비여 어디 계시오니이까 하니(랍비는 번역하면 선생이라), 예수께서 이르시되
와서 보라 그러므로 그들이 가서 계신 데를 보고 그 날 함께 거하니 때가 열 시쯤
되었더라. 요한의 말을 듣고 예수를 따르는 두 사람 중의 하나는 시몬 베드로의 형제
안드레라 그가 먼저 자기의 형제 시몬을 찾아 말하되 우리가 메시야를 만났다 하고
(메시야는 번역하면 그리스도라), 데리고 예수께로 오니 예수께서 보시고 이르시되 네가
요한의 아들 시몬이니 장차 게바라 하리라 하시니라(게바는 번역하면 베드로라)."

여러분들은 세상에서 무엇을 구하십니까?
안정된 생활을, 출세를, 아니면 향락을 구하십니까?
솔로몬의 부귀영화가 들에 핀 백합보다도 못하다고 했습니다.
헛되고 헛된 세상의 것을 구하십니까?
헛된 것을 구하는 우리에게 예수님은
'와서 보라' 그리고 '전하라' 라고 명령하십니다.

세 례 요한은 요한복음 1장에서 예수님을 세 번 증거하고 있습니다. 유대인 교권자들을 향하여 공적으로 예수님을 증거 하셨습니다(요 1:19~28). 즉 내 뒤에 오시는 이는 나보다 능력이 많으신 분인데, 나는 그의 신발 끈을 풀기에도 감당할 수 없다. 나는 메시야가 아니요, 광야에서 외치는 자의 소리라고 했습니다. 그리고 유대 군중을 상대로 해서, "예수님은 세상 죄를 지고 가는 하나님의 어린 양이다(요 1:27~34)"라고 했고, 또 세례 요한이 자기의 제자들을 향하여 개인적으로 예수님을 증거(요 1:35~36) 했습니다. 또 이튿날 요한이 자기 제자 중 두 사람과 함께 섰다가 예수의 거니심을 보고 말하되 "보라, 하나님의 어린 양이로다"라고 했습니다.

여기서 두 제자는 사도 요한과 안드레를 가리킵니다. 세례 요한은 예수님에 대하여 증거 한 대로 살았던 사람입니다. 예수 그리스도의 선구자로 왔으며 예수 그리스도를 메시야로 증거 했고, 자기는 무대에서 서서히 퇴장했습니다. 자기의 제자들까지 예수님을 따르도록 하면서 자기는 물러서고 있습니다. 마치 아침의 태양이 공중에 떠 오를 때, 별들이 자취를 감추듯이 우리 태양이신 예수님이 나타나실 때 세례 요한은 그의 자취를 감추는 것이 자기 본연의 자세로 알고 있었습니다.

너희는 무엇을 구하느냐

세례 요한이 두 제자들에게 '예수님을 하나님의 어린 양'이라고 가르칠 때에 그들은 예수를 따랐습니다. 이렇게 세례 요한이 가르칠 때에 이미 예수님은 그들 옆에 와 계셨습니다. 사실은 그들이 예수님께로 나아간 것이 아니라, 예수님께서 그들에게 먼저 접근하여 오셨습니다.

어거스틴은 이렇게 말합니다. "하나님께서 먼저 우리를 찾으시지 않았다면, 우리는 하나님을 찾는 시작도 못 했으리라." 예수님은 자기에게 나아오는 사도 요한과 안드레를 보시고 "너희는 무엇을 구하느냐(무엇을 찾느냐)?"라고 질문하셨습니다. 이 질문은 여러 가지 의미를 내포하고 있습니다. 즉 형식주의자들인 바리새인이나 서기관들처럼 어려운 율법을 자세히 강론하는 것을 구하느냐? 사두개인들처럼 지위나 권력을 구하느냐? 유대 나라의 열심 당원처럼 로마의 세력을 쳐부술 선동자나 지휘관 또는 정치가를 찾느냐? 또는 병 나음 받기를 원하느냐? 이런 모든 뜻이 내포되어 있는 것입니다. 예수님의 질문의 요지는 그들에게 '너희가 원하는 것이 무엇이냐' 는 문제이지 '누구를 찾느냐' 고 묻지는 않으셨습니다.

예수님의 이 질문은 오늘 우리에게도 주시는 질문입니다. 지금 여러분들은 무엇을 구하려 예수님께 왔습니까? 여러분이 여러분의 인생에서 찾으려고 애쓰는 것이 무엇입니까? 성취하고자 하는 것은 무엇입니까? 여러분들은 무엇을 구하고 있습니까?

안정된 지위와 물질적 안전을 구하십니까? 인생의 요구를 넉넉히 채워줄 수 있고, 최소한 근심을 덜어줄 수 있는 만큼의 물질적 안전을 구하십니까? 이것이 잘못된 목적은 아닙니다. 그러나 이것은 낮은 목적입니다. 이것으로 전 인생을 걸기에는 너무나 낮은 목적이고, 인생 전부를 '돈 벌기' 에 바친다는 것은 너무나 아까운 인생입니다. 인생의 목적을 돈으로 정해놓고 돈을 벌어서 삼중, 사중 문으로 안전하게 잠긴 지하창고에 금을 저장해두고 혼자 들어가서 그 금들을 보고 감탄하고 만족한다고 생각해 보시기 바랍니다. 정말로 만족하십니까? 만약에 그 문이 밖에서만 열리는데, 그 안에 들어가서 문이 잠겼다고 상상해 보십시오. 아무 것도 할 수 없이 금만 보고 있다면 만족합니까? 그것이 여태까지 인생의 목적이었습니까? 해골만 남아도 금만 보면 만족합니까? 이보다 더 안전한 "참된 안전" 이 있습니다. 가룟 유다도, 아나니아와 삽비라도, 아간도, 게하시도 모두 이런 금전적 이익에만 집착하여 자신의 인생을 버렸던 사람들입니다. 정말로 금전적 성공이 인생의 참된 안전이라고 생각하십니까?

출세를 구하십니까? 자기가 소유하고 있는 재능, 능력에 부합한 지위, 명성, 특권, 권력을 발휘할 수 있는 기회를 찾습니까? 이것도 나쁜 목적은 아니지만 높은 목적은 더욱 아닙니다. 이것이 인생에 있어서 충분한 것은 아닙니다. 제한된 세계 속에서, 시간과 공간의 제약 아래 어떻게 모든 인생이 다 같이 이런 출세를 취득하겠습니까.

향락을 구하십니까? 부귀영화를 말할 때는 솔로몬 왕을 빼 놓을 수 없습니다. 하지만 솔로몬 왕의 부귀영화가 들에 피는 백합화보다도 못하다고 했습니다. 전도서 2:1~11에 보면, 이런 부귀영화가 헛된 것임을 잘 말해주고 있습니다.

"나는 내 마음에 이르기를 자, 내가 시험 삼아 너를 즐겁게 하리니 너는 낙을 누리라 하였으나 보라 이것도 헛되도다. 내가 웃음에 관하여 말하여 이르기를 그것은 미친 것이라 하였고 희락에 대하여 이르기를 이것이 무슨 소용이 있는가 하였노라. 내가 내 마음으로 깊이 생각하기를 내가 어떻게 하여야 내 마음을 지혜로 다스리면서 술로 내 육신을 즐겁게 할까 또 내가 어떻게 하여야 천하의 인생들이 그들의 인생을 살아가는 동안 어떤 것이 선한 일인지를 알아볼 때까지 내 어리석음을 꼭 붙잡아 둘까 하여, 나의 사업을 크게 하였노라 내가 나를 위하여 집들을 짓고 포도원을 일구며, 여러 동산과 과원을 만들고 그 가운데에 각종 과목을 심었으며, 나를 위하여 수목을 기르는 삼림에 물을 주기 위하여 못들을 팠으며, 남녀 노비들을 사기도 하였고 나를 위하여 집에서 종들을 낳기도 하였으며 나보다 먼저 예루살렘에 있던 모든 자들보다도 내가 소와 양 떼의 소유를 더 많이 가졌으며, 은 금과 왕들이 소유한 보배와 여러 지방의 보배를 나를 위하여 쌓고 또 노래하는 남녀들과 인생들이 기뻐하는 처첩들을 많이 두었노라, 내가 이같이 창성하여 나보다 먼저 예루살렘에 있던 모든 자들보다 더 창성하니 내 지혜도 내게 여전하도다. 무엇이든지 내 눈이 원하는 것을 내가 금하지 아니하며 무엇이든지 내 마음이 즐거워하는 것을 내가 막지 아니하였으니 이는 나의 모든 수고를 내 마음이 기뻐하였음이라 이것이 나의 모든 수고로 말미암아 얻은 몫이로다. 그 후에 내가 생각해 본즉 내 손으로 한 모든 일과 내가 수고한 모든 것이 다 헛되어 바람을 잡는 것이며 해 아래에서 무익한 것이로다."

솔로몬은 인생의 부귀영화와 향락이 헛되고 헛된 것임을 강조했습니다. 솔로몬의 하루 그의 양식을 보면 정말로 대단한 부귀영화라고 할 수 있습니다.

"솔로몬의 하루 음식물은 가는 밀가루가 삼십 고르요 굵은 밀가루가 육십 고르요.살진 소가 열 마리요 초장의 소가 스무 마리요 양이 백 마리이며 그 외에 수사슴과 노루와 암사슴과 살진 새들이었더라"(왕상 4:22~23). 그의 향락을 보려면 그가 거느리고 있는 여인들을 따져볼 수 있습니다.

"왕은 후궁이 칠백 명이요 첩이 삼백 명이라,"(왕상 11:3)

"왕비가 육십 명이요 후궁이 팔십 명이요 시녀가 무수하되,"(아 6:8)

그가 얼마만한 향락에 빠져 있었나를 알 수 있습니다. 하지만 그런 향락도 헛되고 헛되다는 것을 그는 고백합니다.

전도서 7:2에서 솔로몬은 이렇게 말하고 있습니다. "초상집에 가는 것이 잔칫집에 가는 것보다 나으니 모든 사람의 끝이 이와 같이 됨이라 산 자는 이것을 그의 마음에 둘지어다." 모든 사람들의 끝이 이렇게 된다고 말하면서 부귀영화, 향락이 영원한 안전이 아니고 마침내는 죽음에 이르게 된다고 말하고 있는 것입니다. 이렇듯이 향락에 목적을 두기에는 너무나 아까운 것이 우리의 인생입니다.

그런데 두 제자, 요한과 안드레의 대답은 이런 것들을 구하는 것이 아니었습니다. 그들은 '랍비여, 어디 계십니까?' 라고 물으면서 그것을 알고자 합니다. 여기에서 랍비(Rabbi)는 히브리어로는 나의 크신 자(My Great One)을 뜻하는 말로써, 지식을 배우는 학생들이나 구도자들이 스승이나 현자를 부르는 존칭입니다. 헬라어로는 랍비(ραββι)라고 쓰고 그 의미는 선생(διδάσκαλος, 디다스칼로스)이란 뜻이라고 성경에 기록되어 있습니다. 두 제자의 이 질문은 단순한 호기심에서 물은 것이 아닙니다. 몇 마디 말을 나누는 것으로 끝나는 길가에서의 대화가 아닙니다. 예수님이 계시는 집에서 친구로서 만나기를 원하는 말입니다.

'와서 보라'고 초청하시는 주님

예수님께서는 그들에게 "와서 보라,"고 말씀하십니다. "오라, 그리하면 볼 것이다(Come and see)!"라고 말씀하시는 것입니다. 이것은 논리보다는 체험을 전하신 것입니다. 이론보다는 경험을 중요시 하는 말씀입니다. 랍비는 제자에게 교훈할 때에 이런 말을 사용하는 관습이 있습니다. "그대는 이 질문에 대한 대답을 원하는가?" 또는 "그대는 이 문제에 대한 해결책을 원하는가?"라는 식으로 사용합니다. 예수님은 그들에게 "와서 보라" 함께 그 문제를 해결해 보자는 형태로 그들에게 말씀하시는 것입니다. 랍비는 유대인 사회의 지도자로써 구체적인 생활원리를 제시하는 자입니다. 그렇기에 세례요한의 두 제자와 예수님의 대화가 이런 식으로 이루어진 것입니다.

예수님은 우리를 초청하십니다. 예수님의 초청은 바로 '와서 보라'는 초청의 말입니다. 다드(C.H. Dods)는 "예수 그리스도의 문은 잠기는 법이 없다. 그는 언제나 우리를 영접하신다,"라고 했고, 라일(G.C. Ryle)은 "예수님이 계신 곳이 어디였을까?"라고 질문하면서, 동굴이나 가난한 숙소도 아닌, 그 두 제자들이 본 것은 예수님 자체이지 장소를 가리키는 '숙소'는 아니라고 말합니다. 두 제자가 예수님이 계시는 '감람산이나 변화산, 임시거처나 조그마한 여관' 이 아닌 예수님 자체를 본 것을 뜻합니다.

두 제자는 예수님께 '가서 보고' 예수님의 인격과 말씀, 그리고 교훈에 감격했습니다. 예수님과 두 제자가 그날 얼마나 함께 거했는지 확실하지 않습니다. 2시간인지 4시간인지, 그것도 아니면 밤을 새웠는지도 모릅니다. 우리가 알 수 있는 것은 '때가 열시쯤 되었더라,' 는 말뿐입니다. '열시' 라는 것은 영어로 보면 '열 번째 시간' 의 의미인 'the tenth hour' 라고 되어 있습니다. 헬라어로는 데카토스(δεκατος)라고 하며 역시 '열' 번째 시간임을 말해주고 있습니다. 제 10시는 일반적인 성경시간 추정방식에 의하면 6시를 더해서 16시, 즉 오후 4시를 뜻합니다. 이 시간은 보통 손님을 만찬에 초대하는 시간입니다. 예수님은 안드레와 사도 요한을 신령한 만찬에 초대한 것으로 추정해 볼 수 있습니다. 이들의 대화는 알 수 없지만 그러나 무엇이 인생에서 가장 필요하고 중요한가를, 그리고 그것을 위해 무엇을 해야 하나 라는 것들에 대한 대화가 오갔을 것입니다. 이 시간은 사도 요한과 안드레에게 삶의 경계점을 말해주는 시간입니다. 이 시간에 예수님을 만났고, 만나지 못했던 시간에 보지 못했던 다른 삶을 깨달아 사도 요한은 삶이 완전히 새롭게 되고, 두 제자는 위대한 사도가 되는 것입니다.

이것은 우리에게 찬송가 '저 장미꽃 위에 이슬'이라는 가사를 떠오르게 만듭니다.

'밤 깊도록 동산 안에 주와 함께 있으려 하나,
괴론 세상에 할 일 많아서 날 가라 명하신다.
주가 나와 동행을 하면서 나를 친구 삼으셨네,
우리 서로 받은 그 기쁨은 알 사람이 없도다.'

제자의 도리로 사도 요한과 안드레가 위대한 사도가 되었던 그 시간을 생각하게 하는 것입니다. 안드레는 '먼저' 자기의 형제 시몬을 찾아 말하되의 본문 말씀에서 '먼저(the first thing)'는 헬라어 프로토스(προτος)를 뜻합니다. 안드레가 예수님을 만난 후에 제일 먼저 제일 중요한 것을 했다는 뜻입니다. 그것은 시몬을 찾아가서 '메시야'를 만났다고 말한 것입니다. 시몬을 찾은 것은 우연히 만난 것이 아니라 적극적으로 찾아다녀서 만났다는 것을 뜻합니다. 안드레에게는 그 시간이 경이의 시간이었습니다. 유대 역사 4천년 이래에 발견했던 것 중에서 제일 귀중한 최대의 발견인 것입니다. 이런 경이의 만남은 빌립과 나다나엘과 사마리아 여인과 도마와 그리고 나면서 맹인이 된 자 등 수없이 많습니다. 그들은 모두 예수님을 만나면서 최대의 발견을 한 것입니다. 그 위대한 최대의 발견을 한 즉시로 사람들이 할 수 있는 첫 번째 일은 바로 자기 골육친척에게 그것을 전하는 일입니다. 요한은 그 형제 야고보에게 그 경이로운 발견을 전했을 것입니다. 이것이 바로 전도의 시작입니다.

개혁자 칼빈(John Calvin, 1509~1564)은 "신앙의 본질은 그 빛을 끄지 않고 이를 사방에 전하는 것이다"라고 말했습니다. 전도는 산 신앙입니다. 우리가 위대한 발견을 하고 메시야를 만났을 때, 그것을 다른 사람들에게 전해야 합니다. 예수님께서 "너희가 무엇을 구하느냐?"라고 했을 때, 우리는 "어디 계신 데를 알고자 합니다,"라고 하면서 예수님을 만나기를 원해야 합니다. 그렇게 만난 예수님을, 그 위대한 발견을 다른 사람에게 전해야 합니다. 이것이 바로 두 제자와 예수 그리스도의 첫 만남이 주는 교훈입니다.

제17장

참 이스라엘 사람

(요 1:45~51)

요한복음 1:45~51 "빌립이 나다나엘을 찾아 이르되 모세가 율법에 기록하였고 여러 선지자가 기록한 그이를 우리가 만났으니 요셉의 아들 나사렛 예수니라. 나다나엘이 이르되 나사렛에서 무슨 선한 것이 날 수 있느냐 빌립이 이르되 와서 보라 하니라. 예수께서 나다나엘이 자기에게 오는 것을 보시고 그를 가리켜 이르시되 보라 이는 참으로 이스라엘 사람이라 그 속에 간사한 것이 없도다. 나다나엘이 이르되 어떻게 나를 아시나이까 예수 께서 대답하여 이르시되 빌립이 너를 부르기 전에 네가 무화과나무 아래에 있을 때에 보았노라. 나다나엘이 대답하되 랍비여 당신은 하나님의 아들이시요 당신은 이스라엘의 임금이로소이다. 예수께서 대답하여 이르시되 내가 너를 무화과나무 아래에서 보았다 하므로 믿느냐 이보다 더 큰일을 보리라. 또 이르시되 진실로 진실로 너희에게 이르노니 하늘이 열리고 하나님의 사자들이 인자 위에 오르락 내리락 하는 것을 보리라 하시니라."

예수님은 우리의 속에 있는 것까지 아시는 전지하신 분이십니다.

우리가 무엇을 생각하고 무엇을 구하는지 아시고,

중심을 생각하시는 분이십니다.

진리를 구하십니까? 생명을 구하십니까?

예수님은 그것을 아십니다.

구하는 것을 예수님을 통해 얻을 수 있다고 말씀하십니다.

요 한복음 1:43에서 또 "이튿날 예수께서 갈릴리로 나가려 하시다가 빌립을 만나 이르시되 나를 따르라 하시니" 그가 예수님을 좇았습니다. 여기에서 나오는 이튿날은 세례 요한이 유대인들에게 예수님을 증거 한 때부터 만 3일째가 되는 날입니다. 예수님은 그날 빌립을 만나 제자로 삼으셨습니다. 그리고 빌립이 그 친구 나다나엘을 만나 전도한 사실이 한 폭의 그림같이 나타나 있습니다.

빌립의 전도와 나다나엘의 반응

빌립이 나다나엘을 찾아가서 모세의 율법 책과 선지자가 기록한 '그이 (He-Messiah)' 를 만났다고 말합니다. 모세의 율법 책은 구약성경의 별명입니다. 그리고 빌립은 '그이' 는 요셉의 아들 나사렛 예수라고 밝힙니다. 즉 예수님의 문벌, 지벌을 밝히는 것입니다. 유대인들은 같은 이름이 많기 때문에 서로를 구분하기 위해 아버지의 이름이나 태어난 지명의 이름을 붙여 이름을 부르는 것이 관례였습니다. 아마 나다나엘은 이미 세례 요한이 '그의 신발끈도 풀기를 감당하지 못한다,' 라고 하는 증거를 들었을 터였습니다. 빌립이 찾아와 이런 말을 하자 나다니엘의 반응은 세 가지로 나타납니다. 첫째 그가 찾아온 사실에 대해 호감적인 반응을 보였고, 구약 성경에 기록된 '그이' 를 보았다는 사실에 경이로움을 보였지만, 그가 요셉의 아들 나사렛 예수라는 말을 듣고는 실망감을 느꼈습니다. 그는 이렇게 반문합니다. "나사렛에서 무슨 선한 것이 날 수 있느냐?" 라고 말입니다. 나다나엘은 나사렛이란 지방을 너무도 잘 알고 있었습니다. 나사렛은 그의 고향인 가나에서 가까운 곳이기 때문입니다. 그는 몇 번이고 나사렛을 왕래해 보았을 것입니다. 그리고 그 나사렛의 초라한 집들과 먼지 나는 시골길과 목수의 집을 보았을 것입니다. 그것은 분명 그에게 좋은 인상을 주지 못했겠지요. 그는 공중에 이르는 높은 사다리라도 그 맨 밑은 반드시 지면에 고정해야 한다는 사실을 모르고 있었습니다. 나사렛은 구약에는 전혀 나오지 않은 지명입니다. 그리고 요세푸스의 역사기록에서조차 기록되어 있지 않은 작은 마을입니다.

나다나엘의 이 같은 반응에 빌립은 말합니다. "와서 봐라(Come and see)!" 이것은 친구에게 논리적으로 설명하기 보다는 직접 사실을 보라는 뜻입니다. 예수님께서 사도 요한과 안드레에게 한 '와서 보라' 라는 말과 동일한 것입니다. 이 말은 전도에 있어 아주 중요한 의미가 있습니다.

일반적으로 기독교에 이론적으로 굴복해서 들어오는 사람들은 많지 않습니다. 논증은 이익보다는 해를 가져옵니다. 19세기 불가지론자였던 헉슬리는 어느 농촌 별장에서 열린 파티에 참가합니다. 시간이 되어 모두 예배에 참석하려는 독실한 신자를 헉슬리가 붙들어서 "당신이 왜 크리스천이 됐는지 말해 달라,"고 합니다. 그 신자는 말합니다. "내가 뭐라고 해도 당신은 나의 이론을 즉시 물리칠 것입니다. 논쟁하는 것은 현명하지 못합니다." 헉슬리는 그런 대답에 "나는 당신과 논쟁을 원하지 않습니다. 다만 그리스도가 당신에게 무슨 의미가 있는지만 간단하게 말해 주시면 됩니다." 이 말에 그 신도는 자기의 신앙을 간단하고 소박하게 이야기했고, 헉슬리가 그 이야기를 듣고 눈물을 흘렸습니다. 그러면서 혼잣말을 했습니다. "내가 그것을 믿을 수만 있으면, 내 몸을 바치겠는데,"라고 말입니다. 이렇듯 논쟁보다는 그것을 보여주는 것이 더 확실한 전도의 길입니다.

예수님의 전지(全知)와 나다나엘의 반응

빌립의 인도로 나다나엘이 예수께로 옵니다. 예수님께서 그를 보며 이렇게 말씀하셨습니다. "보라, 이는 참 이스라엘인이요, 그 속에 간사한 것이 없도다." 이 말은 찬사의 말이며 유대인들은 이 말을 다 이해합니다. 예를 들어서 야곱을 간사한 자라고 합니다. 야곱이 에서의 발꿈치를 잡고 세상에 나와 간사한 일을 합니다. 형과 아버지를 속이고 도덕적, 윤리적으로 부족한 저급한 행동을 합니다. 이것을 간사하다고 합니다. 그러나 나다나엘에게는 그 속에 간사함이 없다고 예수님께서 말씀하십니다. 이것은 그를 인정하고 평가하고 축복을 내리는 것입니다.

간사한 자는 거짓을 행하는 자이고 간사하지 않는 자는 하나님께 복을 받는다는 것입니다.

"마음에 간사함이 없고 여호와께 정죄를 당하지 아니하는 자는 복이 있도다."(시 32:2)

"그는 강포를 행하지 아니하였고 그의 입에 거짓이 없었으나,"(사 53:9)

예수님은 중심을 아시고 계십니다. 나다나엘이 처음으로 예수님을 만났는데, 그 순간에 어떻게 나다나엘을 알고 계실까요? 나다나엘이 너무나 놀라서 예수님께 물었습니다. "어떻게 나를 아시나이까?"라고 묻자 예수님은 대답하십니다. "빌립이 너를 부르기 전에 네가 무화과나무 아래에 있을 때 보았다."라고 말씀하십니다. 무화과나무는 유대 나라에서는 매우 흔한 나무입니다. 탈무드에 보면 이 무화과나무는 휴식소, 공부하는 곳, 또는 명상하는 곳이라고 풀이되어 있습니다. 무화과나무는 평화를 상징합니다.

유대인들의 평화에 대한 관념은 열왕기상 4:25에서 "솔로몬이 사는 동안에 유다와 이스라엘이 단에서부터 브엘세바에 이르기까지 각기 포도나무 아래와 무화과나무 아래에서 평안히 살았더라,"라고 했고, 미가서 4:4에서 "각 사람이 자기 포도나무 아래와 자기 무화과나무 아래에 앉을 것이라 그들을 두렵게 할 자가 없으리니 이는 만군의 여호와의 입이 이같이 말씀하셨음이라,"라고 하였습니다. 또한 무화과나무는 랍비를 상징하기도 하면서 공부하는 의미로 사용했습니다. 유대인의 관습에서는 무화과나무는 명상의 자리로서 이용합니다. 무화과나무는 잎이 무성하고 그늘이 짙어서 그 아래에서 명상을 하는 장소로 잘 알려져 있습니다. 이런 명상은 대부분 메시야가 올 때를 생각한다든지, 하나님의 언약을 기다린다든지, 또는 메시야를 묵상하는 것입니다.

예수님은 나다나엘에게 "네가 무화과나무 아래에 있을 때 보았다,"라고 하셨습니다. 나다나엘이 이 말을 들었을 때, 그는 예수님이 "나의 꿈을 이해하고, 나의 기도를 아시고, 나의 영혼의 탄식을 들어주시고, 나의 묵상의 내용을 아시는 분"이라고 깨달으면서 자기의 심중을 통찰하고, 이해하고, 만족케 하시는 분이라는 사실을 깨닫고 그분에게 사로잡히게 된 것입니다.

나다나엘의 묵상 내용은 이렇습니다. 그는 야곱의 생애가 간사함과 속임에 있음을 알았습니다. 그리고 그 간사함과 속임에 의해 쫓겨났을 때, 벧엘에서 꿈을 꿉니다. 나다나엘은 어떻게 하나님께서 간사한 야곱과 함께 하시면서, 그에게 천사들이 오르내리는 사다리를 보여줄 수 있는가를 묵상하고 있었습니다. 나다나엘의 생각으로 야곱은 하나님의 복을 받기에 부족한 사람이었습니다. 간사하고 속임수에 능한 야곱이 어떻게 하나님의 영광의 계시를 본 축복받은 사람이 되었나가 나다나엘의 묵상내용이었습니다. 그는 정말로 하나님의 말씀을 이해할 수 없었습니다.

나다나엘은 야곱을 생각하면서 자신을 되돌아보았습니다. 그는 야곱 같이 간사하지 않았습니다. 하나님의 복을 진지하게 사모하고 있었습니다. 영적 훈련을 받으려고 세례 요한을 찾아가서 세례의 약속을 받았습니다. 아침부터 무화과나무 아래에서 은혜를 사모하고 말씀을 묵상했습니다. 그런데도 그에게는 아무런 사건이나 일이 일어나지 않았습니다. 이때 예수님께서 천만뜻밖의 말씀을 하십니다. '너는 참 이스라엘 사람이다,' 라고 말입니다. 나다나엘의 내적 갈등과 사색까지 모두 아시는 예수님께서는 '네가 무화과나무 아래에 있을 때' 라는 말로 그의 마음을 후려치십니다. 나다나엘이 품은 생각과 내적 소원까지도 예수님은 알고 계시는 것입니다. 예수님은 이처럼 모든 것을 이미 알고 계십니다. 예수님은 전지(全知)하십니다. 예수님은 우리의 눈물, 아픔, 고통, 괴로움, 소원 등을 이미 아시고 계십니다.

예수님이 자신의 내적 갈등과 소원을 알고 있다는 것을 안 나다나엘의 반응은 어떻습니까? 나다나엘은 예수님에게 "당신은 하나님의 아들이시요 당신은 이스라엘의 임금이로소이다,"라고 고백합니다. 그러자 예수님이 나다나엘에게 복의 말씀을 주십니다. "내가 너를 무화과나무 아래에서 보았다 하므로 믿느냐 이보다 더 큰일을 보리라,"고 하십니다. 이것은 예수님께서 나다나엘에게 더 큰 신앙을 소유하게 하려는 격려요, 칭찬입니다. 또한 예수님은 말씀하십니다. "진실로 진실로 너희에게 이르노니 하늘이 열리고 하나님의 사자들이 인자 위에 오르락 내리락 하는 것을 보리라 하시니라," 이것은 바로 나다나엘이 의문을 가졌던 명상 속의 의심이었습니다. 하지만 예수님께서는 이것을 말씀하십니다. 야곱의 꿈은 환상이지만, 너는 정녕코 그것을 실제로 보리라고 하십니다. 바로 성자 그리스도를 통하여 나타내실 하나님의 계시를 말하고 있습니다. '천사들이 인자 위에 오르락 내리락 하는 것' 은 예수님의 전 생애에 걸쳐 나타났습니다. 예수님의 탄생에 천사가 먼저 나타났고, 겟세마네 동산에서 기도할 때 나타나서 힘을 도왔으며(눅 22:43), 광야 시험에서 천사들이 수종을 들었으며(마 4:11), 예수님이 부활해서 승천하실 때에도 천사들이 나타났습니다. 후에 나다나엘은 사도로 이 사실을 모두 보게 됩니다.

예수님은 자신이 사다리임을 비유합니다. 사다리는 무엇과 무엇을 잇는 역할을 합니다. 예수님은 사다리로써 하늘과 지상을 연락하고, 하나님과 사람들을 교통시키며, 죄인과 하나님을 연결시키고, 하나님의 아들이면서 사람의 육신을 가진 그리스도로 유한세계와 무한세계를 연결합니다. 성경 주석가인 매튜 헨리(Matthew Henry 1662~1714) 목사는 사다리의 맨 끝은 신성(神性)과 인성(人性)을 의미한다고 말합니다. 예수님은 제자들로 하여금 이 사다리로 하나님께 올라가게 하였습니다.

요한복음 14:6에서 "내가 곧 길이요 진리요 생명이니 나로 말미암지 않고는 아버지께로 올 자가 없느니라,"

사도행전 4:12에서 "다른 이로써는 구원을 받을 수 없나니 천하 사람 중에 구원을 받을 만한 다른 이름을 우리에게 주신 일이 없음이라 하였더라," 라고 하였습니다. 즉 주님께서 사람들을 하나님께 연결시켜줄 사다리가 되신다는 뜻입니다.

우리는 나다나엘처럼 은혜와 말씀을 사모하는 무화과나무 아래 장소를 가져야 하겠습니다. 그리고 간사하지 않은 진지한 인격을 소유해야 하겠습니다. 또 주님의 전지하심을 깨닫고 사다리이신 예수님을 체험해야 하겠습니다.

제18장

새로운 삶의 기쁨

(요 2;1~11)

요한복음 2:1~11 "사흘째 되던 날 갈릴리 가나에 혼례가 있어 예수의 어머니도 거기 계시고, 예수와 그 제자들도 혼례에 청함을 받았더니, 포도주가 떨어진지라 예수의 어머니가 예수에게 이르되 저들에게 포도주가 없다 하니, 예수께서 이르시되 여자여 나와 무슨 상관이 있나이까 내 때가 아직 이르지 아니하였나이다, 그의 어머니가 하인들에게 이르되 너희에게 무슨 말씀을 하시든지 그대로 하라 하니라, 거기에 유대인의 정결 예식을 따라 두세 통 드는 돌항아리 여섯이 놓였는지라, 예수께서 그들에게 이르시되 항아리에 물을 채우라 하신즉 아귀까지 채우니, 이제는 떠서 연회장에게 갖다 주라 하시매 갖다 주었더니, 연회장은 물로 된 포도주를 맛보고도 어디서 났는지 알지 못하되 물 떠온 하인들은 알더라 연회장이 신랑을 불러, 말하되 사람마다 먼저 좋은 포도주를 내고 취한 후에 낮은 것을 내거늘 그대는 지금까지 좋은 포도주를 두었도다 하니라, 예수께서 이 첫 표적을 갈릴리 가나에서 행하여 그의 영광을 나타내시매 제자들이 그를 믿으니라."

예수님을 믿을 때에 새로운 삶의 기쁨이 오고,
예수님의 말씀에 순종할 때 더 깊은 삶의 행복이 오고,
예수님을 통해서 영원한 삶의 참 맛이 나날이 증가합니다.

요 한복음 2:11에서 "예수께서 이 첫 표적을 갈릴리 가나에서 행하여 그의 영광을 나타내시매 제자들이 그를 믿더라," 라고 하였습니다. 예수님이 물로 포도주를 만들었을 때, 성경은 이것을 표적(sign, 세메이온, σημεῖον)이라고 했습니다. 독일 루터교 신학자 불트만(Rudolf Karl Bultmann 1884~1976)은 표적이란 단지 나타내는 것만이 아니요, 지시요, 상징이라고 했습니다. 예수님께서 물로 포도주를 만드신 것은 하나의 외부적으로 나타낸 사건만이 아니고, 내적의미를 지니고 있습니다. "그 영광을 나타내시매 제자들이 그를 믿더라," 라는 말씀은 그 표적의 내적 의미를 보여주고 있습니다. 표적이라는 것은 창조주 하나님의 뜻을 피조물인 인간에게 직접 나타내는 것입니다.

5병2어의 이적을 나타내실 때, 그 표적의 내적 의미를 사도 요한은 요한복음 6장에서 이렇게 말하고 있습니다. 군중들이 배부름을 얻었을 때, 그들은 억지로 예수님을 붙들고 왕으로 삼으려 했습니다. 그러나 예수님은 그것을 원치 아니 하셨습니다. 표적을 행하신 내적인 의미는 예수님 자신이 생명의 떡임을 가르쳐주기 위함이었습니다. 요한복음 6:35에서 "예수께서 이르시되 나는 생명의 떡이니 내게 오는 자는 결코 주리지 아니할 터이요 나를 믿는 자는 영원히 목마르지 아니하리라,"라고 하시면서 그 이적의 내적 의미를 말씀해 주고 계십니다.

예수님을 모실 때 새로운 삶의 기쁨이 온다는 것을 가르쳐 줍니다

갈릴리 가나 혼인잔치 집에서 만약 예수님을 초대하지 아니했더라면 어떠했을까를 상상해 보시기 바랍니다. 당시 사회의 지도자라고, 종교계의 지도자라고 자처하는 사두개인, 바리새인, 서기관들만 초대하고 예수님을 초대하지 않았다면, 그 잔칫집은 과연 어떠했을까요? 잔칫집의 기쁨이 계속되지 못했을 것입니다. 포도주가 모자랄 것을 누구도 예측하지 못했기에 포도주가 떨어져서 더 이상 하객들을 만족시키지 못했을 것입니다. 포도주가 떨어졌다는 것은 물질상의 부족을 의미합니다. 우리는 이런 물질적인 부족을 많이 겪습니다. 결혼의 기쁨과 물질 획득의 기쁨, 자녀를 얻는 기쁨, 명예를 얻는 기쁨, 승진이나 성공의 기쁨 등은 물질적인 기쁨으로 세상에서 얻는 이 같은 물질적인 기쁨은 유한한 것입니다. 그리고 이런 물질적인 기쁨은 제한되어 있습니다. 그러나 예수님을 모실 때의 기쁨은 영원한 기쁨입니다. 가나 혼인집에 예수님을 모셨을 때, 그들은 기쁨을 계속 누릴 수 있었습니다. 포도주가 모자랄 때, 마리아가 예수님에게 '포도주가 모자란다,'고 말합니다. 이렇게 어려운 일이 있을 때 본능적으로 주님께 돌아가야 합니다. 어려운 일을 본능적으로 주님께 간구하고, 그래서 즐거운 일이 돌아오면 본능적으로 주님을 찬양해야 합니다.

예수님께서 십자가 죽음을 앞두시고 베다니(Bethany)에 있는 마르다와 마리아의 집을 방문합니다. 마르다와 마리아는 주님을 온 마음을 바쳐서 영접합니다. 이 집은 예수님이 부담 없이 가서서 쉴만한 집입니다. 이 베다니는 특별한 마을로써 나사로가 죽어서 장사된 지 4일 만에 부패된 상태에서 예수님이 살려주시고, 또한 마리아가 비싼 향유로 예수님의 발을 씻긴 곳입니다. 그때 예수님은 이미 십자가의 죽음을 아시고 이렇게 말하셨습니다. "여우도 굴이 있고 공중의 새도 거처가 있으되 인자는 머리 둘 곳이 없다 하시더라." 이런 상황에서 마르다와 마리아의 집을 방문한 예수님께서는 그 집에 기쁨을 주십니다. 만약에 주님이 우리 가정에 부담 없이 찾아오실 때, 우리는 이 마르다와 마리아의 집처럼 주님이 쉴만한 환경을 마련해 드릴 수 있을까요?

우리는 이러한 이적의 기쁨을 사렙다(Σάρεπτα, 사르밧)과부의 집에서 일어난 일을 통해 알 수가 있습니다. 심한 흉년이 들었을 때 엘리야는 이방 여인 사렙다 과부의 집에 방문하고 그 과부는 먹을 것이 없지만 마지막 남은 음식과 기름을 엘리야에게 제공합니다. 그 일로 인해 사렙다 과부의 집에는 식량과 기름이 끊이지 않는 이적이 일어납니다. 엘리야를 영접한 이 과부의 아들 또한 죽음에서 다시 살아나게 되는 이적을 체험합니다.(왕상 17:9~24) 엘리야를 영접해서 기쁨을 얻는 것과 마찬가지로 예수님을 영접하고 마르다와 마리아의 집은 기쁨을 얻었습니다.

영접하고 얻는 기쁨은 열왕기하 4:9~37에서도 기록되어 있습니다. 엘리사가 수넴을 지나갈 때마다 엘리사를 영접하여 대접하고 거할 방까지 제공한 수넴 여인과 그 남편에게 엘리사는 무엇을 해줄까 생각하다가 게하시로부터 이들 부부에게 아들이 없다는 것을 듣고는 하나님께 기도해서 아들을 얻게 합니다. 또한 그 아들이 죽자 수넴 여인의 간구로 다시 하나님께 기도해서 그 아들을 살려냅니다. 영접을 통해 사람들은 새로운 삶의 기쁨을 얻게 됩니다.

예수님과 교회는 신랑과 신부의 관계입니다. 신랑이신 예수님은 창조주이고 구속주이신 동시에 섭리주이십니다. 예수님께는 능력(Divine Authority)이 있습니다. 그리고 위엄(Majesty)이 있습니다. 예수님께서 재림하신다는 놀라운 말씀은 바로 신랑이 신부에게로 되돌아오신다는 것입니다. 포도주는 사람들로서는 포도 열매로 만들어야만 하는 것이지만, 전능하신 예수님께서는 물로 포도주를 직접 만드셨습니다. 우리는 우리의 참 신랑이 누구인지 깨달아야만 하고 그분을 영접해야만 합니다. 그래서 새로운 삶의 기쁨을 얻어야만 합니다.

이런 것을 묵상할 때에 찬송가 '내 영혼이 은총 입어'가 생각납니다.

'높은 산이 거친 들이 초막이나 궁궐이나
내주 예수 모신 곳이 그 어디나 하늘나라
할렐루야 찬양하세
내 모든 죄 사함 받고 주예수와 동행하니 그 어디나 하늘나라.'

예수님 말씀에 순종할 때 새로운 삶의 기쁨이 옵니다

마리아는 하인들에게 주께서 무슨 말씀을 하시든지 그대로 복종하라고 했습니다. 예수님은 하인들에게 물을 돌 항아리 아귀까지 채우고, 연회장에게 가져다주라고 하셨습니다. 예수님은 사람들이 늘 할 수 있고 늘 하는 일을 하라고 명령하십니다. 물을 길어서 항아리에 채우는 일이나 그것을 연회장에게 가져다주는 일은 하인들이 늘 해야 하는 쉬운 일입니다. 예수님은 우리가 할 수 없는 일을 하라고 명령하시지 않습니다. 예수님은 하인들에게 포도주를 만들라고 하시지 않으십니다. 다만 그들이 늘 하고 할 수 있는 일을 명령하셨을 뿐입니다. 하인들은 예수님의 명령에 아무런 의심도 하지 않았습니다. '물을 채우는 것은 결례식이 끝난 후에 하는 것이 아닐까요?' 라든지 또는 '무슨 결례식을 더 하려고 물을 길어 오라는 것입니까?'라는 식의 의심을 하지 않고 예수님의 말씀을 액면 그대로 무조건 순종했습니다. 그래서 물을 항아리의 아귀까지 아무런 의심 없이 채웠습니다.

오늘도 주님은 우리에게 가장 쉬운 일, 늘 하는 일을 하라고 명하십니다. 그것은 기도 하고, 말씀 묵상하고, 전도하고, 봉사하는 아주 쉽고 늘 하는 일들입니다. 하나님이 우리에게 명하시는 일들은 우리가 할 수 없는 불가능한 일이 아닙니다. 에스겔서 3:5에 "너를 언어가 다르거나 말이 어려운 백성에게 보내는 것이 아니요 이스라엘 족속에게 보내는 것이라,"고 했습니다. 전도도 우리가 할 수 없는 곳으로 보내는 것이 아니라, 늘 하던 곳, 아주 쉬운 곳으로 우리를 보내는 것을 알 수 있습니다. 그러므로 이렇게 하나님께서 우리에게 '쉬운 일'을 하라고 명하셨을 때, 우리는 그것에 순종을 하게 되면 기쁨을 얻고 '이적'이 일어나는 것입니다.

그 다음, 예수님께서 항아리에 채운 물을 떠서 연회장에게 갖다 주라고 명하십니다. 하인들은 분명히 그 항아리에 채운 것이 포도주가 아닌 물이라는 사실을 잘 알고 있습니다. 이런 명령은 불합리한 것이라고 이견을 제시할 수도 있었습니다. 그러나 이 모든 것을 생각하지 않고 무조건 복종할 때 물은 포도주로 변했습니다. 예수님을 잘 믿는 성도는 덮어놓고 믿는 자입니다. 무조건 순종하는 것이 어찌 보면 어리석은 것 같고, 우매무지한 것 같지만, 그러나 그렇게 무조건 순종하는 사람이 가장 현명한 사람입니다.

모세는 처음에 하나님의 명령을 듣고도 순종 하지 않았기에 하나님께서 이적을 보이셨습니다. 모세에게 하나님은 지팡이로 뱀을 만들었다가 다시 뱀을 지팡이로 만드시는 이적을 보이셨고, 또 모세의 손에 나병이 들게 하셨다가 다시 낫게 하셨습니다(출 4:3~7). 모세는 자신이 없고 또 의심이 들었기에 하나님께서 이런 이적을 보이셨습니다. 하나님의 명령대로 순종하면 이적이 일어난다는 것을 믿으시기 바랍니다.

예수님께서 요한복음 6장에서 5병2어의 기적을 이루실 때 빌립에게 "어디서 떡을 사서 이 사람들을 먹게 하겠느냐?"라고 물으시며 빌립을 시험하셨습니다. 빌립의 방법은 인간적인 방법으로 "각 사람들에게 조금씩 받는다고 해도 200데나리온이 부족합니다,"라고 대답하였지요. 그때 안드레가 "한 아이가 보리 떡 다섯 개와 물고기 두 마리를 갖고 있으나 이것으로 어떻게 되겠습니까?"하고 걱정을 합니다. 하지만 예수님은 그 보리 떡 다섯 개와 물고기 두 마리에 축사한 후에 제자들에게 "가져다 나누어 주어라,"라고 명하십니다.

하나님의 역사는 인간의 수판이나 계산에 따르지 않습니다. 하나님의 방법은 인간의 방법과 전혀 다릅니다. 정성껏 드리는 매일, 매달의 헌금을 통해서도 하나님의 이적을 나타내 보여주십니다.

요한복음 2:1~11에서 물이 어떻게 포도주가 되었는지에 대하여는 아무런 설명이 없습니다. 그저 예수님이 명하신대로 연회장에 갖다 주었더니 포도주가 되었습니다. 루터는 말합니다. "순종은 이적보다 중요하다." 순종은 무엇에서든지 하나님으로 하여금 일하시게 하는 비결입니다. 일꾼들에게 주어진 일은 순종 밖에는 없습니다.

또한 순종은 제사보다 낫습니다.

사무엘상 15:22에서는 "순종이 제사보다 낫고 듣는 것이 숫양의 기름보다 나으니"라고 하였습니다. 하나님께서 사울왕에게 명령하사 아말렉의 왕인 아각을 죽이고 아말렉의 모든 것을 진멸하라고 했을 때에, 사울왕은 아각을 죽이지도 않고 아말렉의 좋은 것을 모두 살려두었습니다. 사무엘이 하나님의 명을 받고 사울왕을 질책하자 사울왕은 하나님께 이 살찐 짐승들을 바치려 그랬다고 변명합니다. 그는 하나님의 명령에 순종하지 않았기에 하나님께서 그를 왕으로 세운 것을 후회하신다고 했습니다. 순종은 즉각 해야만 합니다. 다른 생각이나 불순한 마음이 깃들 사이 없이 순종하라고 명하실 때, '예'라고 대답하고 나서 하지 않는 것은 위선이고 허위입니다. 순종하라고 하나님께서 명하실 때, '아니요' 하고 대답하지만 하는 것은 축복의 시간을 많이 잃은 사람입니다. 순종하라고 명하실 때, 예라고 대답하면서 곧바로 실천하는 자는 이적을 보는 복 받은 자입니다.

새로운 삶의 기쁨이 날로 증가되는 것을 보여주십니다.

연회장은 물이 변화된 포도주를 맛보고 신랑을 불러서 말합니다. "사람마다 처음에는 좋은 포도주를 내고 나중에는 낮은 포도주를 내는데, 당신은 지금까지 좋은 포도주를 두었다가 대접하도다." 정말로 연회장은 아무 것도 몰랐습니다. 그는 물의 맛과 포도주의 맛을 잘 아는 자요, 포도주는 잘 알되 예수님은 모르는 자였습니다. 그는 다만 신랑이 좋은 포도주를 주는 줄 알았고, 그렇게 말했을 때에 신랑은 아무런 대답도 하지 못했습니다. 그러나 하인들은 모든 것을 보았고 그 포도주를 만드신 예수님을 알았습니다. 예수님은 자기의 힘을 하인들에게 계시하신 것입니다.

이 혼인 집에서는 유대인의 관례대로 하지 않고 관례를 깨뜨리고 나중에 더 좋은 포도주로 대접하였습니다. 이 포도주는 예수님께서 만드신 것입니다. 유대인 가정과 예수님의 이적을 비교해보면, 유대인 가정에서는 좋은 것, 즉 좋은 포도주에서 점차 낮은 포도주로 대접합니다. 그러나 예수님께서는 낮은 것일지라도 높은 것, 즉 높은 질의 포도주로 우리에게 대접하십니다. 이것이 우리를 향한 주님의 기대이고 뜻입니다. 주님은 우리에게 이렇게 복을 주십니다. 이것은 주님의 축복의 원리입니다. 날마다 나아지는 생활과 믿음을 가져야 하고, 교회도, 개인도, 가정도, 사회도 점점 더 나아져야 합니다. 수준이 나아지려고 시도하고 노력하다가 실패하는 것은 실패가 아닙니다. 잘해보려고 하다가 실패하는 것은 실패가 아닙니다. 정말로 실패는 아예 계획도 하지 않는 것이 실패입니다. 우리는 민수기 13장, 14장에 나오는 가나안의 열두 정탐꾼에 대해 잘 알고 있습니다. 모세가 가나안을 정복하기 위해 열두 정탐꾼을 보내지만, 그 중의 열 명은 거인인 아낙자손을 보고서는 겁에 질려서 계획조차도 하지 못하도록 보고하지만, 여분네의 아들 여호수아와 갈렙 만이 당당하게 가나안 정복에 대해 보고를 합니다.

여호수아와 갈렙이 보고대로 했다가 실패한다고 해도 그것은 실패하는 것이 아닙니다. 그러나 다른 열 정탐꾼들의 말을 듣고 그 계획마저 포기했다면 그것이 정말 실패인 것입니다.

새로운 삶의 기쁨은 주님을 영접하고, 주님께 절대 복종하고 무조건 순종하는 것입니다. 신앙 수준이 날마다, 달마다, 또 해마다 높아질 때, 주님의 엄청난 복이 우리의 위에 임하십니다.

제19장

예수님의 분노

(요 2:12~17)

요한복음 2:12~17 "그 후에 예수께서 그 어머니와 형제들과 제자들과 함께 가버나움으로 내려가셨으나 거기에 여러 날 계시지는 아니하시니라. 유대인의 유월절이 가까운지라 예수께서 예루살렘으로 올라가셨더니, 성전 안에서 소와 양과 비둘기 파는 사람들과 돈 바꾸는 사람들이 앉아 있는 것을 보시고, 노끈으로 채찍을 만드사 양이나 소를 다 성전에서 내쫓으시고 돈 바꾸는 사람들의 돈을 쏟으시며 상을 엎으시고, 비둘기 파는 사람들에게 이르시되 이것을 여기서 가져가라 내 아버지의 집으로 장사하는 집을 만들지 말라 하시니, 제자들이 성경 말씀에 주의 전을 사모하는 열심이 나를 삼키리라 한 것을 기억하더라."

우리는 주의 전, 즉 성전을 사모해야만 합니다.
자기 이익 때문에 성전에 소홀한 적이 있습니까?
눈앞의 이익 때문에 성전을 모독시키는 일을 하십니까?
주님은 이런 것들을 과감하고 담대하게 정화합니다.
여러분의 교회, 여러분의 몸도 하나님의 성전입니다.
정화가 필요하면 과감하게 정화하는 것이
주님의 말씀에 따르는 것입니다.

지금까지 요한복음은 예수님에 대하여, 하나님의 어린 양, 인자하신 구세주, 가나 혼인집에서 축복을 내려주신 분으로 소개하고 있었습니다. 그러나 요한복음 2:12 이하에서는 담대하시고, 어느 누구도 항거할 수 없는 권능의 사람이요, 권위를 가지신 인격자로 나타나십니다.

예수님은 갈릴리 가나 혼인 잔치에 참석하신 다음에 어머니, 형제들, 그리고 제자들과 함께 가버나움을 내려가서서 정주하십니다. 예수님의 성장지인 나사렛은 고원지방이지만, 가버나움은 갈릴리 해면보다 180피트나 낮은 곳입니다. 예수님의 가정은 이 가버나움으로 이주 합니다(12절). 예수님께서는 가버나움에서 예루살렘으로 올라가십니다(13절). 예수님은 유월절을 맞이하여 예루살렘으로 올라가시는 것입니다. 예루살렘은 성지로써 해발 약 640~770미터(약 2100~2500피트)가 되는 산성입니다. 예루살렘에는 이스라엘 3대 절기(유월절, 오순절, 장막절)가 되면 수많은 유대인들이 찾아옵니다. 유대인들의 성인 남자들은 1년에 3번씩 꼭 성전에 올라갑니다. 특히 이스라엘의 해방절인 유월절에는 예루살렘 20마일 내에 있는 사람들은 의무적으로 참여했으며, 팔레스타인 유대인뿐만 아니라 전 세계에 흩어진 유대인들인 디아스포라(διασπορά)들이 모여듭니다. 대략 잡아서 약 225만 명의 유대인들이 모입니다. 이들은 제사용 제물을 바쳐서 피가 시내를 이루어 흘렀다고 합니다.

성전을 정화하시는 예수님

이제 예수님이 예루살렘에 올라가서서 성전을 정화하십니다. 예루살렘에는 성전 안에서 소, 양, 비둘기를 파는 사람들이 많이 있었습니다. 그들은 제사용 제물을 파는 사람들이었습니다. 유대인들은 부유한 자나 가난한 자나 모두 제물을 사서 제사를 지냈습니다. 여기에서 성전이란 의미를 잠깐 살펴보겠습니다. 성전은 두 가지 의미를 갖고 있습니다. 헬라어로 히에론(ἱρόν)이라고 부르는 성전은 뜰이나 성전 건물을 가리킵니다(눅 4:9, 12:6). 이 단어는 비유로 사용하지 않습니다. 다른 성전은 헬라어로 나오스(ναός)라고 합니다. 이 단어는 성전 건물이나 성소를 가리키며, 비유적으로 사용합니다(마 23:16, 고후 6:16). 요한복음 2:21에서 "그러나 예수는 성전 된 자기 육체를 가리켜 말씀하신 것이라"의 '성전'은 바로 나오스(ναός)였습니다. 또한 고린도후서 6:16에서는 "우리는 살아 계신 하나님의 성전이라"라고 해서 여기서도 나오스(ναός)로 쓰여졌습니다.

이 거룩한 성전 안에서 상인들은 제물을 팔았습니다. 2:14의 성전은 히에론(ἱρόν)이고 이 의미는 성전 건물이나 뜰을 가리킵니다. 이 뜰은 이방인의 뜰, 여인의 뜰, 이스라엘의 뜰, 그리고 제사장의 뜰 등 넷으로 나뉘고, 이방인의 뜰에는 유대인이나 이방인들 모두 들어갈 수 있었기에 이곳에서 제물들을 팔았습니다. 성전 방문은 희생제물을 드린다는 의미입니다. 많은 유대인들은 성지 예루살렘까지 순조로운 여행을 감사하면서, 감사의 헌물을 드리길 원했고, 속죄의 제사를 드리길 원했습니다. 그리고 제사용 제물은 편리하게 성전 뜰에서 살 수 있었고, 그것을 모두 당연하게 여겼습니다. 성전에 바치는 제물은 완전해야 하고 흠이 없어야 했습니다. 성전 당국에서도 제물을 심사하기 위한 감독관들(Mumcheh라고 부름)을 임명하여 그 제물들을 심사했습니다. 심사비는 2펜스였고, 성전 밖에서 제물을 사가지고 오면 불합격일 수도 있었기에, 성전 안에서 제물을 사면 그 가격이 몇 배나 비쌌지만 거기서 사야 합격이 되기에 성전 안에서 제물을 사는 것입니다. 이것은 가난한 순례자들을 희생시켜 빼앗는 철면피 같은 약탈행위였습니다. 제사장들은 이들과 결탁하여 제사를 빙자해서 치부행위를 자행했습니다.

성전에는 이들 상인 말고도 돈 바꾸는 자들이 있습니다. 요새말로 하면 환전상입니다. 유대인들은 19세 이상이 되면 성전세를 바치는데 약 반 세겔을 바칩니다. 이것은 그들이 약 2일 동안 일한 임금과 동등한 가치입니다. 각국에서 온 유대인들이 성전 세를 바칠 때는 꼭 유대인 돈인 '세겔'만을 바쳐야 했습니다. 로마황제의 그림이 들어간 주화인 드라크마는 불결해서 받지 않는다고 했고, 다른 나라의 주화는 가치가 없었습니다. 그리고 성전 세는 부채 지불 사용도 불가능했습니다. 이렇게 해서 들어오는 성전 수입은 칠만 오천 파운드나 되었고, 돈 바꾸는 환전 수입은 구천 파운드에 이르렀다고 합니다. 로마 공화정의 정치가인 크라수스(Crassus 주전 115~주전 53)가 시리아의 총독으로 임명된 후에 예루살렘에 들어가 성전금고를 뒤졌을 때 250만 파운드를 발견해서 그것을 훔친 일은 유명합니다. 그렇게 많은 돈이 쌓일 정도로 성전은 부패해 있었습니다. 이 환전상들은 탈무드에 나오는 말로 자신들의 행위를 정당화 하였습니다. 즉 탈무드에는 돈 바꿔주는 수수료 콜루보스(κόλλυβος)는 나쁜 것이 아니라고 나와 있습니다. '모든 사람은 누구나 자기를 위해 지불할 반 세겔을 가져야할 필요가 있다. 그러므로 누구든지 한 세겔을 가지고 반 세겔로 바꾸기 위해 환전거래소에 올 때는 마땅히 바꾸는 자에게 어떤 이득을 허락해야 한다,' 라고 합니다. 환전자들이 순례자를 속여서 더 많은 수수료를 착취한 것입니다.

사회악을 규탄하시는 예수님

예수님은 이런 사회악을 규탄했습니다. 가난한 자와 약한 자들을 착취한 범죄행위를 규탄한 것입니다. 이렇게 수단과 방법을 가리지 않고 목적 달성을 위해 빈민층을 도외시 하는 것은 죄악입니다. 이 같은 현상은 독일의 나치주의에서도 찾아볼 수 있습니다. 독일의 나치주의에 편승해서 신문과 엘리트 등이 모두 나치주의를 찬양하고 동조했습니다. 민중의 소리인 신문은 타락해서 나치를 찬양했고, 독일의 엘리트라고 하는 교수들은 나치를 추종하고 찬양했습니다. 그러나 일부 성직자들만이 나치주의의 잘못을 규탄하고 사형장에 끌려가서 죽음을 당했습니다.

예루살렘 성전은 예수님께서 '아버지의 집' 이라고 불렀습니다. 누가복음 2장 41절 이하에는, 예수님께서 12살 때에 부모와 함께 예루살렘 성전에 가셨다가 부모가 모르는 채 사흘을 성전에 머물던 이야기가 나옵니다. 부모가 놀라서 예수님을 찾다가 사흘 후에 예루살렘 성전에서 예수님을 찾았습니다. 그러자 예수님께서는 "내가 내 아버지 집에 있어야 할 줄 알지 못하였나이까?" 라고 오히려 반문했습니다. 예루살렘 성전은 예수님에게는 아버지의 집이고, 성자만이 성부 하나님의 집에서 온갖 권위를 지니는 곳입니다. '아버지의 집' 은 장사를 하는 집이 아니고 내 이익을 위해 존재하는 것이 아닙니다. 오직 하나님 아버지의 이익을 위해 존재해야 하는 집입니다. 그런데 상인과 환전상들은 자신들의 이익을 위해 그 집을 이용하고 있었습니다. 그래서 예수님께서는 하나님의 아들, 메시야의 권위로 그들의 죄를 책망한 것입니다. 성전은 이스라엘에서 가장 신성한 장소입니다. 장사의 장소로 사용될 수 없는 거룩한 장소입니다. 이 성전은 하나님과 사람이 만나는 장소이고, 죄인의 죄가 폭로되고 사함 받는 장소이며 그 안에는 어떤 부정물도 용납되지 않습니다. 스가랴 14:20~21에는 "그 날에는 말방울에까지 여호와께 성결이라 기록될 것이라 여호와의 전에 있는 모든 솥이 제단 앞 주발과 다름이 없을 것이니, 예루살렘과 유다의 모든 솥이 만군의 여호와의 성물이 될 것인즉," 이라고 하여 '하나님 앞에 있는 모든 것이 거룩하게 된다,' 라고 말하고 있습니다.

이러한 상인과 환전상에 대한 분노는 예수님을 끓어오르게 만들었습니다. 예수님은 하나님의 집을 사모하므로 그것이 훼파된 데 대해서 분노하셨습니다. 이렇게 주의 전을 사모하는 열심은 마음을 끓어오르게 만듭니다. 다윗은 "주의 성전의 아름다움으로 만족하리이다,"라고 주의 전을 찬미했고, 시편 137편에서 "우리가 바벨론의 여러 강변 거기에 앉아서 시온을 기억하며 울었도다. 그 중의 버드나무에 우리가 우리의 수금을 걸었나니, 이는 우리를 사로잡은 자가 거기서 우리에게 노래를 청하며 우리를 황폐하게 한 자가 기쁨을 청하고 자기들을 위하여 시온의 노래 중 하나를 노래하라 함이로다."라고 주님의 전에 대한 그리움을 말하고 있습니다. 다니엘도 포로로 잡혀있을 때에 예루살렘을 향한 창을 열어놓고 기도를 했습니다. 이렇게 주님의 전을 사모하는 마음이 있어야 하고, 이런 마음이 있을 때에는 주님의 전이 잡상인들의 터로 전락하는 것에 대한 분노로 끓어오를 수밖에 없습니다.

주의 전을 사모하는 것은 솔로몬의 성전 봉헌식 기도에 잘 나와 있습니다. 솔로몬은 성전 봉헌 기도에서 왕과 백성을 위한 기도를 할 때, "성전을 향하여 기도할 때 들어주소서(왕상 8:27-30),"라고 했고, 포로를 위한 기도를 할 때 회개와 자복을 하면서 포로 되어 갔던 자들이 성전을 향해 기도하도록 해달라고 했습니다. 성전에 오르지 못하고 있는 처소에서 성전을 향하여 기도할 때, "저의 간구와 기도를 들으시옵소서,"라고 기도했으며, 이방인을 위한 기도를 할 때는, "그들이 성전을 향하여 기도할 때 들으시옵소서"라고 기도했습니다.

주의 전은 은혜의 시은소이고, 주님이 예비하신 시은소이며, 다함께 모일 시은소이고, 또 주님의 피로 사신 시은소입니다. 이 아버지의 집을 사모하여야 합니다. 그러면 기쁨과 은혜와 사랑이 충만하게 됩니다. 경건하고 거룩한 주님의 집인 교회는 주의 전인 것을 꼭 확신해야 합니다.

제20장

내 아버지의 집

(요 2:12~16)

요한복음 2:12~16 "그 후에 예수께서 그 어머니와 형제들과 제자들과 함께 가버나움으로 내려가셨으나 거기에 여러 날 계시지는 아니하시니라. 유대인의 유월절이 가까운지라 예수께서 예루살렘으로 올라가셨더니, 성전 안에서 소와 양과 비둘기 파는 사람들과 돈 바꾸는 사람들이 앉아 있는 것을 보시고, 노끈으로 채찍을 만드사 양이나 소를 다 성전에서 내쫓으시고 돈 바꾸는 사람들의 돈을 쏟으시며 상을 엎으시고, 비둘기 파는 사람들에게 이르시되 이것을 여기서 가져가라 내 아버지의 집으로 장사하는 집을 만들지 말라 하시니."

하나님의 집은 하나님께 경배하고, 만민이 기도하고, 위로가 있으며,
하나님의 교훈이 임하고, 피난처가 되는 집입니다.
하나님의 집을 사모하고, 하나님의 집에 살기를 원하고,
하나님 집에서 예배드리기를 힘써야 하겠습니다.

건축가들은 집을 지을 때에 설계도에 밝혀진 대로 그 사용목적에 따라서 집을 짓습니다. 그러므로 어떤 집이든 그 집이 세워진 목적은 뚜렷합니다. 주택, 사무실, 창고, 학교, 관청 등 여러 가지 건물들은 각각 그 사용목적을 분명히 지니고 있습니다. 제사장들과 제물을 파는 유대인들이 예루살렘 성전이 세워진 목적을 생각하지 아니하고 장사하는 집으로 사용목적을 변경했을 때, 예수님은 그들의 죄를 통렬하게 지적하였습니다. 예수님께서는 "어찌하여 내 아버지 집을 장사하는 집으로 바꾸었느냐? 너희들 마음대로 내 아버지의 집을 장사하는 집으로 바꿀 수 있느냐?" 하시면서 그들을 질책 하셨습니다.

예수님은 성전을 '내 아버지의 집' 이라고 밝혔습니다. 구약에서는 성전을 하나님의 집이라고 여러 번 밝히고 있습니다. 예수님이 하신 말씀, 곧 '성전은 내 아버지의 집이요, 하나님의 집' 이라고 했을 때 예수님 자신은 하나님이라는 뜻입니다. 예수님은 예루살렘 성전의 주인으로서 제사장과 제물을 파는 유대인들을 책망하신 겁니다.

히브리서 3:5~6을 보면, "또한 모세는 장래에 말할 것을 증언하기 위하여 하나님의 온 집에서 종으로서 신실하였고, 그리스도는 하나님의 집을 맡은 아들로서 그와 같이 하셨으니 우리가 소망의 확신과 자랑을 끝까지 굳게 잡고 있으면 우리는 그의 집이라," 고 하였습니다.

하나님의 집의 성격(The Character of God's House)

하나님의 집은 하나님께 경배하는 집입니다.

신명기 12:5~6에는 하나님의 집의 용도가 밝혀져 있습니다. "오직 너희의 하나님 여호와께서 자기의 이름을 두시려고 너희 모든 지파 중에서 택하신 곳인 그 계실 곳으로 찾아 나아가서, 너희의 번제와 너희의 제물과 너희의 십일조와 너희 손의 거제와 너희의 서원제와 낙헌 예물과 너희 소와 양의 처음난 것들을 너희는 그리로 가져다가 드리고," 즉 하나님의 집은 제사장이 자기의 죄와 백성의 죄를 위하여 하나님께 제사를 드리는 곳입니다.

예배는 예수님 이름을 의지하여, 은혜의 보좌 앞에 담대히 나아가는 것을 말합니다. 사도행전 8장에는 에디오피아의 국고를 맡고 있는 관리인 내시가 예루살렘 성전에 예배를 드리고 돌아가는 장면이 나옵니다. 내시는 수천마일을 병거(수레)를 타고 왔다가 돌아가는 길이었고, 빌립은 그가 이사야서를 읽으면서 수레 위에 앉아 있는 것을 봅니다. 이때 성령님이 나타나셔서 그에게 다가가라고 하십니다. 그 말은 그에게 전도하라는 뜻입니다. 그래서 빌립은 그 내시에게 하나님의 말씀을 알려주고 그에게 세례를 줍니다. 이 같이 예루살렘 성전은 이방인들까지도 예배를 드리는 장소입니다.

하나님의 집은 만민이 기도하는 집입니다.

이사야서 56:7에서는 "내가 곧 그들을 나의 성산으로 인도하여 기도하는 내 집에서 그들을 기쁘게 할 것이며 그들의 번제와 희생을 나의 제단에서 기꺼이 받게 되리니 이는 내 집은 만민이 기도하는 집이라 일컬음이 될 것임이라,"라고 하여 하나님의 집은 '만민이 기도하는 집'이라고 분명히 밝히시고 있습니다. 예수님께서 제물 파는 자들과 비둘기를 파는 상인들의 상자를 채찍으로 몰아내시고, 돈 바꾸는 자들의 상을 엎으신 장소는 바로 예루살렘 성전의 제일 처음에 있는 '이방인의 뜰'이었습니다. 이곳은 장애인들을 포함하여 이방인들이 유일하게 기도할 수 있는 장소이고, 하나님과 교통할 수 있는 은혜의 자리입니다. 이곳을 제물을 파는 장소로 삼았을 때, 온갖 소음들,

즉 소들의 울음소리, 양들의 울음소리, 비둘기 소리, 행상인들이 물건 사라고 외치는 소리, 돈 바꾸는 자들의 동전 쩔렁이는 소리 등등으로 시끄러웠습니다. 예수님께서는 이런 죄를 범하는 그들을 쫓아버리셨습니다.

또한 하나님의 집은 위로의 집입니다.

누가복음 2:36~37에는 안나라는 여선지자의 이야기가 나옵니다. "또 아셀 지파 바누엘의 딸 안나라 하는 선지자가 있어 나이가 매우 많았더라 그가 결혼한 후 일곱 해 동안 남편과 함께 살다가, 과부가 되고 팔십사 세가 되었더라 이 사람이 성전을 떠나지 아니하고 주야로 금식하며 기도함으로 섬기더니," 안나 여선지자는 결혼한 후 7년 후에 남편과 사별하고 오랫동안 성전을 떠나지 않고 기도했습니다. 주야로 금식하며 교회를 섬기던 이 여 선지자는 인간적으로 아주 외롭고 슬픈 여인이었습니다. 그런 슬픈 안나에게 성전은 유일하게 위로를 주는 집이었습니다.

또 사무엘상 1장을 보면 아들을 갖지 못하는 슬픈 한나의 이야기가 나옵니다. 한나는 실로에 있는 하나님의 집에 올라가서 매일 하나님께 기도하며 간구했습니다. 하나님께 자기의 슬픈 심정을 토하면서 울며 기도합니다. 그때 엘리 선지자가 한나의 기도는 들리지 않고 입만 벙긋하는 것을 보고는 한나가 취해 있다고 생각했지만, 한나는 자신의 심정을 하나님께 기도한다고 말했습니다. 드디어 하나님께서는 한나에게 아들 사무엘을 주셨습니다. 이렇게 하나님의 집은 위로의 집이고 예수님은 진정한 우리의 위로자이십니다.

요한일서 2:1에서는 "아버지 앞에서 우리에게 대언자가 있으니 곧 의로우신 예수 그리스도시라,"고 우리의 대언자되시고 보혜사가 되시는 의로우신 예수 그리스도를 확실하게 밝히고 있습니다. 위로자 되시고 우리의 슬픔을 위로해 주시는 예수 그리스도께서는 하나님의 집, 즉 위로의 집을 통해서 우리에게 위로와 위안을 주십니다.

하나님의 집은 하나님의 교훈이 임하는 집입니다.

이사야 2:3에서 "많은 백성이 가며 이르기를 오라 우리가 여호와의 산에 오르며 야곱의 하나님의 전에 이르자 그가 그의 길을 우리에게 가르치실 것이라 우리가 그 길로 행하리라 하리니 이는 율법이 시온에서부터 나올 것이요 여호와의 말씀이 예루살렘에서부터 나올 것임이니라,"라고 했습니다. 바울은 하나님의 성전을 '진리의 기둥과 터(딤전 3:15)' 라고 했습니다.

하나님의 집은 하나님의 축복이 임하는 집입니다.

시편에는 하나님의 집에 대한 축복의 말씀이 많이 나옵니다.

"주의 집에 사는 자들은 복이 있나니 그들이 항상 주를 찬송하리이다." (시 84:4)

"주께서 택하시고 가까이 오게 하사 주의 뜰에 살게 하신 사람은 복이 있나이다, 우리가 주의 집 곧 주의 성전의 아름다움으로 만족하리이다." (시 65:4)

"여호와께서 시온에서 네게 복을 주실지어다 너는 평생에 예루살렘의 번영을 보며, 네 자식의 자식을 볼지어다 이스라엘에게 평강이 있을지로다." (시 128:5~6) 라고 성전과 거기 거하는 축복을 노래하고 있습니다. 그리고 시편 42편, 44-49편, 84편, 85편, 87편, 88편은 '고라 자손' 의 시라는 표제가 붙어 있습니다. 고라는 이스라엘 백성들이 출애굽 한 후에 모세에게 불만을 품고 당을 만들어 대항했던 자입니다. 성막에서 비품 등을 운반하는 일을 했던 고라가 다단과 온과 아비람, 그리고 총회의 250인을 선동하여 하나님께서 세우신 모세에게 대항했습니다. 하나님이 세우신 모세에게 대항한다는 것은 하나님께 대항한다는 것이므로, 하나님은 고라에게 속한 모든 사람과 그 물건들을 땅이 갈라져 삼키게 했습니다. 그들 중 남은 후손들이 이스라엘의 노래하는 자들이 되었고(대하 20:19), 시편 84:10과 같은 아름답고 은혜로운 시를 썼습니다. "주의 궁정에서의 한 날이 다른 곳에서의 천 날보다 나은즉 악인의 장막에 사는 것보다 내 하나님의 성전 문지기로 있는 것이 좋사오니," 라고 노래하였습니다.

하나님의 집은 피난처가 되는 집입니다.

이사야 37장에는 앗수르 왕 산헤립이 히스기야의 유다왕국을 공격하는 상황이 묘사되어 있습니다. 히스기야 왕은 그 당시 강대국인 앗수르 왕 산헤립으로부터 하나님을 모독하는 항복 권유 편지를 받고 심한 모욕감과 수난을 받았습니다. 그는 견딜 수가 없어서 그 편지를 들고 하나님의 전으로 올라가서 그것을 펴놓고 하나님께 기도드립니다. 히스기야가 기도하자, 하나님께서 응답을 하셨습니다. "앗수르 왕의 종들이 하나님을 능욕한 말로 인하여 두려워 말라. 하나님께서 그들을 징벌 하시리니, 그 왕은 칼에 죽으리라." 다음 날 하나님의 사자가 앗수르의 군대 18만 5천명을 치시매 모두 전멸했고, 앗수르 왕은 도망쳐서 니느웨로 갔다가, 그의 두 아들에게 죽임을 당했습니다. 이렇듯이 우리 하나님의 집은 우리의 피난처가 되십니다.

하나님의 집은 이렇게 하나님께 경배하는 집이고, 만민이 기도하는 집이며, 또한 위로의 집인 동시에 교훈이 임하는 집, 복이 임하는 집, 그리고 피난처가 되는 집입니다. 우리는 이런 하나님의 집, 즉 성전을 거룩하게 여겨야 합니다. 어떻게 성전생활을 해야 할까요?

성전생활(Church-centered Life)

먼저 성전을 사랑해야만 합니다.

시편 26:8에서 시편 기자는 "여호와여 내가 주께서 계신 집과 주의 영광이 머무는 곳을 사랑하오니"라고 하여 성전 사랑을 자랑합니다.

시편 27:4에서 "내가 내 평생에 여호와의 집에 살면서 여호와의 아름다움을 바라보며 그의 성전에서 사모하는 그것이라"라고 성전에서 살기를 원했습니다. 이것은 12세의 예수님께서 예루살렘 성전에 계실 때, "아버지 집에 있어야" 한다는 것과 동일한 의미입니다.

"예수께서 그 자라나신 곳 나사렛에 이르사 안식일에 늘 하시던 대로 회당에 들어가사 성경을 읽으려고 서시매(눅 4:16),"

시편 122:1에서는 "사람이 내게 말하기를 여호와의 집에 올라가자 할 때에 내가 기뻐하였도다,"라고 했습니다.

우리는 늘 이렇게 성전에서 모이기에 힘써야 합니다. 교회에서 열리는 모든 예배에 꼭 참석해야 합니다. 예배에 참석하는 것이 성전에 모이기에 힘써야 한다는 성경의 말씀에 부합됩니다.

우리는 또 성전을 영화롭게 해야 합니다. 이사야 60:7에서 "내가 내 영광의 집을 영화롭게 하리라,"라고 하였습니다. 히스기야는 16일간(대하 29:17) 성전에서 부정한 것을 몰아내고 성전 숙청을 단행하였으니, 이는 하나님의 집을 영화롭게 하기 위해서였습니다. (대하 29:1-32:33, 왕하 18:1-20:21, 사 36:1-38:22)

다윗은 성전을 아름답게 하였습니다. "성전을 위하여 준비한 이 모든 것

외에도 내 마음이 내 하나님의 성전을 사모하므로 내가 사유한 금, 은으로 내 하나님의 성전을 위하여 드렸노니(대상 29:3)", "주께서 택하시고 가까이 오게 하사 주의 뜰에 살게 하신 사람은 복이 있나이다 우리가 주의 집 곧 주의 성전의 아름다움으로 만족하리이다(시 65:4)." 다윗은 성전의 아름다움을 강조했습니다.

유럽을 여행하는 사람들에게 여행 안내자가 유럽 산골을 여행할 때는 밤에 돌아보라고 했습니다. 여행자들이 그 말이 무슨 말인지 몰라서 어리둥절했지만 밤에 돌아보고는 그 말의 뜻을 이해했습니다. 산골 마을이기에 낮에는 아무 것도 볼 것이 없었습니다. 그러나 밤이 되자, 그 마을의 모든 사람들이 등불 하나씩을 들고는 교회로 가서 예배를 드리는 것입니다. 그 등불이 너무나 아름다워서 여행자들은 왜 여행안내자가 그런 말을 했는지 이해했습니다. 우리도 이처럼 교회의 등불이 되어 교회를 밝혀야 합니다. 내가 들지 않은 등불 하나가 없으면, 그만큼 십자가의 모습이 어두워진다는 것을 꼭 기억하시기 바랍니다.

제21장

성전 된 육체

(요 2: 18~22)

요한복음 2:18~22 "이에 유대인들이 대답하여 예수께 말하기를 네가 이런 일을 행하니
무슨 표적을 우리에게 보이겠느냐, 예수께서 대답하여 이르시되 너희가 이 성전을 헐라
내가 사흘 동안에 일으키리라. 유대인들이 이르되 이 성전은 사십육 년 동안에 지었거늘
네가 삼 일 동안에 일으키겠느냐 하느냐. 그러나 예수는 성전 된 자기 육체를 가리켜 말씀
하신 것이라, 죽은 자 가운데서 살아나신 후에야 제자들이 이 말씀하신 것을 기억하고
성경과 예수께서 하신 말씀을 믿었더라."

예수님은 성전 숙청의 거룩한 혁명 후에,
유대인들에게 말씀하셨습니다.
성전을 헐면 사흘 후에 다시 일으키신다고 하십니다.
성전은 예수님의 몸이었고, 죽으신 지 사흘 만에 다시
부활하셨습니다.
예수님의 몸은 거룩한 성전입니다.

예수님이 행하신 성전 숙청은 거룩한 혁명이었습니다. 성전 뜰에서 양과 소를 팔고 비둘기를 팔던 장사꾼들을 몰아내고 돈 바꾸는 사람들을 쫓아내실 때에, 예수님의 위력을 그 누구도 막을 수 없었습니다. 예수님은 성전의 주인으로서 이 같은 숙청을 단행했고, 하나님의 아들의 권위를 가지고 이 일을 하신 것입니다. 예수의 성전 숙청은 제사장들과 유대인들의 이해관계와 정면으로 충돌하였습니다. 그들의 이익이 없어지게 되었고, 그들의 체면이 손상되었습니다. 예수님은 부패한 제사장들의 행위를 군중 앞에 폭로하고, 성전 뜰에서 채찍으로 양과 소를 몰아내면서, "어떻게 하나님의 집, 내 아버지의 집을 장사하는 집으로 만들었냐?"고 책망하심으로 그들이 얼굴을 들 수 없게 되었습니다. 이 같은 예수님의 성전 숙청 사건을 보았던 유대인 제사장들은 두 가지 길 중에서 하나를 택해야만 했습니다.

성전 숙청의 거룩한 혁명

그들에게는 예수님 앞에서 자기들의 과오를 뉘우치고 예수님이 구약에서 예언 되었던 메시야로 오셔서 이런 권세를 나타내셨다고 시인하고 믿는 회개의 길이 있었고, 그렇지 않으면 반항하면서, 그들의 종교적 가면을 쓰고 예수님과 투쟁을 해야 했습니다. 성전 안에서 자기들의 이권을 챙겨왔는데 그 이권을 빼앗길 수는 없었습니다. 군중 앞에서 실추되고 낮아진 자기들의 체면을 회복하기 위하여 두 가지 중에서 후자인 예수님에게 대항하기로 했습니다. 곧 스스로 파멸의 길을 택한 것입니다. 우리는 성경을 통해서 회개를 할 때 생명을 얻고 강퍅해질 때에 죽음이 온다는 것을 잘 알고 있습니다. 베드로는 회개를 했기에 생명을 얻었고, 가룟 유다는 강퍅해져서 자살이라는 죽음으로 인생을 마쳤습니다.

그 유대 제사장들이 투쟁을 결정하고, 예수님께 성전숙청에 대한 표적을 요구합니다. 18절에서 "네가 이런 일을 행하니 무슨 표적을 우리에게 보이겠느냐?"며 노골적인 배척운동이 시작되었습니다. 이것은 예언의 성취입니다.

말라기 3:1~3에서는 "만군의 여호와가 이르노라 보라 내가 내 사자를 보내리니 그가 내 앞에서 길을 준비할 것이요 또 너희가 구하는 바 주가 갑자기 그의 성전에 임하시리니 곧 너희가 사모하는 바 언약의 사자가 임하실 것이라. 그가 임하시는 날을 누가 능히 당하며 그가 나타나는 때에 누가 능히 서리요 그는 금을 연단하는 자의 불과 표백하는 자의 잿물과 같을 것이라. 그가 은을 연단하여 깨끗하게 하는 자 같이 앉아서 레위 자손을 깨끗하게 하되 금, 은 같이 그들을 연단하리니 그들이 공의로운 제물을 나 여호와께 바칠 것이라,"고 한 예수님에 대한 예언 성취입니다.

예수님이 말라기의 말씀을 성취시킬 때, 그 위엄스러운 행동에 아무도 반항할 수 없었습니다. 메시야 자신이 성전에 들어왔을 때, 그리고 성전을 숙청할 때, 누가 감히 대항할 수 있겠습니까? 그 당시 유대인 제사장들도 이미 그 말라기의 예언을 알고 있었을 것입니다. 그렇기 때문에 "무슨 권위로 이 일을 행하는가?"하면서 그 표적을 구한 것은 어리석은 짓이고, 그들의 악행을 그대로 드러낸 것입니다. 그들은 예수님에게 표적을 구하는 대신에 예수님 앞에 무릎을 꿇고 회개했어야 마땅했습니다. 표적 요구 대신에 회개를 함으로 그들은 다시 생명을 얻을 수 있었지만 그들은 그렇게 하지 않았습니다. 그들이 표적을 구한다는 사실 자체가 하나님의 계시 자체를 거부한 것이 된 것입니다.

'성전을 헐라,' 에 대한 유대인의 오해

예수님께서는 "이 성전을 헐라. 내가 사흘 동안에 일으키리라(19절)"고 대답하셨습니다. 유대인들의 위선적인 질문에 암시적인 말씀으로 대답하신 것입니다. 예수님은 그들의 위선을 보시고 그들과 충돌한 이 사건이 어떤 결과를 가져오리라는 것을 미리 아시고 신비로운 말씀으로 짤막한 예언을 하신 겁니다. "이 성전을 헐라. 내가 사흘 동안에 일으키리라." 이 대답에 대해 유대인 제사장들은 오해를 합니다. 그들은 예수님의 말씀을 문자 그대로 해석하는 우매함을 보입니다. "이 성전은 46년 동안 지었는데 이것을 헐물고 사흘 만에 일으킬 수 있느냐?"

예루살렘 성전은 세 차례에 걸쳐서 지어졌습니다. 제일 처음에 솔로몬에 의해서, 두 번째 스룹바벨에 의해서, 그리고 마지막으로 헤롯에 의해서 지어졌습니다. 그래서 헤롯이 지은 세 번째 성전을 헤롯성전(Herod Temple)이라고 합니다. 헤롯왕은 유대인들에 대한 유화정책으로 스룹바벨 성전을 보수하여 헤롯 성전을 건축하였습니다. 옛 성전 터전 위에 주전 20년에 착공하였고 외형은 9년 만에 완성하여 봉헌식을 갖습니다. 그러나 세부 공사는 계속되어서 주후 63년경에야 비로소 완성되었습니다. 이때의 총독은 알비누스(Lucceius Albinus)였습니다. 82년이나 걸려서 지은 이 성전은 불과 7년 후인 주후 70년에 로마군대에 의해 완전히 붕괴되고 맙니다. 로마 장군 티투스(Titus Flavius Vespasianus)는 돌 하나까지 철저하게 성전을 파괴하고 서쪽 벽만을 남겨놓았는데 이것이 그 유명한 통곡의 벽입니다.

예수께서 표적을 구하는 유대인들에게 하나의 역설적인 말(뜻이 감추어진 말)을 하셨습니다. 곧 "너희가 이 성전을 헐라. 내가 사흘 동안에 일으키리라,"고 하셨습니다. (요 2:19)

이 구절에 대한 윌리암 핸드릭슨의 해석은 우리에게 바른 유익을 줍니다. 그의 해석은 다음과 같습니다.

" '헐라' (Λύσατε)는 말은 건물을 허는 것과 사람의 몸을 파멸하는데 모두 적용하는 용어이다. '이 성전(τὸν ναὸν τοῦτον)' 이란 말은 성전 뜰을 포함한 성전 전체를 요한복음 2:20에서 의미한다. 하지만 성령의 전으로써의 사람의 몸을 가리키는 말씀일 수도 있다. '내가 일으키리라(ἐγερῶ)' 는 말은 건물의 재건과 개개인들의 소생(부활)에 대하여 사용된 표현이다.

유대인들은 예수님의 이 말씀을 문자적으로만 해석하였고, 예수님의 하신 말씀 속에 숨겨진 뜻을 찾지 못하고 완전히 오해하였다. 그들은 예수님 자신이 성전 건물을 파괴하겠다고 말씀하기나 한 듯 이것을 왜곡하기까지 했다.

그러면 주님께서 무엇을 뜻하셨는가? 마치 예수께서 그들에게 성전 건물을 허물라고 명령하시기나 한 듯 예수님의 직접 명령으로 해석되어서는 안 된다. 예수님이 하신 말씀과 뜻은 비록 너희 유대인들이 악을 행하여 내 몸의 성전을 허물려고 함이 분명하다. 그리고 결과적으로 너희가 너희 자신의 돌 성전이 그와 관계된 종교의식의 전체 조직을 허물려고 하고 있으나, 나는 삼일 만에 그 성전을(죽은 자 가운데서의 부활) 일으키겠다는 것이다. 결과적으로 나는 새 종파와 함께 교회를 세우겠다. 즉 신령과 진리로 아버지를 예배하는 것과 함께 교회를 세우겠다는 뜻이다.

이스라엘의 유형적 성전(장막)은 그리스도의 몸의 모형이었고, 동시에 그보다 훨씬 뛰어난 의미의 하나님의 거처였다. 만일 누군가가 두 번째 성전인 그리스도의 몸을 헌다면 그는 첫 번 성전인 예루살렘에 있는 돌 성전도 허는 것이다. 이것은 두 가지 이유로 그러하다. 첫째 그리스도께서 십자가에 못 박히실 때 유형의 성전과 그 모든 종파는 아무 의미도 없게 되었다. (예수께서 돌아가셨을 때 성전 휘장이 찢어졌다.) 둘째 그를 십자가에 못 박은 무서운 범죄는 그 유형성전과 함께 예루살렘의 파멸을 초래했다.

이와 같이 그리스도의 몸을 다시 일으키는 것은 그의 교회인(손으로 만들지 아니한 성전-막 14:58) 새 성전의 설치를 암시한다. 이와 같이 성전의 모형과 원형은 분리될 수 없다. 유대인들은 문자 그대로의 성전만을 보았다. 그들이 믿는 마음으로 성경을 연구했다면, 성전은 성전의 모든 비품과 그 의식과 함께 파멸의 운명을 띠운 하나의 모형에 지나지 않았다는 것을 알았을 것이다.

그들의 불신앙과 어두워진 마음 때문에 그들은 성전이 46년에 이르는 건축과정에 있다는 사실을 지금 지적하고 있다.

'성전을 헐라'가 내포하는 의미

'이 성전을 헐라'고 하는 의미는 두 가지로 볼 수 있습니다. 예루살렘 성전의 멸망과 예수님, 즉 하나님의 성전이신 예수님의 죽음을 뜻하고 있습니다. 예수님이 십자가에 못 박혀 죽으심으로 구약의 제도는 더 이상 필요가 없어집니다. 제사와 제물을 드리는 구약의 관습도 모두 아무런 소용이 없어집니다. 헤롯성전은 그저 그림자에 불과한 것입니다. 그 실체는 예수 그리스도의 몸입니다. 진정한 성전으로서 예수님의 몸은 하나님이 거하시는 거처이십니다. 실제로 헤롯성전은 주후 70년에 완전히 무너집니다. 하지만 하나님이 거하시는 진정한 거처인 예수님의 몸은 장사한 지 사흘 만에 다시 부활합니다. 그리고 부활 후에 하나님의 새로운 거처인 교회가 세워지고 거기서 예배하는 것입니다.

본문의 말씀은 "손으로 지은 성전을 내가 헐고 손으로 지어 지지 않은 새로운 다른 성전을 사흘 만에 내가 다시 지으리라"(막 14:58)라고 하는 의미입니다. 새로운 다른 성전은 예수님의 부활을 의미하고, 예수님의 부활을 통해서 예루살렘 성전이 아닌 새로운 예배 장소인 교회가 세워지는 것입니다. 교회는 그리스도의 성소입니다.

고린도전서 3:16~17에서 사도 바울이 성전에 대하여 증거 합니다. "너희는 너희가 하나님의 성전인 것과 하나님의 성령이 너희 안에 계시는 것을 알지 못하느냐. 누구든지 하나님의 성전을 더럽히면 하나님이 그 사람을 멸하시리라 하나님의 성전은 거룩하니 너희도 그러하니라."

고린도후서 6:16에서는 "우리는 살아 계신 하나님의 성전이라,"

에베소서 2:21에서는 "그의 안에서 건물마다 서로 연결하여 주 안에서 성전이 되어 가고," 라고 하였습니다.

고린도전서 6:19에서는 "너희 몸은 너희가 하나님께로부터 받은 바 너희

가운데 계신 성령의 전인 줄을 알지 못하느냐,"라고, 우리의 몸이 성령의 전 (Temple of Holy Spirit)인 것을 설명합니다.

유대인들은 문자적으로 물질적 성전만을 성소라고 했고, 그 하나님은 그 성전(Temple)에 갇혀있다는 사고를 지니고 있습니다. 하지만 예수님의 성전 은 예수님 자신이 성전이시고, 교회가 성전이며, 또한 성도가 성전인 것입니 다. 성전은 죄인과 하나님이 만나는 장소입니다. 예수님은 십자가에서 돌아 가셔서 우리와 하나님을 잇는 성전이 된 것입니다. 요한복음 1:14에서 "말씀 이 육신이 되어 우리 가운데 계시며"라고 한 것은 우리의 텐트, 우리의 성전 이 되신 예수님에 대해 말씀하십니다.

인간의 죄는 하나님이 거하시는 성전인 예수님의 몸을 헐었습니다. 즉 십 자가에 매달았습니다. 그러나 그 성전 가운데 계시는 성령님이 사흘 만에 죽 은 자 가운데에서 다시 살리셨습니다. 이 진리를 예수님의 제자들도 그 당시 에는 몰랐지요. 그러나 주님이 부활하시자 그때서야 그 예언이 성취된 것을 알았습니다. "이 성전을 헐라. 내가 사흘 만에 다시 일으키리라"하시는 말씀 은 바로 새로운 성전을 다시 일으키신다는 말씀인 것을 깨달았습니다. 즉 주 님의 부활과 이어서 교회의 시작을 말씀하신 것입니다. 교회는 새로운 성전 이고 그리스도의 몸입니다. 거룩한 교회, 성결한 교회를 이룩해야만 합니다. 성도의 몸도 성전이니 이 몸으로 하나님께 영광을 돌려야 합니다.

제22장

중심을 보시는 분

(요 2:23~25)

요 2:23~25 "유월절에 예수께서 예루살렘에 계시니 많은 사람이 그의 행하시는 표적을 보고 그의 이름을 믿었으나, 예수는 그의 몸을 그들에게 의탁하지 아니하셨으니 이는 친히 모든 사람을 아심이요, 또 사람에 대하여 누구의 증언도 받으실 필요가 없었으니 이는 그가 친히 사람의 속에 있는 것을 아셨음이니라."

기적을 믿으십니까? 기적을 보고 예수님을 믿으십니까?

기적을 보고 믿는 믿음은 표면적인 신앙일 뿐입니다.

보아야만 믿는 신앙은 저급한 신앙입니다.

보지 않고도 믿는 신앙이 바로 참 신앙입니다.

예수님은 이런 마음의 중심을 아시고 계십니다.

예수님께서는 예루살렘 성전을 숙청하는 거룩한 혁명을 일으키신 후, 유월절을 지키는 한 주간 동안 예루살렘에 계시면서 많은 표적을 행하셨습니다. 본문 말씀에 "예수는 그의 몸을 그들에게 의탁하지 아니하셨으니"라고 하셨는데, 왜 의탁하지 아니 하였을까요? 그 이유는 예수님은 모든 사람을 아셨기 때문이라고 밝히고 있습니다.

표적을 보고 믿는 표면적 신앙

예수님은 표적을 보고야 믿는 자들의 신앙을 보셨습니다. 표적을 보고 믿는 신앙은 참 신앙이 될 수 없습니다. 이런 신앙은 변질되기 때문입니다. 이런 식의 믿음은 표적이 나타나지 않을 때는 불신앙으로 흐르기 쉽습니다. 오병이어의 표적을 보고 유대군중들은 이스라엘의 경제문제를 해결할 수 있겠다는 이유에서 예수님을 왕으로 삼으려고 노력했습니다. 하지만 예수님께서 육신의 양식을 공급한 후 신령한 양식을 취하라, 썩을 양식을 위하여 일하지 말고, 영원한 생명의 양식을 위하여 일하라고 명하시자, 군중들은 모두 제각기 떠나버리고 말았습니다. 이렇게 표적을 보았지만 자신의 이익이나 요구에 부응하지 않으면 그 신앙은 불신앙으로 흐를 수 있습니다. 표적을 보고 믿는 신앙은 변동하기 쉽고 항상 가변성을 지닙니다. 하나님 때문에 믿고, 예수님 때문에 믿는 신앙이야말로 진정한 신앙이고, 그렇게 믿는 신앙이라야 건전하고 지속성을 지니게 되는 것입니다.

하나님이 주시는 복 때문에 하나님을 믿고, 예수님이 행하시는 표적만 보고 믿는 믿음은 깊은 신앙이 아닙니다. 유대군중들은 예수의 이름을 믿었다고 성경이 가르치고 있습니다. 예수의 이름만 믿는 믿음이란 얕은 믿음입니다. 그 당시 어느 누구도 언급하거나 행할 수 없었던 성전숙청을 하시고 표적과 이적을 행하시는 예수님을 볼 때에 '혹시 저가 메시야가 아닌가?' 하는 불확실한 인정은 단지 지적인 믿음일 뿐이라는 말입니다. 그저 머리로 인식하는 '머리의 신앙' 에 불과했습니다. 예수님을 마음 속 깊이 구주로 받아들이는 '마음의 신앙' 이 되지 못했습니다. 이런 지식적인 면의 신앙에 대해 야고보는 '마귀도 이런 신앙은 가진다,' 라고 했습니다.

"네가 하나님은 한 분이신 줄을 믿느냐 잘하는도다. 귀신들도 믿고 떠느니라(약 2:19)."

마이어(F. B. Meyer)는 그리스도의 이름만을 믿었던 그들의 신앙을 "그들의 내적 생활이 그리스도를 위한 무슨 결정됨이 없이 그들의 표적을 봄으로 생긴, 그가 메시야였다는 의견에 지나지 않았다," 라고 간파했습니다.

이런 표면적인 신앙을 가지고 예수를 추종하는 자들에게 예수님은 자기의 몸을 의탁하지 않으셨습니다. 만일 예수님께서 자기를 추종하는 자들을 믿었다면 그들은 로마 정권에 반기를 들고 반란을 일으키며 이스라엘을 다시 일으키려는 지상왕국을 꿈꾸었을 것입니다. 그리고 만일 예수님이 보통 종교가였다고 하면 이런 군중들을 이용하여 민중의 지도자가 되고 명예와 권세를 얻으려고 했을 것입니다.

여기 본문에서 자기 몸을 '의탁한다,' 는 말은 '믿는다,' 라는 의미를 내포하고 있습니다. 예수님은 '자기의 이름만을 믿고 추종하는 얄팍한 믿음' 을 가진 그들을 신임하지 않았기에 몸을 그들에게 의탁하지 않으셨습니다. 그리고 주님은 이런 신자들에게 중요한 일을 맡기지 않으셨습니다. 참된 신앙은 표적만 가지고 믿는 것이 아닙니다. 마음에서 나오는 신앙이 정말 참 신앙입니다. 한국 일제 강점기 때 월남 이상재 선생은 민족의 지도자로서 일본경찰의 주목거리가 되었다가 감옥에 갇히게 됩니다. 그는 감옥에 갇혀서 마태복음을 읽다가 주님을 영접하기로 결심하고 예수님을 영접합니다. 그러자 마음의 문이 활짝 열려서 엄청난 기쁨을 얻게 됩니다. 그의 몸은 비록 좁은 감방에 있지만 그의 마음은 넓고 넓은 하늘나라를 바라보며 희열에 잠겼던 것입니다. 주님은 이렇게 우리의 믿음을 아시고 우리의 믿음의 수준을 파악하며 판단하십니다. 사도 요한은 "예수는 그의 몸을 그들에게 의탁하지 아니하셨으니 이는 친히 모든 사람을 아심이요"라 했습니다. 주님은 우리의 믿음을 모두 아시고 계십니다.

중심을 보시는 예수님

예수님은 사람의 중심을 보시는 분이십니다. 사람은 다른 사람의 외모를 보고 그 사람을 평가하고 판단하기 쉽습니다. 얼마나 많이 배웠고, 집안은 어떻고, 재력은 어떻고, 재능은 얼마나 있는지 여러 가지 외모를 보고 그 사람을 판단합니다. 그러나 하나님은 사람의 중심을 보시고 판단하십니다.

러시아의 문호 톨스토이의 단편 소설 〈하나님은 진실을 아신다. 그러나 기다리신다(God sees the truth, but waits.).〉라는 작품이 있습니다. 주인공인 악쇼노프 (Aksionov)는 젊은 상인으로 항상 행상을 나갔습니다. 어느 날 그의 아내가 악쇼노프의 머리가 하얗게 세어버린 꿈을 꾸었습니다. 꿈자리가 뒤숭숭해서 가지 말라고 간곡히 말리는 아내를 뿌리치고 그는 떠나버렸습니다. 얼마 후 중간에 만난 다른 행상과 함께 여관에 투숙했다가 일찍 여관에서 나왔는데 얼마 후에 경찰이 따라와 짐을 뒤졌습니다. 피 묻은 칼이 주인공의 짐에서 나왔고 경찰은 그가 지난밤에 같이 투숙했던 그 상인을 죽인 것이 틀림없다고 그를 체포해 갔습니다. 누명을 쓰고 종신형에 처해져 감옥으로 갔지만 그는 사실을 하나님이 밝혀 주실 것을 믿고 성경을 읽고 기도하고 찬송하며 감옥생활을 해나갔습니다. 그러나 아내까지도 면회 와서는 "정말로 당신이 죽인 것이 아니냐,"고 의심의 질문을 하는데 너무나 가슴이 아파서 울

부짖습니다. "하나님만이 진실을 아신다,"고.

오랜 죄수생활로 그의 머리는 하얗게 세었고, 그도 점점 웃음을 잃어가며 26년의 세월이 흘러갔습니다. 그런데 우연히 같은 감방에 새로 들어온 죄수와 이야기하다 그가 진짜 26년 전의 살인범이란 것을 알게 되었습니다.

모든 진실이 밝혀지고 석방 명령을 들으면서 주인공 악쇼노프는 미소를 지으며 마지막 숨을 거둡니다. 주인공은 이 세상 모든 사람들이 자기를 의심하고 자기에게 죄를 덮어 씌울 때마다 '하나님은 아신다,'는 믿음을 가지고 주님께 순종하였습니다. 이것이 바로 믿음입니다.

사무엘은 어땠습니까? 백성들이 이스라엘의 왕을 세우려 할 때, 사무엘의 큰아들이나 둘째아들을 선택하지 않았습니다. 하나님께서 보시는 것은 중심이기 때문에 하나님께 맡겼습니다. 하나님이 백성들의 간교한 꾀를 벌써 아시기 때문에 하나님께서 사무엘에게 말씀을 내려 준 것입니다.

예수님은 모든 것을 아십니다. 즉 전지하십니다. (The Omniscience of Christ) 예수님은 직관적이십니다. 사람은 어떤 정보나 학문을 통해서 다른 것을 알 수 있지만, 주님은 직관적으로 모든 것을 아십니다. 주님은 삭개오의 이름을 부르시고, 사마리아 여인의 가정배경을 이미 아시고, 가롯 유다의 계략도 미리 아셨습니다. 그리고 다메섹 도상에서 사울을 불러서 그의 마음을 돌이켜 바울로 만드셨습니다. 주님은 모든 것을 이미 알고 계십니다. 주님의 앞에서 우리의 모든 것은 발가벗은 듯이 드러나는 것입니다. 주님은 모든 것을 총체적으로 보십니다. 개인을 아실 뿐만 아니라, 전체를 보고 아십니다. 군중의 마음을 파악하고 군중의 심리를 미리 아시기에 오병이어의 기적을 일으키실 때 군중들이 예수님을 왕으로 떠받들려는 그들의 부탁을 거절했던 것입니다. 예수님은 이스라엘 백성들이 자기를 배척할 것을 미리 아셨습니다. 그리고 그들이 예수님을 십자가에 못 박을 것도 미리 아셨습니다. 예수님은 우리의 모든 것을 훤히 꿰뚫어 보십니다.

또한 우리의 생각이나, 느낌이나, 관심이나, 또는 욕망까지도 모두 알고 계십니다. 주님 앞에선 위선, 가장이 절대로 허용되지 않습니다. 가룟 유다의 예수님을 팔고자 하는 계략을 예수님은 미리 알고 계셨습니다. 가룟 유다는 다른 제자들을 속일 수는 있었지만 예수님은 속일 수 없었습니다. 왜냐하면 예수님께서는 유다의 마음속까지 훤히 들여다보실 수 있기 때문입니다.

예수님의 전지하심은 우리에게 위로가 됩니다. 예수님은 우리의 괴로움과 슬픔을 아시고 위로해 주십니다. 하갈이 사라에게 쫓겨나서 어린 이스마엘을 안고 광야를 헤매다가 물도 떨어지고 아이는 죽어갈 때 하나님께 부르짖습니다. 그러자 하나님은 천사를 보내어 하갈을 위로하면서, 물을 찾게 하시고 이스마엘에게도 큰 민족이 될 것이라는 말씀을 내립니다. 이렇게 하나님은 우리의 괴로움과 슬픔을 아시고 위로해 주십니다.

예수님은 우리의 기도를 아십니다. 나다나엘이 묵상을 하면서 왜 자기에게 야곱의 사다리 같은 환상이 보이지 않는 걸까 생각하며 기도할 때 예수님께서는 그에게 환상이 아닌 진실을 볼 것이라고 하십니다.

예수님은 우리의 의심을 아십니다. 요한복음 20:24~29에서 도마는 예수님의 부활을 믿지 못했습니다. 그래서 이렇게 말을 합니다. "도마가 이르되 내가 그의 손의 못 자국을 보며 내 손가락을 그 못 자국에 넣으며 내 손을 그 옆구리에 넣어 보지 않고는 믿지 아니하겠노라." 예수님은 그의 이런 의심을 미리 아셨습니다. 그래서 다시 오셔서 도마를 만나 그에게 확인시켜줍니다. "여드레를 지나서 제자들이 다시 집 안에 있을 때에 도마도 함께 있고 문들이 닫혔는데 예수님께서 오사 가운데 서서 이르시되 너희에게 평강이 있을지어다 하시고, 도마에게 이르시되 네 손가락을 이리 내밀어 내 손을 보고 네 손을 내밀어 내 옆구리에 넣어 보라 그리하여 믿음 없는 자가 되지 말고 믿는 자가 되라. 도마가 대답하여 이르되 나의 주님이시요 나의 하나님이시니이다. 예수께서 이르시되 너는 나를 본 고로 믿느냐 보지 못하고 믿는 자들은 복 되도다 하시니라." 예수님은 우리의 의심을 모두 알고 계십니다.

예수님은 우리의 요구를 모두 알고 계십니다. 솔로몬이 하나님께 간구하였을 때에 하나님은 솔로몬에게 그의 요구를 모두 들어주셨습니다. 하나님은 우리의 말이 마치기 전에 먼저 아시고 그것을 이루어 주십니다. "그들이 부르기 전에 내가 응답하겠고 그들이 말을 마치기 전에 내가 들을 것이며"라고 이사야 65:24에서 우리의 요구를 미리 아시고 응답하신다고 약속하십니다.

전지(全知)하심은 전재(全在)하심과 같은 의미입니다. 즉 모든 것을 아신다는 의미는 모든 곳에 계신다는 의미와 같다는 말입니다. (Omniscience is equal to omnipresence.) 하나님은 모든 것을 아시고 어느 곳에나 계십니다.

> "아 하나님의 은혜로 이 쓸 데 없는 자
> 왜 구속하여 주는지 난 알 수 없도다.
> 내가 믿고 또 의지함은 내 모든 형편 아시는 주님
> 늘 보호 해주실 것을 나는 확실히 아네."

제23장

생명의 대화

(요 3:1~6)

요한복음 3:1~6 "그런데 바리새인 중에 니고데모라 하는 사람이 있으니 유대인의 지도자라, 그가 밤에 예수께 와서 이르되 랍비여 우리가 당신은 하나님께로부터 오신 선생인 줄 아나이다. 하나님이 함께 하시지 아니하시면 당신이 행하시는 이 표적을 아무도 할 수 없음이니이다. 예수께서 대답하여 이르시되 진실로 진실로 네게 이르노니 사람이 거듭나지 아니하면 하나님의 나라를 볼 수 없느니라. 니고데모가 이르되 사람이 늙으면 어떻게 날 수 있사옵나이까. 두 번째 모태에 들어갔다가 날 수 있사옵나이까. 예수께서 대답하시되 진실로 진실로 네게 이르노니 사람이 물과 성령으로 나지 아니하면 하나님의 나라에 들어갈 수 없느니라. 육으로 난 것은 육이요 영으로 난 것은 영이니."

법률을 잘 지키십니까? 좋은 가문에서 자랐습니까?

박학하십니까? 사회적으로 명망이 높습니까?

니고데모도 그런 사람이었습니다.

하지만 예수님께서는 니고데모에게 강하게 말씀하십니다.

'거듭나지 않고는 하나님 나라에 들어갈 수 없다'.

제1권 내가 그로라 **177**

유월절을 앞두고 예수님은 성전을 숙청하시고 많은 표적을 베푸셨습니다. 이 표적을 보고 예수의 이름을 믿는 자들이 많았습니다. 그러나 예수님은 그 몸을 그들에게 맡기지 아니하셨습니다. 곧 그들을 신뢰하지 아니하였다는 말입니다. 왜냐하면 예수님은 그들의 안에 있는 것을 아시고, 또 그들 모두를 아셨기 때문입니다. 표적을 보고 믿는 믿음은 표면적인 믿음이고, 깊은 믿음이 아니기 때문입니다. 이렇게 믿는 사람 중에 니고데모라는 사람이 있었습니다. 요한복음 3:1에 "바리새인 중에 니고데모라는 사람이 있었다. 이 사람이 예수를 방문하였다,"라고 기록하고 있습니다. 여기 강조된 것은 '사람' 입니다. 곧 예수님의 표적을 보고 예수의 이름을 인정하는 사람이요, 예수를 믿는 사람이 아니라, 예수의 이름을 믿는 표면적인 믿음을 가진 사람이었습니다.

니고데모가 밤에 예수님을 찾아온 것을 우리는 호의적으로 해석해서, 자기 일이 너무 바빠서 밤에 찾아왔거나, 또는 예수님이 낮에는 너무 바쁘시니 밤에 찾아왔다고 볼 수도 있습니다. 그러나 그는 예수님은 나사렛 목수의 아들이고 자기는 유대 랍비이니 남들이 보면 자기 명예에 손상이 될까봐 밤에 찾아왔다든지 아니면 산헤드린이란 위치를 손상시킬까봐 밤에 찾아왔다는 해석을 하기도 합니다.

바리새인

니고데모는 바리새인이었습니다. 바리새(Φαρισαῖος)는 '분리' 라는 의미를 갖고 있습니다. 다른 부정한 것에서부터 자신들을 분리한다는 뜻입니다. 이 바리새인들은 그 당시 전국에 약 6000명이 있었습니다. 그들은 율법만이 최고로 신성하다고 믿었습니다. 그래서 우리들은 이들 바리새인들을 율법주의자라고 합니다. 이들은 토라(Torah), 미쉬나(Mishnah), 탈무드(Talmud)를 귀하게 여겼고, 모세오경만이 신성하다고 믿습니다.

여기서 토라와 미쉬나, 그리고 탈무드가 무엇인지 잠깐 알아봅니다. 유대교 율법의 근원이 되는 것이 토라(가르침, 또는 율법이라는 뜻)로써 토라는 두 개의 부분으로 나누어집니다. 하나는 기록된 토라이고 다른 하나는 구전된 토라입니다. 기록된 토라는 우리가 알고 있는 모세 오경입니다. 모세 오경은 주전 13세기경에 하나님으로부터 모세에게 주어진 5개의 경전으로 그것들은 창세기, 출애굽기, 레위기, 민수기, 그리고 신명기를 말합니다. 이 모세 오경을 펜타투크(5개의 책이라는 뜻)라고 부르기도 합니다.

다른 하나인 구전된 토라는 기록된 토라의 범주에서 고대 관습이나 기록된 해석 문서 또는 대처할 수 있는 법률을 통해 구전되어 내려온 신성한 율법을 말합니다. 이 구전된 토라는 기록된 토라와 같은 권위나 강압적인 힘이 없습니다. 이렇게 구전된 토라의 가르침이나 지침은 주전 2세기에 그것이 소실되는 것을 방지하기 위해 기록되었습니다. 이것을 미쉬나(Mishnah)라고 합니다. 그 의미는 '가르침' 또는 '요약함' 입니다.

세월이 흘러서 몇 세기가 흐르자, 유대교 관계자들은 미쉬나를 확대하고 해석하게 되는데 그 분량이 엄청났습니다. 확대하고 해석한 미쉬나와 다른 토론들과 가르침을 모두 합해서 탈무드라고 부릅니다. 탈무드의 의미는 '배우다' 입니다.

바리새인들은 이 율법에 더하지도 빼지도 못하도록 했습니다. 율법을 더하거나 빼는 것을 죄로 간주했습니다. 율법을 지킬 때에 더 규칙적으로 잘 지키기 위해 서기관들이 율법을 지키는 세밀한 규례, 법을 만들었는데 그것을 미쉬나라고 하고 이것은 성문화된 서기관의 율법서입니다. 이 미쉬나를 해석한 책을 탈무드라고 합니다. 탈무드에 의하면 안식일을 지키는 세칙이 156 페이지나 되고 미쉬나에서는 24장이 된다고 합니다. 그 한 챕터를 연구하는

데도 2년 반이 걸렸다고 합니다. 바리새인들은 이런 세칙들을 지키기 위해서 최선을 다했습니다. 그들은 이렇게 율법을 잘 지켜서 평민들과는 다르다고 스스로를 분리시켰습니다. 즉 자만심을 가진 위선에 차 있었습니다.

니고데모는 또한 학자였습니다. 바리새인들은 율법을 세밀하게 배우는 학도들이었습니다. 니고데모라는 이름은 헬라이름으로 니코데모스(Νικόδημος)이고 그 뜻은 백성을 정복하는 자(The one who conquers the people)였습니다. 그의 이름이 히브리 이름이 아니라 헬라이름인 것으로 보아 그는 헬라 교육을 받은 사람일 것입니다. 그러므로 우리는 그가 고등한 도덕과 윤리를 지킬 뿐만 아니라 고등한 학문을 닦는 사람이었다는 것을 알 수 있습니다. 그는 랍비였고, 율법을 가르치는 자였습니다.

니고데모는 또 정치가(아르콘타스, ἄρχοντας)였습니다. 유대인의 지도자(a ruler of the Jews)라고 사도 요한은 지적하고 있습니다. 그는 70명으로 구성된 산헤드린의 회원 중의 하나였습니다. 이 유대인 지도자인 산헤드린은 종교적 사법권을 갖고 있었습니다. 이 사법권은 이스라엘 안에서 뿐만 아니라 전 세상에 흩어진 모든 유대인들에게 적용되는 것이었습니다. 이들은 사형을 언도할 권력은 없었지만, 로마의 법률 아래에서는 최고의 권력을 갖고 있었습니다. 거짓 선지자를 심문하여 처단할 수 있는 권세를 갖고 있었습니다.

니고데모는 또 유대의 유명한 가문에 속했던 사람입니다. 주전 63년 유대 나라와 로마가 전쟁을 하고 유대 지도자인 아리스토불리스(Aristoblus) 2세가 니모데모 가문의 고리온(Gorion)이라는 사람을 보내어 로마 황제 Pompey(폼페이우스)에게 항복을 조인하는 대표로 보냅니다. 그러므로 니고데모 가문은 예루살렘에서 저명한 가문입니다. 니고데모는 부유한 사람이었습니다. 예수님 장례 때 니고데모는 몰약과 침향 섞은 것으로 100근이나 보냈다니 매우 부유한 사람이었음에 틀림이 없습니다.

바리새인 니고데모와 거듭남

니고데모는 남이 보지 않는 밤에 예수님을 찾아옵니다. 그는 아마 예수님을 만나서 정치, 경제, 교육, 도덕 등 여러 분야에서 인간 개선책을 토의 하려고 했는지도 모릅니다. 이렇게 니고데모는 예수님과 만나 대화를 하려고 밤에 찾아온 것입니다.

그는 조심성 있게 예수님께 접근하면서 "당신은 하나님께로부터 오신 선생인 줄 아나이다. 하나님이 함께 하시지 아니하시면 당신이 행하시는 이 표적을 아무도 행할 수 없는 줄 아나이다," 라고 말했습니다. 그러나 예수님의 대답은 니고데모의 이 같은 말에 아랑곳 하지 않습니다. 이스라엘의 위대한 스승 랍비가 찾아온 것을 감사하다고 하지도 않고, 니고데모의 제안대로 무엇을 토론하려고도 하지 않고, 그의 칭찬에 무관하게 계십니다. 그러면서 니고데모가 전혀 알지 못하는 실존의 세계로 그를 인도하십니다. "내가 진실로 진실로 네게 이르노니(아멘 아멘 레고 소이, 'Αμὴν ἀμὴν λέγω σοι)"라고 하시면서 장엄한 강조를 하십니다. 그러면서 "사람이 거듭나지 아니하면 하나님 나라를 볼 수 없다"고 하십니다. 그러나 니고데모는 그 말이 무슨 뜻인지 이해할 수가 없었습니다. 학자요, 종교지도자요, 바리새인이고, 정치가이며, 부자인 그에게 주님은 영적인 문제를 제시하고 있습니다. 영적인 문제는 새로운 피조물에 관한 이야기이고, 이것은 예수 그리스도 안에 있어야 가능한 것입니다. 하지만 니고데모는 그 말뜻을 이해하지 못하고 있습니다. 니고데모는 인간개조를 생각하고 있었을 것입니다. 그러나 인간개조는 교육, 정치, 경제, 윤리 등으로는 불가능한 것입니다. 오직 거듭나야만 인간개조가 되는 것입니다.

거듭나야 한다는 의미는 '근본적으로 처음부터 완전하게' 라는 의미입니다. 두 번째로 다시 하늘로부터(Again, for the second time, from above) 생을 받는다는 말입니다. 거듭남은 근본적인 변화로 새로운 탄생을 뜻합니다. 거듭남은 전적으로 성령님의 단회적인 역사입니다. 거듭남은 삶의 새로운 변화입니다. 거듭남으로 우리의 심령이 성화되어야 하는데 이 성화는 계속적으로 되어야 합니다. 어제 보다 성화된 오늘, 오늘 보다 성화된 내일이 있어야 하며, 올해보다 성화된 내년, 내년 보다 성화된 내후년이 있어야만 합니다. 이렇게 연륜이 쌓이면서 심령의 성화가 이루어져야 합니다.

이 대화는 니고데모의 질문에서 시작하지만, 어느 덧 질문은 사라지고 진리만이 강조되어 나타납니다. 우리는 거듭남에 감사해야 하고, 거듭남에 따라 더욱 더 우리의 심령이 성화(Sanctification)되어야만 하는 것입니다.

제24장

제 2의 생일
(요 3:1~9)

요한복음 3:1~9 "그런데 바리새인 중에 니고데모라 하는 사람이 있으니 유대인의 지도자라. 그가 밤에 예수께 와서 이르되 랍비여 우리가 당신은 하나님께로부터 오신 선생인 줄 아나이다. 하나님이 함께 하시지 아니하시면 당신이 행하시는 이 표적을 아무도 할 수 없음이니이다. 예수께서 대답하여 이르시되 진실로 진실로 네게 이르노니 사람이 거듭나지 아니하면 하나님의 나라를 볼 수 없느니라. 니고데모가 이르되 사람이 늙으면 어떻게 날 수 있사옵나이까 두 번째 모태에 들어갔다가 날 수 있사옵나이까. 예수께서 대답하시되 진실로 진실로 네게 이르노니 사람이 물과 성령으로 나지 아니하면 하나님의 나라에 들어갈 수 없느니라. 육으로 난 것은 육이요 영으로 난 것은 영이니, 내가 네게 거듭나야 하겠다 하는 말을 놀랍게 여기지 말라. 바람이 임의로 불매 네가 그 소리는 들어도 어디서 와서 어디로 가는지 알지 못하나니 성령으로 난 사람도 다 그러하니라. 니고데모가 대답하여 이르되 어찌 그러한 일이 있을 수 있나이까."

남에게 보이기 위해 믿는 신앙은 바른 신앙이 아닙니다.

남보다 더 잘 보이기 위해 믿는 것도 올바른 신앙이 아닙니다.

내 신앙은 외식주의가 아닙니까?

한 번 점검해 봐야 합니다.

예수님께서는 이런 외식주의를 맹렬히 비판하셨습니다.

외식주의나 형식주의의 신앙이 아닌

거듭남의 신앙으로 구원을 얻어야 하겠습니다.

예수님을 찾아온 니고데모는 바리새인이었습니다. 바리새의 의미는 '분리하다' 라는 것으로 바리새인들은 모세 오경과 미쉬나 그리고 탈무드를 잘 지키는 자들이라고 전장에서 이미 다루었습니다. 그들의 행동 교리(doctrine)는 여러 가지가 있습니다. 종교 판결(divine decree), 인간 도덕의 책임(man's moral accountability), 인간의 부도덕(man's immorality), 육신의 부활(the resurrection of the body), 영혼의 존재(the existence of spirit), 그리고 다음 생에서 상과 벌(rewards and punishments in the future life) 등이 그들의 행동 교리였습니다. 바리새인 중에서 가장 잘 알려진 인물은 가말리엘 (Gamaliel the Elder 또는 Rabban Gamaliel)이었고, 사도 바울(Paul)이 되기 전인 사울(Saul)도 가말리엘의 문하생이었습니다. 그리고 사두개파나 엣세네파 같은 유대교의 여러 파를 거쳐 최종적으로 바리새파를 선택했다는 플라비우스 요세푸스(Flavius Josephus)도 있습니다. 이들은 가장 기초적이고도 아주 비극적인 실수를 범했는데, 그것은 형식주의적인 신앙, 즉 외식주의 (the externalized religion)를 갖고 있다는 것입니다. 예수님께서는 이 외식주의를 책망하고 또 책망하셨습니다.

형식주의, 외식주의자 바리새인

"내가 너희에게 이르노니 너희 의가 서기관과 바리새인보다 더 낫지 못하면 결코 천국에 들어가지 못하리라." (마 5:20)

"어찌 내 말한 것이 떡에 관함이 아닌 줄을 깨닫지 못하느냐 오직 바리새인과 사두개인들의 누룩을 주의하라 하시니, 그제서야 제자들이 떡의 누룩이 아니요 바리새인과 사두개인들의 교훈을 삼가라고 말씀하신 줄을 깨달으니라." (마 16:11~12)

마태복음 23:1~39에서 보면, 그들은 모든 행위를 사람들에게 보이고자 하면서 말을 하지만 행함이 없는 자들이라고 했고, 또한 그들이 이마나 손목에 차는 경문을 넓게 했습니다. 경문이란 성구를 쓴 종이를 담은 작은 상자로 13세 이상의 유대인 남자들이 기도할 때 이마와 왼팔에 차던 것을 말합니다. 경문은 기도할 때 이마나 팔에 매달았던 송아지 가죽으로 만든 입방체 모양의 갑(匣)으로, 이 안에 성구가 적힌 양피지를 넣었습니다. 경문은 머리의 경문과 팔의 경문 두 가지가 있었는데, 바리새인들은 그것을 남들에게 보이기 위해 더욱 넓게 만들어서 찼습니다. 즉 권위나 형식의 상징으로 그것을 넓혔던 것입니다. 머리의 경문, 즉 이마에 차는 경문은 4개의 칸으로 이루어져 있습니다. 여기에는 무교절과 초태생에 관한 규례(출 13:1-11, 11-16), 하나님의 사랑의 율법(신 6:4-9), 축복의 조건(신 11:13-21) 등에 대한 성구들을 넣었습니다. 팔에 차는 상자에도 양피지에 쓴 성구를 넣었습니다. 이것은 출애굽기 13:9, 16과 신명기 6:6-8, 11:18에 근거한 관습으로 아주 오래된 유대인의 관습이었습니다. 예수님께서는 바리새인들이 기도 때 뿐만 아니라, 종일 이것을 달고다녔고, 사람들 눈에 잘 띌 수 있도록 경문 끈의 폭을 넓게 한 유대인들을 책망하셨습니다(마 23:5).

또한 바리새인들은 잔치에서나 회당에서 상석을 차지했으며, 시장에서도 문안을 받고, 사람들에게 랍비라고 칭함을 받는 것을 좋아했습니다.

예수님은 이런 형식주의자요, 외식주의자인 바리새인들을 책망하셨습니다. 예수님은 그들에게 "너희는 천국 문을 사람 앞에서 닫는 자(마 23:13)이고 너희도 들어가지 않고 들어가려고 하는 자도 막는다."고 하면서 그들의 세속주의를 꾸짖었습니다. 또한 남을 악하게 만드는 죄를 짓는다고 하시면서 마태복음 23:15에서 "교인 하나 얻기 위하여 바다 육지를 두루 다니다가 생기면 너희보다 배나 지옥 자식을 만든다."고 하셨습니다.

또 예수님은 그들의 물질관을 심하게 꾸짖었습니다. 그들을 맹인이 된 바리새인들이라며 판단하시고 영적 근시안들이라고 질책하셨습니다. 큰 것과 작은 것을 분별할 줄 모른다고 하셨습니다. 그들에게 성전으로 맹세한 것은 지키지 않고 성전의 금으로 맹세를 하면 지킨다고 꾸짖었고, 제단으로 맹세한 것은 지키지 않고, 제단의 예물로 맹세하면 반드시 지킨다고 하면서 그들이 제단보다는 제물에 욕심이 있는 것을 심하게 질책하셨습니다.(마 23:16~22)

예수님은 그들이 예배의식은 엄히 지키면서 예배정신은 버렸다고 질책하셨습니다. 그들이 십일조 드리는 것은 확실히 하지만, 공의로 드린 것이 아니라고 꾸짖었습니다. 착취하고 불의하고, 부당이익을 취한 것으로 십일조를 드리는 것은 죄입니다. 예수님의 성전 숙청의 의의가 바로 이런 부당 이익과 물질 착취와 하나님의 성전을 더럽히는 것이기 때문에 이런 십일조에 대해 질타하신 것입니다. 그들이 박하와 회향과 근채로 십일조를 드리나, 그 물질에는 의와 신과 인이 빠져있다고 꾸짖었습니다. 즉 공평한 판단과 하나님에 대한 진실과 사랑이 모두 빠진 더러운 예물을 바쳤다는 말입니다.

예수님은 그들의 외양은 정결을 숭상하지만 내부는 불결하다고 책망하셨습니다.(마 23:25~26) 그들이 탐욕이 많다고 꾸짖었습니다. 그들은 과부의 재산을 모두 삼킬 정도(막 12:40, 눅 20:47)로 탐욕이 많다고 했습니다. 과부의 가산을 탕진하게 만든 것은 요세프스의 사기에서도 증명되어 있습니다. 대헤롯의 제수 베로아란 과부는 수천 명의 바리새인을 대신해서 벌금을 물어서 가산이 모두 없어졌다고 합니다.

예수님은 마태복음 23:25~26에서 "화 있을진저 외식하는 서기관들과 바리새인들이여 잔과 대접의 겉은 깨끗이 하되 그 안에는 탐욕과 방탕으로 가득하게 하는도다 눈 먼 바리새인이여 너는 먼저 안을 깨끗이 하라 그리하면 겉도 깨끗하리라," 라고 꾸짖었습니다.

예수님은 그들을 회칠한 무덤 같다고 꾸짖었습니다. 회칠한 무덤은 겉으로는 깨끗하게 보이지만 속에서는 송장이 썩고 있는 아주 더러운 것입니다. 민수기 19:16에 의하면, 무덤에 접촉한 자는 불결하기 때문에 성전에 올라가지 못한다고 되어 있습니다. 그래서 유월절을 지키러 가는 순례자들로 하여금 무덤에 접촉하지 않게 하기 위해 무덤에 회칠을 해 두는데, 바리새인을 이것에 비유한 것입니다. 이 회칠한 무덤의 비유는 바리새인들의 종교상태를 아주 잘 표현하고 있습니다. 외모는 아름답지만 그 속에는 더러운 썩은 송장 같은 것들이 들어있는 자들로서 온갖 외식과 불법이 가득하다는 말씀이십니다.

예수님은 바리새인과 서기관들이 선지자들을 박해한 죄를 지었다고 꾸짖었습니다. 그들이 선지자들의 무덤을 쌓고 의인의 비석을 꾸미는 죄를 저지른 행위는 선지자들의 무덤을 수축한 것이 하나님의 선지자들을 사랑해서가 아니라 그 일로 인하여 그들의 명성이 높아지기를 원했기 때문이라고 비판하셨습니다.

전적 타락에서 거듭남으로

이런 온갖 죄와 악행을 범하고 있는 자들이 바로 바리새인들인데, 니고데모도 바리새인이었습니다. 바리새인들은 율법을 행함으로 미쉬나를 지키고 탈무드의 해석대로 행할 때에는 구원을 받는다고 믿었습니다. 그러나 예수님은 니고데모가 와서 칭찬하는 말에 아랑곳 하지 않았습니다. 니고데모가 "당신은 하나님으로부터 온 선생이고, 하나님이 당신과 함께 하지 않으면 이런 표적이 나타날 수 없다"라고 했을 때, 예수님은 다만 "네가 거듭나지 않고는 하나님 나라를 볼 수 없으리라"라고 하십니다. 예수님은 여기에서 니고데모를 영적인 시체로 취급하십니다. 예수님은 그를 육신의 생명은 가졌지만 영적으로는 죽은 자이고 냄새나는 존재로 평가하신 것입니다.

예수님이 이렇게 말씀하신 것은 인간의 전적 타락(Total Depravity)에 대해 경고하시는 것입니다. 죽음에는 영적 죽음, 육적 죽음, 그리고 영원한 죽음이 있습니다. 영적으로 죽은 존재는 하나님을 알 수 없고 하나님께 갈 수도 없습니다. 사람이 이성을 상실해서 그런 것이 아니라 전적 타락을 했기에 이성의 힘으로 하나님을 찾아갈 수 없는 것입니다. 마치 새가 날개가 부러진 것과 같습니다. 부러진 날개를 가진 새는 날아갈 수 없습니다. 전적인 타락은 하나님을 믿을 수 없는 상태이고 하나님을 기쁘게 할 수 없습니다.

에베소서 2:1에는 "그는 허물과 죄로 죽었던 너희를 살리셨도다. 우리는 우리의 허물로 죽었었다,"라고 했습니다. 아담의 불순종으로 선악과를 먹은 죄로 인해 죽음을 받게 된 것입니다.

예수님은 "네가 거듭나야 한다,"라고 하십니다. 저 위 하늘로부터 다시 태어나야만 합니다. 그렇다면 거듭남의 체험을 어떻게 갖고 어떻게 거듭날 수 있습니까? 그것은 성령께서 사람의 마음에 생명을 심어주실 때 가능합니다. 성령께서 그것을 알게 하십니다.

그러나 이런 거듭남을 니고데모는 육신적인 출생으로만 생각했습니다. 그래서 "어떻게 사람이 늙으면 어머니 태에 들어갔다가 나올 수 있습니까?"라는 말을 합니다. 마치 바리새인과 유대인들, 서기관들이 예수님께서 '이 성전을 헐라. 내가 사흘 만에 다시 일으키리라.' 하는 말을 문자적으로 해석해서 그 본 의미를 이해하지 못한 것과 똑 같이 니고데모도 거듭난다는 것을 그런 식으로 해석한 것입니다. 그때 예수님의 대답은 "진실로 진실로 네게 이르노니 사람이 물과 성령으로 나지 아니하면 하나님의 나라로 갈 수 없다,"입니다. 물은 부패로부터 정결케 만듭니다.(Purification from the pollution) 그렇기에 제사를 지낼 때는 물로 씻고, 또 물 세례를 주기도 합니다. 니고데모도 이런 모든 제도들을 따랐습니다. 그리고 율법을 지켰고, 미쉬나와 탈무드를 읽고 그 율법을 따랐습니다. 그러나 이런 제도에 따르는 것은 외형적인 것이라서 누더기 옷을 걸친 인간과 똑같습니다. 이런 인간들은 주님의 피로 씻음 받아야 다시 태어나는 것입니다.

성령님께서 우리에게 새로운 생명을 부여하십니다. 이 새 생명은 영원한 생명이고, 그저 계속되는 단순한 생명이 아니라 하나님이 사시는 종류의 삶으로 그 안에는 기쁨과 만족이 영원합니다. 오직 믿음으로만 구원을 받을 수 있습니다. 그러므로 거듭난 자들은 하나님에게서 난 자들이고, 거듭난 자들은 하나님을 경외하고, 죄를 짓지 아니하고, 죄에 자신을 방임하게 만들지 말며, 예수님을 구세주로 믿고, 세상을 이기는 그런 삶을 살아야만 합니다.

제25장

영적 사건의 이해는 영으로

(요 3:5~12)

요한복음 3:5~12 "예수께서 대답하시되 진실로 진실로 네게 이르노니 사람이 물과 성령으로 나지 아니하면 하나님의 나라에 들어갈 수 없느니라. 육으로 난 것은 육이요 영으로 난 것은 영이니, 내가 네게 거듭나야 하겠다 하는 말을 놀랍게 여기지 말라. 바람이 임의로 불매 네가 그 소리는 들어도 어디서 와서 어디로 가는지 알지 못하나니 성령으로 난 사람도 다 그러하니라. 니고데모가 대답하여 이르되 어찌 그러한 일이 있을 수 있나이까. 예수께서 그에게 대답하여 이르시되 너는 이스라엘의 선생으로서 이러한 것들을 알지 못하느냐. 진실로 진실로 네게 이르노니 우리는 아는 것을 말하고 본 것을 증언하노라 그러나 너희가 우리의 증언을 받지 아니하는도다. 내가 땅의 일을 말하여도 너희가 믿지 아니하거든 하물며 하늘의 일을 말하면 어떻게 믿겠느냐."

육으로 난 자는 죄로 인해 타락한 자입니다.

영으로 난 자는 거듭남으로 새 생명을 얻은 자입니다.

거듭난다는 것은 영으로 다시 태어나는 것입니다.

오직 믿음으로만 거듭날 수 있습니다.

예수님이 니고데모에게 거듭남의 도리를 가르쳐 주셨을 때, 그는 그것을 이해할 수 없었습니다. 그는 유식하고 자신 있는 이스라엘 선생이었지만 그것을 알 수 없었습니다. 사람은 반드시 물과 성령으로 거듭나야 한다고 말씀하실 때 그는 "어떻게 사람이 늙으면 어머니 뱃속에 들어갔다가 두 번 낳을 수 있습니까?"라고 물었습니다. 예수님께서는 "육으로 난 것은 육이요, 영으로 난 것은 영이니, 네가 거듭나야 하겠다는 말을 기이하게 여기지 말라" 하셨습니다.

육으로 난 자(Natural man)

육으로 난다는 말은 어떤 뜻입니까? 만물은 그 종류대로 낳는다는 것이 기본적인 생의 법칙입니다. 밀은 밀알에서, 옥수수는 옥수수 씨에서, 쌀은 쌀알에서 생깁니다. 말은 말을 낳고, 개는 개를 낳고, 고양이는 고양이를 낳을 뿐입니다. 사람은 사람밖에 낳지 못합니다. 자연인(Natural man)은 자연인밖에 낳지 못합니다. 자연인이 거듭난 사람을 낳을 수는 없습니다. 자연인은 영적인 것을 생산할 수 없습니다. 그래서 니고데모는 '예수님, 어찌 이런 일이 있을 수 있습니까? 사람이 거듭난다는 이야기가 어떻게 성립이 됩니까?'라고 묻습니다. 이 사실로 미루어 보아서 니고데모가 예수님을 찾아왔을 때, 그는 완전 자유인이고 자유인 외에는 아무 것도 아니었습니다. 율법과 미쉬나와 탈무드를 잘 지키는 랍비였고 바리새인이었지만, 단순한 자연인에 불과했습니다. 그래서 예수님은 그에게 거듭남에 대해 말씀하시는 것입니다.

육(flesh)란 무엇입니까? 살갗입니다. 그리고 죄의 성격(sinful nature)을 갖고 있습니다. 타락하기 전에, 육은 인간됨의 모든 것(the whole of man's being)이고 영과 육이 모두 하나의 조직개체(one organism)였습니다.

창세기 2:23~24에는 하나님이 아담의 갈빗대로 여자를 만들고 아담에게로 이끌어 올 때, 아담은 "이는 내 뼈 중에 뼈요, 살 중의 살이라. 이것을 남자에게 취하였은즉 여자라 칭하리라. 이러므로 남자가 부모를 떠나 그 아내와 연합하여 둘이 한 몸을 이룰찌로다"라고 기록하고 있습니다.

그러나 타락한 후에, 에덴에서 하나님의 말씀을 불순종함으로 아담과 하와의 영혼과 육신은 함께 타락하였습니다. 35,000피트 상공에서 비행기가 날아가는데 갑자기 비행기 엔진이 고장 났다고 생각해 보십시오. 아무리 날개가 훌륭해도 비행기는 날지 못하고 자동적으로 떨어지게 됩니다. 이렇게 죄 지어서 고장 난 영혼을 가진 우리들은 떨어질 수밖에 없는 것입니다. 에덴에서 아담이 타락함으로 그들은 하나님을 기쁘시게 하지 못하며, 복종하지 아니 해서 하나님을 이해할 수 없게 되었다는 말입니다.

성경에서는 이런 죄지은 속성을 지닌 인간을 여러 가지 말로 표현합니다. 옛 존재(Old nature), 옛 사람(Old man), 육욕적인(carnal), 또는 육적인(fleshly)으로 표현합니다. 육을 지닌 것들은 죽은 존재들입니다. 그러므로 죽음의 몸을 가진 인생은 죽을 수밖에 없는 인간을 생산합니다.

시편 51:5에서는 "내가 죄악 중에서 출생하였음이여 어머니가 죄 중에서 나를 잉태하였나이다,"라고 죄악 중에 태어났다는 것을 고백합니다.

에베소서 4:22에서는 "너희는 유혹의 욕심을 따라 썩어져 가는 구습을 따르는 옛 사람을 벗어 버리고,"라고 '옛 사람', 즉 죄 중에 있어서 죽어 썩을 수밖에 없는 사람을 말하고 있습니다.

예레미야 17:9~10에서는 "만물보다 거짓되고 심히 부패한 것은 마음이라 누가 능히 이를 알리요마는, 나 여호와는 심장을 살피며 폐부를 시험하고 각각 그의 행위와 그의 행실대로 보응하나니," 죄를 지은 인간들은 마음까지 부패한 것이라고 했습니다.

마가복음 3:21~23에서는 "속에서 곧 사람의 마음에서 나오는 것은 악한 생각 곧 음란과 도둑질과 살인과 간음과 탐욕과 악독과 속임과 음탕과 질투와 비방과 교만과 우매함이니, 이 모든 악한 것이 다 속에서 나와서 사람을 더럽게 하느니라," 죄의 육신을 입은 우리들의 안에서는 모든 더러운 것들이 있다고 했습니다.

로마서 8:7~8에서는 "육신의 생각은 하나님과 원수가 되나니 이는 하나님의 법에 굴복하지 아니할 뿐 아니라 할 수도 없음이라. 육신에 있는 자들은 하나님을 기쁘시게 할 수 없느니라," 육신은 절대로 하나님을 기쁘시게 할 수 없다고 하십니다.

고린도전서 2:14에서는 "육에 속한 사람은 하나님의 성령의 일들을 받지 아니하나니 이는 그것들이 그에게는 어리석게 보임이요, 또 그는 그것들을 알 수도 없나니 그러한 일은 영적으로 분별되기 때문이라," 육에 속한 자는 하나님의 일을 받을 수도 없고 알 수도 없다고 했습니다. 어떤 사람이 은혜 받는다고 해도 거듭나지 않고 있는 자연인은 그 뜻을 전혀 모를 수밖에 없습니다.

이런 죄, 즉 타락에는 보편성과 전체성(Total Depravity)이 있습니다. 즉 타락은 일부분의 사람이 아니라 전체적으로 다 갖고 있다는 의미입니다.

로마서 3:10~12에 "기록된 바 의인은 없나니 하나도 없으며, 깨닫는 자도 없고 하나님을 찾는 자도 없고, 다 치우쳐 함께 무익하게 되고 선을 행하는 자는 없나니 하나도 없도다."라고 하였습니다. 죄는 인간 전체가 가지고 있다는 것이고, 타락은 모든 사람에게 속하는 것입니다.

영으로 난 자(Spiritual man)

그렇다면 이런 죄를 가진 육신을 벗어나는 방법은 무엇입니까? 그것은 거듭나는 것입니다. 거듭나는 것은 성령 안에서 생명(Life in the Spirit)을 얻는 것입니다. 인간은 어떤 노력에 의해서라도 구원될 수 없습니다. 그것은 인간의 노력은 인간의 결과를 낳기 때문입니다. 인간의 결과는 죄일 수밖에 없습니다. 그것을 벗어나기 위해서는 거듭나야 하는 것입니다. 거듭난 사람은 새로운 영을 받습니다. 그리고 성령의 소산이 됩니다. 새 영을 받고 새로운 존재가 될 때, 육신을 입은 옛 사람이 없어질까요? 그렇지 않습니다. 거듭나서 새 영을 받았을 지라도 옛 사람과 새 사람의 영적 투쟁이 있습니다.

바울은 로마서 7:18~19에서 이렇게 밝히고 있습니다. "내 속 곧 내 육신에 선한 것이 거하지 아니하는 줄을 아노니 원함은 내게 있으나 선을 행하는 것은 없노라. 내가 원하는 바 선은 행하지 아니하고 도리어 원하지 아니하는 바 악을 행하는도다," 육신과 영의 치열한 투쟁을 말합니다. 거듭났다고 해도, 육신에 거하는 악은 그대로 존재하고 있기에 그 악을 이기기 위해 노력해야 한다는 말입니다.

로마서 7:21에서는 "선을 행하기 원하는 나에게 악이 함께 있는 것이로다," 거듭난 생명이지만 육에 속한 육은 여전히 존재한다고 했습니다.

요한도 요한일서 1:8에서 이렇게 말하고 있습니다. "만일 우리가 죄가 없다고 말하면 스스로 속이고 또 진리가 우리 속에 있지 아니할 것이요," 아직도 육신의 죄가 남아있다는 것을 밝히고 있는 것입니다. 새 사람은 선한 것외에는 아무 것도 없습니다. 옛 사람은 악한 것 외에는 아무 것도 없습니다. 거듭났다고 하더라도 그 안에서 충돌과 투쟁과 그리고 전쟁이 항상 일어나고 있는 것입니다.

그러나 새 영을 받았기에 육에 속한 것들이 새 영을 완전히 이길 수는 없습니다. 처음 크리스천이 되었을 때 투쟁은 더 심합니다. 어떤 때에는 불행하게 느껴집니다. 그러나 정신분열증 같은 증세는 없습니다.

그렇다면 이런 새 영과 육에 속한 것의 투쟁 사이에서 우리는 어떻게 새 영이 이길 수 있는지 그 비결은 성경에서 찾아볼 수 있습니다.

옛 존재로부터 새 영이 이길 수 있는 길은 성경에서 밝혀주고 있습니다.

로마서 6:11~12에서는 "이와 같이 너희도 너희 자신을 죄에 대하여는 죽은 자요 그리스도 예수 안에서 하나님께 대하여는 살아 있는 자로 여길지어다, 그러므로 너희는 죄가 너희 죽을 몸을 지배하지 못하게 하여 몸의 사욕에 순종하지 말고," 라고 하였습니다.

우리는 계속 옛 존재가 죽었다고 여기면서 그것에 대해 쉬지 말고 기도해야만 합니다. 그래서 죄가 죽을 몸을 지배하지 못하게 해야 합니다. 전쟁에서 패잔병은 다시 일어날 수 있습니다. 우리에게서도 패잔병인 죄와 옛 사람은 다시 일어설 수 있습니다. 그것을 이겨야 합니다. 완전히 몰아내야 합니다.

골로새서 3:5에서는 "그러므로 땅에 있는 지체를 죽이라 곧 음란과 부정과 사욕과 악한 정욕과 탐심이니," 라고 땅에 있는 지체, 즉 옛 사람을 죽여야 한다고 했습니다. 그 옛 사람에 속한 것은 음란과 부정과 사욕과 악한 정욕과 탐심입니다. 그것들을 죽여야만 합니다.

옛 사람을 죽이는 동시에 새 사람(New nature)을 양육해야 합니다.

베드로전서 2:1~2에서는 "그러므로 모든 악독과 모든 기만과 외식과 시기와 모든 비방하는 말을 버리고, 갓난아기들 같이 순전하고 신령한 젖을 사모하라, 이는 그로 말미암아 너희로 구원에 이르도록 자라게 하려 함이라," 라고 밝히고 있습니다.

거듭나서 새 영을 받아 새 사람이 된 사람들은 영적인 갓난아기들입니다. 그들은 모두 신령한 젖을 사모해서 그 젖을 먹고 새 사람을 양육해야만 합니다. 옛 사람은 우리에 든 사자와도 같습니다. 흉포하지만 절대로 우리 밖으로 나올 수가 없습니다. 두려워할 필요가 없습니다. 새 사람의 양육을 통해서 우리는 옛 것을 극복할 수 있는 것입니다.

그리고 성령 안에서 함께 하고, 성령을 따라야만 합니다. 갈라디아서 5:16

에 "내가 이르노니 너희는 성령을 따라 행하라 그리하면 육체의 욕심을 이루지 아니하리라," 라고 하여 성령을 따르면 육체의 욕심을 이루지 않는다고 밝히고 있습니다. 육체의 욕망은 성령을 거스르고, 또한 성령의 욕구는 육체를 거스릅니다. 이들은 서로 대적함으로 우리가 원하는 것을 하지 못하게 합니다. 육체의 욕망은 대단하고 많습니다. 곧 음행과 더러운 것과 호색과 우상숭배와 술수와 원수 맺는 것과 분쟁과 시기와 화내는 것과 담 쌓는 것과 분리와 이단과 투기와 술 취함과 방탕 등, 셀 수도 없이 많습니다. 이런 것들을 모두 끊기 위해서는 영적인 완전무장을 해야 합니다. 에베소서 6:10~20에 하나님의 전신갑주를 입으면 통치자들과 권세들과 어둠의 세상 주관자들과 하늘에 있는 악의 영들을 상대해서 이길 수 있다고 하였습니다. 무시로 성령 안에서 기도해야 합니다. 그러면 성령 안에서 이 옛 것과 싸워 승리할 수 있습니다.

육의 일과 성령의 일을 분간해야만 합니다. 옛 사람을 정복하고 이기며 살아야 합니다. 옛 사람의 패잔병들에게 공격당하고 손해 볼 수는 없습니다. 우리 모두 새 영을 양육하고 성령 안에서 승리할 수 있기를 기원합니다.

제26장

인자도 들려야 하리라

(요 3:14~16)

요한복음 3:14~16 "모세가 광야에서 뱀을 든 것 같이 인자도 들려야 하리니, 이는 그를 믿는 자마다 영생을 얻게 하려 하심이니라. 하나님이 세상을 이처럼 사랑하사 독생자를 주셨으니 이는 그를 믿는 자마다 멸망하지 않고 영생을 얻게 하려 하심이라."

예수님께서 이 땅에 오신 것은 죽으러 오신 것입니다.

우리를 살리기 위해서 주님은 죽으러 이 땅에 오신 것입니다.

주님이 죽으심으로 우리가 살았습니다.

주님의 말씀에 순종하고 주님을 믿는 자만이

주님의 죽으심에 대한 보상을 받을 수 있습니다.

본문 말씀 14절에 "모세가 광야에서 뱀을 든 것 같이 인자도 들려야 하리니"의 말씀의 역사적 배경은 민수기 21:1~9에 있습니다. 이스라엘이 출애굽하여 광야 길을 가는 중에 가나안 왕 아랏과 대결하게 되었습니다. 가나안 왕이 이스라엘 사람을 몇 사람 생포했습니다. 그 때 이스라엘이 하나님께 서원하기를 '하나님이 가나안 족속을 우리에게 붙여주시면 다 멸절하겠다,' 라고 했습니다. 하나님이 그 서원을 들어주셨습니다. 그래서 마침내 그들은 승리를 거두었습니다. 그러나 하나님은 이스라엘 백성을 바로 '젖과 꿀이 흐르는 가나안땅' 으로 인도하지 않으시고, 그들을 멀리 돌아가게 하셨습니다. 그들의 여정은 길어져만 갔습니다. 가나안 땅을 뒤로 하고 멀리 돌아서 우회전하게 하매, 그들은 다시 홍해 길을 따라가게 되었습니다. 그때에 그들은 실망하고 기력을 잃었습니다. 그러면서 하나님과 모세를 원망했습니다. 그들은 '우리를 애굽에서 인도하여 내고 광야에서 죽게 한다. 이곳에는 식물도 물도 없다. 우리는 박한 식물을 싫어한다,' 라고 원망했습니다. 이런 원망은 사실을 사실대로 받아들이지 않을 때 나타납니다.

이때 하나님은 그들에게 불뱀을 보내어 이스라엘 백성들을 물어 죽이게 했습니다. 백성 중에 죽은 자가 많아지고 죽어가는 자들도 많아졌습니다. 이에 백성들은 그토록 원망을 퍼부었던 모세에게 다시 간청했습니다. '뱀들을 떠나게 하소서. 우리가 하나님과 당신께 원망함으로서 범죄했나이다,' 라고 말합니다. 모세가 이들의 간청을 듣고 하나님께 기도할 때에, 하나님이 처방해 주신 것이 '놋뱀을 만들어 장대에 달아 그것을 진중에 세우고, 그것을 쳐다보는 사람은 다 살리라' 고 하였습니다. 그래서 뱀에게 물린 자마다 놋뱀을 쳐다봄으로 살아났습니다.

예수님은 이 역사적 사실을 들어서 모세가 장대에 뱀을 단 것과 같이 인자도 십자가 나무에 달려야한다는 것을 말씀해 주시고 계십니다. 모세가 장대에 뱀을 단 사건과 예수님이 십자가 나무에 달리신 사건과는 밀접한 연관성이 있습니다. 그래서 예수님은 모세가 광야에서뱀을 든 것과 같이 인자도 들려야 한다고 선언하신 것입니다. (As Moses lifted the snake in the desert, so must the Son of Man be lifted up.)

죽음은 죄에 대한 형벌

죽음은 죄에 대한 형벌입니다. 이스라엘이 하나님을 원망함으로 하나님은 불뱀을 보내어 물게 하고 죽게 하셨습니다. 죄는 죽음을 초래하고 죄의 삯은 사망입니다. 여기서 불뱀은 venomous snake의 번역으로 '맹독의 뱀'을 가리키고 있습니다. 이 뱀은 붉은 색을 상징하고 그것에 물릴 때에 불에 타는 아픔을 느끼기에 '불뱀'으로 번역이 되었습니다. 죽음은 이렇게 심한 아픔, 최고의 절망을 뜻하고 참으로 비참한 것입니다. 우리는 왜 죽습니까? 늙고 병들고 쇠해서 죽는 것이 아닙니다. 그 근본원인은 죄에 있습니다. 우리에게 죄가 있기에 불뱀에게 물려서 죽는 것처럼 죽는 것입니다. 죄의 삯은 사망이라고 했습니다. 우리의 원죄 때문에 우리는 죽는 것입니다. 이것은 앞에서 말한 죄의 전체성이라는 의미입니다. 로마서 3:10에는 "의인은 없나니, 하나도 없다,"고 했습니다.

"모든 사람이 죄를 범하였으매, 하나님의 영광에 이르지 못하더니(롬 3:23)," 죄 때문에 하나님의 영광에 이를 수 없고, 그렇기 때문에 우리는 죽을 수밖에 없는 것입니다.

로마서 3:9에서 "유대인이나 헬라인이나 다 죄 아래에 있다,"는 구절은 모든 사람들이 모두 죄 아래에 있다는 것을 다시 천명합니다.

그렇다면 이 죄를 치료하는 길은 무엇입니까? 치료는 하나님 자신이 하십니다. 이스라엘 백성이 죽어갈 때에 모세가 하나님께 기도합니다. 그 때 하나님이 그들을 치료하시는(살리시는) 처방을 주십니다. 놋뱀을 만들어 장대에 달라고 하십니다. 불뱀에 물린 자는 다른 사람을 구할 수 없습니다. 모세도 이 사람들을 구할 수 없었습니다. 그러나 하나님이 예비하시고 가르쳐 주십니다. 이것이 하나님의 영광입니다. 죽어가는 이스라엘 백성들을 그냥 둘 수도 있고 살릴 수도 있으신 주권을 가진 유일한 분이 하나님이십니다. 죄의 값으로 죽어 마땅한 이스라엘 백성입니다. 이와 마찬가지로 우리 온 인류도 하나님 앞에서 죽어 마땅한 유한한 생명들입니다. 이러한 인류를 하나님이 살리시려고 예수님을 우리에게 보낸 것입니다. 죄에 빠진 인간을 구원하실 분은 오직 하나님밖에 없으십니다.

놋뱀이 만들어진 후에 그것은 누구나 볼 수 있게 진중에 달아 세워집니다. 이스라엘 백성들은 누구나 그것을 볼 수 있게 되었습니다. 불뱀에 물린 어떤 자도 모두 볼 수 있게 장대에 높이 달아 세워놓았습니다. 예수님도 십자가에 달려서 누구나 볼 수 있습니다. 진중에 달린 놋뱀은 진의 한 복판에 달렸습니다. 이와 같이 예수님도 십자가에 달려서 역사의 한 복판에 달려계시는 것입니다. 2천 년 전에 갈보리 산 언덕에서 십자가에 달리신 예수님은 과거 현재 미래 어느 시대 어느 사람들이라도 볼 수 있도록 역사의 한 복판에서 십자가에 달려 계시는 것입니다.

놋뱀을 쳐다본 자는 병 나음, 곧 생명을 얻었습니다. 구리 뱀 자체에서 치료하는 힘이 나온 것이 아니라 하나님의 말씀을 믿고 순종하는 행위로써 그 치료함을 받은 것입니다. 쳐다보는 것은 '인간의 장점'이 아닙니다. 하나님이 내신 생명을 주시는 방법입니다. 구원의 방법은 그저 수락하는 것입니다. 쳐다본다는 의미는 하나님의 말씀에 순종한다는 믿음입니다. 쳐다보는 행위가 바로 '생명'을 얻는 공로가 되는 것은 아닙니다. 그것은 하나님이 주시는 생명을 받는 행위입니다. 하나님이 '쳐다보라'고 하자 '쳐다보았기'에 생명을 얻는 것입니다. 이것이 믿음입니다. 쳐다보는 행위 자체가 믿음이 되는 것이 아닙니다. 하나님의 '명령'에 '순종'하는 것이 믿음입니다.

"너희는 그 은혜에 의하여 믿음으로 말미암아 구원을 받았으니 이것은 너희에게서 난 것이 아니요 하나님의 선물이라(엡 2:8)," 믿음은 우리에게서 난 것이 아니라 하나님의 선물이고 은혜입니다.

하나님께서 우리에게 주신 구원

구원은 오직 하나님께서 우리에게 주신 것입니다. 이 구원을 통해서 하나님은 영광을 나타내십니다. 우리의 노력으로 절대로 이 구원을 얻을 수 없습니다. 울어도, 힘써도, 참아도 안 됩니다. 오직 믿을 때에 구원이 우리에게 오는 것을 믿어야 합니다.

우리는 인도의 선교자이며 온 생애를 예수 전도에 바친 위대한 썬다 싱(Sadhu Sundar Singh)의 경험을 통해 구원이 오직 하나님으로부터만 온다는 사실을 알 수 있습니다. 썬다 싱은 전통적인 인도의 종교를 믿는 가정에서 태어나 인도 전통종교를 믿었습니다. 그리고 어릴 때 가장 사랑하는 어머니의 죽음 이후 기독교에 대해 철저히 반대 입장을 취했습니다. 성경을 찢고 기독교를 탄압하면서 전통 종교에서 마음의 평안을 찾으려 했지만 실패하고, 그 불안감에 자살을 시도했습니다. 자살하면서 그는 어떤 미지의 신께 열렬히 기도했습니다. 자기가 모르는 신이지만, 그 신을 보여주고 자신의 인생길을 보여주지 않는다면 죽겠다고 하면서 죽음을 앞둔 상태에서 엄청난 빛을 보았고, 그 빛 속에서 예수님을 보았습니다. 그는 그렇게 예수님을 영접하고 난 후 전 생애를 예수 전도에 바쳤습니다. 온갖 박해와 수난과 고난을 당하면서 인도 전통 종교지에서, 티베트 불교 지역에서, 그리고 전 세계로 그는 성경책 한 권만을 지닌 채로 전도를 했습니다. 히말라야를 몇 번씩이나 넘었습니다.

그가 히말라야를 넘을 때 많은 불교도, 힌두교도들을 보았습니다. 그들은 제 각기 자기의 방식대로 고행을 했습니다. 나무에 거꾸로 매달려 있는 자, 손을 위로 치켜들어 고행하다가 그대로 굳어버린 자, 겨울에 냉수 속에 들어가 고행하다가 얼어붙은 자, 동굴에 들어가서 입구를 막아놓고 작은 구멍만 내 놓은 채로 고행하는 자 등등을 보았습니다. 싱은 이런 고행으로 아무 것도 얻을 것이 없다는 것을 잘 알고 있었습니다. 이런 고행을 해보았자 아무 것도 얻는 것은 없고 오히려 마음은 더 캄캄해질 뿐이라는 것을 그는 잘 알고 있었습니다. 마음의 평안을 얻는 방법은 오직 예수님을 영접해서 하나님에게 구원을 얻는 것밖에 없다는 것을 그는 이미 깨달았기 때문이었습니다. 그는 히말라야에서 고행하는 사람들을 뒤로 하고는 티베트로 가서 불교도 지역에서 주님을 전도했습니다.

우상이 될 수도 있는 놋뱀

이처럼 인내를 통한 자기 혁신(self-reformation)은 아무런 소용이 없습니다. 벌써 뱀의 독이 자신의 안에 잠재해 있기 때문입니다. 그런 뱀의 독은 썩어지게 마련이고, 그것은 죽음에 이르게 합니다. 그렇다고 연합하고 단합해서 불뱀과 싸울 수도 없습니다. 왜냐하면 죄와 싸울 수 있는 힘을 잃었기 때문입니다. 또한 자신의 구원을 위해 기도해도 소용이 없습니다. 기도는 좋은 것이지만 거듭남이나 구원을 통하지 않은 기도는 절대로 자기를 구원할 수 없습니다. 어떤 사람들은 그 놋뱀 자체가 효력이 있다고 생각합니다. 그래서 그 놋뱀의 조각을 소유하면 뱀의 독(죄)이 사라진다고 생각하기도 합니다. 바로 중세기에 성지순례자들이 성자들의 유품을 소유하기 원했던 것도 이 때문입니다. 부적이나 그 유품을 지님으로써 행운이나 구원을 얻는 것이 아닙니다. 놋뱀은 아무런 힘이 없습니다. 하나님의 명령이 힘이 있는 것입니다.

열왕기하 18장에 "그가 여러 산당들을 제거하며 주상을 깨뜨리며 아세라 목상을 찍으며 모세가 만들었던 놋뱀을 이스라엘 자손이 이때까지 향하여 분향하므로 그것을 부수고 느후스단이라 일컬었더라,"라고 하였습니다.

히스기야 왕이 모든 우상을 파괴할 때, 모세가 만들었던 놋뱀도 우상이라고 파괴하는 사건이 나옵니다. 히스기야는 그 놋뱀에 힘이 있는 것이 아니라, 하나님의 명령이 힘이 있다는 사실을 잘 알고 있었습니다. 그렇기에 그 놋뱀은 우상밖에 되지 않습니다. 그래서 과감하게 파괴해 버리는 것입니다.

하나님의 명령에 순종하고 하나님이 우리를 구원하시려고 보내주신 예수님을 믿고 영접하는 것이 바로 구원의 길이고, 불뱀의 독 같은 죄에서 구원받는 길이라는 사실을 가슴 깊이 새겨야 하겠습니다.

제27장

최대의 선물

(요 3:16)

요한복음 3:16 "하나님이 세상을 이처럼 사랑하사 독생자를 주셨으니 이는 그를 믿는 자마다 멸망하지 않고 영생을 얻게 하려 하심이라."

하나님은 우리에게 영원하고 무한한 사랑을 주시고,
우리를 먼저 사랑하시고,
이 세상 모두를 사랑하시고,
믿는 자마다 영원한 생명을 주십니다.

성도들은 누구나 자기가 좋아하는 성경구절이 있습니다. 요한복음 3:16은 모든 사람의 성경구절이라고 불리고 있습니다. 종교개혁가 루터는 이 요절을 '작은 복음'이라고 불렀습니다. 이 요절에는 우리 기독교의 신앙의 본질이 요약되어 있기 때문입니다. 복음의 진수가 이 요절 속에 내포되어 있습니다. 이 복음의 진수를 사도 요한은 '하나님의 사랑(God's Love)'라고 밝히고 있습니다. "하나님이 세상을 이처럼 사랑하사 독생자를 주셨으니, 이는 그를 믿는 자마다 멸망하지 않고 영생을 얻게 하려 하심이라,"는 요절을 암송하고 또 암송하여 볼 때, 정말로 신비로운 하나님의 복음이 이 한 요절에 축약되어 있다는 것을 알 수 있습니다.

필라델피아에 있는 제 10 장로교회 목사이고, 라디오 프로그램 '성경 연구 시간(The Bible Study Hour)'를 맡았던 몽고메리 보이스(Montgomery Boice) 목사님이 크리스마스 카드 한 장을 받았답니다. 그 카드 안에는 요한복음 3:16절을 기록해 놓았는데 단어 하나하나를 따로 쓰고 그 단어 하나하나에 해석을 붙인 것이었습니다. 그 해석의 공통점은 모두 '최고(가장, great)'라는 말이 들어갔다고 합니다.

> 하나님-최고의 사랑을 베푸시는 자,
> 세상-가장 큰 무리(사랑을 받을 자),
> 사랑-최고의 수준,
> 독생자-가장 큰 선물,
> 누구든지-최고의 기회,
> 저를-최고의 매력,
> 믿는-가장 단순하고 간단함,
> 멸망치 않고-최대의 약속,
> 그러나-최대의 차이(죽음과 생명),

영생-최고의 소유,

믿는다-최고의 확실성 등으로 되어 있었다고 합니다.

하나님은 영원하고 무한한 사랑을 주시는 분

먼저 하나님의 사랑의 성격을 알아봅시다. '이처럼 사랑하사' 는 하나님의 사랑의 무한성을 가리킵니다. 인간수준을 초월한 영광스런 하나님의 방법으로 나타내신 사랑입니다. 본문의 '사랑한다,' 는 말은 헬라어로는 ἠγάπησεν 으로 '사랑하다,' 라는 동사 아가파오(ἀγαπάω)의 부정과거형입니다. 이 같이 부정과거형으로 쓴 이유는, 한번 시작된 행동이 영원히 지속되는 것, 즉 하나님의 사랑의 영원성을 나타내고 있기 때문입니다. 이 단어는 또 하나님의 사랑이 말로만이 아닌 실제라는 것을 나타내고, 하나님의 사랑이 한결 같다는 것을 말해주는 것입니다. 하나님의 사랑은 베들레헴에서 갈보리 십자가 희생까지 가는 사랑입니다. 그러므로 하나님의 사랑은 진실하고 영원한 불변의 사랑이며, 우리가 넉넉하게 이해할 수 있는 실제적인 사랑입니다. 하나님은 그런 사랑을 주시는 분이십니다. 하나님은 생명의 창조자이시며 생명이 충만하신 분입니다. 그러므로 피조물에게 생명을 주신 분입니다. 철학자들이 이야기하는 절대자나 추상적인 하나님이 아니라, 사랑이 충만하신 분이십니다. 요한일서 4:8에서 "하나님은 사랑이시다,"라고 하나님의 본질과 별칭을 밝히고 있습니다. 이어지는 9절에서는, "하나님의 사랑이 우리에게 이렇게 나타난바 되었으니 하나님이 자기의 독생자를 세상에 보내심은 그로 말미암아 우리를 살리려 하심이라,"라고 '하나님의 사랑' 과 '생명' 과의 관계를 밝히고 있습니다. 이어지는 10절에서는 "우리가 하나님을 사랑한 것이 아니요 하나님이 우리를 사랑하사 우리 죄를 속하기 위하여 화목 제물로 그 아들을 보내셨음이라," 또 19절에서는 "그가 먼저 우리를 사랑하셨음이라," 라고 하나님의 우선적 사랑을 말해주고 있습니다. 즉 하나님이 우리를 먼저 사랑하셨다는 의미입니다.

로마서 5:8~10을 보면, "우리가 아직 죄인 되었을 때에 그리스도께서 우리를 위하여 죽으심으로 하나님께서 우리에 대한 자기의 사랑을 확증하셨느니라. 그러면 이제 우리가 그의 피로 말미암아 의롭다 하심을 받았으니 더욱 그로 말미암아 진노하심에서 구원을 받을 것이니, 곧 우리가 원수 되었을 때에 그의 아들의 죽으심으로 말미암아 하나님과 화목하게 되었은즉 화목하게 된 자로서는 더욱 그의 살아나심으로 말미암아 구원을 받을 것이니라," 라고 하였습니다. 하나님은 우리가 죄인이 되었을 때도 사랑하셨고, 우리가 원수가 되었을 때도 사랑하셨습니다. 우리가 죄인이 되었을 때 그리스도께서 우리를 위해 죽으심으로 하나님이 우리에게 대한 자기의 사랑을 확증하셨고, 우리가 하나님과 원수가 되었을 때 그리스도께서 죽으심으로 말미암아 하나님으로 더불어 화목 되었습니다.

하나님의 선행적 사랑(하나님이 우리를 먼저 사랑하심)

그러므로 하나님의 사랑은 우리의 사랑에 선행됩니다. 하나님의 이 같은 사랑은 우리로 하여금 이웃을 사랑할 수 있게 합니다. 손양원 목사님은 이런 사랑을 실천한 분이지요. 1948년 여수순천 반란 사건 때에 손양원 목사님의 두 아들 동신, 동인 형제는 공산주의를 신봉하는 학생들에게 끌려나와 처형을 당했습니다. 둘을 살해한 사람은 그들의 동창인 안재선이란 청년이었습니다. 안재선은 반란 진압 후에 사형을 언도받았지만 손 목사님의 노력으로 살아났고, 손 목사님은 이 청년을 자기 양아들로 삼습니다. 그리고 이 청년이 공산당이며 살인자라는 이유로 다른 사람들에게 죽임당할까 항상 옆에서 같이 다니면서 지켰습니다. 나중에 손 목사님이 천국에 갔을 때, 이 청년은 상주가 되어 장례를 마쳤습니다. 원한을 예수님의 사랑을 통해 사랑으로 승화시킨 분이 바로 손 목사님이었습니다.

영국의 법률가, 사상가이며, 신부인 "유토피아"라는 책을 썼던 토마스 모어(Thomas More)경은 영국 왕의 부당함을 비판하다가 체포되어서 재판을 받고 사형을 받게 되었습니다. 그때 그 재판관에게 유명한 말을 남겼습니다. "내가 당신을 친구라고 부르게 허락하여 주십시오. 친구여! 나는 당신과 나의 관계가 사울과 스데반의 관계가 되기를 바라오. 사울이 스데반을 죽였지만 하나님을 만난 후에 바울이 되어, 지금은 천국에서 바울과 스데반이 친구가 되어 있을 것이요. 그대가 나에게 사형을 선고하지만 우리는 하늘나라에서 영원한 구원을 함께 누리는 친구가 되기를 바라오,"라고 했습니다. 재판관은 그의 말에 놀라서 묻습니다. "내가 그대에게 사형을 구형했는데도 불구하고 그대가 나를 이렇게 좋게 대하는 이유가 무엇이요?" 그러자 토마스 모어는 이렇게 대답했습니다. "주께서 내게 먼저 사랑을 베푸셨기 때문이지요."

우리 하나님은 우리에게 먼저 사랑을 주셨습니다. 그렇다면 이런 위대한 하나님 사랑의 대상은 누구입니까? "세상을 이처럼 사랑하사"에서 세상은 누구를 가리킵니까? 이 것은 이 세상의 어떤 다른 피조물이 아닙니다. 물에 사는 것이나, 하늘을 나는 것이나, 또는 육축들이 아닙니다. 이것은 오직 우리 인류입니다. 타락한 인류, 곧 불행해진 우리 인간을 통칭해서 '세상'이라고 하셨습니다. 죄 짐을 진 인간, 심판을 받을 수밖에 없는 죄인, 즉 구원을 필요로 하는 인간을 말하는 것입니다.

이 세상 모두를 사랑하시는 하나님

하나님 사랑의 대상에는 이 세상 어느 누구도 다 포함됩니다. 그들이 헬라인이든, 유대인이든, 이방인이든, 야만인이든, 누구나가 하나님 사랑의 대상입니다. 하나님은 이 세상 모든 사람들의 하나님이십니다. 야만인의 하나님인 동시에 문명인의 하나님입니다. 하나님은 모든 시대, 지역, 민족, 환경의 차이가 없이, 이 세상에 존재했고, 존재하고, 또 존재할 모든 인간들의 하나님이십니다.

"유대인이나 헬라인이나 차별이 없음이라 한 분이신 주께서 모든 사람의 주가 되사(롬 10:12)," 하나님은 모든 사람의 하나님이고, 모든 사람을 사랑하십니다.

밤이면 집집마다 등을 킵니다. 그러면 그 등은 그 집만을 밝힙니다. 그러나 태양이 뜨면 모든 집들이 환해집니다. 이처럼 하나님께서는 모든 인류의 마음을 환하게 비추시는 겁니다. 그래서 예수님을 의(義)의 태양이라고 합니다. 어거스틴은 "하나님은 마치 사랑할 만한 사람이라고는 단지 한 사람뿐인 것처럼, 우리 한 사람 한 사람을 사랑하신다,"고 하였습니다.

하나님의 이런 사랑은 선물입니다. 우리에게 가장 귀한 선물을 주신 것입니다. 그 선물은 바로 독생자 예수입니다. 본문에서 "그의 독생자를 주셨으니(he gave his one and only Son)," 라고 하여, 하나님의 놀라운 선물을 강조하고 있습니다. '주셨다' 라는 말은 헬라어 에도켄(ἔδωκεν)으로 제물을 바치는 사상을 나타내고 있습니다.

창세기 22:2에서 "여호와께서 이르시되 네 아들 네 사랑하는 독자 이삭을 데리고 모리아 땅으로 가서 내가 네게 일러 준 한 산 거기서 그를 번제로 드리라,"고 하실 때와 같은 계시의 말씀과 비슷한 유형을 가지고 있습니다.

마태복음 21:33~39에는 "다른 한 비유를 들으라 한 집 주인이 포도원을 만들어 산울타리로 두르고 거기에 즙 짜는 틀을 만들고 망대를 짓고 농부들에게 세로 주고 타국에 갔더니, 열매 거둘 때가 가까우매 그 열매를 받으려고 자기 종들을 농부들에게 보내니, 농부들이 종들을 잡아 하나는 심히 때리고 하나는 죽이고 하나는 돌로 쳤거늘, 다시 다른 종들을 처음보다 많이 보내니 그들에게도 그렇게 하였는지라, 후에 자기 아들을 보내며 이르되 그들이 내 아들은 존대하리라 하였더니, 농부들이 그 아들을 보고 서로 말하되 이는 상속자니 자 죽이고 그의 유산을 차지하자 하고, 이에 잡아 포도원 밖에 내쫓아 죽였느니라,"는 비유가 기록되어 있습니다.

이 비유는 이스라엘 지도자들이 하나님의 뜻을 선포한 선지자들을 박해하고 하나님의 아들 예수 그리스도까지 죽게 한 죄악을 폭로한 내용입니다.

하나님은 우리에게 하나 뿐인 독생자를 선물로 주셨습니다. 우리는 물질적인 것, 명예, 육신적인 것들을 받지 못했다고 해서 그 선물이 부족하다고 절대로 생각해서는 안 됩니다. 하나님은 가장 귀중한 것을 우리에게 선물로 주신 것입니다. 이것은 하나님이 인류에게 주신 최상 최대의 선물입니다. 그렇다면 왜 하나님께서 이런 최상 최대의 선물을 주셨을까요? 그것은 우리가 멸망하지 않고 영생을 얻게 하려 하시기 때문입니다. 이것이 하나님이 우리에게 그 위대한 선물을 주신 목적입니다.

믿는 자마다 생명을 주시는 하나님

영생을 얻는 조건은 '그를 믿는 자마다' 입니다. 요한복음에는 '믿는다,' 라는 동사가 많이 나옵니다. '믿는다,' 라는 동사는 헬라어로 피스테오 (πιστεω)로 이 동사는 현재분사형으로 사용되었습니다. 실제 신앙을 가리키는 말입니다. '멸망치 않고' 에서 '멸망' 이라는 말은 '육신적 존재를 상실하다,

라는 의미로 무로 돌아간다는 뜻이 아니라 신성의 유기(divine condemnation)를 뜻하는 말입니다. 즉 하나님의 진노 아래 하나님께로부터 추방당한다는 의미입니다. 멸망의 반대말은 바로 영생이지요.

'영생을 얻게'에서 '영생'이란 하나님의 영광스런 통치를 받는 생명을 뜻합니다. 이것은 믿는 자만이 소유할 수 있는 생명입니다. 이런 생명을 얻는 것이 바로 구원입니다. 축복된 생명은 요한복음 17:3에 나와 있는 '하나님과의 사귐이 있는' 생명이고, 요한복음 17:13절에 기록된 '하나님의 기쁨에 참여하는' 생명이며, 또 요한복음 16:33에 기록된 '하나님의 평안을 누리는' 그런 생명입니다. 이 요한복음에는 영생이란 말이 17번이나 나옵니다. 영생은 헬라어 아이오니오스(αἰώνιος)로 이 말은 하나님에게 적용되는 말입니다. 영어로는 지속되는 삶(everlasting life)으로 결코 '끝나지 않는 삶(never-ending life)'과는 의미상의 차이가 있습니다. 후자는 시간적으로 끝나지 않는 평범한 삶을 뜻하지만, 영생은 영적으로 하나님의 기쁨과 평안 안에서 영원한 행복을 누리면서 사는 삶입니다.

삶에 대하여 시인 괴테는 "죽어도 산다는 이 진리를 알기까지에는 너는 아무래도 우수한 나그네에 지나지 않는다," 하였고, 부우스(Booth)는 "하나님의 약속은 확실하시다," 라고 하였고, 무디(Moody)는 "속세는 멀어지고 천국은 가까워 온다," 스펄전(Spurgeon)은 "예수 나를 위해 죽으셨다,"고 했으며, 하지(Hodge)는 아버지의 임종 앞에서 우는 딸에게 "울지 마라, 죽음은 이별이 아니요, 하나님 아버지께로 가는 것이다,"라고 했습니다. 이 사람들은 영생을 확실히 알고 믿고 얻었습니다. 믿음으로만이 이런 영생을 얻을 수 있습니다.

"믿음은 선물입니다(엡 2:8)." 유일한 아들 독생자를 우리에게 선물로 주신 하나님, 그리고 그 아들을 믿을 수 있는 믿음 자체도 선물로 주셨습니다. 이것은 신앙의 대가이고, 영원하고 위대한 선물인 영생인 것입니다. 그러므

로 우리에게 이런 최상 최대의 선물을 주신 하나님께 영광과 찬양과 감사를
영원히 드려야 합니다.

하나님의 심판

(요 3:19)

요한복음 3:19 "그 정죄는 이것이니 곧 빛이 세상에 왔으되
사람들이 자기 행위가 악하므로 빛보다 어둠을 더 사랑한 것이니라."

예수님은 우리를 구하시기 위해 이 땅에 오셨지만,
우리는 그 분을 알아보지 못했습니다.
지금도 우리를 부르시지만 우리에게 둘러싸인 어두움 때문에
그 부르심을 듣지 못하고 있습니다.
어두움을 깨치고 빛을 받아들여야만 합니다.

이 본문 말씀은 하나님의 사랑이 강조되었습니다. '하나님이 세상을 이처럼 사랑' 하셨습니다. 많은 크리스천들이 하나님의 사랑만을 강조한 나머지 하나님의 공의는 잊어버리고 맙니다. 사랑의 하나님은 또한 공의의 하나님이심을 알아야 합니다. 요한복음 3:16에 하나님의 사랑이 나오고 3:17에서는 하나님의 심판이 나옵니다. 대부분의 사람들은 하나님의 사랑에 대해서는 듣기 좋아하고 강조하지만, 하나님의 공의와 심판에 대해서는 듣기 싫어합니다. 하나님께서 내신 원칙이 있는데 그것은 '죄에 대해서는 반드시 심판 하시는 것' 입니다.

우리가 잘 알고 있는 러시아의 문호 도스토예프스키의 작품 〈죄와 벌〉은 인간은 아담의 원죄로 인하여 저주 아래 있는 불행한 존재임을 잘 표현하고 있습니다. 러시아의 한 젊은 청년 라스콜니코프(Raskolnikov)가 전당포 노파를 살해하고 나서 자신의 삶이 매우 번영해 갈 줄 알고 있었습니다. 그러나 그에게는 냉혹한 형벌이 따릅니다. 이 작품에서 범인 라스콜니코프는 범죄한 그 순간부터 저주 아래 있는 불행한 존재가 된 것입니다.

죄와 심판

이러한 우리의 죄는 공통적이고 전체적인 죄입니다. 이사야 53:6에 "우리는 모두 양 같아서 그릇 행하여 각기 제 길로 갔다"라고, 로마서 3:10에서는 "의인은 없나니 하나도 없다"고 했습니다. 시편 14:1~3에서는 "어리석은 자는 그의 마음에 이르기를 하나님이 없다 하는도다. 그들은 부패하고 그 행실이 가증하니 선을 행하는 자가 없도다. 여호와께서 하늘에서 인생을 굽어 살피사 지각이 있어 하나님을 찾는 자가 있는가 보려 하신즉, 다 치우쳐 함께 더러운 자가 되고 선을 행하는 자가 없으니 하나도 없도다," 라고 하였습니다. 이것은 우리의 타락이 전체적(Total Depravity)임을 말해주고 있는 것입니다. 우리는 우리의 원죄로 인해서 우리 자신의 길로 가고 있습니다. 우리는 죄를 지었기 때문에, 우리 각자는 모두 하나님의 심판 아래 있다는 말입니다.

그렇다면 누구에게 하나님의 심판과 저주가 임하겠습니까? 하나님의 독생자의 이름을 믿지 아니 하는 자입니다. 예수라는 이름은 예수님이 태어나시기 전에 천사가 지어준 이름입니다. 예수(영어 지저스 Jesus)는 "이에수스(고대 그리스어: Ιησους)"의 라틴어 표기이며, "이에수스"는 히브리어 여호수아(히브리어: יהושוע, Jehoshua) 혹은 예슈아(히브리어: ישוע, Jeshua)를 헬라어로 옮긴 말입니다. 히브리어 여호수아(Jehoshua)의 어원은 접두어 여(Je-) (히브리어: יהוה)는 야훼, 곧 하나님과 호세아(히브리어: הושע, hoshea, 구원, 구세를 의미)가 합해져서 된 이름으로 그 본 뜻은 "여호와가 구원하신다,"는 의미입니다. 곧 예수님은 우리의 구세주(Savior)를 뜻하고 우리에게 구원(Salvation)을 주시는 분입니다. 이름 자체가 구세주이기 때문에 예수님을 구주로 믿지 않는다는 의미는 심판이 믿지 않는 자들에게 임한다는 말입니다. 복음을 전할 때는 반드시 '하나님은 존재하신다. 하나님은 이 세상 모든 권세와 사랑을 가지셨다. 그리고 예수님은 우리를 구원하신다,' 라고 반드시 전해야 합니다. '예수님이 당신의 죄를 대신하여 죽었다' 고 할 때, 전도 대상자들은 이 말 자체의 본 의미를 모르기 때문에 거부반응을 일으킬 수도 있습니다.

'믿지 아니 하는 자'에서 '믿지 아니 하는'은 헬라어로 케크리타이(κέκριται)로 현재 완료형입니다. 현재 완료형으로 쓴 이유는 '벌써 심판 아래 놓인 자'를 뜻하기 때문입니다. 현재 완료형은 과거에 시작하여 현재에 완료된 사실을 가리키기에, 예수님이 그들을 심판하신 것이 아니라, 아담의 범죄로부터 벌써 심판 아래에 놓인 그들이 예수님을 '믿지 아니 함'으로 그 유일한 기회를 놓치고 심판이 확정된 것을 가리키고 있습니다. 그러므로 하나님의 심판은 벌써 확정되어 있는 것입니다. 다음 기회까지 연장되어 있는 것이 결코 아닙니다. 19절에 "빛이 세상에 왔으되 사람들이 자기 행위가 악하므로 빛보다 어둠을 더 사랑한 것이니라,"고 하였습니다. 즉 빛보다 어두움을 더 사랑하기 때문에 그 어두움을 사랑하는 자에게 심판이 임하는 것입니다.

빛과 어두움

빛은 우리가 잘 아는 대로 예수님과 그분이 주신 참 생명을 의미하고 어두움은 바로 죄를 뜻합니다. 사람들이 예수를 구주로 받아들이고 그 이름을 믿지 아니할 뿐만 아니라 하나님이 원하시는 방향으로 가지 않기 때문에 심판이 임합니다. 하나님이 원하시는 방향으로 가지 않는 것이 바로 죄입니다. 죄는 헬라어 하마르티아($\dot{\alpha}\mu\alpha\rho\tau\acute{\iota}\alpha$)로 이 단어는 하마르타노($\dot{\alpha}\mu\rho\tau\acute{\alpha}\nu\omega$)에서 온 말입니다. 하마르타뇨는 '빗나가다' 또는 '실패하다' 라는 뜻을 가지고 있습니다.

아버지와 아들이 야구를 하고 있다고 생각해 봅시다. 아버지는 캐처를 아들은 피처를 보고 있었습니다. 그런데 아버지가 아들에게 공을 정확하게 던지라고 주문했지만 아들은 그것을 '알고도' 똑바로 던지지 않았습니다. 그렇다면 이것은 완벽하게 아이의 잘못입니다. 이런 것과 마찬가지로 하나님께서는 '그의 이름을 믿으라,' 고 했습니다. 그런데 믿지 않는 자들은 그들이 분명하게 잘못하는 것이고 이것이 바로 죄입니다.

문제는 사람에게 있습니다. 진리보다 어두움(죄)을 더 사랑하지는 않는가 생각해 봅시다. 하나님의 지시에 순종해서 따라가고 있는가를 생각하시기 바랍니다. 가룟 유다는 최후의 만찬 전에 유대지도자들과 예수님을 넘겨주는 것을 이미 의논했습니다. 최후의 만찬은 그저 형식입니다. 예수님과 제자들은 감람산으로 갔습니다. 그때 가룟 유다는 제사장을 만나러 갔고, 그 시간은 밤이었습니다. 시간적으로만 밤인 것이 아니라, 영적으로도 밤이었습니다. 사망의 뜻인 밤이라는 의미입니다. 가룟 유다는 빛보다 어두움을 사랑한 자였습니다.

빛을 미워하는 자에게 하나님의 심판이 임합니다(요 3:20).

요한복음 3:20~21에는 "악을 행하는 자마다 빛을 미워하여 빛으로 오지 아니하나니 이는 그 행위가 드러날까 함이요. 진리를 따르는 자는 빛으로 오나니 이는 그 행위가 하나님 안에서 행한 것임을 나타내려 함이라 하시니라,"고 기록되어 있습니다.

19절에서 20절 사이에 빛이란 말이 5번이나 나옵니다. 그만큼 빛이 중요하다는 뜻입니다.

악을 행하는 자가 빛을 미워합니다. 왜냐하면 빛에서는 그 행위가 드러나기 때문입니다. 아담과 하와가 죄를 범하고 숲속 어두운 곳을 찾아간 이유가 바로 이것입니다. 죄를 짓는 자, 곧 악을 행하는 자는 빛이신 예수님을 미워합니다. 바리새인, 서기관들, 사두개인들 같은 유대인들은 예수님을 미워하여 예수님을 죽였습니다. 박해하는 자들은 빛을 미워하기 때문에 순교자들을 죽였습니다. 우리도 마찬가지입니다. 적당하게 믿는 자는 철저하게 믿는 성도들을 미워합니다.

소크라테스의 제자 중의 한 명인 알키비아데스는 소크라테스에게 이렇게 말했습니다. "스승님, 나는 스승님을 미워합니다. 스승님을 만날 때마다 내 자신을 살펴보게 되니까 말입니다." 알키비아데스도 스승이 빛과 같아서 미워한 것입니다.

빛은 진리이고 참입니다. 빛 안에는 진실한 삶이 있습니다. 진실한 자는 빛을 사랑합니다. 그리고 빛으로 나옵니다. 빛은 사람들의 행위를 보여줍니다. 어느 건축가가 플라톤에게 와서 많은 돈을 주면서 밖에서 전혀 보이지 않는 방이 있는 집을 만들어달라고 합니다. 그러자 플라톤은 말합니다. "나는 자네에게 그 돈의 2배를 줄 테니, 누구나 들여다 볼 수 있는 방이 있는 집을 만들게," 라고 말입니다. 자기 외에 누구라도 알기를 원치 아니 하는 행위는 바로 악행이고 그렇게 하는 자는 악행을 하는 자라는 것을 명심하시기 바랍니다.

제29장

시기심 없는 사람

(요 3:22~30)

요한복음 3:22~30 "그 후에 예수께서 제자들과 유대 땅으로 가서 거기 함께 유하시며 세례를 베푸시더라. 요한도 살렘 가까운 애논에서 세례를 베푸니 거기 물이 많음이라 그러므로 사람들이 와서 세례를 받더라. 요한이 아직 옥에 갇히지 아니하였더라. 이에 요한의 제자 중에서 한 유대인과 더불어 정결예식에 대하여 변론이 되었더니, 그들이 요한에게 가서 이르되 랍비여 선생님과 함께 요단 강 저편에 있던 이 곧 선생님이 증언하시던 이가 세례를 베풀매 사람이 다 그에게로 가더이다, 요한이 대답하여 이르되 만일 하늘에서 주신 바 아니면 사람이 아무 것도 받을 수 없느니라. 내가 말한 바 나는 그리스도가 아니요 그의 앞에 보내심을 받은 자라고 한 것을 증언할 자는 너희라. 신부를 취하는 자는 신랑이나 서서 신랑의 음성을 듣는 친구가 크게 기뻐하나니 나는 이러한 기쁨으로 충만하였노라. 그는 흥하여야 하겠고 나는 쇠하여야 하리라 하니라."

세례 요한은 온 생애를 예수님을 증거 하기 위해 살았습니다. 예수님은 흥해야 되겠고 세례 요한 자신은 쇠해야 한다고 하면서, 모든 것을 예수님 중심으로 생각하고 살았습니다.

사람의 마음은 양면성이 있습니다. 좋은 마음을 품을 수도 있고 나쁜 마음을 품을 수도 있습니다. 남을 구제할 수도 있고, 긍휼히 여길 수도 있고, 사랑을 줄 수도 있고, 협력할 수도 있고, 정의와 공의를 행할 수도 있습니다. 그런 반면에 사람은 남을 미워할 수도 있고, 잔인할 수도 있으며, 싸울 수도 있고, 시기할 수도 있고, 불의와 사심을 품고 이를 행할 수도 있습니다.

하나님 앞에서 겸손함

성경에서 세례 요한의 인격에 대해서 특별히 그는 시기심이 없는 인물임을 제시합니다. 시기심이 없다는 것은 겸손한 마음을 가졌다는 말입니다. 어떻게 세례 요한이 겸손하게 행동 했나 살펴봅시다.

"하늘에서 주신 바 아니면 사람이 아무 것도 받을 수 없다(27절)"는 것은 예수님이 하나님의 주권(God's Sovereignty)을 가졌다는 말입니다. 세례 요한의 제자가 세례 요한에게 말하기를 "당신이 증거 하는 예수님이 세례를 주매, 모든 사람들이 예수께로 가더이다,"라고 합니다. 그러자 세례 요한이 27절의 말씀, "하늘에서 주신 바 아니면"이라고 했습니다. 이것은 철저히 하나님 중심의 말입니다. 즉 믿음을 말하고 있고 신본주의(神本主義)를 뜻하는 것입니다. 이 세상 모든 것의 주권은 하나님께 있고, 하나님이 모든 것을 주관하십니다. 이렇게 하나님이 주관하시는 모든 주권을 예수님이 가졌다고 하면서, 세례 요한은 '예수님은 하늘에서 주신 바, 즉 하나님의 주권을 가졌다,' 고 말하고 있습니다.

요셉의 삶을 보십시오. 요셉의 삶을 통해서 우리는 악을 선으로 바꾸는 하나님의 섭리를 깨달을 수 있습니다. 인간들은 자기들의 지혜, 감정, 꾀로 일을 처리하지만, 그 끝을 보면 하나님이 모든 것을 주관하셨다는 사실을 깨닫게 됩니다. 우리는 하나님의 절대주권을 믿어야만 합니다. 하나님께서 우리에게 예정해 주신 것은 모두 그 예정대로 이루어집니다.

마태복음 16:16~17에서 베드로가 "주는 그리스도시요 살아 계신 하나님의 아들이시니이다,"라고 고백합니다. 그러자 예수님께서 대답하셨습니다. "이를 네게 알게 한 이는 혈육이 아니요 하늘에 계신 내 아버지시니라,"고 하셨습니다. 하나님께서 인간의 마음을 움직여서 모든 일을 주관하십니다.

또한 사도 바울은 제 2차 전도여행을 할 때 빌립보에 들리는데 하나님께서 루디아(Lydia)라는 여자의 마음을 열게 해서 바울의 말을 따르게 하셨습니다. 바로 하나님의 절대주권으로 루디아의 마음을 열게 만드신 겁니다 (행 16장). 고린도전서 4:7에 "네게 있는 것 중에 받지 아니한 것이 무엇이냐 네가 받았은즉 어찌하여 받지 아니한 것 같이 자랑하느냐,"는 말씀은 모든 것은 하나님께 받았다는 것, 즉 하나님의 절대주권을 말하고 있는 것입니다.

세례 요한은 자기를 파악한 사람입니다. 이것은 정말로 겸손한 행동이지요. 그는 400년의 이스라엘 암흑시대에 혜성과 같이 나타나서, 유대인들 모두를 사로잡았습니다. 유대인들은 그가 구세주, 그 선지자, 엘리야라고 생각했습니다. 그러나 그는 그것을 부정했습니다. '나는 메시야의 길을 예비하러 보냄을 받은 자이고, 그저 광야의 소리다,' 라고 합니다. 많은 사람들이 이렇게 다른 사람들에게 인기를 얻고 또 다른 사람들의 마음을 사로잡으면 커다란 유혹에 빠집니다. 로마서 12:3에서는 말합니다. "내게 주신 은혜로 말미암아 너희 각 사람에게 말하노니 마땅히 생각할 그 이상의 생각을 품지 말고 오직 하나님께서 각 사람에게 나누어 주신 믿음의 분량대로 지혜롭게 생각하라." 그 이상의 생각을 품는 것은 유혹에 빠지는 것이고, 또 하나님이 주시지 않은 것을 생각하는 죄입니다. 하나님께서 나누어주신 믿음의 분량보다도 더 많은 분량을 생각하는 것도 죄입니다. 세례 요한은 겸손하게 하나님이 주신 생각과 하나님이 주신 믿음의 분량대로 행동했습니다. 그는 하나님의 뜻을 아는 아주 겸손한 사람이었습니다.

예수 그리스도 중심의 생각

세례 요한은 예수 그리스도 중심으로 생각했습니다. 예수 지상 제일 주의자였습니다. 세례 요한은 예수님은 신랑이고 자기는 신랑의 친구라고 했습니다. 그는 이 '신랑의 친구'를 쇼쉬벤(Shoshben)이라는 의미로 사용했습니다. 쇼쉬벤은 신랑의 친구보다 더 깊은 의미를 갖고 있습니다. 쇼쉬벤은 신랑과 신부의 연락자이고, 초청장을 마련하고, 혼인식을 마련하고, 잔치를 주재합니다. 신랑 신부를 만나게 해주고 잔치의 모든 사명을 맡은 자를 말합니다. 이런 의미에서 세례 요한의 사명은 이스라엘과 예수님을 만나게 하는 것이고, 그 혼인의 준비를 하는 사명입니다. 그리고 이것이 다 완수되었을 때 그는 쇠하여져서 사라지는 것이 그의 사명입니다. 주님 제일주의로 나갈 때에, 내 자신이 낮아지는 것이 겸손입니다. "그는 흥해야 하고 나는 쇠하여야 한다,"라고 세례 요한은 말하면서 자신이 스스로 낮아지는 겸손을 보이고 있습니다.

인도 선교의 선구자인 윌리엄 캐리(William Carey)는 "나는 예수님만이 위대해 지기를 원한다,"고 했습니다. 겸손은 교양의 부산물이 아닙니다. 겸손은 교양의 직접적 산물입니다. 내가 겸손하려고 노력하면 그만큼 덜 겸손해집니다. 진정으로 겸손하신 주님께 점령될 때에 이런 진정한 겸손이 가능한 것입니다.

예수님은 이런 세례 요한을 "여자가 낳은 자 중에서 제일 큰 자"라고 칭찬

했습니다. 세상에서 위대한 자라는 말입니다. 그러므로 겸손한 자는 위대한 자입니다. 우리는 이런 세례 요한의 겸손을 본받아, 하나님의 절대주권에 복종하고, 자기 자신을 파악하는 동시에 예수 그리스도가 제일이라는 지상 제일주의를 온 세상에 전도해야 하는 것입니다.

제30장

하늘로부터 오신 자

(요 3:31~36)

요한복음 3:31~36 "위로부터 오시는 이는 만물 위에 계시고 땅에서 난 이는 땅에 속하여
땅에 속한 것을 말하느니라 하늘로부터 오시는 이는 만물 위에 계시나니, 그가 친히 보고
들은 것을 증언하되 그의 증언을 받는 자가 없도다. 그의 증언을 받는 자는 하나님이
참되시다는 것을 인쳤느니라. 하나님이 보내신 이는 하나님의 말씀을 하나니 이는 하나님
이 성령을 한량 없이 주심이니라. 아버지께서 아들을 사랑하사 만물을 다 그의 손에
주셨으니, 아들을 믿는 자에게는 영생이 있고 아들에게 순종하지 아니하는 자는
영생을 보지 못하고 도리어 하나님의 진노가 그 위에 머물러 있느니라."

세례 요한은 예수님이 하나님과 함께 계셨고,
하나님을 증거 하신다고 했습니다.
하늘로부터 오신 예수님은
하나님에 대해 명백히 알고 있었고,
하나님께로부터 오신 예수님을 믿고 순종하는 사람은
영생이 있습니다.

어떤 사건을 증거 할 때 그 사건에 대해 완전한 증거를 하기 위해서는 세 가지가 수반되어야 합니다. 직접적인 정보를 가져야 하고, 그 사실을 기꺼이 증언해야 하고, 또 그 증거가 믿을 만해야 합니다. 내가 직접 보았거나 직접 들었다는 직접 증거는 내가 누구에게 들었다거나 내가 어떤 곳에서 그런 정보를 얻었다는 것과는 확연한 차이가 있습니다. 직접 보고 들은 것은 확실한 증거이기 때문입니다. 그런 확실한 증거를 기꺼이 증언해야지만 완전한 증거가 됩니다. 그 사실을 말할 때, 아무런 주저 없이 전할 수 있는 것이 완전한 증거입니다. 아무런 주저 없이 다른 사람이나 다른 관계기관 등에 기꺼이 전하는 것은 기꺼이 그 일을 증거하고 참여한다는 뜻입니다. 그리고 그 증거는 확실히 믿을 만해야 합니다. 그 증거가 실재적이며 믿기에 충분한 자의 확증이 있어야 하고, 자가 모순이 있어서는 안 됩니다.

세례 요한이 예수님을 증거 함

이런 기준에 맞추어 볼 때에 예수 그리스도는 하나님에 대해서 완전한 증거를 하였습니다. 세례 요한은 예수님께서 하나님을 증거 하시는 완전한 증인임을 본문에서 보여주고 있습니다. 31절에 보면, 예수님은 하나님에 관한 직접적인 정보를 가지고 계십니다. 본문 31절의 "위로부터 오시는 이는 만물 위에 계시고 땅에서 난 이는 땅에 속하여 땅에 속한 것을 말하느니라," 에서 '위로부터 오시는 이' 는 예수님을 가리키고, '땅에서 난 이' 는 바로 세례 요한을 가리키고 있습니다.

요한복음 3:13에서 "하늘에서 내려온 자는 인자, 곧 예수 그리스도"라고 했습니다.

에베소서 1:20~23에서는 "모든 이름 위에 뛰어 나신 자(He is higher than

all.)"라고 하였습니다. 세례 요한이 예수 그리스도를 증거 할 때에 예수님은 그 근본이 하늘(hevenly origin)이라고 했습니다.

세례 요한 또한 하나님께서 보내셨고, 예수님보다 시간적으로는 6개월 먼저 왔습니다.

요한복음 1:6에서 "하나님께로부터 보내심을 받은 사람이 있으니 이름은 요한이다"라고 세례 요한도 하나님께서 보낸 자라고 명시되어 있습니다. 세례 요한도 하나님이 보내셔서 이 세상에 왔으나, 그는 땅의 근원(earthly origin)을 가지고 있을 뿐이요, 예수님은 하늘 근원을 가진 분으로서 이 둘 사이에는 천양지차가 있습니다. 마태복음 11:11에서 예수님께서 "여자가 낳은 자 중에서 요한보다 큰 자가 없다"고 하셨습니다. 그러나 엄격한 의미에서 세례 요한은 예수 그리스도에 비교될 수 없는 존재입니다.

예수 그리스도는 하나님과 함께 계시다가(요 1:2), 성육신하셨으므로 하나님에 대한 정확한 지식을 가지고 계십니다. 선지자들은 이스라엘에게 하나님을 증거 할 때, 하나님이 자기에게 계시해 주신 사실을 보고 하였을 뿐이었습니다. 그러나 예수님은 그 하나님 자신이기에 하나님의 지식을 충만한 중에서 완전히 계시하였습니다. 스코틀랜드의 성경신학자였던 윌리엄 바클레이(William Barclay 1907~1978)는 이렇게 말했습니다. "우리가 한 가정에 대한 정보를 원한다면, 그 가족의 한 사람으로부터 그것을 얻을 수 있다. 우리가 어떤 마을의 정보를 원한다면 그 마을에서 살다 온 사람으로부터 그 정보를 얻을 수 있다. 마찬가지로 하나님에 대한 정보를 들으려고 하면, '위로부터 오신 자', 곧 하나님과 함께 계시다가 성육신하여 오신 예수 그리스도에게서 하나님에 대한 확실한 정보를 얻을 수 있다. 하늘나라에 관한 지식을 얻으려면 하늘에서 온 자에게서만 그 정보를 얻을 수 있다."

세례 요한은 이렇게 증거 합니다. "예수님이 하나님에 대하여 말씀하고 하늘나라에 대해 이야기하실 때에 그것은 예수님이 남의 것을 전하는 것이 아니다. 2차적인 근원에서 나온 전해들은 이야기를 소개하는 것이 아니라, 예수님이 직접 보고 들은 바를 우리에게 직접 말씀해 주시는 것이다." 요한복음에서 강조되는 것은 "예수 그리스도만이 하나님에 대한 정확한 지식을 가지고 계시며, 모든 지식을 가지고 계심을 증거 한다"는 사실입니다. 그래서 요한복음에서는 예수님을 하나님이 세상에 보낸 자라고 말하고 있습니다. '보내신' 이라는 단어는 헬라어 '아포스텔로(ἀποστέλλω)' 로 요한복음에서는 무려 17회나 나오고 있습니다. 특히 '나를 보낸 하나님(He or Father who sent me)' 이라는 구절은 23회나 나타남으로 예수님은 하늘에서 하나님이 보내신 분이라는 것을 확실히 강조하고 있습니다.

사도 요한은 요한복음을 통하여 예수님은 '하늘로부터 내려온 자', '아버지께로부터 오신 자', '이 세상에 오신 자' 로 표현하고 있습니다. 아버지께로부터 오신 자인 동시에 '하나님께로 돌아가는 자' 라고 표현하기도 했습니다.

"내가 아버지에게서 나와 세상에 왔고 다시 세상을 떠나 아버지께로 가노라 하시니(요 16:28),"

"본래 하나님을 본 사람이 없으되 아버지 품 속에 있는 독생하신 하나님이 나타내셨느니라(요 1:18)."

요한복음 9:5에서는 "내가 세상에 있을 동안에는 세상의 빛이다"라고 하시면서 안식일에 맹인을 고쳐준 사건이 나옵니다. 그런데 맹인의 눈을 고치고 난 후에 문제가 커졌습니다. 유대 지도자들은 '안식일에 맹인을 고치는 일을 하는 자는 하나님께로부터 온 자가 아니다,' 라고 부정했습니다. 유대인 지도자들은 고침 받은 맹인에게 "우리가 아는 것은 하나님이 모세에게 말씀하신 것뿐이지만, 이 사람 예수는 어디서 왔는지 알지 못한다,"라고 했습니다. 그러면서 고침 받은 자에게 아주 교묘한 질문을 합니다. 그 당시 예수를 구세주 그리스도라고 인정하는 자들은 모두 커다란 처벌을 받았는데 그런

처벌을 하기 위해 간교한 질문을 합니다.

그러자 11절에서 "대답하되 예수라 하는 그 사람이 진흙을 이겨 내 눈에 바르고 나더러 실로암에 가서 씻으라 하기에 가서 씻었더니 보게 되었노라," 라고 대답합니다.

17절에서 "이에 맹인 되었던 자에게 다시 묻되 그 사람이 네 눈을 뜨게 하였으니 너는 그를 어떠한 사람이라 하느냐 대답하되 선지자니이다 하니," 라고 대답합니다. 그러나 유대 지도자들은 그것을 믿지 못하였습니다.

32절에서 "창세 이후로 맹인으로 난 자의 눈을 뜨게 하였다 함을 듣지 못하였으니," 라고 강한 의심을 유대지도자들은 품습니다. 그러나 맹인은 예수님을 믿었습니다.

맹인이 "이르되 주여 내가 믿나이다 하고 절하는지라(38절)," 라고 했습니다.

고린도후서 4:6에서는 "하나님께서 예수 그리스도의 얼굴에 있는 하나님의 영광을 아는 빛을 우리 마음에 비추셨느니라," 라고 하였습니다. '하나님의 영광을 아는 빛' 은 바로 예수 그리스도가 하나님과 함께 했을 때 직접 보고 알았던 그 빛을 의미합니다.

예수 그리스도께서 하나님을 증거 함

예수 그리스도는 하나님을 증거 하는데 기꺼이 증거 하셨습니다.

요한복음 3:32에 "그가 친히 보고 들은 것을 증언하되 그의 증언을 받는 자가 없도다," 라고 하였습니다.

참 증인은 어떤 사건과 사실을 증언할 때 기꺼이 즐거운 마음으로 해야만 합니다. '예수님이 보고 들은 것을 증거한다,' 는 문장에서 세례 요한은 현재형으로 말하고 있습니다. 이것은 깊은 의미가 있습니다. 세례 요한은 강조하기를 " 예수님은 지금도 여전히 증거 하시고 계신다,"고 합니다. 그렇다면 우리는 그 증거를 어디서 들을 수 있습니까? 바로 성경 안에서 그 증거를 듣고 있는 중입니다. 성경은 하나님의 섭리를 말해주는 살아있는 힘을 갖고 있습니다. 성경을 통해서 예수님은 지금 우리가 사는 이 세기에, 이곳에서 하늘나라에 대한 증언을 하시고 계십니다.

요한복음 3:32에서 "그 증거를 받는 이가 없도다,"라고 하였습니다. 이어서 33절에서는 "예수님의 증거를 받은 이는 하나님이 참되시다 하여 인(印) 쳤느니라"고 하였습니다.

요한복음 1:11에서 "예수님이 하나님의 아들로서 자기 땅에 와서 하나님을 증거 하였으나 영접하지 아니 하였다,"라고 기록되어 있습니다.

또 요한복음 5:43에서는 "나는 내 아버지의 이름으로 왔으매 너희가 영접하지 아니하나 만일 다른 사람이 자기 이름으로 오면 영접하리라,"고 했습니다.

예수님은 자기 땅에 오셨지만 "여관"에서도 탄생하지 못하고 마구간으로 밀려났고, 자기 민족과 대화를 나누고 하나님을 증거 하려고 했으나, 그들은 믿지 않았고, 도리어 거절하고 주님을 십자가에 못 박아 처형하고 말았습니다. 세례 요한은 다시 강조합니다. "예수 그리스도의 증거를 받아들이는 사람, 곧 예수님 자신이 하나님의 아들이라는 사실을 증거 할 때에 그 증거를 받아들이는 사람은 예수님에 대한 하나님 아버지의 증거를 받아들이는 것"이라고 강조합니다. 곧 예수님은 하나님의 사랑하시는 아들이라고 하나님이 증거 하신 것을 받아들이기 때문에 "하나님은 참 되시다"라고 인정하게 됩니다.

요한일서 5:10에서 사도 요한은 "하나님의 아들을 믿는 자는 자기 안에 증거가 있고 하나님을 믿지 아니하는 자는 하나님을 거짓말하는 자로 만드나

니 이는 하나님께서 그 아들에 대하여 증언하신 증거를 믿지 아니하였음이
라,"라고 합니다.

"하나님이 참되시다는 것을 인쳤느니라,"라는 본문 말씀의 인(印)은 우리
말로 도장을 의미합니다. '인 치다,'는 헬라어 '스프라기조(σφραγίζω)'는
'도장을 찍고 봉인하다,'라는 말입니다. 고대 세계에서는 유서, 계약서, 법령
같은 문서를 공인하기 위해서 도장을 찍은 다음에 봉인하였습니다. 이것은
문서의 사실에 동의, 구속력, 합법성을 인정하고 그것이 진실하다는 것을 인
정하는 표였습니다. 곧 예수님이 하신 말씀을 받아들일 때에 예수님의 말씀
은 하나님의 말씀으로서 진리라는 사실을 확인하고 동의하며 입증하는 것이
라는 뜻입니다.

본문 34절에서는 "예수 그리스도의 증거는 믿을 만하다(reliable
testimony)"는 것을 나타내고 있습니다. "하나님의 보내신 이는 하나님의 말
씀을 하나니, 이는 하나님이 성령을 한량없이 주심이니라,"라는 말씀에서
보면, 우리는 예수 그리스도의 하신 말씀을 완전히 믿을 수 있습니다. 왜냐하
면 하나님이 예수 그리스도에게 성령을 한량없이 부어주셨기 때문입니다.
세례 요한은 유대인들에게 세례를 주고 있을 때, 하나님의 성령이 예수님 위
에 임하는 것을 보고 그가 성령으로 세례를 주실 분이라는 것을 알았습니다.
우리는 여기에서 예수님이 성부, 성자, 성령의 삼위일체 아들이심을 알 수 있
습니다. 예수님은 하나님께로부터 와서 하나님의 말씀을 증거 하셨고, 하나
님의 말씀하시는 것을 성부 하나님께서 증거 하셨습니다. 유대인 사회에서
는 완전한 증거를 위해 2인이 증거 하는 원칙이 있었습니다.

요한복음 8:17~18에서는 "너희 율법에도 두 사람의 증언이 참되다 기록되
었으니, 내가 나를 위하여 증언하는 자가 되고 나를 보내신 아버지도 나를 위
하여 증언하시느니라,"라고 하여 완전한 증거를 제시하셨습니다.

요한일서 5:9에서도 "만일 우리가 사람들의 증언을 받을진대 하나님의 증

거는 더욱 크도다 하나님의 증거는 이것이니 그의 아들에 대하여 증언하신 것이니라," 라고 하여, 예수님의 증거는 하나님이 보장한다는 말을 하고 있습니다.

성령께서는 우리에게 하나님의 진리를 사람들에게 계시하고, 그 진리를 인정하고 깨닫게 하십니다. 예수님에게 "성령이 한량없이 임하였다," 라는 의미는 "예수님이 진리를 완전히 알고 완전하게 증거 한다," 는 뜻입니다. 그러므로 예수님의 말씀을 듣는 것은 하나님의 음성에 귀를 기울이는 것입니다.

하나님께서는 우리에게 영원한 선택을 하라고 하십니다(신 30:15~20, 수 24:15).

"아버지께서 아들을 사랑하사 만물을 다 그의 손에 주셨으니, 아들을 믿는 자에게는 영생이 있고 아들에게 순종하지 아니하는 자는 영생을 보지 못하고 도리어 하나님의 진노가 그 위에 머물러 있느니라(요 3:35~36)," 라고 하였습니다.

영원한 선택은 순종한다는 의미입니다. 믿느냐 안 믿느냐의 선택의 차이는 영생을 얻느냐 못 얻느냐의 차이입니다. 하늘로서 오신 분을 영접하고 믿음으로서 하나님에게 순종하는 것이 되고, 그것은 곧 새로운 생명, 즉 영생을 얻는 유일한 길임을 꼭 기억하시기 바랍니다.

제31장

화해자로서의 예수

(요 4:1~9)

요한복음 4:1~9 "예수께서 제자를 삼고 세례를 베푸시는 것이 요한보다 많다 하는 말을
바리새인들이 들은 줄을 주께서 아신지라, (예수께서 친히 세례를 베푸신 것이 아니요
제자들이 베푼 것이라) 유대를 떠나사 다시 갈릴리로 가실새, 사마리아를 통과하여야
하겠는지라, 사마리아에 있는 수가라 하는 동네에 이르시니 야곱이 그 아들 요셉에게 준
땅이 가깝고, 거기 또 야곱의 우물이 있더라 예수께서 길 가시다가 피곤하여 우물 곁에
그대로 앉으시니 때가 여섯 시쯤 되었더라. 사마리아 여자 한 사람이 물을 길으러 왔으매
예수께서 물을 좀 달라 하시니, 이는 제자들이 먹을 것을 사러 그 동네에 들어갔음이러라.
사마리아 여자가 이르되 당신은 유대인으로서 어찌하여 사마리아 여자인 나에게 물을
달라 하나이까 하니 이는 유대인이 사마리아인과 상종하지 아니함이러라."

예수님은 사마리아 여인에게 물을 달라고 말을 붙이셨습니다.

말씀에는 어떤 조건도 없고, 대상도 제한되지 않습니다.

누구에게나 적용되는 것이 복음입니다.

예수님은 모든 사람들의 화해자이십니다.

예수님 당시에 이스라엘은 남북으로 약 120마일(약 193킬로미터)되는 크기였는데, 세 지역으로 분할되어서 북쪽에 갈릴리, 중부는 사마리아, 남부는 유다였습니다. 예수님이 북부 갈릴리 지역에서 전도활동을 하시던 당시에, 예수님에 대한 뉴스는 빠르게 민간에게 전파되었고, 바리새인들에게까지 전파되었습니다. '예수님께서 제자를 삼고, 세례를 주는 것이 세례 요한보다 더 많다' 는 소식이 이스라엘 각 지역으로 퍼졌습니다. 그러나 이것은 예수님께서 친히 세례를 주신 것이 아니고, 예수님의 제자들이 준 것이었습니다. 세례 요한 또는 예수님의 제자들은 물로 세례를 주었습니다.

로마서 6:1~5에서는 예수님의 제자들이 물 세례를 주는 것에 대한 의미가 나옵니다. 그것은 '예수님과 함께 하는' 표증입니다. 세례 요한이나 예수님의 제자들과는 달리 예수님은 성령 세례를 주십니다. 이 성령 세례는 오직 예수님만이 주실 수 있는 겁니다. 세례 요한은 '나는 물로 세례를 주거니와, 내 뒤에 오시는 이는 나보다 능력이 많으시니 그는 성령과 불로 세례를 주시느니라,' 라고 증거 하고 있습니다.

요한복음 14:26에서 "보혜사 곧 아버지께서 내 이름으로 보내실 성령 그가 너희에게 모든 것을 가르치고 내가 너희에게 말한 모든 것을 생각나게 하리라"라고 하시면서 성령 세례에 대한 말씀을 하십니다.

이렇게 예수님에 대한 소식이 바리새인들의 귀에 들어갔고, 그들은 예수님이 하나님의 아들이 아니라고 부인합니다. 유대 지도자들인 바리새인들에게 예수님의 권위와 권세가 확장되어 간다는 소식이 들릴 때, 그들은 예수님을 시기했습니다. 이때 예수님은 자기를 오해하는 자들과 충돌하지 않고 그저 묵묵히 복음을 전하셨습니다. 예수님은 피하실 때 피하시고(눅 4:16~30), 충돌해야 할 때는 충돌하셔서 성전 숙청을 하셨고(요 2장), 죽으실 때는 죽으셨습니다. 주님은 자기의 때를 잘 아신 분이었습니다.

예수님은 갈릴리에서 잠시 떠나 다른 곳으로 가서 복음을 전하시려고 하셨습니다. 이것은 예수님이 바리새인들을 피하기 위함이었습니다. 북쪽 갈릴리에서 남쪽 유다로 가기 위해서는 자연히 사마리아를 경유해서 가야 했습니다. 요단강을 건너서 유다로 가려하면 6일이 걸리지만 사마리아를 경유하면 3일 밖에 걸리지 않았기에, 지름길을 택하신 것입니다. 오늘 본문에 나오는 역사적 사건은 바로 이 사마리아 땅을 지날 때에 일어난 것입니다.

사마리아

성경에서는 특히 그곳의 이름을 밝히면서 '수가' 라고 하였습니다. 수가는 영어로는 쉬카(Sychar)라고 하고 헬라어로는 수카르(Συχάρ)로 성경학자들은 세겜의 다른 이름이라고 보고 있습니다. 이 수가는 역사가 서려있는 지역입니다. 수가는 야곱이 사 놓았던 땅으로(창 33:18,19), 야곱은 임종할 때 이 수가 땅을 요셉에게 유언으로 남겨주었습니다. 그리고 총리였던 요셉의 해골을 메고 나와 이 수가 땅에 묻었습니다.(수 24:32) 이 수가성에는 '야곱의 우물' 이 있는데 거기서 예수님은 사마리아 여인과 대화를 나눕니다. 사마리아인은 전통적으로 비유대인이라는 생각을 유대인들은 다 갖고 있습니다. 유대인들의 생각은 사마리아인들이 완전한 이방인도 아니고 그렇다고 완전한 유대인도 아니라는 것입니다. 그래서 사마리아인들을 경멸했습니다. 이런 민족적이나 지방적인 색채의 감정은 유대인들과 사마리아인들을 완전히 분리시켰고, 이들은 말도 함께 하지 않는 그런 사이가 되었습니다. 그때 예수님이 그들에게 손을 내밀면서 먼저 말을 청하며, 그 감정의 장벽을 무너뜨렸습니다.

예수님이 행로에 피곤하셔서 우물가에 앉으셨습니다. 그리고 사마리아 여인이 다가오자 물을 요구하셨습니다. 여인은 그런 예수님을 보고 "당신은 유대인으로서 어찌 사마리아 여자인 나에게 물을 달라고 하느냐?" 면서 의외의 반응을 보입니다. 이런 여인의 말속에서 우리는 물주기를 거절하면서 민족적인 감정을 노출한다는 사실을 알 수 있습니다.

주전 720년에 앗수르의 북이스라엘 침략으로 사마리아 사람들이 모두 포로로 잡혀가게 됩니다(왕하 17:6). 그리고 강제이민으로 빈 그 땅에 5개의 민족을 이주시킵니다(왕하 17:24). 그 민족들은 바벨론과 구다와 아와와 하맛과 스발와임입니다. 사마리아에 남아있는 유다민족은 다른 민족들과 혼인으로 혼혈족이 되어 버리고, 정복자들의 우상을 가져와서 그것들을 섬겼습니다. 그러므로 그들은 유대인이라는 권리도 순수성도 상실했습니다.

바벨론 70년 포로 생활을 마치고 유대인이 다시 이스라엘로 돌아와서 성전건축을 할 때, 그때 사마리아인들이 와서 성전건축에 협력하겠다고 했습니다. 그러나 유대인의 순수성과 상속권을 상실했기 때문에 하나님 성전을 재건하는 사업에 동참할 기회를 거절당했습니다. 이런 이유로 유다와 사마리아는 적대 관계가 되고 주전 450년경에 분쟁이 일어나고 사마리아인은 그리심 산에 성전을 따로 세웁니다. 사마리아인이 그리심 산에 성전을 세운 것은 그 산에서 아브라함이 이삭을 희생 제물로 드리려고 했던 장소라는 이유였습니다. 주전 128년 유대 지도자인 요한 힐카누스(John Hyrcanus)가 사마리아를 공격해서 그리심 산에 있는 성전을 파괴합니다. 한 유대인 랍비는 '그들(사마리아인들)의 빵을 먹는 자는 돼지고기를 먹는 것과 같다,' 라고 하였습니다. 랍비 요카난(Jochanan)이 기도하러 예루살렘에 가는 길에 사마리아를 통과하게 되었습니다. 그리심 산 옆을 통과할 때 한 사마리아인이 그에게 어디로 가는 중이냐고 질문을 했습니다. 그가 예루살렘에 기도하러 간다고 하자, 그 사마리아인은 "당신은 그 저주받은 집에서 보다는 이 거룩한 그리심 산에서 기도드리는 것이 더 좋지 않을까요?"라고 했을 정도로 유대인과 사마리아인과의 싸움은 대단했습니다.

유대인과 사마리아인 사이의 불화는 400년간 계속되었습니다. 예수님의 제자들이 사마리아를 통과할 때도 방해를 받았습니다. 이때 야고보와 요한은 '하늘에서 불을 내려 사르게 하소서' 라고 분노하기도 했습니다. 그러나 예수님은 유대인과 사마리아인을 화해시키십니다. 구원의 은총은 유대인이나 헬라인이나 이방인이나 아무 차별이 없습니다. 예수님은 세상 모든 민족의 구세주이시기 때문입니다. 화해는 예수님의 사역이고 성령의 열매입니다. 분쟁이나 파당을 짓는 것, 원수 맺는 것은 사탄의 역사입니다. 그것은 완전한 육체의 일이고 사탄이 주관하는 일입니다.

남녀의 장벽을 깨뜨리는 화해자

예수님은 남녀의 장벽을 깨뜨리는 화해자이십니다. 4:9에서 "당신은 유대인으로서 사마리아 여자에게 물을 달라 하느냐?" 라고 하면서 사마리아 여인은 '여자' 라는 것을 분명히 밝혔습니다. 유대 사회에서 남자와 여자의 사이에는 엄격한 차이가 있었습니다. 엄격한 랍비들은 여자에게 공적으로 인사하는 것까지 금했습니다. 공중 앞에서 '아내, 딸, 누이' 와 이야기도 할 수 없었습니다. 어떤 바리새인 랍비는 길에서 여자를 만나면 눈을 감아버려서 담에 부딪혀 이마를 상해 피를 흘리기도 했습니다. 유대 사회에서는 인구조사를 해도 여자는 넣어주지 않았습니다. 그러나 예수님은 이들과는 달랐습니다. 여인의 신분이 창녀라든지 또는 유대인이 기피하는 여자들, 말하자면 마리아와 마르다 같은 여인들의 봉사를 기꺼이 받았습니다. 다른 유대인들이 절대로 하지 못할 일이고, 또한 바리새인들이면 죄를 지었다고 생각할 정도였습니다. 그러나 예수님은 이렇게 천한 천민 중의 천민들을 받아주셨습니다. 막달라 마리아의 봉사도 달게 받으시고, 열두제자의 생활비도 예루살렘의 여자들이 담당하고, 십자가를 지고 갈 때에 통곡하는 여인들을 보고도 '나를 위해 울지 말고 너희와 너희 자녀들을 위해 울라' 라고 친히 말씀하신 등등이 모두 그 당시 유대사회에서는 용납지 않는 여인들과의 화해였습니다.

본문의 말씀도 이런 남녀의 장벽을 깨뜨리는 대화입니다. 만일 제자들이 보았다면 깜짝 놀랄 일이었습니다. 그것도 12시에 그랬으니 아마 사마리아 여인은 창녀, 또는 낮은 신분이었을 것입니다. 귀한 집안의 여인들도 천시하는 유대 사회였으니, 이런 천한 여자를 상대해 주시는 예수님이 다른 사람들이 보기에는 이상하게 보였을 것입니다. 하지만 예수님은 이런 소외된 인간들을 상대해 주십니다.

복음 전파 대상의 장벽을 무너뜨리신 화해자

예수님은 복음 전파 대상의 장벽을 무너뜨리신 화해자이십니다. 예수님은 이 세상 누구에게나 복음을 전하셨습니다. 사도 요한은 요한복음 3장의 니고데모와 4장의 사마리아 여인을 대조하고 있습니다. 니고데모는 유대인이고, 학자이며, 지도자인 동시에, 모든 사람의 존경을 받고 있었던 정치가였습니다. 이런 사람이 '밤' 에 예수님을 찾아옵니다. 그러나 4장의 사마리아 여인은 이방인이고, 무식하고, 이름도 없는 피지배자일 뿐만 아니라, 경멸 받는 부정한 사람입니다. 이 여인은 '낮' 에 물을 길러 와서는 니고데모처럼 예수님을 찾아온 것이 아니라, 자연스럽게 만납니다. 이것이 복음의 보편성입니다. 이 두 사람은 정반대의 입장이고 정반대의 신분이고 정반대의 환경에서 예수님을 만나지만, 이 두 사람은 똑같이 '복음' 이 필요한 사람들입니다. 사도 바울은 유대인이나 이방인이나 헬라인이나 야만인이나 모두가 빚진 자라고 했습니다. 복음에 빚진 자들입니다. 예수님은 이렇게 모든 민족, 사회, 신분, 지위를 막론하고 모두에게 화해를 권하면서 복음을 전하신 화해자이십니다.

예수님은 화해자로 이 땅에 오셨습니다. 예수님은 하나님과 인간의 화해자이시고, 인간과 인간, 그리고 나라와 나라, 민족과 민족의 화해자이십니다.

로마서 5:10의 "우리가 원수 되었을 때 그 아들이 죽으심으로 말미암아 하나님과 더불어 화목 되었다,"와

고린도후서 5:19의 "하나님이 그리스도 안에 계시사 세상을 자기와 화목하게 하시었다,"는 말씀은 하나님과 인간의 화해를 말씀하였습니다. 또한 예수님은 이방인과 유대인, 헬라인과 야만인을 두루두루 화해하게 하셨습니다. 우리는 예수님을 닮아야 합니다. 예수님처럼 모든 사람들을 화평하게 하는 그 사랑을 닮아야만 합니다. 소극적으로는 차별의 장벽을 헐어야 하고, 적극적으로는 다른 이들과 허심탄회하게 교통해야만 합니다. 모든 사람이 화목하게 하는 것이 주의 사랑입니다.

생수(Living water)

(요 4:10~18)

요한복음 4:10~18 "예수께서 대답하여 이르시되 네가 만일 하나님의 선물과 또 네게 물 좀 달라 하는 이가 누구인 줄 알았더라면 네가 그에게 구하였을 것이요 그가 생수를 네게 주었으리라. 여자가 이르되 주여 물 길을 그릇도 없고 이 우물은 깊은데 어디서 당신이 그 생수를 얻겠사옵나이까. 우리 조상 야곱이 이 우물을 우리에게 주셨고 또 여기서 자기와 자기 아들들과 짐승이 다 마셨는데 당신이 야곱보다 더 크니이까. 예수께서 대답하여 이르시되 이 물을 마시는 자마다 다시 목마르려니와, 내가 주는 물을 마시는 자는 영원히 목마르지 아니하리니 내가 주는 물은 그 속에서 영생하도록 솟아나는 샘물이 되리라. 여자가 이르되 주여 그런 물을 내게 주사 목마르지도 않고 또 여기 물 길으러 오지도 않게 하옵소서. 이르시되 가서 네 남편을 불러 오라. 여자가 대답하여 이르되 나는 남편이 없나이다 예수께서 이르시되 네가 남편이 없다 하는 말이 옳도다. 너에게 남편 다섯이 있었고 지금 있는 자도 네 남편이 아니니 네 말이 참되도다."

생수는 생명의 물입니다.
생수를 얻기 위해서 예수님의 살과 피를 먹고 마셔야 합니다.
예수님에 대한 이론과 지식만이 아니라
예수님 자체를 섭취해야 합니다.
우리는 이 생수를 공급받는 자들입니다.
주를 영접하는 자는 누구든지 생수를 공급받습니다.

한 때 한국의 이단인 전도관에서는 생수를 선전하고 대량 판매한 역사가 있었습니다. 그 생수는 박태선씨가 안수한 물로써 만병통치의 신기한 효력이 있다고 크게 떠들어 댄 것입니다. 이단인 박태선씨가 아마 이 요한복음 4장에서 나오는 생수라는 말을 보고 그렇게 이름 지었겠지요. 예수님이 말씀하신 생수(生水, living water)는 이 같은 이단자들이 허위 선전한 만병통치의 약수가 아닙니다.

예수님이 야곱의 우물가에서 사마리아 여인과 이야기를 나누셨습니다. 여행길에 피곤하고 목마르신 예수님은 그 여인에게 물 한 그릇을 요청했으나 거절당하고 말았습니다. 유대인과 사마리아인 사이에 지방적인 감정과 불화가 컸기 때문에 그 여인은 유대 남자인 예수님의 요청을 거절했습니다.

바리새인의 율법 해석에 의하면 유대인과 사마리아인이 물그릇을 같이 사용할 수 없습니다. 예수님은 사마리아 여인이 사용하는 두레박을 그대로 자신이 사용하시려고 했습니다. 이것은 그 여인에게는 아주 놀라운 일이었습니다. 그 여인은 예수님께 "당신은 유대인으로서 어찌하여 사마리아 여자인 내게 물을 달라 하느냐?"고 물었습니다. 그러면서 물을 대접하지 않았습니다. 예수님은 계속해서 그 여인과 대화를 나누었습니다. 예수님이 그 여인에게 말씀하신 대화의 요점은 '생수'였습니다. 그 여자에게 '너는 핑계를 대면서 물 한 그릇을 나에게 주지 않지만, 나는 네게 생수를 줄 수 있다,' 라고 하셨습니다.

생수의 의미

이 생수는 과연 무엇입니까? 구약시대나 예수님 당시에 생수란 샘물(spring water)을 말합니다.

창세기 26:17~19에서는 "이삭이 그 곳을 떠나 그랄 골짜기에 장막을 치고 거기 거류하며, 그 아버지 아브라함 때에 팠던 우물들을 다시 팠으니 이는 아브라함이 죽은 후에 블레셋 사람이 그 우물들을 메웠음이라 이삭이 그 우물들의 이름을 그의 아버지가 부르던 이름으로 불렀더라. 이삭의 종들이 골짜기를 파서 샘 근원을 얻었더니," 라고 하였습니다.

생수란 저수지나 웅덩이 물 같이 고여 있는 물이 아니라, 땅 속에서 솟아 오르는 물이요, 그 물이 흘러가서 시냇물이 됩니다. 그런데 야곱의 우물은 솟아나는 샘이 아니고 지표로부터 스며들어 고여 있는 우물물이었습니다. 유대인들은 우물물보다 샘물을 더 좋아했고, 유대인들의 사고에서는 샘물은 우물물보다도 더 좋은 물이었습니다. 예수님은 이 여인에게 너는 야곱의 우물물 한 그릇을 내게 주지 아니 했으나, 나는 그 우물물보다 더 좋은 생수를 네게 줄 수 있다고 하셨습니다. 예수님께서 말씀하신 이 생수란 무엇입니까? 신선하고 순수하고 쉬지 않고 솟아나는 영원한 생명, 즉 구원의 상징입니다. 그런데 사마리아 여인은 예수님이 말씀하신 생수를 물질적인 물로만 생각하였습니다. 그 여인은 생수가 야곱의 우물물보다 더 수질이 좋은 음료수로 생각했습니다. 그래서 이 여인은 예수님께 질문합니다. "주여, 물을 길을 그릇도 없고, 이 우물은 깊은데 어디에서 이 생수를 얻겠습니까?"

유대인들은 여행할 때에 동물의 가죽으로 만든 주머니를 가지고 다녔습니다. 그것은 그들이 머무는 곳에 우물이 있으면, 어떤 우물이든지 물을 길어 올리기 위해서였습니다. 예수님의 제자들은 이 주머니를 가지고 있었음에 틀림이 없습니다. 제자들이 사마리아 성에 먹을 것을 준비하러 가면서 그 주머니를 가져갔을 겁니다. 그러므로 예수님께는 물을 길을 그릇이 없는데 어떻게 생수를 줄 수 있느냐고 여인이 묻는 겁니다. 이 여인은 예수님이 생수(living water)를 줄 수 있다고 하니, 그 생수가 샘물(spring water)이라고 생각해서 야곱의 우물 맨 아래에 있는 물일 걸로 알았습니다. 그래서 야곱의 우물은 깊은데, 그 밑바닥에서 생수를 얻는다면 어떻게 그것을 길을 수 있냐고 묻는 것입니다.

이 여인은 사마리아의 역사를 생각하며 예수님께서 생수를 주실 수 없다고 판단하며 질문합니다. "우리 조상 야곱이 이 우물을 우리에게 주셨고 또 여기서 자기와 자기 아들들과 짐승이 다 마셨는데 당신이 야곱보다 더 크니이까?" 예수님이 생수를 줄 수 있다고 한 말은 여인의 조상 야곱을 모욕하는 말이라는 의미입니다. '야곱이 이곳에서 우물을 만들어 후손들을 먹였는데 이 우물물보다 더 나은 생수라니? 자기가 야곱보다 더 크고 지혜롭다는 말이 아닌가?' 여인은 이 세상 누구도 이런 말을 할 수 없다고 생각했습니다.

사마리아 여인은 처음부터 끝까지 생수란 샘물(spring water), 즉 물질적인 음료라고만 생각했습니다. 예수님이 말씀하신 생수(Living Water)는 영원한 생명과 구원이 되시는 예수님 자신을 뜻하는 말이었지만, 육적인 사람이 영적인 것을 이해할 수 없었던 것입니다. 요한복음 3장에서 예수님이 거듭남에 대해 말씀하신 것을 니고데모는 어머니 뱃속에 다시 들어갔다가 다시 태어나는 것으로 오해했던 것과 같은 것입니다. 유식한 니고데모나 무식한 사마리아 여인이나 모두 자연인(natural man)이었기에 이런 하나님의 영적 사건에 대해서는 무지했던 것입니다. 이 여인은 자기와 대화하는 예수님이 보통 유대 남자가 아니며, 하나님이 보내신 메시야이심을 전혀 알지 못했기 때문에 이런 어리석은 말을 할 수밖에 없었던 것입니다.

생수의 공급자

예수님은 생수의 공급자이십니다.

"이 물을 먹는 자마다 다시 목마르려니와, 내가 주는 물을 먹는 자는 영원

히 목마르지 아니하리니, 나의 주는 물은 그 속에서 영생하도록 솟아나는 샘물이 되리라."(13절)

생명의 물, 생수의 공급자는 예수님 자신이고 예수님은 그들의 조상 야곱보다 더 위대하시다고 예수님 스스로를 증거하시는 말씀입니다. 예수님께서는 야곱의 우물과 예수님의 생수를 비교하시면서 여인에게 생수를 줄 수 있다고 하십니다.

"주여, 이런 물을 내게 주어 목마르지 않고 또 여기 물을 길러오는 수고도 덜게 하옵소서."

이 여인은 매일 이 우물에 물을 길러 나오는 육체적 수고를 덜 수 있도록 생수를 요청합니다. 이때까지도 이 생수가 물질적 음료라고만 생각하고 있습니다. 예수님이 주시는 생수는 영생입니다.

예수님이 주시는 생수는 값없이 주시는 은혜입니다.

"내가 생명수 샘물을 목마른 자에게 값없이 주리니"(계 21:6)

"이는 보좌 가운데에 계신 어린 양이 그들의 목자가 되사 생명수 샘으로 인도하시고,"(계 7:17)

"모든 목마른 자들아 물로 나아오라 돈 없는 자도 오라 너희는 와서 사 먹되 돈 없이, 값 없이 와서 포도주와 젖을 사라"(사 55:1)

이 생수의 근원, 영생의 근원은 하나님이십니다.

"진실로 생명의 원천이 주께 있사오니,"(시 36:9)

"그가 수정 같이 맑은 생명수의 강을 내게 보이니 하나님과 및 어린 양의 보좌로부터 나와서,"(계 22:1)

"이는 생수의 근원이신 여호와를 버림이니이다,"(렘 17:13)

하나님이신 예수님께서 우리에게 영원히 목마름을 추방하는 생수를 주시는 것입니다.

생수를 공급 받을 자

이런 생수, 즉 영원한 생명을 받을 자는 과연 누구입니까?(16절~18절) 생수를 필요로 하는 사람은 '목이 갈한 자' 입니다. 목마른 사람에게 물은 꿀보다 더 답니다. 예수님은 이 여인이 생수를 음료수라고만 오해한 채 생수를 요청할 때에 '네 남편을 불러오라' 고 하셨습니다. 생수의 필요성과 '남편을 불러오라' 는 말과는 어떤 연관이 있습니까? 예수님은 이 여인에게 영적 갈증이 심한 것을 미리 아시고 이 여인이 그것을 깨닫게 하신 것입니다.

예수님께서는 이 여인의 과거를 다 아시고 계셨습니다. 그 여인은 자기의 행복과 만족과 기쁨이 남편에게로부터 날 것으로 생각했었기에, 사실 남편을 5명이나 거쳤습니다. 그러면서 인생의 목적을 달성할 줄 알았으나 5명의 남편을 거치는 동안 그 여인은 도리어 인생의 갈증만 느꼈습니다. 예수님이 여인에게 '남편을 불러오라' 고 한 것은 '너는 영적 갈증에 처한 자이다' 라고 지적해 주신 것입니다. 이 여인은 즉시 자기의 죄를 고백하지 않고 남편이 없다고 거짓말을 했습니다. 예수님 말씀이 '네 말이 옳도다. 네가 남편 5명이 있었으나, 지금 있는 자는 네 남편이 아니니 네 말이 옳다' 라고 하셨습니다. 예수님께서 5번이나 이혼경험을 가진 팔자 사나운 여인의 사생활을 아시고, '남편을 데려오라' 고 했을 때 그 여인의 가슴은 뜨끔했을 겁니다. 예수님은 모든 것을 아시는 분으로 그 여인에게 생수를 주기 위하여 그 여인의 죄를 폭로하게 만드셨습니다. 죄로 인하여 영적 갈등상태에 있는 현 상황을 지적하여 자기에 대한 바른 지식을 갖도록 한 후에 영생의 물인 생수를 주십니다. 우리들에게도 예수님을 필요로 하고 영접해야 한다는 것을 가르쳐 주십니다. 어거스틴은 인생의 길을 가면서 세상 향락에 빠져서 헤매다가 갈등을 느꼈습니다. 그의 참회록에 이런 글을 썼습니다. '우리들의 마음이 하나님 안에서 쉼을 얻기까지는 안식이 없다' 라고 말입니다.

우리는 니고데모나 사마리아 여인과 같이 물질주의에 빠지지 말아야만 합니다. 그리고 이 세상에 예수를 필요로 하지 않는 사람은 없습니다. 예수님은 갈한 자, 즉 영적 갈증으로 목마르고 주를 사모하는 자에게 영원히 마르지 않는 샘물인 영생의 물을 주십니다. 믿음은 영원히 사는 영생의 길입니다. 믿지 않는 것은 영원히 사망에 이르는 길입니다. 우리는 살기 위해서는 계속 먹고 마셔야 합니다. 이것이 육의 양식입니다. 한 번 먹고 중단하면 우리는 결코 더 살지 못합니다. 예수님을 믿는 생활도 계속적이어야 합니다. 육적으로도 계속해야 하는데 영적으로는 말할 것도 없습니다. 성도들의 영적 생활은 예수님을 섭취하는 삶이어야 합니다. 예수님의 살과 피를 먹고 마셔야 생수를 마시는 것입니다. 예수님에 대한 이론, 지식만이 아니라, 예수님 자체를 섭취해야 합니다. 내가 주 안에 주가 내 안에 살아계셔야만 합니다. 그래서 '내 피를 마시는 자는 내 안에 거하고, 나도 그의 안에 거한다,' 라고 말씀하시는 것입니다. 이것이 생명의 연합입니다. 예수 그리스도의 피는 생명입니다.

레위기 17:11에는 "육체의 생명은 피에 있음이라 내가 이 피를 너희에게 주어 제단에 뿌려 너희의 생명을 위하여 속죄하게 하였나니 생명이 피에 있으므로 피가 죄를 속하느니라," 라고 하였습니다.

주님의 피가 우리를 살리셨고, 또 우리를 영생으로 이끌었습니다. 우리의 신앙생활은 추상적이나 개념적이 되어서는 안 됩니다. 반드시 실제적이 되어야 합니다. 내가 매일 주님의 피를 마시고 주님의 살을 섭취하면서 영적으로 성숙되어져야 합니다. 내가 주 안에 거하고, 주님이 내 안에 거하는 그런 체험의 신앙생활이 되어야 하겠습니다.

진정한 예배

(요 4:19~26)

요한복음 4:19~26 "여자가 이르되 주여 내가 보니 선지자로소이다, 우리 조상들은 이 산에서 예배하였는데 당신들의 말은 예배할 곳이 예루살렘에 있다 하더이다. 예수께서 이르시되 여자여 내 말을 믿으라 이 산에서도 말고 예루살렘에서도 말고 너희가 아버지께 예배할 때가 이르리라. 너희는 알지 못하는 것을 예배하고 우리는 아는 것을 예배하노니 이는 구원이 유대인에게서 남이라, 아버지께 참되게 예배하는 자들은 영과 진리로 예배할 때가 오나니 곧 이 때라 아버지께서는 자기에게 이렇게 예배하는 자들을 찾으시느니라. 하나님은 영이시니 예배하는 자가 영과 진리로 예배할지니라. 여자가 이르되 메시야 곧 그리스도라 하는 이가 오실 줄을 내가 아노니 그가 오시면 모든 것을 우리에게 알려 주시리이다. 예수께서 이르시되 네게 말하는 내가 그라 하시니라."

예배는 하나님에게 최고의 가치를 드리는 행위입니다.
진정한 예배는 예배드리는 자의 영혼이
하나님과 아주 친밀한 우정을 갖는 것입니다.
예배는 영과 진리로써 드려야 하고, 온 마음과 정성으로
드려야 합니다.

야곱의 우물가에서 사마리아 여인이 예수님을 만나 깊은 대화를 나누었습니다. 처음에는 이 여인이 예수님에 대해 거부반응을 보이고 적대감을 가졌으나, 예수님이 생수를 주시겠다고 할 때에 대화는 계속 되어 갔습니다. 마침내 그 여인에게 남편을 불러오면 생수를 주겠다고 예수님이 말씀하셨을 때에, 그 여인은 소스라치게 놀라면서 남편이 없다고 하였습니다. 예수님은 그 여인의 대답에 '네 말이 옳다. 네가 전에는 남편이 다섯이나 있었으나 지금 있는 그 남자는 네 남편이 아니다' 라고 단언하셨습니다. 그때 이 여인은 '주여, 내가 보니 당신은 선지자로소이다,' 하면서 무릎을 꿇었습니다.

여기서 '내가 보니' 에서 '보니' 는 헬라어 떼오로(Θεωρώ)로 이 뜻은 '우연히 보고 가지는 감정이 아니라 계속해서 조심성 있게 관찰하여 보니' 라는 뜻으로 영어로는 'consider' 나 'regard' 의 뜻입니다. '숙고해서 깊이 생각해서 보니' 라는 의미입니다. 예수님을 보통 유대 남자로만 알았던 이 여인의 지식은 다시 바뀌어져서 예수님을 선지자라고 했습니다. 그러면서 예수님께 '예배' 의 문제에 대해 질문했습니다.

얼핏 보기에는 이 사마리아 여인이 말을 돌려서 다른 화제를 이야기하는 것처럼 보입니다. 예수님이 '네 남편을 불러오라' 고 하실 때 이 여인은 매우 곤란한 입장에 처했습니다. 얼른 이 여인은 남편이 없다고 대답하고는 예수님을 선지자라고 인정하는 것으로 보면, 이 여인이 꾀가 많아 곤란한 대화를 그만하고 싶어서 예배문제로 화제를 바꾼 것처럼 들립니다. 그러나 그렇지 않습니다. 이 여인은 예수님이 자기의 진상을 바로 알고 이야기 하니 그것을 부정하지 않고 사마리아 성에 들어가 외쳤습니다. "나의 행한 모든 일을 내게 말한 사람을 와 보아라," (요 4:29) 예배문제에 대한 화제는 이 여인이 너무나 알고 싶어 하던 문제였습니다.

예배의 의미

예배가 무엇입니까? 예배는 앵글로 색슨 말인 Weorthscipe에서 나온 말로, 이 단어로부터 '값 비싼', '명예로운'의 뜻인 worth와, '형태', 또는 '상황'이라는 뜻의 ship가 합쳐서 예배라는 'worship'이 된 것입니다. 예배는 오직 하나님에게 최고의 가치를 돌리는 행위입니다. 하나님만이 최고의 가치를 받으실 분이시기 때문입니다. 시편 여러 곳에서 이것이 잘 표현되어 있습니다.

"여호와는 위대하시니 지극히 찬양할 것이요 모든 신들보다 경외할 것임이여," (시 96:4)

"여호와의 이름에 합당한 영광을 그에게 돌릴지어다 예물을 들고 그의 궁정에 들어갈지어다," (시 96:8)

"너희는 여호와 우리 하나님을 높이고 그 성산에서 예배할지어다 여호와 우리 하나님은 거룩하심이로다," (시 99:9)

말라기 1:11에서는 "만군의 여호와가 이르노라 해 뜨는 곳에서부터 해 지는 곳까지의 이방 민족 중에서 내 이름이 크게 될 것이라 각처에서 내 이름을 위하여 분향하며 깨끗한 제물을 드리리니 이는 내 이름이 이방 민족 중에서 크게 될 것임이니라"라고 하나님에 대한 예배를 기록하고 있습니다.

예배의 대상(23절)

"아버지께 참되게 예배하는 자들은 영과 진리로 예배할 때가 오나니 곧 이때라(요 4:23)" 사마리아 여인은 예배의 장소에 대해 마음을 두었습니다. '우리 조상들은 이 산에서 예배를 드렸는데 당신들은 예루살렘이 예배할 곳이라고 주장한다.' 라고 말했습니다. 사마리아인들은 주전 400년경에 그리심 산에 성전을 세워 제사를 드렸습니다. 그러나 주전 128년에 유대인 힐카누스가 성전을 파괴해 버렸습니다. 이 여인은 조상 때부터 그리심 산에서 제사를 드려왔다고 하는 전통을 주장했습니다. 그러므로 그리심 산이 중요하다는 주장입니다. 이 여인의 주장은 창세기에 근거를 둡니다.

창세기 12:6에 "아브람이 그 땅을 지나 세겜(즉 수가) 땅 모레 상수리나무에 이르니 그 때에 가나안 사람이 그 땅에 거주하였더라,"는 구절과

창세기 33:18~20에 "야곱이 밧단아람에서부터 평안히 가나안 땅 세겜 성읍에 이르러 그 성읍 앞에 장막을 치고, 그가 장막을 친 밭을 세겜의 아버지 하몰의 아들들의 손에서 백 크시타에 샀으며, 거기에 제단을 쌓고 그 이름을 엘엘로헤이스라엘이라 불렀더라,"라고 기록된 것을 주장하는 것입니다.

또한 전설에 따르면 아브라함이 이삭을 제물로 바치려고 했던 산이 바로 그리심 산이라고 하고, 또 아브라함이 멜기세덱을 만난 곳도 그리심 산이라고 전해지기도 합니다.

그런데 유대인들은 처음부터 예루살렘에서 예배해야 할 것을 주장하였습니다.

신명기 12:5에서 "오직 너희의 하나님 여호와께서 자기의 이름을 두시려고 너희 모든 지파 중에서 택하신 곳인 그 계실 곳으로 찾아 나아가서"라 하고,

신명기 16:2에서는 "여호와께서 자기의 이름을 두시려고 택하신 곳에서 소와 양으로 네 하나님 여호와께 유월절 제사를 드리되"라고 하는 것으로 그곳이 예루살렘이라고 주장했습니다.

그렇다면 그리심 산과 예루살렘 두 곳 중에서 어디에서 예배를 드려야 옳을까요? 그 답은 바로 예수님이 사마리아 여인에게 하신 이 말씀에서 찾아볼 수 있습니다. 예수님께서는 "예루살렘에서도 말고 그리심 산에서도 말고 오

직 한 분이시요, 유일하신 하나님께 예배하라"고 하셨습니다. 예수님은 예배의 장소보다는 예배의 대상이 더 중요하다고 말씀하시는 것입니다. 예수님은 "하나님 아버지께 예배하라!"고 강조하십니다. 사마리아인들의 '예배 장소주의(localism)'를 깨뜨리신 것입니다. 유대인과 사마리아인 간의 적의와 불화도 깨뜨리신 겁니다. 참 예배의 대상은 하나님 밖에 없으시다는 것을 가르치십니다. 하나님은 그리심 산에 계시는 사마리아인들만의 하나님도, 예루살렘에 계시는 유대인만의 하나님도 아닌, 즉 장소에 국한되어 계시는 하나님이 아닌, 모든 장소를 초월하신 분이십니다. 만민의 신앙의 대상은 하나님 아버지 한 분뿐이심을 우리에게 가르쳐주십니다.

예수님께서는 사마리아 여인에게 장소의 하나님(local God)이라는 개념의 부당성을 지적하셨습니다. 하나님은 예루살렘에만 계시는 것이 아니고 사마리아의 그리심 산에만 계시는 분이 아니십니다. 하나님은 어느 한 지방에만 제한되어 계시는 분이 아니요, 편재하셔서 어디에나 계시는 분이십니다.

예배의 대상은 하나님 한 분밖에 없으십니다. 예수님은 이 여인에게 "너희는 알지 못하는 것을 예배하나, 우리는 아는 것을 예배한다,"고 하셨습니다 (4:22). 사마리아인들은 모세의 오경만 인정하고 믿었으나, 유대인들은 시편과 선지서, 그리고 구약 전체를 믿었습니다. 모세 오경에만 나타난 하나님을 아는 사마리아인들과 구약 전체에 계시된 하나님을 아는 유대인과는 차이가 있습니다. 사마리아인은 그들이 원하는 만큼만 성경을 택해서 오경을 믿었고, 나머지에 대해서는 관심을 전혀 기울이지 않았습니다. 그들은 성경을 부분적으로만 알았지, 전체적으로는 몰랐습니다. 하나님에 대해서도 부분적으로 알 뿐이지 전체적으로는 알지 못했습니다.

어느 큰 도시에 죄를 짓고 유죄 판결을 받은 사람이 있었습니다. 그러나 그 판결이 죄에 비해 너무 가혹함으로 목사님 한 분이 그 사람을 구하기 위하여 탄원서를 내기 위하여 조직을 만들었습니다. 그 목사님은 그 죄수를 구원하려는 사랑의 마음이 끓어올라 탄원서를 제출하려고 한 것입니다. 그런데 한 부인이 "나는 목사님이 그 죄수에게 자비를 베풀기 위해 탄원서를 만든다는 소식을 듣고 놀랐습니다. 목사님은 성경을 다 알고 계시는 줄 아는데요?"라고 했습니다. 목사님이 "나는 성경을 다 알기에 이런 탄원서를 내지요,"라고 말했습니다. 부인이 말했습니다. "성경에 눈에는 눈으로, 이에는 이로 갚으라는 말씀이 있잖아요." 그 부인은 죄지은 사람은 반드시 벌을 받아야 한다는 것만 강조한 것입니다. 이 부인은 자기 논리에 합당한 성경부분만을 취하고 산상수훈에서 가르치신 예수님의 자비의 교훈을 잊어버린 겁니다. 성경을 올바로 해석해야만 합니다. 이 목사님은 그 죄수가 벌을 받지 말도록 하자는 것이 아니라, 그 형벌을 감형해 주자는 의도로 그 운동을 전개했던 것입니다. 세상에서 가장 위험한 일 중에 하나는 외골수가 되는 사람입니다. 외골수 신앙을 갖고 있는 사람이 제일 위험합니다. 이것은 독단적이고 바리새적인 신앙입니다.

예배는 필수적으로 드려야 합니다. 이것을 예배의 필수성이라고 합니다. 예배는 드려도 되고 안 드려도 된다는 것이 아니라 반드시 드려야 하는 것이 하나님이 우리에게 명령하신 예배입니다. 구약시대에는 제사가 없으면 하나님과 교통이 없었습니다. 영혼이 질식 상태에 들어가기 때문에 하나님과 교통을 할 수 없는 겁니다. 지금까지 요한복음 1장에서 4장까지를 통해서 우리는 예배의 필수성 세 가지를 찾아볼 수 있습니다.

3:7에서 "반드시 거듭 나야만 한다,"는 새로운 출생의 필수성입니다.

3:14절에서 "인자는 반드시 들려야 한다,"라는 그리스도 죽음의 필수성입니다.

4:24에서 "모든 믿는 자들은 영과 진리로 하나님을 예배해야 한다,"는 영과 진리로 드리는 예배의 필수성입니다.

예배의 방법

어떻게 예배를 드려야 합니까? 예배는 영으로 드려야 합니다(Spiritual Worship). 하나님은 영이시기 때문입니다. 하나님의 본체는 영이십니다. 보이는 육(肉)이 아니라 보이지 않는 영이십니다. 보이지는 않지만 존재하시는 분이십니다. 그러므로 보이지 않는 영이신 하나님께 예배하는 자는 반드시 영으로 예배를 드려야 합니다. 하나님은 돌로 만든 석신이나 산신, 목신이 아닌 순수한 영이십니다. 사마리아 여인이 그리심 산에서 하나님을 섬기고 예배한다는 것은 마치 하나님이 그리심 산에만 계시는 산신인 줄 아는 아주 잘못된 미신 신앙입니다. 영이신 하나님을 보이는 물질의 모양으로 조각하거나 그림으로 그려서 섬기는 것은 틀린 것입니다. 보이지 않는 하나님을 섬기고 예배하는 방법은 오직 우리의 영으로 하는 것입니다. 이런 하나님께 예배드리는 잘못된 방법을 제 2계명에서 확실하게 우리에게 경계합니다. "우상을 만들지 말고 섬기지 말라!"

예배는 보이지 않는 영이신 하나님을 영화롭게 하고 하나님을 찬미하는 것입니다. 찬송을 하고 찬양을 할 때에 항상 하나님께 영광 돌리는 것을 목적으로 해야 합니다. 오늘날 우리가 예배시간에 인간의 감성을 강조하고, 또 그 예배를 드리면서 만족했다고 했을 때, 우리는 은혜로운 예배와 축복된 시간을 가졌다고 생각합니다. 그러나 이것은 성도나 자기 자신을 위한 예배일지 모릅니다. 이보다 우선적으로 하나님을 기쁘게 했느냐를 먼저 생각해야만 합니다. '성도를 기쁘게 했다, 나를 기쁘게 했다, 축복된 시간이었다,' 가 아닌지 점검해 보아야만 합니다. 과연 그 기쁨이 하나님을 기쁘게 했나 아니면 나를 기쁘게 했느냐가 문제가 되는 것입니다. 내 감정을 흥분시키고 충족시키고, 내 마음이 기뻐졌다고 하는 것에만 치중했다면 그것은 참된 예배가 아닙니다. 예배는 결코 감정에 치우치는 것이 아니란 사실을 명심해야만 합니다.

윌리엄 바클레이 교수는 이렇게 말했습니다. "진정한 예배는 예배드리는 자의 영혼이 하나님과 아주 친밀한 우정을 가지는 것이다. 진정한 예배는 어떤 특별한 장소에 달려있지 않다. 특별한 의식이나 예식을 통해서 나타나는 것도 아니며, 어떤 예물을 드리는 데 있는 것도 아니다."

참된 예배는 우리의 보이지 않는 영혼이 하나님과 대화하고 하나님을 만나는 데 있는 것입니다. 그리고 예배를 드릴 때는 진정으로 드려야 합니다. 진정으로 예배를 드린다는 의미는 무엇입니까? 우리가 진실하고 정직한 마음으로 하나님에게 접근하는 것을 말하며, 전심으로 하나님을 만나는 것을 말합니다. 예수님 당시 헛되이 하나님을 예배하는 일이 있어서 예수님께서 책망을 하신 말씀이 마태복음 15:8~9에 나옵니다. "이 백성이 입술로는 나를 공경하되 마음은 내게서 멀도다. 사람의 계명으로 교훈을 삼아 가르치니 나를 헛되이 경배하는도다." 라고 하여 헛되이 예배하는 것을 꾸짖으십니다. 우리들은 예배하는 것처럼 꾸며서 헛되이 예배를 드려서는 안 됩니다. 하나님 앞에 정직하고 진실하게 예배를 드려야만 합니다.

'진정으로 예배드린다.' 에서 '진정' 의 의미는 진리(알레떼이아, $\alpha\lambda\epsilon\theta\epsilon\iota\alpha$)를 뜻합니다. 진리는 하나님의 말씀입니다. 진정으로 예배드린다고 하는 것은 성경말씀에 근거해서 드리는 예배입니다. 종교개혁의 교회표지는 '말씀이 전파되어야 한다.' 하는 것입니다. 참된 예배, 하나님이 받으시는 예배는 성경말씀을 듣고 깨닫는 것이라야 합니다. 중세교회에서는 성경말씀보다는 제단과 의식을 중요시 했습니다. 칼빈은 복잡한 의식이라는 제단을 치워버리고 설교단을 가져다 놓고 말씀을 전했습니다. 설교단(Pulpit)은 성전 중앙에 성경이 있는 강단을 말합니다. 진정한 예배란 예수 그리스도 중심으로 하나님께 접근하는 예배입니다. 즉 예수 안에서 하나님을 만나는 예배란 말입니다.

요한복음 14:6에는 "내가 곧 길이요, 진리요, 생명이다. 나로 말미암지 않으면 아버지께로 올 자가 없느니라," 라고 하셨습니다.

유대교의 성전에서는 대 제사장 혼자 지성소에서 하나님을 만났습니다. 그러나 예수님께서 십자가에서 죽으심으로 성소와 지성소를 막은 휘장이 찢어졌고 길이 열렸습니다. 예수님의 죽으심으로 인해서 예수님을 통해 누구나 하나님께로 나아갈 수 있는 것입니다. 지금은 만인이 모두 제사장직에 있는 것과 같습니다. 예수 그리스도를 중심으로 하나님을 만나는 것이 진정한 예배입니다. 가톨릭에서는 신부가 중재 역할을 하지만, 엄밀하게 신부는 중재역할을 할 수 없습니다.

스위스의 신학자인 칼 바르트는 "기독교의 예배는 가장 중요하고, 가장 긴급하고, 인간 생활에서 행해지는 가장 영광스러운 행위이다" 라고 말했습니다.

솔로몬은 법적으로는 도저히 왕이 될 수 없는 처지에 있었습니다. 그런데도 하나님의 섭리에 의해 솔로몬이 이스라엘의 3대 왕으로 등극하게 됩니다. 솔로몬은 기브아에 있는 산당에 올라가서 하나님의 인도와 긍휼하신 사랑을 간구하고자 일천 번제를 드리게 되었습니다. 그러자 하나님의 복이 그에게 내려서 지혜와 부귀영화와 수명의 복을 받았습니다. 솔로몬의 예배가 하나님께 합당한 예배였기 때문입니다.

우리는 이러한 예배 부흥에 대한 혁명(Worship Revolution)을 일으켜야 합니다. 성도들이 만족하고, 목사들이 성도들을 기쁘게 하려는, 그리고 다른 성도들에게 보이기 위한 "헛된 예배"는 이제는 멈추어야 합니다. 오직 '하나님을 기쁘시게 하는' 예배를 드려야만 합니다. 그런 예배를 드릴 때야 하나님이 우리를 찾으신다는 것을 마음속 깊이 명심하시기 바랍니다.

제34장

내가 그이니라(I am He)

(요 4:25~26)

요한복음 4:25~26 "여자가 이르되 메시야 곧 그리스도라 하는 이가 오실 줄을 내가 아노니 그가 오시면 모든 것을 우리에게 알려 주시리이다. 예수께서 이르시되 네게 말하는 내가 그라 하시니라."

예수님은 직접 '내가 메시야다,' 라고 말씀하셨습니다.

하나님으로부터 오신 이가 메시야입니다.

지혜롭고 교만했던 니고데모에게는 메시야 계시가 없었습니다.

그러나 자기 죄를 고백하는 사마리아 여인에게는

예수님께서 메시야 계시를 하셨습니다.

사마리아 여인과의 대화에서 예수님은 생수문제로 영생에 대하여 이야기하셨고, 예배 문제를 질문하는 여인에게 바른 해답을 주셨습니다. 이 여인의 예배의 장소에 국한되어 있는 사고방식을 깨뜨리기 위해 예루살렘에서도 말고 그리심 산에서도 말고 오직 하나님께 영과 진리로 예배드리라고 가르치셨습니다. 그러나 이 여인은 이 교훈을 바로 깨닫지 못하고 메시야가 오시면 모든 것을 우리에게 알려주실 것이라고 말합니다.

25절에서 "메시야가 오시면 우리에게 모든 것을 알려줄 줄 안다," 에서 '알려준다,' 는 단어는 '선언한다, 선고한다(declaration)' 는 뜻을 가지고 있습니다. 곧 이것이냐 저것이냐를 판가름하여 주신다는 말입니다. 사마리아 여인은 예수님과 대화하면서 그의 사상이 점차 발전해 갔습니다. 처음에는 예수님을 유대인으로만 알고 물 한 그릇도 주지 않다가 예수님을 선지자라고 고백했습니다. 그리고 드디어 예수님이 메시야이심을 발견했습니다. 예수님께서는 "네가 말하는 내가 바로 메시야이다," 라고 자신을 증거 하셨기 때문입니다.

메시야의 의미

메시야는 히브리어 마솨흐(משח)에서 온 말로, 기름부음을 받은 자(The Anointed)를 뜻합니다. 헬라어로는 크리스토스(χριστός)로 씁니다. 구약시대에 하나님의 일꾼들을 세울 때에 기름을 머리에 부어서 직분을 맡긴 데서 이 말이 유래가 되었습니다. 사무엘상 16장에서는 사무엘이 하나님의 명을 듣고 다윗에게 기름 붓는 장면이 묘사되어 있습니다. 열왕기상 19장에는 하나님이 엘리야에게 명하여 엘리사에게 기름 붓는 장면이 나옵니다. 즉 기름부음을 받은 자는 하나님과 함께 하는 자라는 의미를 구약시대는 강조하고 있습니다.

예수님이 자기를 메시야라고 하시는 것은 "자신이 왕이요, 선지자요, 제사장이다"라는 뜻입니다. 왕은 만인의 위에 있는 자이기 때문에 크리스토스는 세계, 인류, 역사, 개인의 생사화복을 주장합니다. 말하자면 경제, 문화, 사회, 정치 등 전체를 다스리는 왕입니다. 제사장의 임무는 백성을 대신해서 하나님께 제사 드리는 역할을 합니다. 곧 죄인인 백성들의 편에서 하나님께 제사를 드림으로 사죄의 은총을 받게 합니다. 예수님은 친히 자신을 흠 없는 제물로 하나님께 드린 우리의 대제사장이시요, 그 무흠한 제물 때문에 우리의 죄가 사함 받았습니다. 예수님은 모든 것에 대해 단번에 제사를 드려서 모든 죄를 용서받게 하셨고 더 이상 구약적인 제사를 드릴 필요가 없게 해주셨습니다. 예수님의 이름만 의지하면 하나님 앞에 나가 누구나 예배를 드릴 수 있는 특권을 주셨습니다(벧전 2:9).

선지자는 하나님 편에서 하나님의 말씀을 선포하는 일을 맡은 자입니다.

모세가 신명기 18장에서 말하기를 "너희 중에서 나와 같은 선지자 하나를 너를 위하여 일으키시리라,"고 했던 그 선지자의 의미입니다. 사마리아 여인은 예수님을 선지자라고 고백했습니다.

마태복음 21:11에서는 "무리가 이르되 갈릴리 나사렛에서 나온 선지자 예수라 하니라,"라고 했습니다.

누가복음 7장에서 나인성 과부의 아들을 죽은 상태에서 다시 살려주셨을 때, 나인성 사람들이 예수님에게 선지자라고 했습니다(눅 7:16).

요한복음 2장에서 예수님은 하나님의 선지자 직무를 감당하셨습니다. 성전을 숙청하시면서 "만민이 기도하는 집을 강도의 소굴로 만들었다,"라고 책망했습니다. 예수님의 공생애에서 가르침과 설교는 모든 선지자의 직무를 대변하는 것입니다.

그러므로 메시야의 이름은 기름부음 받은 사람을 가리키고, 메시야는 왕이고, 선지자고, 제사장이라는 의미입니다.

메시야의 자기 계시(Self-Revelation)

이 여인에게 예수님이 메시야라는 것을 누가 보여주었으며, 가르쳐 주었습니까? 사마리아 여인 자신이 스스로 예수님이 메시야라는 것을 알았습니까? 아닙니다. 예수님 자신이 스스로 '내가 메시야이다' 라고 계시하여 주셨습니다.

계시(Revelation)는 헬라어로 아포칼룹토(αποκαλύπτω)로 베일을 벗긴다는 의미입니다. 아담과 하와가 어떻게 하나님을 알았습니까? 그것은 하나님이 그들에게 자신을 계시해 주었기 때문입니다. 마찬가지로 이 여인이 예수님이 메시야라는 것을 안 것은 예수님 자신이 그것을 계시해 주셨기 때문입니다. 기독교를 가리켜 '계시의 종교' 라고 합니다.

하나님을 알 수 있는 방법은 하나님이 자기를 우리에게 보여주심으로 가능합니다. 하나님이 자기를 계시하지 않으시면 하나님을 알 수 없습니다. 사마리아 여인에게 "내가 성경에서 예언된 메시야다," 라고 예수님이 말하셨을 때에 사마리아 여인이 예수님이 메시야인 것을 알았습니다. 이것은 예수님의 자기 계시이고, 자기 선언입니다. '나는 -이다' 는 헬라어로는 에고 에이미(εγώ εἰμί)라고 하고 이 뜻은 '나는 존재한다(I exist)' 는 말로서 '나는 스스로 존재한다,' 라는 의미입니다. 출애굽기 3:14에서 모세가 하나님께 질문을 합니다. '누가 너를 보내어 애굽 이스라엘 백성에게 왔느냐고 물을 때에 내가 어떻게 대답을 하리이까?' 그러자 하나님께서 '스스로 있는 자(I am who I am)' 가 보내서 왔다고 하라고 하십니다.

예수님의 자기 계시는 곧 예수님 자신이 하나님이라는 뜻입니다(I am

He). 예수님께서는 "내가 생명의 떡이다(요 6:35)", "나는 세상의 빛이다(요 8:12, 9:5)", "나는 양의 문이다(요 10:7,9)", "나는 선한 목자이다(요 10:11,14)", "나는 부활이요 생명이다(요 11:25)", "나는 길이요, 진리요, 생명이다(요 14:6)", "나는 참 포도나무다(요 15:1)"라고 자기 계시를 하십니다. 그러므로 본문의 이 말씀은 '나 예수는 메시야이고 예배와 경배의 대상이다'라고 선언하시는 말씀입니다.

이 여인은 예수님의 이 말씀을 듣고 예수님이 메시야임을 믿었습니다. 계시는 절대적 권위가 있습니다. 계시는 인간의 판단과 정의에 규제되지 않습니다. 예수님이 메시야이심을 증명해 달라고 이 여인은 요구하지 않았습니다. 예수님의 자기 계시는 '믿음'을 불러일으킵니다. 계시의 권위는 어느 누구도 침범할 수 없는 권위입니다. 어떤 사람이 예수님이 메시야라고 긍정해도 예수님은 메시야고, 부정해도 예수님은 메시야이십니다. 그런데 왜 예수님은 니고데모에게는 자신이 메시야라고 계시하지 않고 이 여인에게는 메시야라고 계시했을까요?

예수님이 신적 권능으로 이적을 많이 나타낸 마을들이 예수님을 믿지 않았습니다. 벳세다 같은 마을이었습니다. 마을 사람들은 위대한 예수님의 이적을 보고도 그를 불신하였습니다. "그 때에 예수께서 대답하여 이르시되 천지의 주재이신 아버지여 이것을 지혜롭고 슬기 있는 자들에게는 숨기시고 어린 아이들에게는 나타내심을 감사하나이다. 옳소이다 이렇게 된 것이 아버지의 뜻이니이다.(마 11:25~26)"

유식하고 지위가 있다고 자부하고 교만했던 니고데모에게는 '내가 그다'라는 예수님 자신이 메시야라는 계시가 없었습니다. 자기의 죄를 시인하고 메시야를 그토록 바랐던 사마리아 여인에게는 예수님이 메시야라는 것을 계시하였습니다.

에딘버러 대학(University of Edinburgh)에 교수이고 클로로포름에서 마취제를 처음 발견한 제임스 심슨 교수(Sir James Young Simpson, 1811~1870)의 업적은 의학계에서는 놀라운 공헌이었습니다. 수술을 받을 때에 마취를 할 수 있으니 죽어가는 사람도 수술을 받아서 살릴 수가 있었습니다. 이것은 노벨상도 받을 수 있는 위대한 업적이었습니다. 어느 날 심슨 교수가 강의를 할 때 한 학생이 "교수님의 생애에 가장 뜻 깊은 발견을 하나 들자면 무엇을 들겠습니까?"라고 질문을 했습니다. 심슨 교수는 그 질문을 받고는 잠시 고개를 숙이고 있었고, 다른 학생들은 모두 마취제의 발견이라고 말할 것을 기대하고 있었습니다. 잠시 후에 심슨 교수는 고개를 들면서 대답했습니다. "내 생애에 있어서 가장 소중한 발견은, 내가 죄인이라는 사실과 예수님이 나의 구주 메시야라는 사실을 발견한 것이네."

예수님이 자기를 계시하실 때 받아들여야만 합니다. 받아들이지 않더라도 예수님이 메시야라는 계시의 권위는 상하지 않습니다. 상하는 것은 그것을 받아들이지 않는 사람들의 영혼입니다. 예수님은 확실하고 분명하게 '내가 그다!'라고 계시하셨습니다.

세례 요한은 '나는 메시야가 아니다,'라고 분명히 선언했습니다. 그리고 '나는 메시야의 길을 예비하러 왔다,'고 했습니다. 그러나 예수님은 분명히 "내가 그다(I am He)"라고 계시했습니다.

예수님의 자기 계시는 우리에게도 나타내십니다. 사마리아 여인이 죄인인 것 같이 우리도 똑같은 죄인입니다. 죄인에게 자기를 메시야라고 나타내신 사건에 우리는 감사해야 합니다. 사마리아 여인에게는 예수님이 직접 '나는 메시야다,'라고 하시며 보여주셨는데, 현재 우리에게는 어떻게 계시하십니까? 예수님은 성경에서 계시된 말씀으로 우리에게 계시하시고 계십니다. 사마리아 여인은 예수님이 메시야이심을 육안으로 보았고, 귀로 직접 예수님의 말씀을 들었습니다. 그래서 예수님을 자기의 구주로 영접했지만, 지금 우리는 어떻게 예수님을 메시야로 영접할 수 있습니까? 그것은 오직 성령으로 말미암아 될 수 있습니다. 성령으로 세례를 받고 예수님을 믿고 영접하면 예수님을 메시야로 영접하는 것입니다. 성령께서 직접 깨닫게 하시고 감동을 주시고 믿게 하십니다. 그리고 예수님이 나의 구주이심을 체험하게 하시고 그를 의지하고 믿게 하십니다. 오늘 이 시간 "내가 그다(I am He)!"라고 하신 메시야를 발견하시고, 이미 발견하신 분은 성령과 말씀 안에서 그 메시야와 깊은 교제를 나눌 수 있습니다.

제35장

새 생명의 절규

(요 4:27~30)

요한복음 4:27~30 "이 때에 제자들이 돌아와서 예수께서 여자와 말씀하시는 것을
이상히 여겼으나 무엇을 구하시나이까 어찌하여 그와 말씀하시나이까 묻는 자가 없더라.
여자가 물동이를 버려 두고 동네로 들어가서 사람들에게 이르되, 내가 행한 모든 일을
내게 말한 사람을 와서 보라 이는 그리스도가 아니냐 하니, 그들이 동네에서 나와
예수께로 오더라."

예수님의 자기 계시를 듣고
사마리아 여인은 예수님이 메시야라는 것을 알았습니다.
그 여인은 소리쳐서 외칩니다.
'이 분이 메시야 그리스도이다.'
그리스도를 그리스도인 줄 알고 외치는 것,
이것이 우리 신앙의 근본입니다.

예수님께서 야곱의 우물가에서 사마리아 여인에게 '내가 메시야다' 라고 자기 계시의 영광스런 말씀을 하고 계실 때에 수가성에 점심을 준비하러 갔던 제자들이 돌아왔습니다. 예수님께서 사마리아 여인과 대화하는 것을 본 제자들이 감짝 놀랐습니다. 예수님은 유대 랍비로서 어떻게 사마리아 여인과 이야기를 나누는지 놀란 것입니다. 유대인들은 길거리에서 여자와 인사를 하지 않으며, 엄격한 랍비들은 길거리에서 자기 아내와도 말을 하지 않는데, 예수님은 이방 여인인 사마리아 여인과 대화를 나누는 것입니다. 너무 놀라고 당황해서 어찌할 바를 몰랐지만, '어찌하여 사마리아 여인과 대화합니까?' 라고 묻는 제자들이 하나도 없었습니다. 아마 제자들이 이런 질문을 했다면 예수님은 여인에게 이야기 했던 생수에 대해서 언급했을 것입니다.

제자들이 놀란 것은 예수님이 여인과 대화하는 것을 보았기 때문입니다. 그러나 이것보다도 제자들이 더 크게 놀란 것은 예수님과 대화를 나눈 이 사마리아 여인의 변화 때문이었습니다. 여인의 변화는 외침으로 나타났습니다. 사마리아 여인에게는 아담에서부터 내려오는 범죄의 피가 흐르고 있었습니다. 그러나 제 2의 아담 되신 예수님을 만나서 거듭남을 받았습니다. 그 여인의 생명의 질이 완전히 다르게 변화되었습니다.

어떤 동물학자가 알에서 부화된 아기 새의 변화에 대하여 몇 가지 발표를 했습니다. 알에서 부화되고 난 후 몇 초 동안에 아기 새는 여러 가지 변화가 생긴다고 합니다. 먼저 어두움에 익숙했던 눈이 빛에 잘 적응되도록 눈이 변화합니다. 그 다음에는 어미 새의 품속에서 따뜻하게 있었던 체온이 아주 낮은 온도에서도 적응하게 되는 체온의 변화가 옵니다. 그 다음에 혈액순환의 변화가 일어납니다. 부화하기 전에는 탯줄을 통해서 피가 흘렀지만 이제 더 이상 탯줄을 통해 피가 흐르지 않으니 혈액순환의 변화가 일어나는 것입니다. 또 부화하기 까지는 심장판막이 열려있었지만, 부화한 후에는 묵은 피와 새 피가 혼합되지 않기 위해 심장판막이 닫히는 변화가 있습니다. 그리고 폐에 공기가 가득차서 일생토록 그 기능을 발휘하게 변화합니다. 이런 변화가 잠깐 동안 한꺼번에 일어난다고 합니다.

사마리아 여인도 예수님을 만나 잠깐 동안에 마음과 영혼에 전격적인 변화가 일어났습니다. 그 여인이 예수님을 만나 새롭게 거듭남을 받았을 때에 본질적인 변화가 일어난 것입니다. 이런 변화가 있을 때에 그는 외치고, 서슴없이 절규했습니다.

예수님은 나의 구주

그 여인은 '예수님은 자기의 구주' 라고 고백했습니다. 그 여인은 사마리아 수가성 사람들에게 가서 외쳤습니다. '나의 과거 행한 일을 모두 알고 내게 말한 이 사람을 와서 보아라. 이는 그리스도가 아니냐?' 라고 외쳤습니다. 그리스도를 만난 이 여인은 그냥 입을 다물고 잠잠하게 있을 수가 없었습니다. '내가 그리스도를 만났다' 라고 소리쳤습니다.

산부인과 의사들이나 간호사들은 아기가 태어났을 때에 그 아기가 우는 소리를 먼저 들으려 합니다. 그것은 애기가 울어야 공기가 폐로 들어가서 아기가 호흡을 시작한다는 증거이기 때문입니다. 이 사실은 영적 출생에서도 똑같이 적용됩니다. 새 생명을 얻은 사람, 곧 거듭남을 받은 사람의 영혼 속에는 하나님의 숨결이 들어가기에 외치지 않을 수 없는 것입니다. 그렇기에 거듭남을 받은 사람은 공공장소에서 고백을 하는 절규가 있습니다.

"누구든지 사람 앞에서 나를 시인하면 나도 하늘에 계신 내 아버지 앞에서 그를 시인할 것이요, 누구든지 사람 앞에서 나를 부인하면 나도 하늘에 계신 내 아버지 앞에서 그를 부인하리라." (마 10:32~33)

"네가 만일 네 입으로 예수를 주로 시인하며 또 하나님께서 그를 죽은 자 가운데서 살리신 것을 네 마음에 믿으면 구원을 받으리라. 사람이 마음으로 믿어 의에 이르고 입으로 시인하여 구원에 이르느니라," (롬 10:9~10)

요한복음 3장에서 보았듯이, 니고데모는 영적 문제를 가지고 예수님에게 접근했습니다. 자신이 의롭다는 자기 의의 신념을 가지고 예수님께 접근하여 거듭남의 진리를 직접 들었습니다. 그러나 니고데모는 거듭남에 대해 의문을 제기했습니다. 그는 메시야 예수님을 만나 긴요한 영적 진리를 들었으나, 그 즉시 거듭남을 받지 못했습니다. 예수님이 자기의 구주이심을 고백하는 믿음이 없었습니다. 그러나 사마리아 여인은 그녀가 예수님을 먼저 찾아간 것이 아니라, 예수님이 우물가로 여인을 찾아와서 영적인 문제와 생수를 말씀 하실 때, 벌써 새로운 변화가 생기기 시작했습니다. 마침내 예수님이 자기의 메시야이심을 발견하자마자 그 여인은 옛 사람, 즉 옛 것의 껍질을 벗어버리고 새롭게 다시 태어나서 새로운 피조물이 된 것입니다.

참으로 거듭난 성도는 이 여인과 같이 고백적인 믿음을 가집니다. 예수님이 나의 구주이심을 공적으로 고백하기에 주저하지 않습니다. 이 고백적인 믿음은 하나님의 복음을 받게 합니다. 베드로가 가이사랴 빌립보에서 예수님께 이런 고백을 했습니다. "주는 그리스도시요, 살아계신 하나님의 아들이시니이다." 이런 고백을 하자 예수님은 "시몬아, 네가 복 되다,"라고 하였습니다. 사마리아 여인은 메시야가 여기 계신다고 고백했을 때, 가장 복된 삶을 살게 된 것입니다.

가치관의 변화

28절에서 요한은 아름다운 표현을 썼습니다. "여자가 물동이를 버려두고 마을에 들어가서 사람들에게 말하였다,"라고 했습니다. 사마리아 여인의 처음 관심사는 물이었습니다. 그러나 예수님과의 대화가 깊어가는 중에 그 여인은 생수의 참뜻을 발견했고, 물동이를 버려두고 사마리아 성으로 들어가서 메시야를 이야기 했습니다. 자기에게 영적 생수가 되시는 예수 그리스도를 증거 했습니다. 야곱의 우물물보다도 더 좋은 생수를 주시겠다고 하신 예수 그리스도가 자기의 메시야이심을 발견했을 때, 여인의 가치관은 큰 변화를 가져왔던 것입니다. 물질보다 예수님이 더 귀하고 더 중요함을 깨닫게 된 것입니다. 그 여인에게 참 만족은 예수님을 발견하고 난 후부터였습니다. 그 전까지 여인에게 만족은 없었습니다.

세상의 물질, 명예, 권세, 향락, 풍요가 인생의 허탈감을 해결할 수 없고, 인간의 공허감을 메울 수는 없습니다. 인간 영혼의 배고픔을 해결할 수 있는 분은 오직 예수 그리스도 뿐입니다. 전도서 1:2에서 "헛되고 헛되며 헛되고 헛되니 모든 것이 헛되도다,"라고 했습니다. 이 세상에서 즐기는 재물로는 우리의 근심과 고초를 면할 수가 없습니다. 또 숨질 때에 위로를 얻지 못하며 저 천국에 갈 길도 찾지 못합니다. 예수님을 발견하고 구주를 영접한 자는 영혼의 만족을 얻고 육신의 행복도 누릴 수가 있습니다. 예수를 발견하지 못한 사람은 영혼에 만족이 없고, 육신생활에도 기쁨이 없습니다.

예수님에게 봉사하는 것이 참으로 가치 있다는 것을 발견해야만 합니다. 이 여인이 예수님을 처음 만났을 때는 물 한 그릇을 대접하지 않고 거절했지만 예수님이 메시야이심을 발견했을 때, 예수님에게 매우 불손했고 잘못했음을 깨달았을 것입니다.

28절은 이 여인이 물동이를 버려두고 성에 들어갔다고 기록하고 있습니다. 여기서 '떠났다' 라는 말은 헬라어 '아페켄(ἀφῆκεν)' 으로 이 의미는 어떤 목적을 가지고 떠났다는 의미입니다. 말하자면 그 여인은 물동이를 잊고서 거기에 남겨놓은 것이 아니라, 예수님께서 그것을 사용하라고 그것을 거기에 남겨두고 떠났다는 의미입니다. 이 여인은 지방감정을 가지고 예수님을 푸대접함으로 원수를 갚은 줄 알고 기뻐했습니다. 그러나 잠시 후에는 자기의 행동이 얼마나 무례했다는 것을 깨닫고는 예수님을 대접하기 위한 목적으로 물동이를 거기에 둔 채 사마리아 성으로 간 것입니다. 유대인들은 이방인이 사용하는 두레박을 함께 사용할 수 없다고 차별하는데 예수님은 이같은 차별의식을 물리치셨습니다. '나는 유대인의 메시야인 동시에 이방인의 메시야다,' 라고 증거 하신 것입니다. 예수님을 믿고 섬길 수 있는 특권이 자기에게도 있다는 것을 알고 이 여인은 기뻐하였습니다. 여기서 우리는 고백적 믿음은 바로 봉사적 믿음으로 변하게 된다는 것을 볼 수 있습니다. 봉사하는 믿음은 영원한 가치가 있고, 주를 위한 삶은 무한한 가치가 있습니다.

고린도전서 15:58에서는 "그러므로 내 사랑하는 형제들아 견실하며 흔들리지 말고 항상 주의 일에 더욱 힘쓰는 자들이 되라 이는 너희 수고가 주 안에서 헛되지 않은 줄 앎이라,"고 주님의 일에 수고하고 힘쓰라고 말하고 있습니다.

역대의 순교자들은 주를 위한 봉사가 최고의 가치가 있음을 알았기 때문에 목숨까지 버릴 수 있었습니다.

상실된 자들에 대한 관심의 변화

이 여인이 메시야를 발견하고 거듭난 후에 관심의 변화가 일어났습니다. 그 여인이 거듭나기 전에는 자기 문제를 해결할 수 없는 무능한 사람이었습니다. 더구나 타인에 대한 관심은 가질 여유가 없었습니다. 이 여인은 소문난 죄인이었고 사마리아 사람들이 관심도 가지지 않았던 소외된 인생이었습니다. 고독하고 외롭고 쓸쓸한 이 여인에게 말 한 마디 하는 자가 없었습니다.

그러나 야곱의 우물가에서 만난 예수님은 그 여인에게 관심을 가지고 대화를 나누셨습니다. 예수님은 불쌍히 여기는 마음으로 그 여인을 만났고 대화했으며 그 영혼을 사랑하셨습니다. 이 여인의 중심에는 예수님의 사랑이 용솟음쳐 올랐습니다. 여인은 이 사랑의 복음을 안고 사마리아로 뛰어 들어갔습니다. 이 여인은 예수님을 만나기 전에도 다른 사람을 사랑한 적이 있었습니다. 그 사랑은 에로스(ερος)였고 인간적인 사랑이었습니다. 다섯 남편과 같이 살던 그 사랑은 다만 이성적인 사랑이요, 성적인 사랑이었습니다. 그런데 예수님의 사랑에 감동을 받고 거듭난 후에는 자기 동족을 사랑하는 신적 사랑(Divine Love)이 있었습니다. 메시야를 기다리고 갈급해 하는 사마리아인들에게 '내가 예수님을 만났다,' 고 하면서 위대한 뉴스를 전해 주었습니다. 그 여인 자신이 사마리아인들에게 소외된 인생이요, 상실된 인간이라면, 메시야를 만나지 못하고 사는 사마리아인들도 상실된 사람들입니다. 변두리 인생들에게 그 여인은 복음을 전하려고 뛰어 들어간 것입니다.

죄인을 메시야에게로 초대(29절)

사마리아 여인은 이렇게 외쳤습니다. '나의 행한 모든 일을 내게 말한 사람을 와 보라. 이는 그리스도가 아니냐!' 사마리아 여인이 '와 보라!' 고 외쳤습니다. 이 여인이 '와 보라' 고 초청을 한 것은 누구에게서 배웠습니까? 바로 예수님에게서 배웠습니다. 예수님께서 16절에서 "가서 네 남편을 불러 이리로 오너라," 라고 하셨습니다. '오라!' 라는 말은 기독교 복음의 위대한 말씀입니다. 이 말은 안식을 얻지 못한 수많은 사람들의 마음속에 평안을 주는 복음이요, 공허감과 외로움에 싸인 수많은 사람들에게 만족을 주는 기쁨의 소리입니다.

사도행전 7:3에서 "이르시되 네 고향과 친척을 떠나 내가 네게 보일 땅으로 가라 하시니," 하나님께서는 아브라함에게 '내가 너에게 보일 땅으로 오라,' 고 초청하신 것입니다.

사도행전 7:34에서의 "이제 내가 너를 애굽으로 보내리라 하시니라,"라는 것은 모세에게 하나님께서 '오라, 내가 너를 애굽으로 보내 이스라엘을 구원하겠노라,' 라고 말씀하고 계신 것입니다.

시편 46:8에서는 "와서 여호와의 행적을 볼지어다 그가 땅을 황무지로 만드셨도다,"라고 하시면서 '오라!' 라고 우리를 초청하십니다.

이사야 1:18에서는 "여호와께서 말씀하시되 오라 우리가 서로 변론하자 너희의 죄가 주홍 같을지라도 눈과 같이 희어질 것이요 진홍 같이 붉을지라도 양털 같이 희게 되리라," 라고 기록되어 있습니다.

마태복음 28:6에서는 "그가 여기 계시지 않고 그가 말씀 하시던 대로 살아나셨느니라 와서 그가 누우셨던 곳을 보라," 천사가 예수님의 무덤을 찾아갔던 여인들에게 '오라! 그리고 보아라!' 라고 초청하십니다.

마가복음 10:21에서는 "네게 있는 것을 다 팔아 가난한 자들에게 주라 그리하면 하늘에서 보화가 네게 있으리라 그리고 와서 나를 따르라," 부자청년을 '오라! 그리고 나를 따르라!' 라고 초청하십니다.

마태복음 11:28에서는 "수고하고 무거운 짐 진 자들아 다 내게로 오라 내가 너희를 쉬게 하리라," '수고하고 무거운 짐 진 자' 들에게 '오라! 쉬게 하리라!' 라고 하십니다.

마태복음 25:34에서는 "내 아버지께 복 받을 자들이여 나아와 창세로부터 너희를 위하여 예비 된 나라를 상속받으라," '아버지께 복 받을 자' 들에게 '오라! 그래서 상속을 받으라!' 라고 하십니다.

요한계시록 19:17에서는 "큰 음성으로 외쳐 이르되 와서 하나님의 큰 잔치에 모여라," '큰 음성' 으로 외쳐서, '오라! 하나님의 큰 잔치에 참석하라!'

라고 우리를 초청하시는 겁니다.

　이렇게 주님으로부터 초청을 받았다면, 그것은 여러분의 특권이요, 또한 그 초청의 말씀을 다른 사람에게 전달해야 할 의무입니다. 사마리아 여인의 경우와 마찬가지로, 하나님께서 '오라!' 하신 것은 우리들에게 '오라!' 고 하신 것입니다.

　오늘 본문말씀에서 우리들은 '믿음의 고백', '가치관의 변화', '상실한 자에 대한 관심', 그리고 '우리를 초대하심' 에 대해 은혜 받는 시간이었습니다. 우리도 이런 초청을 받았을 때, 다른 사람에게 그 초청을 나누어야만 할 줄로 믿습니다. 그래서 그 초청을 더 많은 사람들에게 전달해야 하겠습니다.

제36장

영혼 구원의 원리

(요 4:29~30)

요한복음 4:29~30 "내가 행한 모든 일을 내게 말한 사람을 와서 보라 이는 그리스도가 아니냐 하니, 그들이 동네에서 나와 예수께로 오더라."

예수님이 스스로 '내가 메시야다,' 라고 자기 계시를 하셨습니다.
사마리아 여인은 그것을 받아들이든지 않든지
둘 중의 하나를 선택해야 했습니다.
여인은 예수님을 메시야로 받아들이고
다른 사람들에게 강하게 증거 했습니다.
우리도 이 여인처럼 예수님을 증거 해야 하겠습니다.

예수님이 왜 뜨거운 한 낮에 사마리아 여인과 대화를 나누었습니까? 이 여인을 구원하시기 위해서입니다. 마침내 대화를 통해서 그 여인이 영혼구원을 얻게 되었고, 그 여인의 입에서 고백이 흘러나오게 만들었습니다. 예수님의 개인전도 원리를 생각하며 우리도 주님처럼 전도하는 열정을 가지고 전도에 큰 성과를 얻어야 하겠습니다.

친구가 되라—예수님은 그 여인의 친구가 되었다

사마리아 여인은 잃어버린 자였습니다. 상실된 인간으로 아무도 그 여인의 친구 될 사람이 없었습니다. 고독했으며, 소외감을 가지고 일생을 살아갈 수밖에 없는 불행한 사람이었습니다. 이러한 버림받은 생명을 예수님이 접근하셔서 그 여인을 구원하고자 노력했습니다. 사람들이 제외시켜 놓은 이 여인의 영혼을 건지시려고 예수님은 그 여인에게 접근하셨습니다. 그 여인의 한 생명이 천하보다도 더 귀한 것을 아시고 그 여인을 불쌍히 여기셨습니다.

전도자의 마음은 영혼을 사랑하고 불쌍히 여겨야 합니다. 한 생명이라도 그 생명이 천하보다도 더 귀한 생명이라는 것을 알아야만 합니다. 그런 후에 그 피전도자와 친구가 되어야 합니다. 그와 대화를 하고 그를 찾아가서 만나야 합니다. 항상 피전도자를 가까이 해야만 합니다.

예수님은 사마리아 성을 찾아가셨습니다. 사마리아 성을 우연히 지나가신 것이 아니라, 목적을 가지고 수가성 여인을 만나신 것입니다. 이것은 예수님이 여리고 성의 세관원장인 삭개오를 구원하시려고 찾아가셨던 것과 동일한 원리입니다. 모든 유대인들이 삭개오를 인격자로 취급하지 않았지만, 예수님은 버림받은 삭개오의 집을 찾아가셔서 그와 대화를 나누시고 구원을 받도록 인도하셨습니다. 이때 주변사람들이 예수님에 대해서 수군거리기 시작했습니다. '저가 죄인의 집에 들어가셨다.' '저는 세리와 죄인의 친구다,' 라는 식으로 빈정댔습니다. 그러나 예수님은 '나는 잃어버린 자를 찾아 구원하러 왔노라,' 고 하셨습니다.

건강한 자에게는 의사가 필요하지 않습니다. 오직 병든 자에게 의사가 필요합니다. 잃어버림을 받지 아니 했노라고 소리치는 사람들에게는 예수님의 구원이 필요하지 않습니다. 잃어버린 자, 육신이 고단한자, 영혼이 피곤한 자, 허탈한 자, 고독한 자, 진리에 목마른 자를 구원하시기 위해 예수님이 필요한 것입니다.

대화를 나누어라―예수님께서 그 여인과 대화했다

예수님은 이 여인을 만나 유대 식 인사나 헬라 식 인사를 나누는 것보다 우선 '물을 좀 달라,' 라고 하셨습니다. 이것은 예수님이 그 여인과 대화를 나누기 위한 방법이었습니다. 사실 이 여인은 진정으로 물어야 할 질문이 많은 사람이었습니다. 그 여인은 "유대 남자로서 어떻게 사마리아 여인인 나에게 물을 달라고 해," "예배드리는 장소가 유대인은 예루살렘이고 사마리아인은 그리심 산인데 어느 곳이 바른 장소인가," "모두가 메시야가 오기를 기다리고 있는데 그 메시야는 어떤 분이신가?"라는 질문을 가슴에 품고 있었습니다. 이 여인의 마음은 여러 가지 종교적인 문제로 가득 차 있었고, 이런 질문을 해서 해답을 얻고 싶었습니다. 예수님은 이런 인간의 종교적인 질문에 하나도 막힘이 없이 대답해 줄 수 있는 해답을 가지고 계셨습니다. 그럼에도 불구하고 예수님은 먼저 겸손하게 그 여인에게 요청하기를 '물을 좀 달라' 라고 하셨습니다. 사실 이런 요청을 받았을 때에 사마리아 여인은 물주는 것을 거절했지만 예수님에 대한 호기심과 관심을 가졌습니다. 예수님이 바로 이 점을 파악하시고 이 여인과 대화하시기 위해 여인의 관심을 먼저 끌었던 것입니다.

사람은 누구나 많은 의문을 가지고 있는데 그중에 가장 많은 질문은 종교적인 질문입니다. 말하자면, 사람이 어디에서 와서 무엇을 하다가 어디로 가는가? 사람은 왜 죽는가? 사람의 영혼은 어떤 존재인가? 왜 사는가? 무엇을 위해 사는가? 이런 종교적인 질문은 인간의 마음에 항상 존재하고, 그것에 대해 끊임없이 생각을 합니다. 이런 점을 파악해서 피전도자와 대화를 해야 합니다.

직접 필요한 것을 주라(4:13,14)
—예수님은 여인이 필요한 것을 줄 수 있었다

'야곱의 우물물을 마시는 자마다 다시 목이 갈할 것이다. 그러나 내가 주는 물을 마시면 영원히 목마르지 아니하리라. 그 속에서 영생하도록 솟아나는 샘물이 되리라,' 라고 예수님은 말씀하셨습니다. 예수님은 이 여인에게 물이 필요하다는 것을 파악했습니다. 이 물을 화제로 우물물보다 더 좋은 생수를 주시겠다고 제안하셨습니다. 이때 이 여인은 생수에 대한 욕망이 일어났습니다. '주여, 이 물을 나에게 주소서, 그리고 이곳에 물 길러오는 수고를 멈출 수 있게 하소서,' 라고 말했습니다. 니고데모가 찾아왔을 때도 예수님은 그에게 '새 생명'을 말씀하였습니다. 왜냐하면 그가 영생에 대해 알고 싶어했기 때문입니다. 예수님은 니고데모의 요구를 미리 아시고 생명의 문제를 취급하였습니다.

요한복음 9:1 이하에서는 태어날 때부터 맹인이 된 사람을 만났을 때에 예수님은 이 사람에게 빛이 필요한 것을 아시고 그를 고쳐주시기 전에 '나는 세상의 빛이다,' 라고 하셨습니다.

예수님은 수많은 사람들에게 전도하실 때에, 그들의 필요는 바로 예수님 자신이라는 것을 가르쳐주셨습니다. 사람마다 절실한 요구가 있습니다. 그것은 물질이나 명예, 행복, 건강이 아닙니다. 인간의 영혼 밑바닥에 깔려있는 요구는 '영적 만족' 입니다. 그렇다면 어떻게 하면 내 영혼이 만족을 얻을 수 있습니까? 그 만족은 영생을 얻어야만 가능합니다. 예수님이 사마리아 여인에게 '생수'를 주시겠다고 하시는 것도 바로 예수님 자신이 그 죄인인 여인에게 필요한 것이 무엇인가를 아셨기 때문입니다. 죄인은 누구나 예수 그리스도 메시야를 필요로 합니다. 전도자는 항상 예수 그리스도를 말하고 그를 전해야만 합니다.

복음을 강조하라 ─ 예수님은 그 여인에게 좋은 소식을 주셨다

예수님이 여인을 보고 네가 생수를 얻으려면 네 남편을 불러서 내게 데리고 오라고 초청하셨습니다. 예수님은 이 여인에게 있는 죄를 지적하였습니다. 여인이 도덕적으로 범죄 한 사람이고, 사람으로서 바르게 살지 못한 자인 것을 지적하고 그 죄를 인정하고 다시 예수께 나오면 생수를 얻을 수 있다고 가르치셨습니다. 죄가 있지만 예수께 나올 때에 네가 안락을 얻을 수 있다고 가르쳐주신 겁니다.

복음은 죄를 자각하고 자기 스스로 죄인이라는 것을 고백하는 자에게 복음이 됩니다. 전도자들은 이 복음을 강조할 때에 인간은 누구나 죄인이라는 것을 꼭 지적해야 합니다. 아담의 원죄에 가담 된 인간은 비탈길에 놓여 진공과 같은 존재이기에 항상 죽음으로 굴러 떨어지게 되어 있습니다.

전도를 할 때 제임스 케네디 목사의 두 가지 질문을 하는 것이 매우 유용합니다. 먼저 '당신이 오늘 죽는다면 천국에 갈 수 있다고 확신합니까?' 라는 질문입니다. 천국에 가지 못하는 이유는 '영생을 소유하지 못했기' 때문이고, '구원받지 못했기' 때문입니다. 이 질문을 통해서 피전도자로부터 '영생을 소유하는 방법을 알고 싶다,' '내게 그 길을 가르쳐 달라,' 라는 고백이 나와야 합니다. 그 전에 반드시 그가 영생을 소유했는지 파악해야 합니다. 그 다음으로 '만일 당신이 오늘 밤 죽어서 하나님 앞에 갔다고 합시다. 하나님이 '무슨 이유로 내가 너를 천국에 보내겠느냐?' 라고 물으신다면 뭐라고 대답하겠습니까?' 라는 질문을 해야 합니다. 우리는 구원을 얻기 위하여 무엇을 해야 하는가를 묻는 것이 아니라 무엇 때문에 하나님이 당신을 천국에 받아들여야 하는가를 질문하는 것입니다. 도덕이나, 선행이나, 인격도야를 통해 그런 행함으로 구원받는 것이 아니라 믿음으로 구원을 받는다는 복음을 이야기해 주어야 합니다.

로마서 6:23에는 "죄의 삯은 사망이요, 하나님의 선물인 은사는 그리스도 예수, 우리 주안에 있는 영생이다," 라고 했습니다. 예수를 믿는 자만이 천국의 선물을 받을 수 있습니다. 모든 사람들은 죄인입니다.

로마서 3:23에는 "모든 사람이 죄를 범하였으매 하나님의 영광이 이르지 못하느니라," 라고 했고,

로마서 3:10에서는 "의인은 없나니 하나도 없도다," 라고 했습니다.

인간은 자기를 구원할 수 없습니다.

예배소서 2:8에서는 "너희는 그 은혜에 의하여 믿음으로 말미암아 구원을 받았으니 이것은 너희에게서 난 것이 아니요 하나님의 선물이라," 하였습니다. 인간의 구원문제는 하나님이 어떤 분인지 알 때에 확실해 집니다. 하나님은 사랑이시고, 하나님은 의로우신 분이시기에 불의와 죄를 간과하지 않으십니다. 하나님은 죄인인 우리를 지극히 사랑하십니다. 그러나 의로우신 하

나님은 우리의 죄를 벌하셔야 하는데 죄대로 처벌하시면 살아남을 자가 하나도 없습니다. 하나님은 그 해결방법으로 아들 예수 그리스도를 세상에 보내주셨습니다.

예수 그리스도가 어떤 분이시라는 것을 피전도자에게 말해주어야 합니다. 예수님은 하나님인 동시에 인간이십니다(요 1:1, 14). 예수님이 세상에 오신 목적은 죄인의 죄를 대신 담당하고 유죄언도를 받은 데서 무죄언도를 받게 하기 위하여 오셨습니다. 세례 요한은 예수님을 보고, '세상 죄를 지고 가는 하나님의 어린 양을 보라,'고 했습니다.

"인자가 온 것은 섬김을 받으려 함이 아니라 도리어 섬기려 하고 자기 목숨을 많은 사람의 대속물로 주려 함이니라," (마 20:28)

하나님은 예수님을 인간의 죄를 담당하고자 대신 십자가에서 죽게 하셨습니다. 그러면 이 선물을 어떻게 받을 수 있습니까? 영생과 천국으로 가는 선물을 어떻게 받습니까? 오직 믿음으로만 받을 수 있습니다. 믿음은 천국 문을 여는 열쇠와도 같습니다. 믿음은 왕이 주는 선물을 받기 위해 내미는 거지의 손과도 같은 것입니다. 참 믿음은 예수님을 나의 구주로 믿는 믿음입니다. 사마리아 여인이 내가 메시야를 만났다고 증언하였던 것처럼 예수님을 나의 구주로 영접하는 것입니다.

결신하도록 끝맺음을 하라

예수님께서 '내가 메시야다'라고 선포하실 때에 사마리아 여인은 예수님을 메시야로 받든지 받지 않든지 해야 하는 양자택일의 결정을 해야만 했습니다. 예수님 자신이 이 여인에게 이런 결정을 하도록 제시해 주셨습니다. 본문 29절에서 이 여인은 사마리아 성으로 들어가서 외치기를 '이 사람이 메시야가 아니냐?' 라고 했습니다. 사마리아 여인은 자기가 받은 위대한 뉴스를 사마리아 성에 들어가서 증거 하였습니다.

마지막으로 피전도자에게 확인의 질문을 해야 합니다. 즉 "당신은 지금까지 이 세상에서 살았던 가장 위대한 사람이 주신 가장 위대한 선물과 가장 위대한 소식을 들었습니다," 라고 확인하고 그가 결신하도록 끝맺음을 해야만 합니다. 결신을 위한 질문은 '예수님께서 십자가에서 죽으심으로 당신에게 주신 영생의 선물을 받기를 원하느냐?' 라고 물어야 합니다. 그리고 결신을 명백하게 해야 합니다. 즉 "당신은 영생을 선물로 주신 예수 그리스도에게 감사하며 당신의 생애와 의지를 주께 맡기겠는가? 예수를 구주로 영접하겠는가?" 하는 질문입니다.

그런 후에 기도를 함께 해야 합니다. '하나님 아버지시여, 이로 하여금 하나님께서 거저 주시는 영생을 믿게 하옵소서, 죄를 회개하게 하옵소서. 주님! 주님께서 나의 죄를 대신하여 죽으심을 믿습니다. 내 마음 속에 오셔서 나를 구원하여 주옵소서. 주님을 따르게 하옵소서. 주께서 주시는 영생을 받아들입니다,' 라고 기도해야 합니다. 기도할 때, 용서의 확신도 함께 기도합니다. '동쪽이 서쪽에서 먼 것과 같이 내 죄과를 옮기셨으며, 나의 죄를 흰 눈같이 흰 양털같이 씻어주심을 감사합니다. 나의 모든 죄를 기억하지도 않으심을 감사합니다. 예수님을 믿는 자는 멸망하지 않고 영생을 얻게 하심을 감사합니다,' 라고 기도 합니다

요한복음 6:47에서 선포하십니다. "진실로 진실로 너희에게 이르노니 나를 믿는 자는 영생을 가졌나니." 사마리아 여인 한 사람이 회개하고 신앙을 가질 때, 수많은 사람들이 주께로 나왔습니다.

다니엘서 12:3에는 "많은 사람을 옳은 데로 돌아오게 한 자는 별과 같이 영원토록 빛나리라," 라고 하였습니다.

많은 사람들을 옳은 곳, 주님을 믿는 곳으로 돌아오게 해야 합니다. 보다

많은 사람들에게 복음을 전해서 그들에게 주님의 영생의 복음을 전하고 그들을 전도하고 인도해야 합니다. 그것이 우리 영생을 얻은 자들이 해야 할 일입니다.

제37장

예수님의 양식

(요 4:31~34)

요한복음 4:31~34 "그 사이에 제자들이 청하여 이르되 랍비여 잡수소서.
이르시되 내게는 너희가 알지 못하는 먹을 양식이 있느니라.
제자들이 서로 말하되 누가 잡수실 것을 갖다 드렸는가 하니,
예수께서 이르시되 나의 양식은 나를 보내신 이의 뜻을 행하며
그의 일을 온전히 이루는 이것이니라."

예수님의 양식은 하나님의 뜻을 행하고,
온전히 이루고 완성하는 것입니다.
그것은 구원의 완성에 있습니다.
예수님은 하나님의 뜻인 구원의 완성을 위해
오늘도 여러분들을 부르고 계십니다.
내가 완성해야 할 하나님의 일은 무엇입니까?

요한복음 4:30까지 예수님과 사마리아 여인과의 대화가 나왔습니다. 4:31부터는 예수님과 제자들의 대화가 나옵니다. 제자들이 수가성에 들어가서 예수님의 점심을 준비해 왔습니다. 예수님을 지극히 사랑하여 시장하신 예수님께 어서 식사를 하시도록 간청했습니다. 그때에 예수님이 이런 말씀을 하셨습니다. '내게는 너희가 알지 못하는 양식이 있다,' 고 하시면서 식사를 늦추셨습니다. 제자들은 의아심을 가지면서 이런 추측을 했습니다. '누가 잡수실 것을 드렸는가? 이방 땅 이 사마리아에서 누가 음식을 대접하였을까?' 이렇게 궁금해 하면서 서로 수근 거릴 때 예수님은 이런 말씀을 하셨습니다. "나의 양식은 나를 보내신 이의 뜻을 행하며 그의 일을 온전히 이루는 이것이니라."

예수님이 니고데모에게 '네가 거듭나야 천국에 들어갈 수 있다,' 고 가르치실 때에, 니고데모는 '거듭난다,' 는 말을 문자적으로 해석해서 예수님의 거듭남의 교훈을 오해했습니다. 예수님이 사마리아 여인에게 생수를 줄 수 있다고 하셨을 때, 사마리아 여인도 땅에서 솟아나는 생수를 생각하면서 그 생수를 달라고 요구했습니다. 예수님은 제자들에게 '내게는 너희가 알지 못하는 양식이 있다,' 라고 할 때, 제자들도 그 양식을 물질적인 양식으로 해석하여 오해했습니다.

예수님은 영적차원에서 말씀하셨고, 사람들은 육적차원에서 이해하려고 하지만 이해가 될 수 없었기에 오해를 한 것입니다. 유대지도자인 니고데모나 죄인으로 낙인찍혀 소외된 사마리아 여인이나, 예수님의 교훈을 받은 제자들까지도 처음에는 저들의 신앙수준이 육적차원에서 벗어나지 못하고 있었던 모습을 분명히 알 수 있습니다.

제자들이 점심을 준비하여 예수님께 잡수시도록 간청하였을 때, 예수님은 그 음식을 잡수시는 것도 잊으시고, 기쁨과 만족에 가득 차 있었습니다. 천하보다 귀한 한 생명이 예수님을 구주로 영접하고 회개하는 모습을 보고 얼마나 기뻐하셨을까요. 그렇다면 예수님께서 말씀하신 예수님의 양식이 무엇인가요? 예수님의 양식은 자기를 보내신 자의 뜻을 행하는 것이라고 하였습니다. 곧 예수님을 보내신 자는 하나님이시라는 것을 말합니다. 하나님의 뜻을 행하는 것이 예수님의 양식이라는 것입니다.

하나님의 뜻

스페인에는 '왕이 원하는 대로 행하는 것이 곧 법이다(All laws go the way that kings desire.)', 라는 격언이 있습니다. 이 같은 격언이 생기기까지 재미있는 이야기가 있습니다. 12세기 초에 스페인의 교회에서 기도서를 사용하는 문제를 가지고 논쟁을 벌였습니다. 고딕 기도서를 사용할 것인가 아니면 로마 기도서를 사용할 것인가 하는 문제였습니다. 마침내 문제를 해결하기 위해 국왕에게로 갔습니다. 그때 왕은 알폰소 6세였는데 이 문제에 대한 해결을 맡았습니다. 왕은 이렇게 해결책을 마련했습니다. '두 기도서를 불속에 집어던져서 타지 않는 기도서를 스페인의 교회에서 사용하도록 하라.' 불속에 던져진 기도서 중에 고딕 기도서가 불길에 타지 않았고, 로마 기도서는 다 타버리고 말았습니다. 그러나 알폰소 6세는 타지 않은 고딕 기도서를 다시 불길 속에 집어넣어 태우고는 로마 기도서를 사용하도록 결정했다고 합니다.

많은 신자들이 하나님의 뜻을 이 같이 취급하고 있습니다. 하나님은 자기의 뜻을 분명히 계시하여 주셨는데도 신자들은 계속하여 하나님의 뜻을 찾으려고 노력합니다. 이것은 하나님의 뜻을 발견하려는 것이 아니고 자기의 뜻을 이루려고 하는 억지에 불과한 것입니다. 아담과 하와에게 하나님은 선악과를 먹지 말라. 다른 생명과만 먹으라고 명령하셨습니다. 이것은 하나님의 뜻입니다. 아담은 하나님의 뜻을 알고 있었습니다. 그때 사탄이 와서 하나님과 정반대되는 이야기를 했습니다. 선악과를 따먹으면 네 눈이 밝아지고 하나님같이 된다고 하였습니다. 이것은 하나님의 뜻이 아니라 사탄의 뜻입니다.

"너 아침의 아들 계명성이여 어찌 그리 하늘에서 떨어졌으며 너 열국을 엎은 자여 어찌 그리 땅에 찍혔는고. 네가 네 마음에 이르기를 내가 하늘에 올라 하나님의 뭇 별 위에 내 자리를 높이리라 내가 북극 집회의 산 위에 앉으리라. 가장 높은 구름에 올라가 지극히 높은 이와 같아지리라 하는도다," (사 14:12~14)

사탄은 자기의 뜻을 이야기하고 강조하며 되풀이 한 타락한 천사입니다. 사탄은 사람들로 하여금 하나님을 예배하지 못하게 하였고, 하나님을 왕의 자리에서 몰아내려고 하는 불량한 존재입니다. 사탄은 아담에게 '너는 하나님의 뜻을 따르지 말라,' 고 유혹했습니다. 사탄은 자기 뜻을 높이고 세우려고 하다가 비참한 존재가 되었습니다.

"그러나 이제 네가 스올 곧 구덩이 맨 밑에 떨어짐을 당하리로다," (사 14:15) 사탄은 음부의 맨 밑바닥, 즉 지옥에 빠지는 비참함을 맛보았고, 사람들도 비참하게 만들었습니다.

하나님의 뜻을 따르지 않고 자기의 뜻을 따르는 자는 자기도 비참해지고 이웃도 비참하게 만듭니다. 예수님은 하나님의 뜻을 성취시키려고 오셨습니다.

"나의 하나님이여 내가 주의 뜻 행하기를 즐기오니 주의 법이 나의 심중에 있나이다 하였나이다," (시 40:8)

"나는 나의 뜻대로 하려 하지 않고 나를 보내신 이의 뜻대로 하려 하므로," (요 5:30)

"내가 하늘에서 내려온 것은 내 뜻을 행하려 함이 아니요 나를 보내신 이

의 뜻을 행하려 함이니라," (요 6:38)

"오직 내가 아버지를 사랑하는 것과 아버지께서 명하신 대로 행하는 것을 세상이 알게 하려 함이로라," (요 14:31)

빌립보서 2:6~8에서는 "그는 근본 하나님의 본체시나 하나님과 동등됨을 취할 것으로 여기지 아니하시고, 오히려 자기를 비워 종의 형체를 가지사 사람들과 같이 되셨고, 사람의 모양으로 나타나사 자기를 낮추시고 죽기까지 복종하셨으니 곧 십자가에 죽으심이라,"고 하나님의 뜻에 맞추시는 예수님을 설명하고 있습니다.

예수님은 성부 하나님과 동등 되는 자리를 취하시지 아니하셨습니다. 자기를 낮추시고 인간의 몸을 입고 오셨으며, 십자가에 죽기까지 복종하셨습니다. 사탄은 하나님의 뜻에 반항하고 반대하여 심판과 저주를 받았습니다. 그리고 사람까지 타락하게 만들었습니다. 그러나 예수님께서는 하나님의 뜻에 복종하여 높임과 경배의 대상이 되었고, 죄인을 구원하시며 사람들에게 하나님의 복을 가져왔습니다.

성도들은 모름지기 하나님의 뜻을 알아야 하며 먼저 하나님의 뜻을 생각하고 그 뜻에 순종해야 합니다. 그렇다면 무엇이 하나님의 뜻입니까? 하나님을 믿는 것(전 12:13), 항상 기뻐하고 쉬지 말고 기도하고 범사에 감사하는 것(살전5:16~18), 하나님의 아들을 보고 믿는 것(요 6:40), 거룩하게 사는 것(살전 4:3), 주님을 위해 고난 받는 것(벧전 3:17)이 바로 하나님의 뜻입니다.

하나님의 뜻을 이야기할 때에 미신적으로나 주관적으로 해석하지 말아야만 합니다. 만일 사업을 선택할 때에 하나님이 꿈에 보여주셨다고 하면서 옷가게를 시작한다면, 그것은 주관적이고 미신적인 것입니다. 하나님은 사람에게 이성을 주어서 생각, 계획, 그리고 판단을 하게 하십니다. 세밀한 것까지 하나님이 직접 계시한다고 생각하지 말 것입니다. 사업을 할 때에는 먼저 기도하고 연구하며 계획을 세우고 최선을 다해 사업을 경영해야만 합니다.

이 사업을 하는 목적은 반드시 하나님의 영광을 위해서 한다는 방침을 세우는 것이 중요합니다. 결혼문제나 무엇을 선택하는 문제도 하나님의 뜻대로 해야 하는데 성경은 누구를 지적하거나 어떤 일을 구체적으로 지적하여 취사선택하라고 가르치지는 않습니다. 다만 성경이 가르치는 신앙원리대로 선택하고 취할 때에 하나님의 뜻대로 행하는 것이 됩니다.

예수님의 양식은 하나님의 뜻을 행하는 것

예수님은 하나님의 뜻이 귀하게만 생각하는 것이라고 하지 않으셨습니다. 하나님의 뜻을 이루어드려야 할 텐데 같은 염원이나 바람만 가지는 것이라고도 하지 않으셨습니다. 하나님의 뜻을 행하는 것은 무엇입니까?

예수님은 이야기 하십니다. 포도원을 경영하는 아버지가 큰 아들을 불러서 포도원에 들어가서 일을 하라고 명령하였습니다. 그때 그 아들은 '예, 가서 일하겠습니다,' 하고는 가지 않았습니다. 둘째 아들을 불러서 포도원에 들어가서 일하라고 하였습니다. 그 아들은 '가기 싫어요,' 라고 하면서 아버지에게 반대를 했다가 뉘우치고 포도원에 들어가서 일했습니다. 예수님은 이렇게 이야기하시면서 묻습니다. "둘 중에 누가 아버지의 뜻대로 행했느냐?" 그러자 무리들이 "아버지의 명령을 처음엔 어겼을지라도 뒤에 뉘우치고 포도원으로 가서 일한 아들입니다," 라 대답했습니다.

당시 유대 종교 지도자들은 하나님의 말씀과 율법을 지키겠다고 해놓고 실천하지 않았습니다. 그런데 세리와 창녀들은 범죄하고 하나님의 법을 처음에는 불순종했지만 후에는 순종하고 회개하고 실천했습니다. 이것이 실천신앙입니다. 예수님은 산상보훈의 마지막에 이런 말씀을 결론적으로 주셨습니다. "예수님의 말씀을 듣고 행하는 자는 그 집을 반석 위에 짓는 지혜로운 사람과 같고, 행하지 않는 자는 모래 위에 집을 짓는 어리석은 사람이다,"라고 하셨습니다.

오늘 날은 하나님의 뜻에 대하여 이야기하고 주장하고 말만 하는 크리스천들이 정말로 많습니다. 그들은 가장 은혜를 많이 받았다고 자부하고 깊은 은혜생활은 자기들의 독점물인 양 말하면서 실제로 크리스천으로서의 행동과 실천은 전혀 없습니다.

"이같이 너희 빛이 사람 앞에 비치게 하여 그들로 너희 착한 행실을 보고 하늘에 계신 너희 아버지께 영광을 돌리게 하라," (마 5:16)

"나는 너희에게 이르노니 너희 원수를 사랑하며 너희를 박해하는 자를 위하여 기도하라," (마 5:44)

"좁은 문으로 들어가라 멸망으로 인도하는 문은 크고 그 길이 넓어 그리로 들어가는 자가 많고," (마 7:13)

베드로전서 5:6에서는 "그러므로 하나님의 능하신 손 아래에서 겸손하라 때가 되면 너희를 높이시리라," 베드로 사도는 하나님의 뜻을 따르라고 우리에게 강조합니다.

그러나 성도의 마땅한 생활을 '실천하지 않는 쭉정이 신자' 가 얼마나 많은지 모릅니다. 성경에 대한 지식은 있고 주일마다 설교의 말씀을 들어서 크리스천으로서 해야 할 것과 하지 말아야 할 것은 다 알면서도 실천에 옮기지 못하는 무능한 신자가 얼마나 많습니까?

야고보서 2:26에서 "영혼 없는 몸이 죽은 것 같이 행함이 없는 믿음은 죽은 것이니라,"라고 '실천하지 않는 믿음' 에 대해 경계하고 있습니다.

예수님은 하나님의 뜻을 행하는 것이 자기의 양식이라고 했습니다. 우리는 배고플 때에 음식을 먹음으로 만족을 얻고 기쁨을 가집니다. 그러나 예수님은 하나님의 뜻을 행하는 것이 가장 큰 기쁨이고, 가장 큰 만족이라고 하십니다.

영국의 스펄전(Charles Haddon Spurgeon, 1834~1892)은 이렇게 말했습니다. "부흥집회에 잘 참석하지 아니하여도, 그리고 영적 기분 전환을 위한 모임에 참석하지 않아도, 불쌍한 자와 병든 자를 돌보는 자가 진정한 크리스천이다." 은혜 받았다고 하면서 아무 일도 하지 않는 사람은 영적 소화불량에 걸린 사람입니다. 은혜 받고 봉사하는 사람은 자기 자신의 영적 건강을 회복한 사람입니다. 기독교는 실천 신앙입니다.

예수님의 양식은 하나님의 일을 온전히 이루고 완성하는 것

예수님의 긴요한 양식은 하나님의 일을 완성하는 것입니다. 성경에는 '하나님의 일을 온전히 이루는 것이다,' 라고 했습니다. 예수님이 완성하신 일은 '인간을 구원하는 일이고, 그 일을 위하여 십자가에 못 박혀 죽으신 일' 입니다. 예수님은 베들레헴에서 탄생하셨고, 나사렛에서 성장하셨으며, 목수로 가사를 도왔습니다. 겟세마네 동산에서 주님은 '피땀 흘리며 기도하셨고, 하나님의 뜻대로 되기를 밤새워 기도를 하셨습니다. 성부 하나님께서 성자 예수님께 주신 사명을 완수하기 위해 기도하시고 마침내 십자가를 지셨습니다. 그리고 마지막 운명하는 시간에 '내가 다 이루었다,' 라고 외치셨습니다. 곧, 죄인의 죄를 대속하는 일을 완성하였다는 말입니다. 요한복음 17:4의 "아버지께서 내게 하라고 주신 일을 내가 이루어 아버지를 이 세상에서 영화롭게 하였사오니," 라는 말씀은 하나님의 뜻을 온전히 완성했다는 말씀입니다.

주님은 위대한 구원사역을 시작하였고 완성하신 분입니다. 하나님의 일을 완성하는 것이 예수님의 양식인 것입니다. 하나님의 일을 완성하는 것을 제일로 생각할 때에 육신의 양식을 취하는 일까지 잊었습니다. '죄인의 죄를 대속하는 일', 즉 죽음이 예수님의 양식이라는 말입니다. 불행하게도 오늘 많은 크리스천들은 주의 일을 하겠다고 시작은 크게 해놓고 그것을 완성하지 못하는 사람들이 많습니다. 주님을 위한 일에 시작은 있는데 완성이 없고, 그 결실이 없습니다. 주님의 일을 연기하고 미루고 관심 밖에 두기도 합니다. 안수 받고 주의 일꾼이 될 때에는 교회를 혼자라도 다 맡아서 봉사하려고 위대한 꿈을 가졌었는데 얼마 가지 않아서 그 꿈을 버리고 맙니다. 교회 직분을 처음 맡을 때는 뚜렷한 일을 한 가지라도 하겠다고 결심했지만 몇 년도 지나지 않아서 제자리에 주저앉고 맙니다. 완성과 결실이 없는 지금의 신앙생활을 돌이켜 보시기 바랍니다. 혹시 지금 빈주먹만 쥐고 계시지 않습니까? 결과 없는 신앙생활보다 더 실망을 주는 것은 없습니다. 결실 없는 쭉정이가 농부의 마음에 실망을 주듯이 결실 없는 신앙이 하나님을 얼마나 실망시키겠습니까?

사도 바울은 주님을 본받아 자기에게 주어진 사명을 완수하려고 자기의 목숨까지 바치겠다고 했습니다. 사도행전 20:24에서 "내가 달려갈 길과 주 예수께 받은 사명 곧 하나님의 은혜의 복음을 증언하는 일을 마치려 함에는 나의 생명조차 조금도 귀한 것으로 여기지 아니하노라." 또 디모데후서 4:7~8에서 "선한 싸움을 싸우고 나의 달려갈 길을 마치고 믿음을 지켰으니, 이제 후로는 나를 위하여 의의 면류관이 예비되었으므로,"라 하였습니다.

독일에서 태어나 영국에서 복음 선교사 활동을 했던 '고아들의 아버지' 조지 뮐러(George Müller 1805~1898)가 비기독교인 3인을 위해 기도한 적이 있었습니다. 그의 일기에 의하면 그는 그들 중에 한 사람도 기독교인이 된 것을 보지 못하고 죽었습니다. 그러나 그 3인을 위해 기도했을 때, 한 사람은 70세에 회개 하였고, 다른 한 사람은 80세 때에 주님을 영접했다고 합니다. 주님을 위한 일에 대한 결실은 반드시 일어납니다. 주님이 우리에게 약속하셨기 때문입니다. 지금 그 일에 대한 결실이 일어나지 않는다고 해도, 그 결실은 반드시 일어나게 되어 있습니다.

 우리도 예수님과 같이 하나님의 일을 이루어 드리고 완성하는 것을 우리의 양식으로 삼아야 하겠습니다. 하나님의 일을 완성하지 않고 미루고 태만히 하는 것은 큰 죄입니다. 올해 안으로 내가 완성해야 할 하나님의 일이 무엇인가? 내 가정에서, 내 교회에서, 내 사업에서, 내 사회에서 내가 완성해야 할 하나님의 일이 무엇인가를 점검해 보셔야 합니다. 우리가 살기 위해 먹는 양식은 필수적인 것입니다. 그러나 그것보다도 우선되는 것이 바로 영혼의 양식, 즉 하나님의 뜻을 이루기 위한 영혼의 양식입니다. 하나님의 뜻을 이루고 하나님의 일을 완성하는 것이 성도의 필수적인 양식입니다. 내게 주신 하나님의 뜻은 무엇인가 생각해 보시기 바랍니다. "나의 양식은 나를 보내신 하나님의 뜻을 행하는 것이요, 하나님의 일을 완성하는 것"이라고 하신 예수님의 말씀은 예수님 생애의 필수적인 것이고 예수님 생애의 본질이며, 예수님 생애의 유일한 목적이었습니다. 예수님의 이 같은 신령한 양식이 우리의 양식이 되기를 기원합니다. 하나님의 뜻을 행할 때 우리에게 완전한 만족이 있습니다. 하나님의 일을 완성할 때에 우리에게 크나큰 기쁨이 있습니다. 하나님의 뜻을 행하고 하나님의 일을 완성할 때까지 우리 모두 한 마음으로 전진해 나가기를 원합니다.

제38장

하나님의 추수

(요 4:35~38)

요한복음 4:35~38 "너희는 넉 달이 지나야 추수할 때가 이르겠다 하지 아니하느냐 그러나 나는 너희에게 이르노니 너희 눈을 들어 밭을 보라 희어져 추수하게 되었도다. 거두는 자가 이미 삯도 받고 영생에 이르는 열매를 모으나니 이는 뿌리는 자와 거두는 자가 함께 즐거워하게 하려 함이라. 그런즉 한 사람이 심고 다른 사람이 거둔다 하는 말이 옳도다. 내가 너희로 노력하지 아니한 것을 거두러 보내었노니 다른 사람들은 노력하였고 너희는 그들이 노력한 것에 참여하였느니라."

예수님은 사마리아 여인에게 전도하시고 난 후에
제자들에게 추수에 대한 이야기를 하십니다.
영적 추수의 시기가 지금이라는 사실과 동시에
복음의 씨앗을 지금 뿌리라는
시급성을 알려주십니다.

너희는 넉 달이 지나야 추수할 때가 이르겠다 하지 아니하느냐 그러나 나는 너희에게 이르노니 너희 눈을 들어 밭을 보라 희어져 추수하게 되었도다.

예수님이 언급하신 넉 달이란 파종과 추수의 기간을 말씀하신 것입니다. 팔레스타인 지방에서는 파종하고 난 후 넉 달이 지나야 추수할 수 있었습니다. 그 지역에는 돌과 바위가 많았음으로 농경지는 매우 제한이 되어 있습니다. 그러나 수가 지역은 농경지가 크고 넓어서 지금도 곡물생산지로 유명합니다. 실제로 팔레스타인 지방에는 수가를 제외하고는 어느 곳에서도 황금 물결이 출렁이는 곳을 보기 어렵습니다. 팔레스타인 사람들이나 예수님 주변 제자들은 파종을 한 후 넉 달이 지난 후에 추수할 수 있다는 것을 모두 알고 있었습니다. 이것이 팔레스타인의 추수시기요, 하나님이 주신 추수의 자연법칙입니다.

예수님은 이 추수의 개념을 가지고 영적 추수, 곧 전도에 대하여 말씀하시고 계십니다. 그 말씀이 35절에 나옵니다. "눈을 들어 밭을 보라! 희어져 추수하게 되었도다." 이것은 곡물 추수를 언급한 것이 아닙니다. 곡식 추수는 씨를 뿌린 후 4개월이 지나야 가능하지만, 영적추수의 시기는 바로 지금이라는 것입니다.

하나님의 추수의 시기(35절)

야곱의 우물가에서 예수님은 사마리아 여인 한 사람에게 전도하시고 그 여인이 예수님을 자기의 구주로 영접하는 것을 보셨습니다. 이 사실은 영적으로 볼 때에 알곡을 추수하는 것과 같은 것입니다. 이 여인이 수가 동네에 들어가서 수많은 사람들에게 전도하여 지금 무리들이 예수님을 만나러 언덕을 넘어오고 있는 모습이 보였습니다. 예수님은 이 많은 무리를 보시면서 지금이 바로 추수할 때라고 제자들에게 말씀하신 것입니다.

사마리아 여인의 말을 듣고 예수님의 모습을 보기 위하여 언덕길을 넘어오는 그들은 추수할 밭의 익은 곡식 같이 보였습니다. 그래서 예수님은 '희어져 추수하게 되었도다.' 라고 하셨습니다. 마치 팔레스타인 지역의 보리, 밀 등 곡식이 익어 거의 흰 빛같이 될 때에 추수하는 것과도 같이 사마리아인들이 흰 옷을 입고 예수께로 오는 모습은 추수를 위한 영적 밭(靈田)의 빛깔처럼 보였습니다. 예수님은 이 무리를 보고 영적 추수의 대상이라고 제자들에게 말씀하시는 겁니다. 곧 곡물추수는 넉 달이 걸리지만, 영적 추수는 지금 바로 해야 한다는 시급성을 말씀하시는 것입니다. 일반적으로 농사는 씨를 뿌리고 기다리게 되어 있지만, 사마리아에서는 돌발적인 사건이 일어났으니, 곧 말씀이 뿌려지고 즉석에서 수확하게 된 것입니다.

야곱의 우물가에서 한 여인이 예수님의 말씀을 듣고 즉시 회개하여, 예수님은 영적 수확을 하게 되었습니다. 그 여인을 통하여 수많은 무리들이 떼를 지어 예수님께 나오게 될 때에 그것은 너무나 큰 수확임에 틀림이 없었습니다. 복음을 전할 때는 지금입니다. 하나님은 영적추수를 어떤 기간이 없이 바로 하게 하신다는 섭리를 여기서 찾아볼 수 있습니다. 구약에서는 씨를 뿌리고 수확하고 심고 거두는 일이 잇달아 일어나는 황금시대를 예언했습니다.

아모스 9:13에서는 "여호와의 말씀이니라 보라 날이 이를지라 그 때에 파종하는 자가 곡식 추수하는 자의 뒤를 이으며 포도를 밟는 자가 씨 뿌리는 자의 뒤를 이으며," 라고 했습니다.

레위기 26:5에서는 "너희의 타작은 포도 딸 때까지 미치며 너희의 포도 따는 것은 파종할 때까지 미치리니" 라고 그 시대를 예언하고 있습니다.

베드로가 주님을 십자가에 못 박은 자들과 유대인들을 향하여 회개하라고 외쳤을 때, 즉석에서 3천 명이 회개한 것은 영적수확의 현재성을 가리키고 있습니다. 하나님은 영적추수의 시기가 지금이라는 사실을 가르쳐주심과 동시에 지금 복음의 씨를 뿌리라는 시급성을 알려주십니다. 우리는 지금도 복음이 전파되고 영적추수를 거두는 일이 계속 이어지는 것을 보고 있습니다. 주님이 초림하심으로 하나님의 영적추수는 시작되었고, 그 추수와 복음의 씨앗을 파종하는 작업은 계속 이어져 가고 있습니다.

영적추수의 즐거움의 동참자(36절)

유대인들에게 파종 시기는 괴로운 시기입니다. 씨를 뿌리기 위하여 농지를 정리하는 일은 너무나 힘 드는 일입니다. 그러나 기쁨의 시기가 오는데 그것은 바로 추수하는 때입니다. 시인은 노래하기를 "눈물을 흘리며 씨를 뿌리는 자는 기쁨으로 거두리로다. 울며 씨를 뿌리러 나가는 자는 정녕 기쁨으로 그 단을 가지고 돌아오리로다(시 126:5~6)," 라고 했습니다.

전도하는 일은 씨를 뿌리는 작업과 같은 것입니다. 쉬운 일이 아니고 어렵고 고달픈 일입니다. 예수님은 버림받은 한 여인을 전도하기 위하여 사마리아 성을 찾아가셨고 뜨거운 한 낮에 그 여인과 대화를 하셨으며 물 한 그릇을 요청하였지만 거절을 당하면서도 전도를 하셨습니다. 주님은 그 여인을 구원하시려고 시간과 노력과 관심을 쏟았습니다. 사도 바울은 갈라디아 교회 성도들을 위하여 "너희를 위하여 해산의 수고를 하였노라(갈 4:19)," 라고 했습니다. 주님은 한 여인이 회개하고 주께로 돌아오는 것을 보시고 심히 기뻐하셨습니다. 이 기쁨은 복음의 씨를 뿌린 자로서의 기쁨입니다. 주님은 이 기쁨이 자신의 양식이라고 하셨습니다. 영적추수의 기쁨을 제자들과 함께 나누고자 하셨습니다. 제자들은 영적추수를 해야할 일꾼들로서 기쁨을 체험하고 이 기쁨에 동참하도록 주님께서 말씀하셨습니다.

36절에 "거두는 자가 이미 삯도 받고 영생에 이르는 열매를 모은다,"라고 했습니다. 영적추수를 맡은 하나님의 일의 삯은 복음을 들은 자들이 영생의 축복을 받는 것입니다. 곧 전도자의 삯이란 피전도자들입니다. 사도 바울은 교회를 설립하고 전도할 때에, 자기에게 전도 받고 예수를 영접한 성도들을 자기의 상급이요, 삯이라고 하였습니다.

"그러므로 나의 사랑하고 사모하는 형제들, 나의 기쁨이요 면류관인 사랑하는 자들아(빌 4:1),"라고 빌립보 교인들이 사도 바울의 기쁨이요, 상급임을 말했습니다.

데살로니가전서 2:19~20에서는 "우리의 소망이나 기쁨이나 자랑의 면류관이 무엇이냐 그가 강림하실 때 우리 주 예수 앞에 너희가 아니냐, 너희는 우리의 영광이요 기쁨이니라,"고 했습니다.

사도 바울의 소망이나 기쁨, 상급이 그의 피전도자라는 것을 나타내고 있습니다. 하나님의 영적 추수의 기쁨에는 전도자와 피전도자가 함께 동참하는 것입니다.

하나님의 영적추수의 일꾼(38절)

"내가 너희로 노력하지 아니한 것을 거두러 보내었노니 다른 사람들은 노력하였고 너희는 그들이 노력한 것에 참여하였느니라,"라고 38절에서 말씀하시고 계십니다. 제자들은 예수님의 점심을 준비하기 위하여 수가성으로 들어갔을 뿐입니다. 예수님은 이 여인을 구원하는 영적 수고와 노력을 하셨습니다. 이 여인은 수가성으로 들어가서 사마리아인들에게 주님을 증거 하는 수고를 했습니다. 그리하여 수많은 사마리아 사람들이 예수님께로 나오는 풍요한 영적 수확이 있었습니다. 제자들은 예수님과 그 여인이 노력해서 얻은 그 기쁨에 동참한 자들입니다. 예수님은 이런 기쁨에 동참한 제자들을 '영적추수의 일꾼'으로 삼아 영적 밭(靈田)인 추수의 현장으로 나가라고 하셨습니다. 예수님은 제자들을 영적추수의 현장으로 내보내면서 이런 말씀을 주십니다. "그런즉 한 사람이 심고 다른 사람이 거둔다 하는 말이 옳도다,"라고 하셨습니다. 이 말씀에는 중요한 의미가 있습니다.

예수님은 자기 제자들에게 그들의 노력의 결과가 아닌 소출을 수확하게 될 것이라고 하십니다. 예수님은 자신이 씨를 뿌리는 자라고 가르치십니다. 곧 십자가에서 죽으신 것은 죄인을 대속하신 죽음이고, 이 죽음은 사랑의 씨앗을 뿌린 것과 같고 하나님의 능력의 씨를 뿌린 것과 같은 것입니다. 즉 구원의 씨앗을 뿌리신 겁니다. 제자들은 세상에 나가서 예수님이 뿌린 씨앗의 결과를 추수할 수 있다는 의미입니다. 곧 하나님이 택하신 수많은 생명들을 하나님께로 인도하는 영적추수를 할 수 있다는 뜻입니다.

이 말씀은 제자들이 복음의 씨를 뿌리고 다른 사람이 거둘 날이 올 것을 의미하기도 합니다. 제자들이 복음을 전파하고 수고는 했지만, 그 수확을 거두지 못하고 세상을 떠날 수도 있다는 의미입니다. 복음을 전했지만 그 결실을 보지 못하고 순교를 당할 수도 있다는 말이기도 합니다. 그러나 순교자들의 피는 교회의 씨가 되는 것입니다. 이런 각오를 가지고 결코 실망하지 말고, 두려워하지 말라고 하시는 것입니다. 씨를 뿌리는 것이 절대로 헛된 것이 아니며, 그 복음의 씨가 쓸모없이 되는 것이 아니라는 말씀입니다. 네 당대에 거두지 못하면 후대에 거둘 것이고, 네 자신이 수확하지 못해도 다른 사람이 수확하리라고 말씀하시는 것입니다.

어떤 부자가 친구를 초청해서 큰 밭을 보여주었습니다. 그 밭에는 만병을 고칠 수 있는 만병초가 가득 했는데, 그 부자는 보화와 같은 이 밭을 너무나 사랑했습니다. 그 친구에게 묘목을 보여주면서, 이 만병초 묘목은 25년이 걸려야 꽃이 피고 열매를 맺는다고 했습니다. 그때 그 부자의 나이가 75세였습니다. 부자는 그 만병초가 꽃이 피고 열매가 맺는 것을 볼 수 없을 것입니다. 그러나 부자가 그것을 보지 못한다고 할지라도 다른 어느 누군가가 이 꽃과 열매를 보고 그것을 사용할 것입니다.

예수님의 말씀과 위대한 구속의 역사는 없어지지 않습니다. 비록 우리가 이 복음을 전파하는 노력의 결과를 보지 못한다고 해도 다른 사람이 보게 될 것입니다. 주께서 제자들을 영적추수의 일꾼으로 보내시는 말씀 속에서 우리는 전도의 동기를 찾아볼 수 있습니다.

전도와 선교의 동기는 내가 설정한 것이 아니고, 주의 명령에 있습니다.

마태복음에 믿는 자의 권세와 전도가 강조되어 있습니다.

"예수께서 나아와 말씀하여 이르시되 하늘과 땅의 모든 권세를 내게 주셨으니, 그러므로 너희는 가서 모든 민족을 제자로 삼아 아버지와 아들과 성령의 이름으로 세례를 베풀고, 내가 너희에게 분부한 모든 것을 가르쳐 지키게 하라," (마 28:18~20)

마가복음에서는 마지막 심판과 전도가 강조되어 있습니다.

"또 이르시되 너희는 온 천하에 다니며 만민에게 복음을 전파하라. 믿고 세례를 받는 사람은 구원을 얻을 것이요 믿지 않는 사람은 정죄를 받으리라," (막 16:15~16)

누가복음에서도 이 위대한 사역은 구약의 예언의 성취로서 복음의 전파와 축복이 모든 족속에게 임할 것임을 강조하고 있습니다.

"또 그의 이름으로 죄 사함을 받게 하는 회개가 예루살렘에서 시작하여 모든 족속에게 전파될 것이 기록되었으니," (눅 24:47)

요한복음에는 이 위대한 사역이 예수님 자신과 연관되어 있다는 것이 강조되어 있습니다.

"예수께서 또 이르시되 너희에게 평강이 있을지어다 아버지께서 나를 보내신 것 같이 나도 너희를 보내노라," (요 20:21)

사도행전에는 이 위대한 사역이 세계 복음화 프로그램과 연관되어 있음을 강조하고 있습니다.

"오직 성령이 너희에게 임하시면 너희가 권능을 받고 예루살렘과 온 유대와 사마리아와 땅 끝까지 이르러 내 증인이 되리라 하시니라,"(행 1:8)

4복음서와 사도행전에서 나오는 이 위대한 사역을 종합하여 볼 때에 "전도하고 전파하라"는 지상명령은 우리 성도들 각 개개인에게 관계되는 것입니다. 이 복음을 전하느냐, 안 하느냐의 문제입니다. 내가 복음 전하는 일을 우선적으로 정한다는 것이 아니라, 전도는 하나님의 지상명령이므로 복음전파에 방해되는 모든 것을 제거하고 시급히 전파해야 한다는 말씀입니다. 내 직장에서, 학교에서, 사무실에서, 어디에서나 복음을 전파해야 합니다.

예수 그리스도 없는 사람은 상실된 인간입니다. 주님 없는 인생은 영원한 생명을 잃은 존재입니다.

"그 때에 너희는 그리스도 밖에 있었고 이스라엘 나라 밖의 사람이라 약속의 언약들에 대하여는 외인이요 세상에서 소망이 없고 하나님도 없는 자이더니,"(엡 2:12) 사도 바울이 예수님 없이 살았던 에베소 교인들을 이렇게 말하고 있는 것입니다.

예레미야 50:6에서는 "내 백성은 잃어버린 양 떼로다,"라고 상실된 인간들을 말하고 있습니다. 누가복음 15장에서는 유명한 탕자의 비유와 함께 여러 상실된 자의 비유가 나옵니다. 양이 100마리 있었는데 하나를 잃어버렸으면 그 잃어버린 하나(상실된 인간)를 찾아야 한다고 하고, 열 개의 동전을 가지고 있다가 하나를 잃었으면 그 잃어버린 하나(상실된 인간)을 찾아 헤매야 합니다. 이 비유는 두 아들 중에 하나를 잃었다가 그 하나(상실된 인간)가 돌아와서 기뻐하는 아버지의 심정을 통해 상실된 자를 다시 찾는 이야기입니다.

요한복음 3:18은 "그를 믿는 자는 심판을 받지 아니하는 것이요 믿지 아니하는 자는 하나님의 독생자의 이름을 믿지 아니하므로 벌써 심판을 받은 것이니라," 라고 상실된 자에 대한 하나님의 심판을 말해주고 있습니다.

요한계시록 20:15에서는 "누구든지 생명책에 기록되지 못한 자는 불못에 던져지더라," 라고 상실된 인간의 영원한 사망을 말해주고 있습니다.

지금 이 시대는 자기 상실의 시대입니다. 복음을 전파하는 데 방해되는 요소들이 너무 많습니다. 보편주의(Universalism), 특히 종교적 보편주의는 모든 인간은 궁극적으로 하나님의 구원을 받는다고 하고 있습니다. 예수님을 믿든지 믿지 않든지, 하나님은 인간들을 사랑하시기 때문에 모든 인간은 결국에는 구원을 받는다는 주장입니다. 이런 주장은 상실된 자도 구원을 받을 수 있다는 터무니없는 결과를 낳게 됩니다. 종교 상대주의(religious relativism)에서도 모든 인간은 하나님에게 동일한 길을 가고 있다고 합니다. 오직 다른 점은 여러 가지 단계가 다르다고 합니다. 그렇다면 상실된 사람도 궁극적으로는 구원에 이르게 됩니다. 인류학자들도 복음전파는 종교라는 가장 아름다운 것을 격하시키는 것이라고 주장합니다. 이 같은 주장은 복음전파와 예수님을 영접해서 구원에 이르는 길을 막는 방해 요소입니다. 상실된 사람을 구원하기 위해 복음을 전파하는데 우리 크리스천들의 사명이 있습니다.

물질적 필요나 사회적 필요가 복음전파에 동기가 되기도 합니다. 이런 요구들이 선교의 기본 동기는 아니지만, 필요를 충족하는 것이 선교의 동기부여의 하나일 수도 있습니다. 예수님은 하나님의 복음을 가르치고, 설교하셨을 뿐만 아니라 사람들의 필요를 충족시키기도 했습니다. 주님은 특히 병자를 고치셨고, 가난한 자, 외로운 자에 대하여 측은함을 느끼셨습니다. 죄인의 자리에 같이 동석하시고 나병 걸린 사람을 만져주시면서 치료해 주시기도 하셨습니다. 예수님은 우리에게 강하게 권하십니다. 예수님의 사랑을 강권하십니다.

"그리스도의 사랑이 우리를 강권하시는도다 우리가 생각하건대 한 사람이 모든 사람을 대신하여 죽었은즉 모든 사람이 죽은 것이라, 그가 모든 사람을 대신하여 죽으심은 살아 있는 자들로 하여금 다시는 그들 자신을 위하여 살지 않고 오직 그들을 대신하여 죽었다가 다시 살아나신 이를 위하여 살게 하려 함이라," (고후 5:14~15)

상실된 자에게 사랑을 주셔서 다시 살아나게 하심을 강조하고 있습니다.

하나님의 추수의 시기는 바로 지금입니다. 우리는 모두 복음전파라는 추수의 시기를 놓치지 말고 복음을 전파하여야 합니다.

제39장

세상의 구주

(요 4:39~42)

요한복음 4:39~42 "여자의 말이 내가 행한 모든 것을 그가 내게 말하였다 중언하므로 그 동네 중에 많은 사마리아인이 예수를 믿는지라, 사마리아인들이 예수께 와서 자기들과 함께 유하시기를 청하니 거기서 이틀을 유하시매, 예수의 말씀으로 말미암아 믿는 자가 더욱 많아, 그 여자에게 말하되 이제 우리가 믿는 것은 네 말로 인함이 아니니 이는 우리가 친히 듣고 그가 참으로 세상의 구주신 줄 앎이라 하였더라."

예수님은 모든 민족, 특히 모든 죄인의 구세주입니다.
그러나 누구나 구원 받는 만인 구원론과는 구별되어야 합니다.
믿는 자에게 주어지는 영생은 미래의 생명인 동시에
현재 여기서 지금 가지는 하나님과의 교통입니다.

예수님과 사마리아 여인과의 대화에서 가장 중요한 영적 클라이맥스는 그 여인이 예수님을 구주로 영접한 것입니다. 그리고 그 여인이 사마리아인들에게 전도하여 수많은 사마리아인들이 주님을 믿게 된 것입니다. 사마리아인들이 예수님을 믿기까지는 그 단계가 있었습니다.

먼저 사마리아 여인이 사마리아인들에게 예수님을 소개했습니다. "그런 즉 그들이 믿지 아니하는 이를 어찌 부르리요 듣지도 못한 이를 어찌 믿으리요 전파하는 자가 없이 어찌 들으리요."(롬 10:14) 하나님은 사람을 통하여 하나님의 말씀을 전파하도록 계획하셨습니다. 사도 바울은 하나님께서 전도의 미련한 것으로 사람을 구원하시기를 기뻐하신다고 하였습니다(고전 1:21). 사람을 그리스도에게로 이끄는 것이 우리의 사명이며 귀중한 특권인 동시에 무거운 책임이기도 합니다.

이 여인이 사마리아인들에게 전도한 말이 무엇입니까? 요한복음 4:39에서 예수님이 나의 행한 모든 것을 내게 말씀하였다고 증거 하였습니다. 곧 예수님의 선지자 사역에 대해 증거 함으로 사마리아인들이 예수님께로 돌아온 것입니다.

그런 다음에 친교와 사랑과 봉사가 있었습니다. 사마리아 사람들이 예수님께 인도 되자 그들은 예수님과 친교를 나누면서 자기들과 함께 사마리아에 유하기를 요청하였습니다. 그들은 예수님을 더 배우고 더 잘 알기 위해서 예수님께 속히 그리고 쉽게 접근했습니다. 예수님은 그들과 함께 유하시면서 말씀을 전하셨습니다. 예수님의 말씀을 듣고 믿는 자가 더 많아졌다고 기록하고 있습니다(요4:40~41). 이 사건을 보면 우리가 전도하여 피전도자를 예수님께 붙여줄 때에 성령께서 그를 붙잡아 주신다는 것을 알 수 있습니다. 사마리아인들은 예수님에 대한 호감이 있었고, 예수님의 교훈을 경청하였으며, 그들과 함께 예수님은 2일을 지내셨습니다. 주님은 유대인들에게는 거절을 당했으나, 사마리아인에게는 영접을 받았습니다. 예수님은 매우 기뻐하시면서 이틀 동안 그들과 함께 지냈으니, 이것은 예수님의 특별한 배려였습니다. 사마리아인들이 예수님을 믿을 때에 첫 번째로 나타난 반응은 예수님을 영접하고 함께 유하자고 하면서 우대한 것입니다.

예수님을 영접한 사마리아 사람들

바울이 빌립보에 가서 처음 복음을 전했을 때에 루디아 여성도가 은혜를 받았습니다. 예배처소가 없어서 강가에 모여 기도회를 가졌는데, 거기서 루디아가 은혜를 받고 바울에게 "나를 주 믿는 자로 알거든 내 집에 들어와 유하소서," 라고 요청했습니다. 그리고 바울을 극진히 대접했습니다. 참 믿음의 열매는 접대하는 것으로 나타납니다. 복음을 받은 자는 복음 전하는 사람에게 봉사하고 귀하게 생각하며 존경해야 합니다.

그 다음으로 고백이 있었습니다(4:42). 사마리아 사람들이 예수님과 직접 만나 예수님의 말씀을 직접 듣고 배움으로 예수님을 세상의 구주로 알고 고백하였습니다. 그들은 예수님이 세상의 구주라는 위대한 발견을 하였습니다. 그 발견은 그들이 노력해서 발견한 것이 아니고 주님이 자기를 계시하심으로 발견한 것입니다. 그들이 외친 말은 "예수님이 이 세상의 구주이심을 안다," 이었습니다. 그들은 예수님이 구세주라는 자기 확신을 갖게 되었습니다. 그들이 고백한 세상의 구세주를 생각해 보는 것이 중요합니다.

예수님 당시에 그 어느 누구도 온 세상의 구주를 실제로 원한 사람은 아무도 없었습니다. 유대인은 예루살렘의 구주를 원하였고, 사마리아인들은 사마리아의 구주를 기다렸습니다. 헬라인은 헬라인의 구주를, 로마인은 로마인의 구주를 원했습니다. 예수님은 이런 종류의 구세주는 아니었습니다. 예수님은 '세상의 구세주' 이십니다. 예수님은 모든 민족의 구세주요, 또한 모든 죄인의 구세주입니다. 특히 사도 요한은 그의 책 요한복음과 요한서신과 요한계시록에서 '세상' 이란 말을 많이 사용하고 있습니다. 신약에서 세상이란 말이 185회나 나오는데 마태복음에는 8회, 마가복음과 누가복음에는 각각 3회 정도 밖에 나오지 않지만 요한의 책에서는 105번이나 나옵니다.

세상이란 단어는 헬라어 코스모스(κόσμος)로 영어로는 세상(world)으로 번역이 되어 있습니다. 코스모스는 처음에는 장식, 꾸미는 것의 뜻으로 사용되었습니다. 이것은 아름답게 꾸민다는 말입니다. 이런 뜻에서 파생되어 우주라는 단어가 생기게 되었습니다. 우주가 아름답고 조화를 이르고 있으니 이런 뜻이 파생된 것 같습니다. 사도 요한이 사용한 '세상(cosmos)' 이라는 말은 '인간군(人間群, the human race)' 을 말하고 있습니다.

"유월절 전에 예수께서 자기가 세상을 떠나 아버지께로 돌아가실 때가 이른 줄 아시고 세상에 있는 자기 사람들을 사랑하시되 끝까지 사랑하시니라," (요 13:1)

"내가 그들을 위하여 비옵나니 내가 비옵는 것은 세상을 위함이 아니요 내게 주신 자들을 위함이니이다 그들은 아버지의 것이로소이다," (요 17:9)

이 구절에서 우리는 세상에 속한 사람과 그리스도에게 속한 사람을 구별합니다.

세상의 빛

사마리아 사람들이 예수님을 세상의 구주로 고백했을 때, 그 뜻은 예수님이 어느 한 민족의 구세주가 아니라, 유대인, 이방인, 사마리아인 등 모든 민족의 구세주가 되신다는 뜻입니다. 요한복음에서는 예수님을 세상의 구주라고 정의할 때에 여러 가지 다른 이름을 들어서 말씀하였습니다.

요한복음 1:9에서는 "참 빛, 곧 세상에 와서 각 사람을 비추는 빛이 있었다,"라고 했습니다. '참 빛' 에서 '참' 이란 말이 헬라어에는 2가지가 있는데 허위, 거짓의 반대로서의 참을 의미하는 알레떼스(αληθές)와 가공적이며 공상적인 것의 반대인 참을 의미하는 알레띠노스(αληθινός)가 있습니다. 예수님은 거짓 빛이 아니요, 허위의 빛이 아닙니다. 예수님은 가공적, 공상적인 실제가 없는 그러한 빛이 아닙니다. 오직 참 빛(genuine light)이십니다. 예수님 오시기 전에 헛된 빛이 있었고, 불완전한 빛도 있었습니다. 지금도 자기를 빛이라고 거짓 선전하는 인물들이 있습니다. 우리나라에서 전에 32명이 집단 자살한 사건은 그들이 박 여인이라는 거짓된 빛에 속았기 때문입니다. 그 박 여인은 구원파에 소속된 신자로서 성경이 가르치는 말세에 대한 말씀을 믿지 아니하고, 구원파에서 강조하고 가르치는 임박한 말세론을 믿었습니다. 그들은 임박한 말세론을 강조하면서 현실 도피사상을 고취시켜 신자들의 재물을 박탈, 수집하는 일을 거침없이 행했습니다. 신자들의 재물과 정조까지 탈취하는 파렴치한 일을 자행했습니다. 이런 이단들은 자기 교파 외에는 구원이 없다고 주장하는 독선적인 행위를 합니다.

이들은 참 빛이 아닙니다. 거짓과 허위의 빛입니다. 세상의 빛이 전혀 아닙니다. 예수님만이 죄악의 어둠을 드러낼 수 있는 참 빛입니다. 인간의 정체를 밝혀서 드러내는 참 빛입니다.

세상 죄를 지고 가는 하나님의 어린 양, 세상 구주

요한복음 1:29에서는 "보라 세상 죄를 지고 가는 하나님의 어린 양이로다,"라 하였습니다. 하나님의 어린 양에 대하여 성경이 가르치는 내용을 살펴보면, 아담과 하와에게 어린 양의 가죽 옷을 입혀준 하나님의 사역과 구약시대 성전에서 제사에 사용된 어린 양으로 제단에 그 피를 뿌리게 되는 어린 양이 있습니다. 대 속죄일에 사용된 어린 양으로 온 백성의 죄를 용서 받게 하기 위하여 속죄일에 어린 양의 피로 제사를 드리는 그 어린 양을 말합니다. 하나님께 드린 어린 양을 생각해 보면 어떤 계시의 진행이 있음을 알 수 있습니다. 처음에 한 사람의 범죄를 용서 받기 위하여 한 마리의 양이 필요했습니다. 그리고 유월절에는 한 가족이 용서받기 위해서 한 마리의 양이 필요했습니다. 대 속죄일에는 전 이스라엘 민족을 위하여 한 마리 양이 필요했습니다. 마지막으로 온 세상의 죄를 대속하기 위해서 하나님의 어린 양이 필요했습니다. 여기에 하나님의 신비로운 구속 계시의 진행 역사가 있습니다.

세상을 사랑하신 구주

요한복음 3:16에서는 "하나님이 세상을 이처럼 사랑하사 독생자를 주셨으니 이는 저를 믿는 자마다 멸망치 않고 영생을 얻게 하려 하심이라," 라고 '세상' 을 사랑하시는 하나님을 계시하고 있습니다. 하나님이 죄인을 사랑하신다는 좋은 소식은 어떤 인류 역사책에서도 들을 수 없고, 어느 철학에서도 언급되지 않습니다. 어느 다른 종교에서도 이런 진리를 발견할 수 없습니다. 하나님이 사랑이심을 알 수 있는 것은 '예수 그리스도 십자가 사건' 뿐입니다.

하나님의 사랑의 성격은 무한한 사랑입니다. '이처럼 사랑하사,' 에서 '이처럼' 이란 무한한 사랑을 의미합니다. 이것은 초월적이고 탁월한 영광스런 하나님의 무한하신 사랑을 의미합니다.

하나님의 사랑은 권능을 가지고 있으며, 생명과 관련되어 있습니다. 하나님은 사랑과 생명이 충만하신 분이십니다.

"하나님의 사랑이 우리에게 이렇게 나타난 바 되었으니 하나님이 자기의 독생자를 세상에 보내심은 그로 말미암아 우리를 살리려 하심이라. 사랑은 여기 있으니 우리가 하나님을 사랑한 것이 아니요 하나님이 우리를 사랑하사 우리 죄를 속하기 위하여 화목 제물로 그 아들을 보내셨음이라," (요일 4:9~10)

"우리가 사랑함은 그가 먼저 우리를 사랑하셨음이라," (요일 4:19) 하나님의 사랑은 우리의 사랑에 선행됩니다.

사랑의 대상은 '이 세상' 입니다. '이 세상' 이란 인간들을 가리키며, 특히 타락한 인간들을 말합니다. 하나님의 사랑은 우리에게는 위대한 선물입니다. 그 선물이란 '독생자를 주심' 입니다. '주셨다,' 는 말은 우리들의 죄에 대한 속죄 제물로 주셨다는 의미입니다(요 15:13, 요일 3:16, 요일 4:10, 롬 8:32). 독생자를 선물한 것은 하나님의 사랑의 절정입니다(마 21:33~39).

우리에게 이런 사랑을 주시고, 우리의 죄를 대속하기 위해 독생자를 주신 것의 목적은 무엇입니까? 믿는 자는 누구나 멸망치 않고 영생을 얻게 하려 하심입니다. 이 복음이 우리에게 전하는 바는 어떤 민족이나 어떤 나라 사람이나 할 것 없이 누구든지 그 아들을 믿는 자는 영생을 얻으리라는 것입니다. 이것은 누구나 다 구원받는 만인구원설이 아니라, '누구든지 믿는 자마다' 에서 '믿는 자' 만이 구원을 받는다는 제한적 구원을 말합니다. '멸망치 않고' 는 육체적 존재를 잃어버리지 않는다는 말이 아닙니다. 또한 허무로 돌아가지 않는다는 뜻도 아닙니다. 멸망이란 하나님의 완전하고도 영원한 유죄 언도를 뜻합니다. 하나님의 사랑의 면전에서 추방되어 영원토록 하나님의 진노 가운데에 처한다는 말입니다. 멸망의 반대말은 영생입니다. 영생이란 미래에 가지는 생명인 동시에 현재 여기에서 지금 가지는 생명입니다. 이 생명은 구원입니다. 이 생명은 그리스도 안에서 하나님과 교통을 가집니다(요 17:3). 이것은 또 하나님의 사랑에 참여하는 것(5:42)이며, 하나님의 평안에 참여하는 것(16:33)이며, 동시에 하나님의 기쁨에 참여하는 것(17:13)입니다.

하나님의 사랑은 이처럼 엄청난 축복을 세상 사람들에게 안겨 주었습니다. 하나님의 사랑을 우리가 어떻게 알 수 있습니까? 나사렛 예수님이 우리를 위해서 십자가에 죽은 죽음의 사건 때문에 우리는 이것을 알 수 있습니다. "우리가 아직 죄인 되었을 때에 그리스도께서 우리를 위하여 죽으심으로 하나님께서 우리에 대한 자기의 사랑을 확증하셨느니라," (롬 5:8) 주님은 세상 죄인들이 그를 대적할지라도 죄인들을 위해서 죽으셨습니다. 주님이 세상에 빛으로 오셨으나 인간들은 그 빛을 거부했습니다. 주님이 세상의 모든 죄를 담당할 어린 양으로 오셨을 때, 인간들은 그 어린 양을 십자가에 못 박아 죽였습니다. 주님이 하나님의 사랑을 가장 잘 나타냈을 때에 인간들은 그 사랑을 멸시했고 그 사랑을 미움으로 대결하였습니다.

주님은 우리의 죄를 위해 죽으셨고, 그럼으로 우리를 새로운 생명으로 인도하셨습니다. 주님은 한 민족이나 한 나라의 구주가 아니라 모든 민족 모든 나라 모든 인종의 구주이십니다. 이런 세상의 구주를 증거 해야 하겠습니다.

제40장

예수님을 영접하라

(요 4:43~45)

요한복음 4:43~45 "이틀이 지나매 예수께서 거기를 떠나 갈릴리로 가시며, 친히 증언하시기를 선지자가 고향에서는 높임을 받지 못한다 하시고, 갈릴리에 이르시매 갈릴리인들이 그를 영접하니 이는 자기들도 명절에 갔다가 예수께서 명절중 예루살렘에서 하신 모든 일을 보았음이더라."

열린 마음으로 볼 때에는 예수님은 구주이시지만,
닫힌 마음으로 볼 때 예수님은 단지 시기의 대상이 될 뿐이었습니다.
닫힌 마음을 열어야만 예수님이 우리의 구주이시라는 것을
볼 수 있고 깨달을 수 있고, 영접할 수 있습니다.

유 대사회의 지도자인 랍비는 제자들을 거느리고 전국을 순회하면서 가
르칩니다. 예수님은 30년간 가정사를 돌보시고 나신 후에 12제자들을
거느리고 전도여행을 하셨습니다. 전도여행 중에 고향 나사렛을 방문하였습
니다. 단순히 옛날의 가족을 찾는 사적 방문이 아니라 랍비로서 제자들을 거
느리고 고향을 방문한 것입니다. 그리고 안식일에 회당에 나가서 가르치게
되었습니다. 유대나라 어린이들은 5살이 되면 회당에 나가서 성경을 배웠으
니, 그 회당은 예수님이 전에 다니셨던 회당이었겠지요. 거기서 가르치실 때
에 예수님은 멸시를 당하면서 가르침을 거절 당했습니다. 고향 나사렛 사람
들이 예수님을 거절한 이유는 두 가지였습니다(마 6:1~6).

고향에서 배척받는 예수님

나사렛 사람들은 예수님을 보고, '이 사람이 목수가 아니었는가?' 라고
했습니다. 여기서 목수란 나무로 도구와 가구를 만드는 기술자를 의미합니
다. 목수란 고대 헬라어 텍톤(τεκτον, 또는 τέκτων, 마태복음 13:55에서는
텍토노스 τέκτονος로 나와 있음)으로 배와 집, 그리고 신전을 만드는 사람
을 가리켰습니다. 예수님은 목수로서 가장 소문난 기술을 가진 사람은 아니
었나 봅니다. 전설에 의하면 예수님은 멍에를 잘 만드셨기 때문에 온 유대
나라에서 멍에를 주문했다고 전해집니다. 예수님도 친히 "수고하고 무거운
짐 진 자들은 다 내게로 오라. 내가 너희를 쉬게 하리라. 나는 마음이 온유
하고 겸손하니 나의 멍에를 메고 내게 배우라 그러면 너희 마음이 쉼을 얻
으리니, 이는 내 멍에는 쉽고 내 짐은 가벼움이라,"고 하셨습니다. 실제적
으로 예수님이 만드신 멍에는 소에게 잘 맞았고, 일하기에 쉽고 편리했다
고 합니다.

나사렛 사람들이 예수님을 경멸한 이유는 그가 노동자요, 평민이요, 일반인이고, 소박한 사람이었기 때문이었습니다. 회당에서 특별한 교훈을 가르치고 하나님의 말씀을 전달하여도, 나사렛 사람들은 예수님이 목수직업을 가졌던 사람이라는 예수님에 대한 선입관 때문에 예수님의 말씀을 수납하지 않았습니다.

또 그들은 "이 사람은 마리아의 아들이 아니냐?"고 했습니다. 그들은 예수님의 가정형편을 세밀히 알았고, 그 형제들이 나사렛 동네에 함께 살고 있다고 말하면서 예수님을 경멸했습니다. 특히 그들이 예수님을 마리아의 아들이라고 부른 것은 육신의 족보상 아버지인 요셉이 일찍 죽었기 때문에 마리아의 아들이라고 하였을 것입니다. 예수님은 30세가 되기까지 고향 나사렛을 떠나지 않았습니다. 온 세계가 예수님의 구원을 기다리고 있는데 왜 예수님은 이렇게 지체하셨을까요? 아마 요셉이 젊어서 일찍 죽고 그 형제들과 함께 어머니를 봉양하느라고 그랬을 것입니다. 예수님은 그 형제들이 장성하여 생계유지를 하기까지 가사를 돌보며 어머니와 가족들에게 충성했을 것입니다. 마태복음 13:55에서 "이는 그 목수의 아들이 아니냐 그 어머니는 마리아, 그 형제들은 야고보, 요셉, 시몬, 유다라 하지 않느냐,"라고 하면서 예수님의 가르침에 대하여 관심도 없고 아무런 반응도 없었습니다.

이처럼 고향사람들이 예수님을 배척하고 거부할 때에 예수님은 "선지자가 고향에서는 환영을 받을 수가 없다,"고 격언적인 말씀을 하셨습니다. 하셨습니다.

엘리야 시대에 3년 6개월 간 흉년이 들었을 때, 엘리야는 아합의 칼을 피해서 피난하였습니다. 그때 이스라엘 나라에 많은 과부들이 있었지만 한 사람도 엘리야를 보살피지 않았습니다. 다만 이방 나라 사렙다의 무명의 과부가 엘리야에게 음식과 처소를 제공하였을 뿐입니다. 곧 엘리야 선지자는 자기 민족, 고향에서는 거절과 배척을 당하였으나, 이방 땅에서 환영을 받았고 대접을 받았다고 예수님께서 말씀하셨습니다.

고향사람들이 예수님을 거절하고 배척함으로 나사렛 땅에서는 소수의 환자만 고치시고 많은 능력을 나타내지 않으셨습니다. 그들은 예수님의 이적과 능력을 인정했으나, 예수님의 초자연성을 인정하지 않았습니다. 예수님에 대하여는 너무나 잘 안다는 선입관 때문에 예수님을 불신했고 배척했습니다. 예수님을 나사렛에서 자랐던 보통 사람으로만 알았고 예수님이 하나님께로부터 왔다는 사실을 몰랐습니다. 설교자는 소년시절 자기가 자라난 곳에서 설교하기가 어렵고 의사들은 어렸을 때 알고 있던 곳에서 개업하기가 어렵다는 말이 있습니다.

닫힌 마음을 가진 사람들

그뿐 아니라 예수님이 랍비로서 제자들을 거느리고 고향에 가셨을 때, 예수님의 가르침을 받은 동네 사람들은 그를 시기하고 질투하였습니다. 많은 사람이 예수님의 가르침을 듣고 놀라면서, 이 사람이 어디에서 이런 능력과 지식을 얻었는가 하면서 시기하였습니다. 잠언 27:4에 "분은 잔인하고 노는 창수 같거니와 투기 앞에야 누가 서리요," 란 말씀이 있습니다. 시기심은 같은 동류의 사람들 중 하나가 높아질 때에 일어나기 쉽습니다. 편견과 선입관과 시기심으로 가득 찬 나사렛 사람들에게 예수님의 메시지는 용납되지 않았고, 은혜가 되지 않았습니다. 예수님의 말씀이 좋지 않아서 그랬을까요, 아니면 예수님의 권능이 약해서입니까? 예수님께 원인이 있는 것이 아니라 그 무리들에게 원인이 있었던 것입니다. 그들의 마음이 닫혀져 있었고, 굳어져 있었음으로 예수님의 말씀을 수용할 수가 없었기 때문입니다.

주님은 이처럼 고향땅에서 배척의 쓰라림을 맛보셨고, "선지자가 고향에서는 환영을 받을 수 없다,"는 격언조의 말씀을 하시었습니다. 그러나 요한 복음 4:44~45을 보면 이 말씀은 쉽게 이해가 가지 않습니다. 왜냐하면 예수 님은 고향 갈릴리에서는 영접을 받았기 때문입니다. 요한복음 4:44~45에는 예수님이 사마리아에서 이틀을 머무시고 갈릴리로 떠나시는 이유를 말씀하 셨습니다. 헬라어 본문을 보면 44절에서 '왜냐하면(γὰρ)'이라는 이유접속사 를 쓰고 있습니다.

"선지자가 고향에서 높임을 받지 못하기 때문에 갈릴리로 가신다,"고 했 습니다. 이 말씀이 무슨 뜻입니까? 예수님은 선지자가 고향에서 존경을 받지 못하는 것을 알면서도 초지일관 고향 갈릴리로 가신 것입니다. 비난과 고통 과 비평을 받을 각오를 가지고 갈릴리로 가셨습니다. 예수님의 고향은 갈릴 리가 아니고 유다입니다. 그러나 성경은 예수님이 유다 베들레헴에서 탄생 했을지라도 그가 성장한 고향은 갈릴리라고 가르칩니다(마 3:54, 57, 막 6:1, 눅 4:16, 24). 예수님이 갈릴리로 가시기로 결정한 것은 이유가 있습니다. 사 실 예수님이 유다지방에서 전도하시고 그의 명성이 점차 높아지는 것을 바 리새인들까지 알고 있었습니다. 심지어 세례 주는 수가 세례 요한보다 더 많 다는 소식을 알고 있었습니다. 이렇게 될 때에 예수님은 바리새인들과 충돌 하지 않을 수 없습니다. 왜냐하면 그들이 예수님을 시기하기 때문입니다.

예수님은 바리새인들과의 시기와 충돌이 예수님의 높은 명성 때문에 갈릴 리에서도 있을 것을 예견하였습니다. 이런 충돌을 일으킬만한 예수님의 명 성을 예수님은 두려워하지 않았기 때문에 갈릴리로 가셨다는 뜻입니다(요 4:1~3, 4:43~44). 이 사실을 보면 예수님은 갈릴리로 가신 뚜렷한 목적이 있 다는 것을 알 수 있습니다. 고향 갈릴리에서 존경을 받느냐 받지 않느냐의 문 제가 아니었습니다. 고향에서 환영을 받고 받지 않는 것은 문제가 아니었습 니다. 예수님은 그의 평생에 하나님의 뜻을 행하려고 갈릴리에 가신 것입니 다. 4:1~3을 보면 예수님의 전도 프로그램은 갈릴리로 가는 것이었습니다. 그

곳에 가서 전도를 하실 때에, 그것이 성공이든 성공이 아니든 그것이 문제가 아니었고, 다만 하나님의 뜻을 이루어 드리는 것이 예수님의 선교의 주된 목적이었습니다. 전에 갈릴리에 가셨을 때에 예수님은 심한 배척을 받았습니다. 안식일에 성전에 들어가서 구약 성경을 펴놓고 먼저 읽으셨습니다.

이사야 61:1~2, "주 여호와의 영이 내게 내리셨으니 이는 여호와께서 내게 기름을 부으사 가난한 자에게 아름다운 소식을 전하게 하려 하심이라 나를 보내사 마음이 상한 자를 고치며 포로된 자에게 자유를, 갇힌 자에게 놓임을 선포하며, 여호와의 은혜의 해와 우리 하나님의 보복의 날을 선포하여 모든 슬픈 자를 위로하되," 라고 하였습니다.

이사야서의 예언이 성취된 것을 우리에게 보여줍니다. 이 말씀은 예수님의 사역의 본질을 보여주며 예수님이 고향에 가신 목적을 보여주는 것입니다. 곧 고향인 갈릴리 인들을 구원하시는 것이 그의 방문의 목적임을 가르쳐 줍니다. 첫 번 방문 때에 예수님은 거절 당하셨고 배척 당하셨습니다. 그러나 다시 갈릴리로 가셔서 그들을 구원하고자 하신 것이 예수님의 갈릴리 방문의 목적입니다. 우리는 주의 복음을 전할 때에 성공과 실패를 개의하지 말고 전도해야 합니다. 배척과 환영을 염두에 두지 말고 전파해야만 합니다.

예수님의 갈리리 전도의 결정은 갈릴리 인들의 정확한 요구가 무엇인지를 아셨기 때문입니다. 곧 그들에게 메시야 구주이신 예수님 자신이 요구되는 것을 아셨기 때문입니다.

"예수께서 들으시고 그들에게 이르시되 건강한 자에게는 의사가 쓸 데 없고 병든 자에게라야 쓸 데 있느니라 나는 의인을 부르러 온 것이 아니요 죄인을 부르러 왔노라 하시니라," (막 2:17)

배척을 받으면서도 성경 예언을 성취하기 위해 고향에 가신 예수님

예수님은 또한 성경의 예언을 성취하기 위해서 갈릴리로 가셨습니다. 마태복음 4:15~16에서는 "스불론 땅과 납달리 땅과 요단 강 저편 해변 길과 이방의 갈릴리여, 흑암에 앉은 백성이 큰 빛을 보았고 사망의 땅과 그늘에 앉은 자들에게 빛이 비치었도다 하였느니라," 라고 하였습니다. 예수님의 갈릴리 전도사역은 초기 구약 성경의 직접적인 예언 성취였습니다. 이사야 선지자가 갈릴리 사람들에게 메시야의 빛이 비추어진다고 한 예언의 성취입니다. 그는 하나님 없이 복음 없이 캄캄한 세대에 살고 있는 갈릴리 해변 인생들이 메시야를 만나 광명한 생활을 할 수 있으리라고 예언했습니다.

주님은 하나님의 아들로 오셨고, 구주로서 하나님의 말씀을 전하실 때에 환영보다는 푸대접을 더 많이 받으셨고, 영접보다는 배척을 더 많이 당하셨습니다. 예루살렘에서 유월절 성전 숙청 사건을 통해서 단호한 행동을 취하는 것을 보았기 때문입니다. 그 당시 누구도 이러한 결단을 내릴 수 없는 어려운 일을 예수님이 행하셨기 때문입니다. 그러나 사마리아인들이 예수님을 믿은 것은, 그들 자신이 예수님께로 나와서 그의 말씀을 들었기 때문이요, 갈릴리 사람들은 예수님께서 행하신 사건을 보았기 때문입니다. 이들은 예수님을 직접 체험하여 알았기 때문에 예수님의 갈릴리 방문을 대환영했습니다. 기독교의 참 유일한 논증은 크리스천의 체험입니다. 하나님을 만나는 체험을 말합니다. 빌립은 주님을 직접 만나 예수님의 말씀을 듣는 체험이 있을 때 예수님을 영접했습니다. 삭개오와 나다나엘이나, 십자가상에서 구원 받은 강도는 다 주님을 직접 체험했기에 구주로 영접하고 믿게 되었습니다.

기독교의 효과적 전도는 그리스도께서 나를 위해 무엇을 하셨는지 알아야 하며 내가 계속해서 그리스도를 만나야 합니다. 그러고 나서 예수님이 당신을 위해 무엇을 하실 수 있는지를 알아보라고 말해야 합니다.

그리스도인의 은혜생활도 그리스도께서 나를 위해 무엇을 하셨는지 확실히 알고 그리스도를 만나 체험적 신앙을 가질 때에 가능한 것입니다. 지금도 주님은 나를 위하여 무엇을 하고 계신다는 사실을 체험할 때에 은혜생활을 지속할 수 있습니다.

루터는 가톨릭의 여러 행사가 아니라 성경 속에서 예수님을 만나고 예수님과 동행함으로 종교개혁을 했습니다. 추상적, 개념적, 공상적인 믿음이 아니라 실제적인 신앙, 산 신앙, 행동적인 신앙생활을 해야 되겠습니다.

제41장

제 2의 기적

(요 4:46~54)

요한복음 4:46~54 "예수께서 다시 갈릴리 가나에 이르시니 전에 물로 포도주를 만드신 곳이라 왕의 신하가 있어 그의 아들이 가버나움에서 병들었더니, 그가 예수께서 유대로부터 갈릴리로 오셨다는 것을 듣고 가서 청하되 내려오셔서 내 아들의 병을 고쳐 주소서 하니 그가 거의 죽게 되었음이라. 예수께서 이르시되 너희는 표적과 기사를 보지 못하면 도무지 믿지 아니하리라. 신하가 이르되 주여 내 아이가 죽기 전에 내려오소서. 예수께서 이르시되 가라 네 아들이 살아 있다 하시니 그 사람이 예수께서 하신 말씀을 믿고 가더니, 내려가는 길에서 그 종들이 오다가 만나서 아이가 살아 있다 하거늘, 그 낫기 시작한 때를 물은즉 어제 일곱 시에 열기가 떨어졌나이다 하는지라, 그의 아버지가 예수께서 네 아들이 살아 있다 말씀하신 그 때인 줄 알고 자기와 그 온 집안이 다 믿으니라. 이것은 예수께서 유대에서 갈릴리로 오신 후에 행하신 두 번째 표적이니라."

신앙은 보고 듣고 믿는 저차원의 신앙과
보지 않고 듣지 않아도 믿는 고차원의 신앙이 있습니다.
이적을 보고야 믿는 믿음보다, 말씀을 믿는 믿음보다,
예수님께 순종하는 믿음이 있어야 하겠습니다.

예수님께서 갈릴리 전도사역을 하실 때 가나지역을 방문하셨습니다. 이 곳은 예수님께서 물로 포도주를 만드신 첫 번째 이적을 행하신 곳입니다. 여기서 예수님은 두 번째 기적을 행하셨는데, 왕의 신하의 죽어가는 아들을 살리신 것입니다. 이때의 왕은 헤롯 대왕의 아들 가운데 하나인 헤롯 안디바(Herod Antipater 주전 20~주후 39)를 가리킵니다. 그는 갈릴리 지방과 뵈레아 지방을 다스린 분봉 왕(Tetrarch)이었습니다. 왕의 신하의 이름은 밝혀지지 않았으나, 헤롯의 스튜워드 구사(Steward Chusa, 눅 8:3) 아니면 헤롯의 젖동생 마나엔(Manaen)으로 추정합니다. 왕의 신하는 자기 어린 아들이 병들어 죽게 되었을 때 그 아들을 살리려고 예수님을 찾아왔습니다. 헬라어 본문에는 호 휘오스(ὁ υἱός, the son)로 나와 있는 것으로 보아, 유일한 아들이라고 생각됩니다. 세상적으로 보면 이 신하는 궁중에 높은 지위를 차지한 자입니다. 그러나 예수님은 그 고향 나사렛에서 목수였던 사람이요, 마리아의 아들이라고 하면서 배척과 천대를 받으신 분입니다.

이적을 보고 믿는 신앙

가나에 계시는 예수님을 만나려고 이 신하는 20마일을 걸어서 왔습니다. 가버나움과 가나는 약 20마일, 즉 80리 거리에 있습니다. 신하는 자기의 죽어가는 아들을 살려달라는 요청을 하기 위하여 예수님을 찾아온 것입니다. 종을 보내어 예수님을 청한 것이 아니라, 그는 아들의 생명을 구하려고 자기의 신분도 생각하지 않고 자존심을 버린 채 예수님을 찾아온 것입니다. 예수님께 간청했습니다. 그러나 예수님은 그를 냉대했습니다. '사람들은 표적과 기사를 보지 못하면 도무지 믿지 아니한다,' 고 간접적으로 그 신하를 냉대하는 말씀을 하셨습니다.

갈릴리 사람들은 예수님이 물을 포도주로 만드는 기적을 보고 예루살렘 성전을 깨끗이 숙청하는 것도 보았습니다(요 2장). 대부분의 갈릴리 사람들은 예수의 표적과 기적을 보고 그를 믿었습니다. 예수님은 왕의 신하를 보고 모든 사람이 표적과 기사를 보지 않으면 도무지 믿지 못한다고 하는 말씀을 하신 것은 너도 이 같은 저급한 자가 아니냐고 하신 말씀입니다.

예수님께서는 가나안 여인에게도 냉대하는 말씀을 하셨습니다(마 15장). 그의 딸이 귀신 들려 고생할 때, 그 여인은 예수께 나와서 고쳐달라고 요청하였습니다. 그때 예수님은 나는 이스라엘 집의 잃어버린 양을 찾으러 왔지 너 같은 이방인을 위해 온 것이 아니라고 하셨습니다. 그러나 여인은 절망하지 않고 예수께 나와서 절을 하면서 도와달라고 요청했습니다. 예수님은 더 심한 냉대를 하였습니다. 자녀의 떡을 취하여 개에게 주는 것이 마땅치 아니하다고 하였습니다. 이때 가나안 여인은 유명한 믿음의 말을 남겼습니다. "주님, 옳습니다. 그러나 개들도 제 주인의 상에서 떨어지는 부스러기를 먹습니다. 나에게 이 부스러기 은혜라도 주소서." 주님은 이 여인의 믿음이 크다고 칭찬하시면서 그 딸을 고쳐주셨습니다.

예수님이 여인을 냉대한 것은 냉대를 위한 냉대가 아닙니다. 그의 믿음이 얼마나 큰가를 저울질 해 보신 것입니다. 왕의 신하에게도 이런 가혹한 냉대의 말씀을 하신 것은 그의 믿음을 알아보기 위한 것이었습니다. 이 신하는 예수님의 냉대의 말씀을 듣고도 절망이나 자포자기를 하지 않았습니다. 교만하여 예수님의 말씀을 듣지 않겠다고 성급하게 돌아서지도 않았습니다.

처음 신앙은 기적을 보고 믿는 신앙이었습니다(47, 48절). 이 신하의 믿음을 예수님은 이렇게 지적하였습니다. '너희는 표적과 기사를 보지 못하면 도무지 믿지 아니 하는 자'라고 간접적인 책망을 하신 겁니다. 유대인은 특별히 표적을 구하였고(고전 1:22), 그 표적을 보지 않고는 믿지 못하였습니다. 이런 믿음은 얕은 믿음이고, 뿌리가 없는 믿음입니다. 도마가 부활하신 주님의 상처를 만져보아야 믿겠다고 했을 때, 예수님은 도마에게 나타나셔서 자기 상처를 보여주시고 만져보라고 하셨습니다. 그러시면서 믿음 없는 자가 되지 말고 믿는 자가 되라고 하셨습니다. "너는 나를 본 고로 믿지만 나를 보지 않고 믿는 자는 더 복 되도다"라고 하셨습니다.

말씀을 믿는 신앙

보고 믿는 믿음이 발전하여 '예수님의 말씀을 믿는 믿음'으로 바뀝니다. 예수님이 신하가 이적을 보고 믿는 정도의 낮은 믿음 밖에 안 된다고 하셨을 때, 그 신하는 낙심하거나 절망하지 않고 오히려 더욱 간곡한 부탁을 하면서 "주여, 내 아이가 죽기 전에 내려오소서,"라고 간청했습니다. 그의 이 같은 간청은 예수님이 속히 가버나움 자기 집에 내려가셔서 안수하시고 고쳐주시기를 원하는 말입니다. 가나지방에서 20마일을 걸어야 가버나움에 갈 수 있으니 시간이 매우 촉박했습니다. 아들이 죽을 지경에 이르렀으니, 아버지의 마음은 애가 탈 수밖에 없습니다. 죽어가는 아들을 생각하면 예수님이 말씀을 덜하시고 긴급하게 서둘러서 가버나움으로 내려가시기를 원했습니다. 신하의 믿음은 예수님이 자기 집에 오셔야만 아들의 병이 나을 줄 아는 약한 믿음이었습니다. 만일 그 아들이 죽은 후에라도 예수님이 살려주실 수 있다는 사실을 몰랐습니다. 초보적이고 매우 얕은 믿음을 가지고 '예수님의 자기 집 방문'을 요청할 때에 예수님은 그에게 이런 말씀을 하셨습니다. "가라, 네 아들이 살았다." 예수님의 이 말씀은 언뜻 보면 냉정하게 들리는 것 같습니다. 그러나 신하는 예수님의 말씀을 믿었습니다. 그의 믿음은 이적을 보고 믿는 믿음에서 말씀을 믿는 믿음으로 도약하고 발전했습니다.

이 신하와 같은 가버나움 땅에 한 백부장이 살았습니다. 백부장은 자기 하인의 병을 고쳐달라고 예수님께 가서 간청을 했습니다. 그런데 이 경우에는 예수님께서 백부장의 집에 친히 가셔서 고쳐주시겠다고 말씀하셨습니다. 그러나 백부장은, "주여, 나는 주님을 모실만한 가치가 없는 사람이니, 말씀만 하옵소서. 그리하면 내 하인이 낫겠나이다,"라고 말하였습니다. 시편 107:20에서는 "그가 그의 말씀을 보내어 그들을 고치시고 위험한 지경에서 건지시는도다,"라고 하였습니다. 백부장은 이런 믿음을 갖고 있었던 것입니다. 백부장은 놀라운 믿음으로 예수님이 자기 집까지 오는 수고를 하지 말도록 간청했습니다. 예수님은 '이스라엘 중에서도 이만한 믿음을 만나보지 못하였다,' 라고 칭찬하셨습니다.

주님이 기뻐하시는 고차원적 신앙은 말씀을 믿는 신앙입니다. 신하가 주님이 하신 말씀인 "가라, 네 아들이 살았다,"라는 약속과 치료의 말씀을 믿고 그 신하는 자기 집으로 다시 돌아왔습니다. 이것은 주님의 말씀을 복종하고 순종하는 고상한 믿음입니다. 하나님의 말씀이 '하라고 하는 것을 행하고, 금하는 것을 행하지 않는 것이 산 믿음이요, 실제적인 믿음' 이라고 하셨습니다. 곧 순종하는 믿음이 산 믿음인 것입니다. 헤롯의 궁정에서 예수님을 믿는 신앙을 공언하는 것은 쉬운 일이 아닙니다. 그는 조소와 조롱을 당했을 것입니다. 나사렛 목수인 예수님을 메시야라고 믿는 것은 어리석은 일이라고 궁중사람들은 그를 비난했을 것입니다. 그러나 헤롯의 신하는 예수님이 구세주 메시야라는 것을 체험적으로 알았기 때문에 믿지 않을 수 없었습니다. 그 신하는 예수님을 구주 메시야로 믿는 고백적인 신앙을 가졌습니다.

갈릴리 지방 중에 가버나움이나 벳세다 동네는 주님의 저주를 받았습니다. 많은 이적과 표적을 행한 곳이었지만 그들이 주님을 믿지 아니 하였기 때문에 예수님은 통탄하셨습니다. 크나큰 이적을 보고도 믿지 않았던 도시들입니다.

마태복음 11장에는 이 도시들이 저주를 받는 내용이 나옵니다. 21~24에

"화 있을진저 고라신아 화 있을진저 벳새다야 너희에게 행한 모든 권능을 두로와 시돈에서 행하였더라면 그들이 벌써 베옷을 입고 재에 앉아 회개하였으리라. 내가 너희에게 이르노니 심판 날에 두로와 시돈이 너희보다 견디기 쉬우리라. 가버나움아 네가 하늘에까지 높아지겠느냐 음부에까지 낮아지리라 네게 행한 모든 권능을 소돔에서 행하였더라면 그 성이 오늘까지 있었으리라. 내가 너희에게 이르노니 심판 날에 소돔 땅이 너보다 견디기 쉬우리라 하시니라."

그러나 가나는 축복 받은 곳입니다. 물로 포도주를 만드신 곳이고, 또 신하의 아들이 병 고침을 받은 곳입니다.

예수님의 두 번째 기적에서 받아야할 교훈이 있습니다. 우리에게 어려운 일이 있을 때는 근심하지 말고 주님께 나아가 고해야 합니다. 근심을 고할 때 높은 믿음을 가지고 고해야 하겠습니다. 이적을 보고야 믿는 믿음보다, 말씀을 믿는 믿음과 예수님의 능력을 믿는 순종의 믿음을 가져야 하겠습니다.

제42장

제 3의 기적

(요 5:1~9)

요한복음 5:1~9 "그 후에 유대인의 명절이 되어 예수께서 예루살렘에 올라가시니라. 예루살렘에 있는 양문 곁에 히브리 말로 베데스다라 하는 못이 있는데 거기 행각 다섯이 있고, 그 안에 많은 병자, 맹인, 다리 저는 사람, 혈기 마른 사람들이 누워 [물의 움직임을 기다리니, 이는 천사가 가끔 못에 내려와 물을 움직이게 하는데 움직인 후에 먼저 들어가는 자는 어떤 병에 걸렸든지 낫게 됨이러라], 거기 서른여덟 해 된 병자가 있더라. 예수께서 그 누운 것을 보시고 병이 벌써 오래된 줄 아시고 이르시되 네가 낫고자 하느냐. 병자가 대답하되 주여 물이 움직일 때에 나를 못에 넣어 주는 사람이 없어 내가 가는 동안에 다른 사람이 먼저 내려가나이다. 예수께서 이르시되 일어나 네 자리를 들고 걸어가라 하시니, 그 사람이 곧 나아서 자리를 들고 걸어가니라 이 날은 안식일이니."

예수님께서 서른여덟 해 된 병자를 고쳐주십니다.
아무런 소망이 없는 이 병자에게 예수님은
희망과 용기를 불어넣어주십니다. '네가 낫고자 하느냐?'
희망과 용기를 잃은 사람에게는 낫고자 하는 의욕도 없습니다.
믿음의 소망을 잃지 말아야 합니다.
병든 영혼이 낫기 원한다면 지금 소리치십시오.
주여! 내가 낫기를 바랍니다!

예수님은 유대인 명절에 예루살렘에 올라가셨습니다. 예수님의 공생애 2년째 되는 주후 28년입니다. 본문에 나오는 명절이 부림절, 유월절, 오순절 가운데 어느 명절인지 알 수 없으나 이 명절 기간에 예수님은 예루살렘에 있는 베데스다 못을 방문하셨습니다. 이 못의 위치는 예루살렘 성문 북쪽에 있었습니다. 오늘날에 스데반 문입니다. 이 못은 양문(Sheep-Gate) 곁에 위치해 있었는데 성전에서 사용되는 양들이 이 문을 통과해서 들어갔기 때문에 이 문은 양문이라고 불리었습니다. 베데스다 못의 '베데스다' 는 히브리어나 또는 아람어로 두 가지의 뜻을 가지고 있습니다. 하나는 '자비의 집, 또는 은혜의 집(The house of mercy or the house of grace)' 이란 의미와 또 하나는 '은혜롭지 않은 집, 또는 치욕의 집(The house of disgrace or the house of shame)' 이라는 아주 상반되는 의미입니다. 학자들은 이 의미가 병을 치료하는 집이라는 의미에서 은혜의 집으로 불렸고, 또 병자들이 모이는 집이라는 의미에서 치욕의 집이라고 불렀다고 설명합니다. 헬라어로는 베데스다(βηθεσδά) 또는 베드자다(βηθζαθά)로 쓰고 있습니다. 이 연못은 19세기까지 그 실체를 찾아볼 수 없었습니다. 성서학자들이나 신학자들은 이 연못이 실제적인 장소가 아니라 상징적인 장소라고 생각했습니다. 그런데 19세기 말에 독일의 고고학자 쉭(Conrad Schick, 1822~1901)이 세인트 앤 교회(St. Anne's Church)의 북동쪽 100피트 되는 지점을 발굴해서 이 못을 찾아냈습니다. 그 벽에는 그 못의 물을 동하게 하는 천사의 그림을 그린 벽화가 있었습니다.

베데스다 못 가에 병자들

예수님 당시에 베데스다 못 가에는 5개의 행각이 있었습니다. 행각이란 현관 식으로 지은 곳을 말합니다. 이곳은 병자들이 쉬는 안식처고, 비바람을 피할 수 있는 장소였습니다. 그래서 이 베데스다를 자비의 집이라고 불렀다는 설도 있습니다. 이 행각에는 여러 환자들이 모여 있었습니다. 이 못의 물이 움직일 때(동할 때), 먼저 들어가는 사람은 어떤 병에 걸렸든지 낫는다는 전설과 풍문이 있었기 때문에 많은 병자들은 이 못이 움직이기만을 기다리고 있었습니다.

우리 말 성경은 요한복음 5:3의 반과 4절까지의 말씀을 괄호 속에 묶어 두었습니다. [물의 움직임을 기다리니, 이는 천사가 가끔 못에 내려와 물을 움직이게 하는데 움직인 후에 먼저 들어가는 자는 어떤 병에 걸렸든지 낫게 됨이러라] 이 말씀은 권위 있는 사본에는 없는 말씀입니다. 시내산 사본, 바디칸 사본, 에브라임 사본에는 없으며, 수리아, 애굽, 라틴 번역본에도 없습니다. 초대 교부 터툴리안만이 이 부분을 시인하였습니다. 베데스다 못은 간헐천으로 때때로 물이 솟아오르기 때문에 수면이 움직이는 것처럼 보였을 것입니다. 유대인의 전설에 수면이 동하는 것은 천사가 내려와서 움직이는 것이고, 그 물속에 먼저 들어가는 사람은 무슨 병이든지 낫는다고 하였습니다. 여러 권위 있는 성경 사본에 이런 전설적인 내용이 없다면 우리는 이 말을 어떻게 설명할 수 있을까요? 이 구절에 대한 사본 증거가 무겁지 못한 사실로 보아서 그곳의 물이 동함이 초자연적 능력으로 되었다는 것이 저자인 요한의 소신이 아니었겠고, 성령님의 교훈도 아니었다는 말이 됩니다. 다만 그 38년 된 병자가 가졌던 사상에 불과할지도 모릅니다. (헨드릭슨 요한복음 주석 참고) 예수님은 이 수많은 병자들이 베데스다 못가에서 물의 동함을 기다리고 있을 때에, 그 중에 가장 오래된 병자인 38년 간 병을 앓고 있던 병자를 고쳐주셨습니다. 이 기적은 요한복음에 나오는 세 번째 기적입니다.

5:6에서 예수님은 베데스다 못가의 모든 병자를 다 보셨으나 특별히 38년

된 병자를 보셨습니다. 다른 병자들도 가련하고 불쌍했으나, 이 병자는 38년 동안이나 누워서 스스로의 힘으로는 움직일 수 없는 무능력한 병자였습니다. 이 병자는 베데스다 못가에 와서 그 물이 동할 때에 자기가 먼저 물에 들어가고 싶었지만 한 발자국도 움직일 수 없는 무능한 사람이었습니다. 베데스다 못가에 올 때에도 누가 이 병자를 거기까지 옮겨 주었을 것입니다. 베데스다 못가에 있는 사람은 그 어느 누구도 이 병자를 도와 물에 넣어줄 사람이 없었습니다. 예수님은 이처럼 친구 없고 무능력한 38년 된 병자의 친구가 되셨습니다. 아무런 도움도 받지 못한 사람의 조력자가 된 것입니다. 예수님은 이 병자를 불쌍하게 보시고 그에게 접근하셨습니다. 이 병자에게 동하는 물을 기다리는 것은 쓸데없는 일이라고 하는 이론을 전개하지 않았으며 그것이 미신행위라고 말씀하시지도 않으셨습니다. 다만 이 병자를 도와주시려고 그를 보셨고, 그를 유심히 관찰하셨습니다. 영어 격언에 '하늘은 스스로 돕는 자를 돕는다(Heaven helps those who holp themselves.)' 라는 말이 있으나 예수님은 자기 스스로를 도울 수 없는 전적으로 무능한 인간을 도우십니다. 내가 할 수 없다고 절망하는 그 시간은 하나님이 일하시는 기회가 됩니다. 인생의 위기는 하나님이 일하시는 절호의 기회입니다.

네가 낫고자 하느냐.

예수님은 병자에게 물으셨습니다. '네가 낫고자 하느냐?' 왜 예수님이 병자를 보고 이런 말씀을 하셨을까요? 이런 질문은 부질없는 질문입니다. 병자가 낫고자 하는 마음을 가진다는 것은 상식적으로 알 수 있는 일인데 왜 이런 질문을 꼭 해야만 하셨을까요? 예수님이 이런 명백한 질문을 하신 이유가 있습니다. 이 병자가 자기는 이제 살 수 있는 소망이 없으며, 회복할 희망이 없다고 자포자기한 상태이기 때문입니다. 38년간이나 병고에 시달리다 보니 이제는 나을 수 없다는 절망 속에 빠져버리고 말았습니다. "네가 낫고자 하느냐?"라는 예수님의 질문에 그 병자는 "나를 물에 넣어줄 사람이 없습니다. 내가 못에 들어가려고 하는 동안 다른 사람이 먼저 들어가 버립니다. 나에게는 이제 더 이상 소망이 없습니다,"라고 대답합니다. 이 병자는 더 이상 자기가 나을 수 있다는 의욕을 가질 수 조차 없는 매우 소극적인 인생이 되고 말았습니다. 이러한 병자에게 예수님은 새로운 삶의 의욕을 불러일으키기 위해 이런 질문을 하신 겁니다.

낫고자 하는 소원조차 포기한 병자에게 주님은 희망과 의욕을 불러일으켜 주셨습니다. 절망은 교만입니다. 소원이 없는 것은 어떤 의미에서 교만입니다. 힘이 없다고 낙심하는 것은 힘의 근원이신 하나님을 무시하는 사고입니다. 죄가 있다고 낙심하는 것은 우리의 죄를 사하시기 위해 피 흘리신 예수님을 무시하는 생각입니다. '네가 낫고자 하느냐?' 라는 질문에는 그 병자를 고쳐주시려고 하는 예수님의 언약의 말씀이 내포되어 있습니다. 이 언약의 말씀은 곧 예수 그리스도의 치유의 권능을 보여주고 있는 것입니다. 우리는 하나님께 소망을 두어야 합니다.

디모데전서 6:17에서는 "네가 이 세대에서 부한 자들을 명하여 마음을 높이지 말고 정함이 없는 재물에 소망을 두지 말고 오직 우리에게 모든 것을 후히 주사 누리게 하시는 하나님께 두며,"라고 소망을 하나님께 두어야 함을 강조합니다.

시편 39:7에서는 "주여 이제 내가 무엇을 바라리요 나의 소망은 주께 있나이다," 우리의 소망은 모두 하나님께 있다는 것을 말해주고 있습니다. 예수님의 능력을 받을 수 있는 가장 중요한 요소는 그 은혜를 받아야만 하겠다고 하는 강한 소망과 갈망입니다.

'네가 낫고자 하느냐?' 하시면서 예수님께서 물으실 때에, 그 병자는 아마도 예수님이 겨우 자기를 물에 넣어줄 수 있는 사람으로만 기대했을 것입니다. 그는 이렇게 대답하였습니다. "물이 동할 때에 나를 못에 넣어줄 사람이 없습니다." 이 때 예수님은 "일어나라, 네 자리를 들고 걸어가라,"라고 말씀하셨습니다. 이 병자는 즉시 나아서 자리를 들고 걸어갔습니다. 여기 자리란 헬라어로 크라바톤(κράβαττον)으로 이것은 짚으로 만든 자리나 빈민용 침상을 말합니다(Camp-bed, Pallet, Pad or thin mattress). 이 사람은 38년 동안 자기의 침상에 누워만 있었는데 이제는 자기가 그 침상을 들고 걸어갔습니다. 주님께서 이 병자를 고쳐주실 때에 즉시 낫게 하셨습니다. 주님의 능력은 이 병자의 절망적인 병을 즉시, 그리고 완전히 고쳐주었습니다. 주님은 이 사람을 못으로 데려가 물에 넣은 것이 아니라 그 자리에서 즉시 고쳐주셨습니다. 그러므로 주님은 천사보다 위대하다는 의미가 내포되어 있습니다.

능력으로 나타나는 주님의 말씀

주님의 말씀은 능력으로 나타납니다. 생명을 주시는 능력, 치료의 능력, 그리고 소망과 용기를 주는 능력으로 나타납니다.

요한복음 5:24~25에서는 "내가 진실로 진실로 너희에게 이르노니 내 말을 듣고 또 나 보내신 이를 믿는 자는 영생을 얻었고 심판에 이르지 아니하나니 사망에서 생명으로 옮겼느니라. 진실로 진실로 너희에게 이르노니 죽은 자들이 하나님의 아들의 음성을 들을 때가 오나니 곧 이 때라 듣는 자는 살아나리라,"라고 하였습니다.

요한복음 5:28~29에서는 "이를 놀랍게 여기지 말라 무덤 속에 있는 자가 다 그의 음성을 들을 때가 오나니, 선한 일을 행한 자는 생명의 부활로, 악한 일을 행한 자는 심판의 부활로 나오리라,"라고 하셨습니다.

이처럼 예수님의 말씀은 능력으로 나타납니다. 생명을 주는 능력으로 나타나는 것입니다. 혈루증으로 인해 38년 동안 시들고 말랐던 그 병자에게 주님은 건강을 주셨고, 회복과 새 생명을 주셨습니다. 주님은 말씀 한 마디로 새 생명을 주셨습니다. 그것이 말씀의 능력입니다.

무디는 "하나님 말씀에 충만한 자가 곧 성령 충만한 자이다"라고 했습니다.

네델란드의 신학자 헤르만 바빙크(Herman Bavinck 1854~1921)는 "주님의 말씀은 창조하며, 보존하며, 심판하며, 살리시기도 하고, 죽이시기도 하며, 회복시키며, 새롭게 한다. 그러므로 언제든지 헛되이 돌아오는 법이 없다. 이것이 사람의 말과는 다른 점이다,"라 했습니다.

어거스틴은 로마서 13:13~14 말씀인 "낮에와 같이 단정히 행하고 방탕하거나 술 취하지 말며 음란하거나 호색하지 말며 다투거나 시기하지 말고, 오직 주 예수 그리스도로 옷 입고 정욕을 위하여 육신의 일을 도모하지 말라,"라는 말씀을 읽고 옛것을 버리고 새롭게 살았습니다.

스펄전은 이사야 45:22의 "땅의 모든 끝이여 내게로 돌이켜 구원을 받으라 나는 하나님이라 다른 이가 없느니라,"라는 말씀으로 살았습니다.

마틴 루터는 로마서 1:17의 "복음에는 하나님의 의가 나타나서 믿음으로 믿음에 이르게 하나니 기록된 바 오직 의인은 믿음으로 말미암아 살리라 함과 같으니라,"라는 말씀으로 힘을 얻었습니다.

영국의 선교사인 허드슨 테일러(James Hudson Taylor 1832~1905)는 요한복음 19:30의 "예수께서 신 포도주를 받으신 후에 이르시되 다 이루었다 하시고 머리를 숙이니 영혼이 떠나가시니라,"라는 말씀으로 살았습니다.

베데스다 못을 찾아가서서 혈기가 마르는 병으로 38년간 앓던 고질 병자를 고쳐주신 예수님의 치료의 능력은 오늘도 역사하십니다. 38년 된 병자가 먼저 예수님께 소원하지도 않았고, 낫기 원하는 마음도 거의 소멸된 상태였을 때 주님이 먼저 삶의 의욕을 불러일으키시고 그를 낫게 하셨습니다. 여러분 가운데 육신적으로 고질병을 앓고 있는 자가 있습니까? 주님의 말씀을 믿으시고, 주님의 말씀의 능력이 나타나는 것을 확신하시고, 생명을 주는 예수님의 능력, 치료의 능력을 믿으시면 삶의 의욕을 일으키는 권능을 주십니다. 그러므로 하나님의 말씀을 항상 가까이 하셔야 합니다. 말씀이 영혼의 양식이며 영혼의 능력을 주시는 강력한 영양소라는 것을 꼭 기억하시기 바랍니다.

여러분 가운데 영적 고질병을 앓고 있는 사람은 없습니까? 베데스다 못가에 찾아와 기다리던 맹인들같은, 영적 맹인은 없습니까? 하나님의 일과 인간의 일을 분간하지 못하는 맹인 된 신자들은 답답한 생활을 합니다. 고질적인 영적 맹인인 성도들은 고침 받고 가야만 합니다. 영적 절름발이는 없습니까? 발을 저는 사람들은 걸을 때 그 균형을 잃어버립니다. 한쪽으로 치우치게 됩니다. 항상 편견이나 아집이나 이기주의적으로 사는 자는 영적 절름발이입니다. 보편타당한 생각과 판단을 하고 조화와 일치를 이루는 데 힘쓰는 성도가 건전한 성도인 것입니다.

영적으로 혈기가 마른 성도는 없습니까? 의욕을 상실했거나, 봉사의 의욕이 없거나 잘 믿어보려는 노력이 없거나, 신앙 경주에서 선두주자가 되고자 하는 의욕이 없는 성도들은 영적으로 혈기가 마른 성도입니다. 영적인 고질병자는 말씀 전하는 것을 게을리 하고 교회를 성장시켜 보려는 의욕을 상실한 성도입니다.

여러분 중에 성격의 고질병이 있는 사람이 있습니까? 잔인하고 무자비하거나 악독한 사람, 원수 맺는 일을 하는 사람, 화를 잘 내거나 호색하는 사람, 당 짓는 사람, 시기와 질투를 하는 사람, 술에 취하기를 좋아하는 사람, 모사술수를 쓰는 사람, 방탕한 사람, 우상 숭배를 하는 사람, 남과 다투기를 자주 하는 사람, 정이 없는 사람, 거짓말을 하는 사람, 남 이야기를 소곤소곤 하기를 좋아하는 사람, 교만한 사람, 부모를 거역하는 사람, 약속을 자주 어기는 사람 등등은 모두 자기 제일주의에 빠진 성격의 고질 병자입니다.

고질적인 병은 고쳐야만 합니다. 베데스다 못가에서 38년 된 고질 병자인 혈기 마른 자를 고쳐주신 예수님의 그 능력은 오늘도 우리에게 살아서 역사하고 있습니다. "일어나 네 자리를 들고 걸어가라!"

제43장

안식의 주인

(요 5:10~18)

요한복음 5:10~18 "유대인들이 병 나은 사람에게 이르되 안식일인데 네가 자리를 들고 가는 것이 옳지 아니하니라. 대답하되 나를 낫게 한 그가 자리를 들고 걸어가라 하더라 하니, 그들이 묻되 너에게 자리를 들고 걸어가라 한 사람이 누구냐 하되, 고침을 받은 사람은 그가 누구인지 알지 못하니 이는 거기 사람이 많으므로 예수께서 이미 피하셨음이라. 그 후에 예수께서 성전에서 그 사람을 만나 이르시되 보라 네가 나았으니 더 심한 것이 생기지 않게 다시는 죄를 범하지 말라 하시니, 그 사람이 유대인들에게 가서 자기를 고친 이는 예수라 하니라. 그러므로 안식일에 이러한 일을 행하신다 하여 유대인들이 예수를 박해하게 된지라, 예수께서 그들에게 이르시되 내 아버지께서 이제까지 일하시니 나도 일한다 하시매, 유대인들이 이로 말미암아 더욱 예수를 죽이고자 하니 이는 안식일을 범할 뿐만 아니라 하나님을 자기의 친 아버지라 하여 자기를 하나님과 동등으로 삼으심이러라."

예수님은 안식일의 주인입니다.
육신의 안식과 영혼의 안식과 영원한 안식을 주십니다.
예수님의 부활은 구원의 완성이요,
진정한 안식을 주신 것입니다.

예수님께서 38년 된 고질병 환자를 고쳐주신 날은 바로 안식일입니다. 유대인의 안식일은 금요일 해질 때부터 토요일 해질 때까지를 가리킵니다. 안식일을 지키는 것은 모세의 십계명 중의 하나로 유대인들은 매우 중요시했습니다(출 20:8~11, 신 5:12~15). 유대인들은 안식일을 지키는데 총 39조 234장에 달하는 금칙을 제정하였습니다. 그 중 6조 1항에 '누구든지 안식일에 공중장소에서 개인주택으로 물건을 운반하는 자는, 그가 부주의하였으면 그의 죄로 인해 제사를 드릴 것이요, 만일 고의적으로 그랬으면 그 몸을 쪼개고 돌로 칠 것이다,'라고 되어 있습니다. 그들은 안식일에 병자를 상에 뉘인 채 운반하는 것은 허락했으나, 침상만 운반하는 것은 노동이라고 생각해서 죄라고 규정해서 이를 금했습니다. 랍비들은 안식일에 옷에 바늘 하나 달고 가도 죄를 범하는 것이요, 가슴에 장식된 핀 하나도 착용할 수 없다고 했습니다. 안식일에 그들은 의수족이나 의치를 가지고 다닐 수 있느냐 없느냐에 대한 것까지 논의했습니다. 아마 이런 안식일 준수 법칙을 만든 것은 예레미야 17:19~27의 말씀과 느헤미야 13:15의 말씀을 잘못 해석했기 때문입니다.

예레미야 17:21~22에는 "여호와께서 이와 같이 말씀하시되 너희는 스스로 삼가서 안식일에 짐을 지고 예루살렘 문으로 들어오지 말며, 안식일에 너희 집에서 짐을 내지 말며 어떤 일이라도 하지 말고 내가 너희 조상들에게 명령함 같이 안식일을 거룩히 할지어다,"라고 했습니다.

느헤미야 13:15에는 "그 때에 내가 본즉 유다에서 어떤 사람이 안식일에 술틀을 밟고 곡식단을 나귀에 실어 운반하며 포도주와 포도와 무화과와 여러 가지 짐을 지고 안식일에 예루살렘에 들어와서 음식물을 팔기로 그 날에 내가 경계하였고,"라 기록되어 있습니다.

안식일을 거룩하게 지키기 위해서 그 날에는 육체 노동을 하지 말고 장사를 하지 말라는 금지사항이 있었던 것은 사실입니다. 그러나 유대 랍비들은 세칙을 만들어 하나님의 안식일 계명이 본래 가르치는 내용을 오도한 것입니다. 안식일의 의미를 잘못 가르치고 하나님의 말씀하신 안식의 뜻을 바로 알지 못했습니다. 그들은 참으로 안식을 창조하시고 안식을 주시고 안식을 누리게 하시는 예수 그리스도를 오해하였습니다.

예수님은 육신의 안식을 주십니다(5:10~13)

38년간 고질병을 앓던 병자를 고쳐주신 것은 그에게 무한한 육신의 안식을 주신 것입니다. 병든 사람에게는 한 시간이 3년처럼 여겨지고 괴로운데 38년간 병을 앓던 자가 병 고침을 받았으니 얼마나 큰 안식이겠습니까? 유대인들은 병자가 병 고침을 받고 침상을 들고 걸어갈 때에 "네가 자리를 들고 가는 것은 옳지 않다. 왜냐하면 이 날은 안식일이기 때문이다,"라고 말했습니다. 안식일에 자리를 들고 가는 것은 노동하는 것이므로 옳지 않다는 것입니다. 이때 병 고침을 받은 사람은 "나를 낫게 한 그가 자리를 들고 걸어가라고 했기 때문에 내가 자리를 들고 걸어간다,"라고 설명했습니다. 이 병자의 이론은 '38년간 병석에 누워있던 나를 고쳐주신 그 사람은 안식일에 무엇을 해야 한다고 말할 권세가 있는 사람' 이라는 것입니다. 그 병자는 예수님의 권위를 증거하고 믿었습니다. 유대인들의 안식일 지키는 법에 의하면 38년 된 병자는 돌에 맞아 죽을 수밖에 없는 위법행위를 한 셈이 됩니다. 그러나 "나를 낫게 한 그가 내 자리를 들고 걸어가라,"고 했다면서 담대히 말했습니다. 유대인들이 다시 질문했습니다. "너보고 자리를 들고 걸어가라고 한 사람이 누구냐?" 이 질문은 그 당시 유대인의 교활함을 나타내는 질문입니다. "누가 너를 낫게 했느냐?"라고 묻지 않고 누가 자리를 들고 걸어가라고 네게 명했느냐고 물은 것입니다.

예수님은 그 병자에게 육신의 안식을 주시려고 38년 된 고질병을 고쳐주셨는데, 유대인들은 그에게 누가 너더러 자리를 들고 걸어가라고 하였느냐고 물으면서 그 병자를 괴롭히기만 했습니다. 그것은 그 사람에게 율법의 올가미를 씌우려는 괴롭힘입니다. 그들은 자기들이 고칠 수 없는 38년 된 병자를 예수님이 고쳐주신 사실에 대해서 감사하고 감탄해야 하는데 오히려 병 나은 사람이 자리를 들고 가는 것을 위법행위라고 트집을 잡은 것입니다. 안식일 날 침상을 들고 가는 일은 그들이 만든 법에 위배된다고 주장합니다. 곧 돌에 맞아 죽을 사형에 해당한다는 말입니다. 유대인들은 다시 질문하기를 "그가 누구냐?"라고 했습니다. 그 병자는 그가 누구인지 모른다고 대답했습니다.

그들은 죽을 사람을 살리는 긍휼보다 그들의 헛된 유전을 중시했고, 사람을 살리는 것보다 사람을 헛되이 정죄해서 죽이는 것을 기쁘게 생각하는 자들입니다. 예수님께서 특별히 안식일에 38년 된 병자를 고쳐주신 것은 그가 죄인들에게 육신의 안식도 주시는 분이라는 것을 가르치기 위함입니다.

예수님은 영혼의 안식을 주십니다(5:14)

예수님께서 38년 된 병자를 고치신 후 그를 성전에서 만나셨습니다. 그를 만나신 날짜나 그가 왜 고침을 받은 후 성전에 갔는지 그 이유도 자세히 알 수 없습니다. 아마 그의 병 고침을 감사하여 감사제를 드리기 위해 성전에 갔을 것이라고 추정할 수 있습니다. 예수님이 왜 성전에 가서서 그를 만나셨을까요? 예수님이 베데스다 못가에서 이 병자의 육체적 고질병을 고쳐주시고 그 영혼에 대해서는 전혀 말씀하시지 않으셨습니다. 주님은 그를 다시 만나시고 말씀하십니다. "보라, 네가 나았으니 더 심한 것이 생기지 않게 다시는 죄를 범하지 마라."고 하셨습니다. 이 말씀은 죄 값으로 반드시 병든다는 원리를 가르치는 것이 아닙니다. 유대인들은 병의 근원을 죄에 두었습니다. 요한복음 9:1 이하에서 태어날 때부터 맹인인 사람을 보고 제자들이 예수님께 질문하는 장면이 나옵니다. "랍비여, 이 사람이 맹인으로 태어난 것이 누구의 죄입니까? 그 자신의 죄입니까, 아니면 그 부모의 죄입니까?"라고 질문했습니다. 그러나 이 경우 예수님은 38년 된 병자에게 네가 나았으니 더 심한 것이 생기지 않게 다시는 죄를 범하지 말라고 하셨습니다. 더 이상 죄의 상태에 있지 말라고 하신 것은 예수님을 불신하는 죄를 짓지 말라는 뜻입니다. 그 사람이 병 고침을 받은 후에도 죄인임을 면치 못합니다. 그가 만일 예수님을 불신하는 죄를 범하면 더 심한 형벌을 받게 되리라는 말씀입니다. 곧 영적 형벌을 받게 될 것이라고 말씀하셨습니다. '더 심한 것', 즉 영적 형벌은 그가 38년 앓은 고질병보다 더 심한 고통이라는 것을 설명해 줍니다. 본문의 '죄를 범하지 말고'는 현재형 동사로, '더 이상 죄 안에 계속 있지 말고'라는 뜻입니다. 이것은 예수님이 그의 38년 전에 일어났던 일을 말하는 것이 아니라 지금 이 순간의 그의 상태를 말씀하시는 것입니다. 그 사람은 하나님과 함께 한 상태가 아니라는 것을 뜻하고 그래서 예수님은 그에게 그런 상태를 지속하지 말라고 경고하시는 것입니다. 만약에 그런 상태를 유지한다면 그는 여태까지 육신의 질병에서 고통을 받았던 것보다 더 큰 영적인 고통이 온다는 것을 경고하시는 것입니다. 예수님은 그 병자에게 육신의 안식만 주신 것이 아니라 성전에서 다시 그를 만나셔서 영적인 안식까지 얻도록 축복하셨습니다.

예수님은 영원한 안식을 주십니다(5:15~18)

그 병 고침 받은 자가 유대인들에게 가서 자기로 하여금 상을 들고 걸어가라고 한 사람은 바로 예수라고 하였습니다. 예수님을 가리켜 '자기를 고친이' 라고 강조합니다. 이 사람은 유대인들에게 치유에 대해서 강조하고 있습니다. 예수님께서는 나의 38년의 고질병인 혈기 마르는 병을 고쳐주신 분이라고 했습니다. 그러나 유대인들은 그 치유에 대해서는 흥미와 관심이 전혀 없었습니다. 다만 그들이 만든 안식일 지키는 법규를 위반한 자라고 규정했을 뿐입니다. 이때부터 그들은 예수님을 박해하기 시작했습니다. 유대인들에게는 죽은 율법의 법규가 더 중했고 살린 사람의 생명은 중요하지 않았습니다.

예수님은 이들의 혹독한 박해를 당하면서 이렇게 말씀하셨습니다. '내 아버지께서 일하시니 나도 일한다,' 라고 하셨습니다. 그러므로 그들이 예수님을 죽이고자 했습니다. 그 이유는 안식일을 범하고, 또 하나님과 자기를 동등하게 여겼기 때문입니다. 유대인들은 안식 개념에 대해서 예수님을 오해했습니다. 안식이란 활동을 하지 않는 것이 아닙니다. 하나님이 창조사역을 쉬신 것을 말합니다. 그러나 하나님의 섭리사역은 계속 되고 있는 것입니다. 피조물을 다스리고 보존하며 모든 만물에게 생명을 주시는 일은 계속하고 계십니다. 안식의 개념은 활동하지 않는 것을 의미하지 않고 도리어 고차원적인 일을 하는 복된 생활을 가리킵니다. 예를 들면 우리가 주일에 육체노동은 쉬지만 영적 활동 곧 예배행위와 전도활동은 하는 것과 같습니다. 예수님이 유대인의 그릇된 안식개념을 지적하시면서 말씀하신 '아버지께서 일하시니 나도 일한다.' 는 것은 '예수님은 하나님으로서 지금도 섭리의 활동, 영혼 구원의 활동을 하신다,' 는 의미입니다.

유대인들은 또한 안식일의 주인에 대하여 오해하고 있습니다. 예수님이 그의 제자들과 함께 밀밭사이로 지나가실 때에 그들이 밀 이삭을 잘라먹었습니다. 바리새인들이 이것을 보고 예수님께 말하기를, '당신의 제자들이 안식일에 하지 못할 일을 한다,' 라고 비난했습니다. 밀 이삭을 잘라 굶주린 배를 채우는 것은 잘못이 아닙니다. 바리새인들은 밀 이삭을 비벼 먹는 것은 타작하는 노동과 같다고 보기 때문에 이렇게 말한 것입니다. 이때 예수님은 역사적 사실 한 가지를 예로 드셨습니다.

'다윗이 사울왕을 피해서 피난 갈 때에 하나님의 전에 들어가서 제사장들만이 먹을 수 있는 빵을 먹었으나 하나님은 다윗을 책망하지 아니하였다. 이스라엘 백성이 하나님이 기름 부으신 왕인 다윗을 배척하고 하나님께 제사한다고 하는 것은 위선이고 쓸데없는 일이다,' 라고 하셨습니다.

하나님은 율법에 따른 진설병보다, 하나님이 기름 부은 왕인 다윗을 더 귀중하게 여기신 것입니다. 이 사실이 예수님의 때에도 적용되는 것입니다. 바리새인과 유대인 서기관들이 하나님의 기름 부으신 메시야를 거절하고 안식일 법규를 지켜야 한다고 주장하는 것은 하나님 보시기에 쓸데없는 일이고 위선입니다. 또 제사장들이 성전 안에서 안식을 범해도 죄가 아닙니다. 제사장들은 안식일에 제물준비 같은 일을 합니다.

"안식일에는 일 년 되고 흠 없는 숫양 두 마리와 고운 가루 십분의 이에 기름 섞은 소제와 그 전제를 드릴 것이니," (민 28:9)

"또 그의 형제 그핫 자손 중에 어떤 자는 진설하는 떡을 맡아 안식일마다 준비하였더라" (대상 9:32). 안식일에 그들이 일했다는 사실이 기록되어 있습니다.

예수님은 성전보다 더 크시고 안식일의 주인이라고 하셨습니다. 안식일에 병 고치는 일을 하는 것이 옳은가 하는 것을 마태복음 12:11에서 사람들이 묻습니다. "사람들이 예수를 고발하려 하여 물어 이르되 안식일에 병 고치는 것이 옳으니이까," 라고 묻자 예수님은 손 마른 사람을 고쳐주시면서 "너희 양 한 마리가 안식일에 구덩이에 빠졌다면 구하겠느냐?" "안식일에 선을 행하는 것이 옳으니라," 라고 분명히 말씀하셨습니다.

예수님이 하나님은 자기의 친 아버지라고 하는 것은 자기를 하나님과 동등으로 삼았다고 그들은 지적했습니다. 성자는 성부와 똑같은 영광과 권위를 가지신 분이요, 성부 하나님을 가장 분명하게 계시하신 분이십니다. 유대인의 해석은 '하나님을 아버지라고 했을 때, 곧 예수님이 자기를 하나님의 아들이라고 했을 때, 그 말씀은 하나님과 예수님이 동등이다' 라고 이해했습니다. 예수님은 자기가 하나님이심을 계시한 것입니다. 예수님은 여기서 자신이 '안식'의 창조자요, 안식일의 주인임을 밝히십니다. 곧 예수님은 하나님으로서 천지를 창조하셨고, 이레째 되는 날에 쉬셨으며, 지금도 섭리하시는 하나님이라는 뜻입니다. 그 하나님이 죄인들을 구원하시고 영원한 안식을 주십니다.

구약시대와 예수님이 부활하시기 직전까지도 토요일을 안식일로 지켰습니다. 예수님이 부활하신 후에는 제자들과 교회들이 주일날에 예배를 드립니다. 토요일이 창조를 기념하고 예배하는 날이었다면, 주일은 예수님의 부활을 기념하고 예배하는 날입니다. 부활은 구원의 완성이요, 진정한 안식을 주신 것입니다. 죄에서 해방되고 영원한 생명을 주신 것입니다. 예수 안에서 참 안식을 얻으며 진정한 안식을 누릴 수 있습니다.

"수고하고 무거운 짐 진 자들아 다 내게로 오라 내가 너희를 쉬게 하리라. 나는 마음이 온유하고 겸손하니 나의 멍에를 메고 내게 배우라 그리하면 너희 마음이 쉼을 얻으리니," (마 11:28~29) 우리는 모두 예수님 안에서 영원한 안식을 얻는 것입니다.

안식일과 주일

(요 5:10~16)

요한복음 5:10~16 "유대인들이 병 나은 사람에게 이르되 안식일인데 네가 자리를 들고 가는 것이 옳지 아니하니라. 대답하되 나를 낫게 한 그가 자리를 들고 걸어가라 하더라 하니, 그들이 묻되 너에게 자리를 들고 걸어가라 한 사람이 누구냐 하되, 고침을 받은 사람은 그가 누구인지 알지 못하니 이는 거기 사람이 많으므로 예수께서 이미 피하셨음이라. 그 후에 예수께서 성전에서 그 사람을 만나 이르시되 보라 네가 나았으니 더 심한 것이 생기지 않게 다시는 죄를 범하지 말라 하시니, 그 사람이 유대인들에게 가서 자기를 고친 이는 예수라 하니라. 그러므로 안식일에 이러한 일을 행하신다 하여 유대인들이 예수를 박해하게 된지라."

안식일은 휴식과 무노동의 날이지만, 주일은 활동의 날입니다.
주일은 구원의 날을 의미합니다.
이 날은 하나님이 주신 새날인 동시에 구원이 완성되는 날입니다.
주일은 주님이 우리의 죄를 위해 돌아가시고
다시 부활하신 것을 의미하는 날입니다.

하 나님이 천지 만물을 창조하시고 이레째 되는 날에 쉬셨습니다. 그리고 그날을 복주시고 거룩하게 하였습니다(창 2:2~3). 그런데 모세 시대 이전에는 이 일곱 째 날에 하나님께 희생제물을 드린 증거가 없습니다. 일곱 째 날에 기도나 할례를 행한 증거도 없습니다. 또 안식일을 지켰다고 하는 증거도 없습니다. 특히 욥기에는 안식일에 대한 언급이 전혀 없습니다.

안식일은 율법에 의해 제정된 날

안식일은 유대인만을 위하여 제정된 날입니다.

출애굽기 20:8에는 "안식일을 기억하여 거룩하게 지키라," 라고 하였습니다. 시내 산에서 모세가 하나님께로부터 계명을 받은 것입니다.

출애굽기 31:13~17에서 "너는 이스라엘 자손에게 말하여 이르기를 너희는 나의 안식일을 지키라 이는 나와 너희 사이에 너희 대대의 표징이니 나는 너희를 거룩하게 하는 여호와인 줄 너희가 알게 함이라. 너희는 안식일을 지킬지니 이는 너희에게 거룩한 날이 됨이니라 그 날을 더럽히는 자는 모두 죽일지며 그 날에 일하는 자는 모두 그 백성 중에서 그 생명이 끊어지리라. 엿새 동안은 일할 것이나 일곱째 날은 큰 안식일이니 여호와께 거룩한 것이라 안식일에 일하는 자는 누구든지 반드시 죽일지니라. 이같이 이스라엘 자손이 안식일을 지켜서 그것으로 대대로 영원한 언약을 삼을 것이니, 이는 나와 이스라엘 자손 사이에 영원한 표징이며 나 여호와가 엿새 동안에 천지를 창조하고 일곱째 날에 일을 마치고 쉬었음이니라 하라," 는 하나님과 이스라엘 사이에 있는 표징을 말합니다.

신명기 5:15에서는 "너는 기억하라 네가 애굽 땅에서 종이 되었더니 네 하나님 여호와가 강한 손과 편 팔로 거기서 너를 인도하여 내었나니 그러므로 네 하나님 여호와가 네게 명령하여 안식일을 지키라 하느니라,"라고 안식일을 지키는 이유를 모세가 설명하고 있습니다.

출애굽기 20:11에서 "이는 엿새 동안에 나 여호와가 하늘과 땅과 바다와 그 가운데 모든 것을 만들고 일곱째 날에 쉬었음이라 그러므로 나 여호와가 안식일을 복되게 하여 그 날을 거룩하게 하였느니라," 하면서 안식일이 천지 창조 기념일이라고 했습니다.

느헤미야 9:13~14에서 "또 시내 산에 강림하시고 하늘에서부터 그들과 말씀하사 정직한 규례와 진정한 율법과 선한 율례와 계명을 그들에게 주시고, 거룩한 안식일을 그들에게 알리시며 주의 종 모세를 통하여 계명과 율례와 율법을 그들에게 명령하시고," 라 하여 포로시대 이후에 안식일을 지킬 것을 강조했습니다.

에스겔 20:10~12에서는 "그러므로 내가 그들을 애굽 땅에서 나와서 광야에 이르게 하고 사람이 준행하면 그로 말미암아 삶을 얻을 내 율례를 주며 내 규례를 알게 하였고 또 내가 그들을 거룩하게 하는 여호와인 줄 알게 하려고 내 안식일을 주어 그들과 나 사이에 표징을 삼았노라," 애굽에서 해방된 기념으로 안식일을 주어 하나님과 이스라엘 사이에 표징으로 삼았다고 하였습니다. 그러므로 안식일은 이스라엘인만을 위한 것이라는 결론이 나옵니다.

구원의 의미로써 안식일

신약에서의 안식일은 특히 사도행전에서만 9번이나 나옵니다. 사도행전 1:12에서 제자들 500여명이 예수님의 승천을 보고 감람산에서 예루살렘으로 돌아올 때 안식일이란 말이 나오는 것을 시작으로, 13:14, 27, 42, 44과 15:21,

16:13, 17:2, 18:4에서 안식일이란 말이 나오고 있습니다. 이 안식일은 사도 바울이 마지막으로 사용하고 있습니다.

"그러므로 먹고 마시는 것과 절기나 초하루나 안식일을 이유로 누구든지 너희를 비판하지 못하게 하라"(골 2:16~17). 사도 바울은 안식일에 전도와 강론과 성경교육을 했습니다.

유대인들은 하나님이 안식일인 제 7일을 거룩하게 구별하였고 복 주신 날이므로 제 7일 안식일을 지켜야 한다는 사상을 가지고 있었습니다. 그러나 제 7일만 하나님의 날이라고 강조하면 다른 날은 하나님의 날이 아니라는 소극적인 결론이 나옵니다. 그렇다면 안식일만 거룩하게 살고 다른 날은 아무렇게나 생활해도 된다는 논리가 성립되기도 합니다. 그 날 하루에만 얽매이는 생활은 이런 잘못된 결과를 초래합니다.

사도 바울은 로마서 14:5에서 "어떤 사람은 이 날을 저 날보다 낫게 여기고 어떤 사람은 모든 날을 같게 여기나니 각각 자기 마음으로 확정할지니라,"고 하여 어떤 날을 중요하게 여기지 말고, 하나님을 중하게 여기라고 했습니다. 모든 날, 해, 역사가 하나님의 소유인 줄을 알아야만 합니다. 하나님이 주신 '날'에 집착하기보다 그 날을 주신 하나님께 초점을 두어야 한다는 말입니다. 이렇게 했을 때에 형식이나 외식주의로 흐르지 않게 됩니다. 모세의 안식일 해석은 애굽에서 해방된 것에 대한 율법을 의미하는 것이지만, 모세 이전의 안식일은 '무활동, 또는 무노동'의 개념이었습니다. 예수님은 이 안식일의 의미를 재해석해서 구원에 초점을 맞추셨습니다. 그래서 안식일을 유대인 지도자들이나 바리새인들이 문자적으로 해석하는 것을 깨버리신 것입니다.

그렇다면 주일(主日)이란 무엇입니까? 하나님이 주신 새로운 날입니다.

시편 118:21~24에서 "주께서 내게 응답하시고 나의 구원이 되셨으니 내가 주께 감사하리이다. 건축자가 버린 돌이 집 모퉁이의 머릿돌이 되었나니, 이는 여호와께서 행하신 것이요 우리 눈에 기이한 바로다. 이 날은 여호와께서 정하신 것이라 이 날에 우리가 즐거워하고 기뻐하리로다,"라고 주일을 구약에서 예언하고 있습니다. 이 날은 하나님이 지정하신 날이라고 합니다. 그러므로 '이 날' 주일은 버려진 돌이 회복되는 날, 즉 구원과 부활의 날을 의미합니다.

사도행전 4:11~12에서는 "이 예수는 너희 건축자들의 버린 돌로서 집 모퉁이의 머릿돌이 되었느니라. 다른 이로써는 구원을 받을 수 없나니 천하 사람 중에 구원을 받을 만한 다른 이름을 우리에게 주신 일이 없음이라 하였더라,"라고 베드로가 성령이 충만해서 설교를 합니다. 다시 말하자면, 구약 시편에서 예언했던 '버린 돌이 회복되어 머릿돌이 되는 날'이 바로 베드로가 말하는 '구원의 날, 부활의 날'이고 이 날은 하나님이 주신 새 날인 동시에 구원이 완성된 날입니다. 이 날이 바로 주일인 것입니다.

주일은 부활의 날

주일에 일어난 중요한 사건들이 있습니다. 우리에게 새 생명과 새 창조의 의미를 알리신 주의 부활과, 예수님이 승천하셨고(요 20:17), 부활의 주님이 나타나셔서 그의 임재를 통해 사람들의 마음 상태를 변화하게 했으며, 엠마오에서 제자들에게 떡을 떼어 주신 날이며, 제자들에게 성경을 이해하도록 영안을 열어주신 날이고, 제자들에게 선교사명을 주신 날(요 20:21)입니다. 예수님께서 '아버지께서 나를 보내심과 같이 내가 너희를 보낸다,'라고 하셨으며, 예수님이 제자들에게 성령을 주신 날(요 20:22)이고, 성령이 교회 전체에 임하셔서 교회시대를 출발하게 하신 날(행 2장)입니다. 또한 성령이 사도 바울에게 믿는 자들을 모으고 그들에게 전도하게 했고, 주의 일을 위하여 헌금하기도 했으며(고전 16:2), 예수님이 사도 요한에게 나타나서 계시한 날 (계 1:10)이기도 합니다. 사도 요한은 주일에 성령의 감동을 받고 주의 음성을 듣습니다.

주일에 이처럼 중요한 사건들이 많이 일어났다는 사실을 보며 하나님은 부활의 날에 대한 중요성을 우리에게 깨닫게 하심을 알 수 있습니다. 곧 구원의 역사를 우리에게 보여주시는 것입니다.

주일은 주님의 날입니다. 주님을 영화롭게 하는 날로 지켜야 합니다. 주님의 부활은 우리의 구원이고 우리에게 새 생명을 주신 기쁨입니다. 우리는 주일에 이런 구원의 감격을 가지고 이 기쁨과 생명의 날을 거룩하게 지켜야 합니다.

"날마다 마음을 같이하여 성전에 모이기를 힘쓰고 집에서 떡을 떼며 기쁨과 순전한 마음으로 음식을 먹고"(행 2:46). 성도들이 이 부활과 생명의 날을 기쁨으로 지키고 있습니다.

구약의 안식일의 의미는 휴식과 무노동, 무활동에 있었지만, 주일은 활동의 날입니다. 그날 여인들이 예수님의 무덤을 찾아가는 활동을 했고, 예수님이 나타나시는 활동의 날이면서, 또한 엠마오의 두 제자가 예루살렘에 가서 부활의 주님을 만난 활동을 했던 날입니다. 자기 만족을 위한 날이나 쾌락의 날이 아닙니다. 주일에는 경배를 드려야 합니다. 경배의 Worship은 값진(worth)에서 온 말입니다. 경배는 이 세상에서 가장 값진 것이라는 말입니다. 솔로몬의 제사와 예배를 통해서 우리는 솔로몬이 얼마나 깊고 많이 하나님께 예배했고, 하나님은 솔로몬에게 크나큰 은혜를 내려주신 것을 보았습니다. 사마리아 여인이 예수님께 예배에 대해 물었을 때에 예수님은 신령과 진정으로 예배하라고 하셨습니다. 그러므로 주일에 예배와 기도와 찬양은 교회활동에서 필수적인 것입니다. 그리고 증거 하고 전도해야 하는 것입니다.

예수 그리스도께서 부활하심으로 신약 교회는 안식일이 아닌 하나님이 정
해주신 새로운 날인 주일을 지키는 것입니다. 이 날은 구원 완성의 날입니다.
이 날을 가치 있는 날로 지키고 또 가치 있는 활동으로 지켜야만 합니다. 주
님만이 영광 받고 주님을 영화롭게 하는 날로 지켜야 합니다.

제45장

성부와 성자의 동등하심

(요 5:18~23)

요한복음 5:18~23 "유대인들이 이로 말미암아 더욱 예수를 죽이고자 하니 이는 안식일을 범할 뿐만 아니라 하나님을 자기의 친 아버지라 하여 자기를 하나님과 동등으로 삼으심이 러라. 그러므로 예수께서 그들에게 이르시되 내가 진실로 진실로 너희에게 이르노니 아들 이 아버지께서 하시는 일을 보지 않고는 아무 것도 스스로 할 수 없나니 아버지께서 행하 시는 그것을 아들도 그와 같이 행하느니라. 아버지께서 아들을 사랑하사 자기가 행하시는 것을 다 아들에게 보이시고 또 그보다 더 큰 일을 보이사 너희로 놀랍게 여기게 하시리라. 아버지께서 죽은 자들을 일으켜 살리심 같이 아들도 자기가 원하는 자들을 살리느니라. 아버지께서 아무도 심판하지 아니하시고 심판을 다 아들에게 맡기셨으니, 이는 모든 사람 으로 아버지를 공경하는 것 같이 아들을 공경하게 하려 하심이라 아들을 공경하지 아니하는 자는 그를 보내신 아버지도 공경하지 아니하느니라."

하나님과 예수님은 동등하십니다.
그 본질에 있어서 동등하시고,
사역에 있어서 동등하시고,
모든 영광과 권위에 대해서도 동등하십니다.

예수님께서 유대인의 안식일에 38년 된 병자를 고쳐주셨을 때, 유대인들로부터 안식일을 범했다고 박해를 받았습니다. 이때 예수님 자신은 안식일을 범한 자가 아니라고 하시면서 "내 아버지께서 지금까지 일 하시니 나도 일 한다."고 하셨습니다. 성부 하나님이 창조의 일은 쉬셨지만 섭리의 일은 지금까지 계속하시며 안식일에도 섭리의 사역은 계속됨으로 예수님 자신도 일한다는 것입니다. 이때에 유대인들은 예수님을 죽이려고 했습니다. 그 이유는 예수님이 하나님을 자기의 친 아버지라고 하여 자기를 하나님과 동등 됨을 말씀하셨기 때문입니다. 곧 예수님이 자기를 하나님이라고 주장했기 때문에 죽이려고 한 것입니다. 예수님은 자기의 하나님의 아들 자격을 12세 때인 성전에 올라가실 때 알고 계셨습니다(눅 2:49). 예수님은 그때 "내가 내 아버지 집에 있어야 될 줄을 알지 못하셨나이까?"라고 하셨습니다. 예수님이 세례 받으실 때에 성부 하나님께서 '이는 내 사랑하는 아들'이라고 하였습니다(마 3:17). 광야에서 시험 받으실 때에 '하나님의 아들'로서 마귀의 시험을 받으셨습니다(마 4:1~11). 그때 사탄은 예수님께 "네가 만일 하나님의 아들이어든," 이라고 했습니다.

성부와 성자는 본질에 있어서 동등하심(5:17~18)

예수님께서 주장하신 "내 아버지께서 이제까지 일하시니 나도 일한다," 라고 하신 말씀을 유대인들이 어떻게 이해했는가를 아는 것도 중요합니다. 곧 예수님의 이 말씀이 유대인들에게 어떻게 들렸을까를 생각해 보아야 합니다. 그들은 사상과 관념에 대한 배경을 가지고 있었고 신학과 신앙에 대한 배경도 가지고 있었습니다. 우리의 배경과는 전혀 다른 문학과 종교의 배경을 가지고 있었습니다. 우리는 예수님이 하신 말씀, 곧 '내 아버지께서 이제까지 일하시니 나도 일한다,'고 하는 말씀을 들을 때에 거부감을 느끼지 못합니다. 그러나 유대인들에게는 이 말씀이 그들의 귀에 엄청나게 거슬린 것입니다. 예수님이 하나님을 내 아버지라고 한 것이 그들의 거부감을 산 것입니다. 유대인들은 '하나님을 자기의 친 아버지라고 한 것은 예수가 자기를 하나님과 동등이라고 주장하는 것'이라고 생각했습니다. 하나님을 이스라엘의 아버지, 또는 우리의 아버지라고 하지 않고 '내 아버지'라고 한 것은 예수님 자신이 하나님이라고 주장하는 것입니다. 곧 자기는 아버지와 동등이라는 사상이요 표현이라고 유대인들은 이해했습니다.

요한복음 10:30에서는 "나와 아버지는 하나이니라 하신대,"라고 하시면서 예수님은 하나님과 하나라고 하셨습니다. '아버지와 아들'이라는 말은 셈족 언어의 근본적인 의미로 '성질의 동일'을 가리킵니다. 예수님이 '나와 아버지는 하나'라고 말씀했을 때에 유대인들은 그를 돌로 쳐서 죽이려고 했습니다. 그 이유는 예수님은 사람으로서 자칭 하나님이라고 하셨기 때문입니다 (요 10:33). 그들은 예수님을 신성모독이라고 비난하면서 죽이려고 했습니다. 예수님이 하나님을 그 자신의 아버지라고 하신 것은 예수님이 성부 하나님과 동등이심을 가르치는 것입니다. 성부 하나님과 성자 하나님, 곧 예수 그리스도는 권능과 영광에서 동등하십니다.

주후 325년 6월 14일에 콘스탄틴 황제가 니케아 종교회의를 열었습니다. 감독 318명이 니케아에 모여서 예수 그리스도에 대하여 이단을 조장하는 아리우스(Arius)의 견해를 비판하고 교회에서 추방하였습니다. 아리우스의 기독론은 다음과 같습니다. '예수 그리스도는 하나님의 피조물이다. 하나님과 가장 많이 닮은 피조물이다. 시간적으로는 제일 먼저 창조되었다. 이처럼 예수님은 하나님의 가장 고귀한 피조물이기 때문에 우리가 하나님과 같이 존경해야 할 분이다.' 이상이 아리우스가 주장하는 그리스도의 본질입니다.

아리우스는 예수 그리스도는 하나님과 비슷한 본질을 지니고 계신 분이지 하나님 자신은 아니라고 했습니다. 이것을 유사본질이라고 합니다. 예수님은 하나님과 비슷한 본질을 갖고 있다는 것입니다. 이것을 헬라어로는 '호모이우시오스(ὁμοιούσιος)'라고 하는데 유사본질이라는 뜻입니다. 그러나 아리우스의 기독론에 반대해서 일어난 아타나시우스는 예수님은 절대로 피조물이 아니시며, 본질적으로 하나님이시라고 주장하였습니다. 헬라어로는 호모우시오스(ὁμοούσιος)이며 동질이라는 의미입니다. 그러므로 성부 하나님과 성자 하나님은 본질적으로 동질동체라는 뜻입니다. 니케아 종교회의에서는 아타나시우스의 동일본질론을 채택하고 결정하였습니다. 즉, "우리들은 주 예수를 믿는다. 그는 하나님 아버지께로서 나신 독생자로서 아버지의 본질에서 나신 아들, 하나님에게서 나오신 아들, 빛에서 나신 빛, 참 하나님에게서 나신 참 하나님이시며 피조물이 아니다. 그는 하나님 아버지와 동질이시고, 하늘에 있어서나 땅에 있어서나 만물을 지으시고 우리를 구원하시기 위해 세상에 탄생하셔서 육체를 입으시어 사람이 되시고 죽으신 후 다시 살아나셔서 하늘에 오르시고 만민을 심판하시기 위하여 재림하실 것을 믿는다,"라는 사실을 결정했습니다. 그러므로 성자 하나님은 성부 하나님과 그 본질에 있어서 동등이십니다.

성부와 성자는 그 사역에 있어서 동등하심(5:19~22)

19절의 '그러므로'라는 말은 '성부와 성자가 동등함'이라는 말을 설명하는 말입니다. "그러므로 예수께서 그들에게 이르시되 내가 진실로 진실로 너희에게 이르노니 아들이 아버지께서 하시는 일을 보지 않고는 아무 것도 스스로 할 수 없나니 아버지께서 행하시는 그것을 아들도 그와 같이 행하느니라," 하여 아들의 권위가 아버지에게 근거한다고 분명하게 밝히십니다.

'아들이 아버지께서 하시는 일을 보지 않고는 아무 것도 스스로 할 수 없다,' 고 하신 말씀은, '아버지께서 행하시는 그것을 아들도 그와 같이 행하시기' 때문입니다. 이 어법은 한 가정의 아이들이 아버지에게 본받는 친밀한 가정사에서 온 표현법입니다. '그 아버지에 그 아들이다,' 라는 표현입니다. 성자 예수 그리스도께서 성부 하나님과 부단히 가지는 생명적 교제를 뜻합니다.

또한 '아들이 아버지께서 하시는 일을 보지 않고는 아무 것도 스스로 할 수 없다,' 고 하신 말씀은 '아버지께서 아들을 사랑하사 자기의 행하는 것을 다 아들에게 보이셨다' 는 뜻입니다. 여기 사랑이란 성부 하나님이 성자 하나님을 따뜻하게 사랑하는 인격적 사랑을 의미합니다. 성부 하나님은 자기의 행하는 모든 것을 성자 하나님에게 보여주신 겁니다. 영원한 구원의 계획을 성부 하나님이 성자 하나님에게 보여주셨고, 성부 하나님의 창조와 섭리도 아들에게 보여주셨습니다. 곧 성부의 일은 성자의 일입니다. 이러한 일보다도 더 큰 일을 보여주셨는데 21절과 22절의 '죽은 자를 부활시키는 것과 심판하는 것' 을 보여주셨습니다.

본문말씀 '아들이 아버지께서 하시는 일을 보지 않고는 아무 것도 스스로 할 수 없다,' 고 하신 것은, '아버지께서 죽은 자들을 일으켜 살리심 같이 아들도 자기의 원하는 자들을 살리시기' 때문입니다. 구약에서 생사의 특권이 하나님께 있는 것을 유대인들은 압니다.

신명기 32:39에서 "이제는 나 곧 내가 그인 줄 알라 나 외에는 신이 없도다 나는 죽이기도 하며 살리기도 하며 상하게도 하며 낫게도 하나니 내 손에서 능히 빼앗을 자가 없도다," 라고 하나님의 권능을 나타내고 있습니다.

"여호와는 죽이기도 하시고 살리기도 하시며 스올에 내리게도 하시고 거기에서 올리기도 하시는도다," (삼상 2:6)

"내가 사람을 죽이고 살리는 하나님이냐 그가 어찌하여 사람을 내게로 보

내 그의 나병을 고치라 하느냐," (왕하 5:7)

이런 말씀 이외에도 하나님은 실제로 죽은 자를 살리셨습니다.

열왕기상 17:17~24에서는 엘리야가 하나님께 기도하니 사르밧 과부의 아들을 하나님께서 살리셨고,

열왕기하 4:18~37에서는 엘리사가 하나님께 기도해서 하나님께서 수넴 여인의 죽은 아들을 살리셨습니다.

누가복음 7:11~15에서 예수님께서 나인성의 과부의 죽은 아들을 살리셨습니다.

요한복음 11장에서는 예수님께서 죽은 나사로를 살리십니다. 나사로가 죽은 지 4일만에 살아난 것은 예수님께서 일으키신 기적이었습니다. 예수 그리스도는 영육간에 죽은 자를 다시 살리시는 생명권을 지니고 계십니다. 이런 사역 면에서 성자는 성부와 동등하십니다.

본문 "아들이 아버지께서 하시는 일을 보지 않고는 아무 것도 스스로 할 수 없다,"고 하신 말씀은 "아버지께서 아무도 심판하지 아니 하시고 심판을 다 아들에게 맡기셨기" 때문입니다.

예수님께서는 '성부 하나님께서 하시는 것 같이 성자 하나님도 하신다,'라는 특유의 어법으로 말씀하셨습니다. 곧 성부 하나님께서 행하시는 것을 성자 하나님도 하신다는 말씀이십니다. 성부 하나님이 죽은 자를 살리신 것과도 같이 성자 하나님도 죽은 자를 살리신다는 독특한 형식입니다. 그러나 심판에 있어서는 성부 하나님은 심판하지 아니하시고, 그 심판할 수 있는 권한을 성자 아들에게 맡기셨다고 하셨습니다. 이렇게 말씀하심으로 성자의 권위를 더욱 높이신 것입니다. 사실 성부 하나님은 성자에게 천상천하의 모든 권리를 맡기셨습니다.

마태복음 28:18에 "예수께서 나아와 말씀하여 이르시되 하늘과 땅의 모든 권세를 내게 주셨으니,"라고 하여 하나님께서 예수님께 모든 권세를 주셨다

고 밝히십니다.

성부 하나님은 심판의 권리를 성자에게 전적으로 위임하셨습니다. 이 권리는 죽은 자를 부활시키고, 모든 원수 사탄을 멸망시키는 권세입니다. 이런 심판의 권리는 성자 하나님이 성육신하여 십자가에 죽으심으로 구원을 완성하신 그 수고 때문에 주어진 것입니다. 그러나 성자 하나님이 세상을 심판하고 사탄을 멸망시킨 후에 이 권세는 성부 하나님께로 환원하게 됩니다 (고전 15:24~28). 나라의 모든 권세를 성부 하나님께 올릴 때가 오는 것입니다.

성부와 성자는 영광과 권위에 있어서도 동등하심(23절)

본문말씀 23절에 "이는 모든 사람으로 아버지를 공경하는 것 같이 아들을 공경하게 하려 하심이라 아들을 공경하지 아니하는 자는 그를 보내신 아버지도 공경하지 아니하느니라,"라고 하였습니다. 심판의 권세를 성자 하나님께서 가지셨다면 그는 마땅히 공경을 받으셔야만 합니다. 예수님이 비록 육신을 입고 세상에 오셨을지라도 그는 성부 하나님의 완전 계시인 것입니다. 예수님이 비록 나사렛 목수 일을 하신 신분일지라도 그는 성자 하나님으로 오신 분입니다. 빌립이 질문했을 때에 예수님은 "나를 본 자는 곧 아버지를 본 자"라고 하였습니다(요 14:9). 예수님이 비록 고향 나사렛 사람들에게 배척을 당하셨을지라도 그는 심판의 대권을 가지고 계신 분이십니다. 성부 하나님은 생명을 주시는 일과 심판하시는 일을 포함한 모든 사역을 성자 예수님을 통하여 하시기로 작정하셨습니다. 그러므로 예수 그리스도는 권위와 영광에 있어서 성부 하나님과 동등한 위치에 계십니다. 성육신하신 성자 하나님을 바로 알아보지 못하고 유대인들은 그를 박해하고 모욕하고 힐난하고 마침내는 죽이려고 했습니다. 그러나 예수님은 사실 이 같은 천대와 모욕을 받으실 분이 아니라 영광과 존귀와 찬송을 받으실 분이십니다.

　연대 교수였던 김동길씨가 전해주는 이야기가 있습니다. 우리나라가 해방 되기 전 함북 나남에 한 여자 거지가 있었습니다. 젊은 여자인데 남루한 옷을 입고 이집 저집을 다니면서 구걸을 해서 살았습니다. 동네 사람들이 '젊은 것이 무엇을 못해 거지가 되었냐? 멀쩡한 여자가 일하기 싫어서 그러느냐?' 면서 욕설을 퍼붓기도 했습니다. 그러나 그 여자거지는 한번도 화를 내는 일 이 없고 그저 싱글벙글 웃기만 했습니다. 동네 사람들은 그 여자를 미친 인간 으로 생각하고는 상대도 하지 않았습니다. 8.15해방이 되고 얼마 후에 그 곳 에 소련군이 진주했는데 그 여자 거지가 소련군 장교복을 입고 중위 계급장 을 단 채 나타났습니다. 그 여자를 보는 동네 사람들이 모두 다 깜짝 놀랐습 니다. 그 여자는 거지가 아니라 소련군으로부터 밀파된 여자 간첩이었던 것 입니다. 소련 장교인 그 여자는 자기 사명에 긍지가 있었고, 능력에 대해 자 신이 있었기 때문에 사람들 앞에서 태연하고 여유 있는 자세를 취할 수 있었 던 것입니다. 아무도 자기를 멸시할 자격이 없다고 믿었음으로 주위가 자기 를 거지인 줄 알고 함부로 대하는 것이 조금도 괴롭지 않았습니다.

　성자 예수님이 세상에 오셔서 제자들에게 배신을 당하신 일, 유대인들에 게 모욕과 멸시와 천대를 당하시면서 침 뱉음까지도 당하신 일, 매 맞으신 일, 머리에 가시관을 쓰신 일, 빗발치는 욕설 속에서 못 박혀 죽으신 일, 살인 강도들과 꼭 같은 대우를 받으면서도 예수님은 한 번도 불평을 하지 않으셨 습니다. 예수님은 하나님의 아들, 바로 하나님 자신이셨기 때문에 인간의 박 해와 멸시와 조롱에 대해 여유 있고 태연한 자세를 지녔습니다.

　바로 이 예수님은 우리의 예배를 받으시기에 합당하신 분이십니다. 우리 는 성부 하나님을 예배하는 것과 같이 성자 하나님을 예배하고 그에게 영광 과 존귀를 돌려야 합니다.

제46장

현재 소유한 영생

(요 5:24~27)

요한복음 5:24~27 "내가 진실로 진실로 너희에게 이르노니 내 말을 듣고 또 나 보내신 이를 믿는 자는 영생을 얻었고 심판에 이르지 아니하나니 사망에서 생명으로 옮겼느니라. 진실로 진실로 너희에게 이르노니 죽은 자들이 하나님의 아들의 음성을 들을 때가 오나니 곧 이 때라 듣는 자는 살아나리라. 아버지께서 자기 속에 생명이 있음 같이 아들에게도 생명을 주어 그 속에 있게 하셨고, 또 인자됨으로 말미암아 심판하는 권한을 주셨느니라."

예수님은 우리에게 생명을 주셨습니다.
믿음의 공로나 대가가 아니고 오직 하나님의 은혜입니다.
이 생명은 지금부터 영원까지 지속되는 생명이고,
풍성한 생명이며, 부활의 생명입니다.

요한복음은 생명을 취급한 책입니다. 예수 그리스도 자신이 자기를 생명이라고 하셨습니다. "나는 길이요 진리요 생명이라." 요한복음 1:4에서는 "그 안에 생명이 있었으니 이 생명은 사람들의 빛이라"고 하였습니다. 요한복음 3장에서는 예수님과 니고데모와의 대화는 새로운 생명, 거듭남에 대한 것이었습니다. 요한복음 4장에서는 예수님이 사마리아 여인과 이야기하실 때에 생수를 말씀하셨습니다. 이 생수는 곧 생명에 대한 것입니다.

요한복음 20:30~31에서 "예수께서 제자들 앞에서 이 책에 기록되지 아니한 다른 표적도 많이 행하셨으나, 오직 이것을 기록함은 너희로 예수께서 하나님의 아들 그리스도이심을 믿게 하려 함이요 또 너희로 믿고 그 이름을 힘입어 생명을 얻게 하려 함이니라,"라고 하였습니다.

요한복음의 기록 목적은 '하나님의 생명으로 모든 사람들을 인도하기 위함' 이었습니다. 이제 그리스도께서 우리에게 주신 생명의 성격을 살펴봅니다.

현재 소유한 영생(Possessing eternal life in time)(24절)

본문말씀 24절에는 "내 말을 듣고 또 나 보내신 이를 믿는 자는 영생을 얻었고 심판에 이르지 아니하나니 사망에서 생명으로 옮겼느니라,"라고 하였습니다. 이 말을 다시 써보면, 믿는 자는 '영생을 얻었다,' 와 믿는 자는 '심판에 이르지 아니한다,' 와 믿는 자는 '사망에서 생명으로 옮겼다,' 라고 쓸 수 있습니다. 여기서 동사만 본다면 '얻었다(ἔχει)', '이르지 아니한다(οὐκ ἔρχεται)', '옮겼다(μεταβέβηκεν)' 로 이것들은 모두 현재형으로 사용되고 있고, 계속적인 상태를 가리킵니다. 곧 믿는 자의 구원이 현재적임을 가리키고 있는 것입니다.

믿는 자는 현재 벌써 영생을 확보해 놓았다는 말입니다. 이 말씀의 제일 중요한 점은 영적 생명이 하나님의 역사하심과 함께 시작되었다는 것입니다. 다른 말로 표현한다면, 생명은 믿음의 상급이 아니라는 것입니다. 생명은 먼저 왔고, 사람들의 믿음은 그 다음입니다. 사람들이 믿는 이유는 하나님이 먼저 그들의 생명을 하나님 안에 놓았기 때문입니다. 이 구절에서 중요하게 가르치는 것은 하나님의 신적 생명인 영생을 소유하는 것은 사람의 작용이 아니라 하나님의 역사하심이라는 것입니다. 곧 생명은 믿음의 보상이 아니라, 생명을 먼저 받아야지만 믿을 수 있다는 의미입니다. 곧 하나님께서 생명을 우리 마음에 심어주실 때에 믿을 수 있는 것입니다.

많은 사람들이 잘못 생각하는 것은 우리의 믿음이 영생을 얻는 공로가 되는 줄로 아는 것입니다. 이런 사고는 큰 잘못입니다.

에베소서 2:8~9에서는 "너희는 그 은혜에 의하여 믿음으로 말미암아 구원을 받았으니 이것은 너희에게서 난 것이 아니요 하나님의 선물이라, 행위에서 난 것이 아니니 이는 누구든지 자랑하지 못하게 함이라,"라고 하였습니다.

영생을 얻는 것이 '우리의 행위에서 난 것이 아니라 하나님의 선물'이라고 밝히고 있습니다. 우리의 믿음이 영생을 얻는 공로가 되지 못하는 것은 이 믿음까지도 하나님이 주신 것이기 때문입니다. 죄로 죽은 자는 생명이 있어야 믿을 수 있는 것입니다. 그러므로 생명은 하나님이 주신 선물입니다.

본문말씀 24절에 "내 말을 듣고 또 나 보내신 이를 믿는 자는 영생을 얻었고,"라는 말씀은 마치 우리의 믿음이 영생을 얻는 공로가 되는 것 같이 들립니다. 그러나 결코 우리의 믿음이 영생이라는 구원을 얻는 공로는 아닙니다. 또한 본문말씀에서 '영생을 얻었고'는 현재형 '가지고 있다'로 번역될 수 있습니다. 예수 그리스도를 믿는 자는 현재 영생을 소유하고 있다는 뜻입니다. 이것은 구원의 현실성과 확실성을 우리에게 보여줍니다. 만일 영생이 믿음의 결과라고 한다면 이 동사의 시제는 미래형이 되어야 할 것입니다. 즉 '내 말을 듣고 또 나 보내신 이를 믿는 자는 영생을 얻었고,'가 아니라 '내 말을 듣고 또 나 보내신 이를 믿는 자는 영생을 얻을 것이고'라는 미래형이 되어야 하고, 이렇게 된다면 미래에 영생을 가질 것이라는 구원은 불확실한 미래의 바람이 될 것입니다. 그러므로 믿음의 공로나 상급이 영생이 아니라는 말입니다. 이미 영생은 우리에게 얻어진 것입니다. 믿음이 공로가 되어 영생을 얻는다면 그 영생은 현재의 영생이 될 수 없고 미래의 영생일 수밖에 없는 것입니다.

그러나 요한복음 6:44에 "나를 보내신 아버지께서 이끌지 아니하시면 아무도 내게 올 수 없으니,"라는 말씀은 영생은 하나님이 생명을 주셔야 받을 수 있다고 말씀하는 것입니다. 나의 믿음으로, 나의 믿음의 공로로 영생을 얻는 것이 아니라, 반드시 하나님이 그 생명을 우리에게 주셔야 영생을 얻는 것입니다.

풍성한 생명(25~26절)

본문말씀 25절에 "진실로 진실로 너희에게 이르노니 죽은 자들이 하나님의 아들의 음성을 들을 때가 오나니 곧 이 때라 듣는 자는 살아나리라,"라고 하였습니다. 종말에 있어서 육적으로 죽은 자들이 그리스도의 음성을 듣고 무덤에서 부활하여 나올 것입니다. 마찬가지로 현세에 있어서 영적으로 죽은 자들이 예수님의 음성을 듣고 살아나게 됩니다. 여기에서 예수님은 자신이 메시야, 즉 생명을 주시는 자이심을 주장하십니다. 곧 예수님은 생명을 주시는 자이시고 생명을 일으키시는 자라고 하시는 것입니다. 믿는 자는 이미 영생을 현세에 가지고 있으며, 그 생명이 풍성해지도록 하나님께서 축복해

주십니다.

영적으로 시들고 죽은 자들에게 주님은 지금도 말씀으로 살려주시고 풍성한 삶을 살도록 은혜를 주십니다. 본문말씀에서 '죽은 자들' 이란 영적으로 죽은 자들을 가리킵니다. 영적으로 죽은 자는 보다 잘 믿으려는 노력을 중단한 사람입니다. 자신의 현실에 만족한 채 자기의 현재 신앙상태에 만족하는 사람입니다. 신앙의 전진을 포기한 상태인 사람입니다. 크리스천 생활은 전진하든지 정지하든지 후퇴하든지 하게 되어 있습니다. 사실 정지상태는 후퇴와 같은 것입니다. 노력하기를 중단하는 것은 전진하려는 시도까지 포기해 버리는 것입니다. 잘 믿어보려고 하다가 실수하는 것은 괜찮지만, 잘 믿으려고 시작도 노력도 하지 않는 사람은 죽은 자와도 같습니다. 잘 믿으려고 하다가 실패하는 것은 실패가 아닙니다. 해보지도 않고 안 된다고 하는 것이 실패입니다. 영적으로 죽은 자는 느낌을 중단해 버린 상태입니다. 영적으로 사는 사람들은 죄에 대하여 아파하고 슬퍼합니다. 그러나 영적으로 죽은 사람은 범죄에 대하여 무감각합니다. 감정이 무뎌지고 오히려 범죄를 당연한 것으로 생각하며 그저 평범한 일인 것처럼 생각합니다. 악을 보고 의분을 일으키지 않으며, 불의를 보고도 정의를 외치지 않습니다.

영적으로 죽은 사람은 다른 사람의 아픔과 슬픔을 보고도 마음에 연민을 느끼지 못합니다.

예수님은 당시 유대인들의 감정이 죽은 상태를 이렇게 표현하셨습니다. "비유하건대 아이들이 장터에 앉아 서로 불러 이르되 우리가 너희를 향하여 피리를 불어도 너희가 춤추지 않고 우리가 곡하여도 너희가 울지 아니하였다 함과 같도다"(눅 7:32). 38년 된 고질 병자를 예수님께서 고쳐주셨을 때, 유대인들은 기뻐하고 즐거워하며 예수님께 영광을 돌려야 함에도 불구하고 오히려 예수님을 안식일을 범한 자라고 비난했습니다. 그들은 애곡하는 자와 함께 울지 아니했고, 기뻐하는 자와 함께 즐거움을 나누지 아니하였습니다. 성도생활에 있어서 가장 치명적인 단점은 충성하고 헌신하는 자를 칭찬하지 않는 것입니다. 이런 사람은 신앙 감정이 죽은 자요, 시든 자들입니다. 이들은 감사가 없고 칭찬이 없고 찬송이 없습니다. 타인의 슬픔에 동참해서 위로를 하고, 다른 사람의 기쁨에 동참해서 칭찬을 해야 합니다. 영적으로 죽은 자는 생각이 중단되어 버린 상태입니다. 이런 사람은 영적인 일에 무관심합니다. 기도, 예배, 말씀, 봉사, 전도에 무관심합니다. 하나님의 일을 생각하지 않습니다. 하나님의 집인 교회의 살림이나 관리에 전혀 무관심합니다.

영적으로 죽은 자는 회개를 중단해 버린 상태입니다. 사람이 평안한 마음으로 죄를 짓는 날은 영적으로 사망한 날입니다.

죄에 대하여 두려움을 상실한 날, 죄를 짓건 짓지 않건 관심이 없는 날은 바로 영적으로 죽은 날입니다. 범죄하고도 후회가 없고, 마음의 고통이 없는 그날은 바로 영적으로 죽은 날입니다. 진정한 신자는 범죄에 대한 감수성이 예민합니다. 주님은 아예 영적으로 죽은 자를 살리십니다.

에베소서 2:1에서 "그는 허물과 죄로 죽었던 너희를 살리셨도다,"라고 영적 사망에서 살리신 것을 말씀하십니다. 그뿐만 아니라 영적으로 시들고 무력한 상태에 있는 우리에게 풍성한 생명을 주십니다.

요한복음 10:10에서 "내가 온 것은 양으로 생명을 얻게 하고 더 풍성히 얻게 하려는 것이라,"고 말씀하십니다. 예수님은 죽은 자를 살리시고 시든 영혼을 새롭게 하십니다. 그리고 더 풍성한 생명을 주십니다. 영적 에너지를 공급하십니다.

신앙의 저하, 믿음 생활의 내리막길에 있는 것을 우리는 잘 파악할 수 있습니다. 믿음 저하의 원인은 자포자기나 절망입니다. 그것은 사탄이 주는 시험이고 육적 절망입니다. 타인의 비판이나 비난에 몸부림치고 열등의식에 사로잡히는 외적인 절망입니다. 이런 것들을 우리 예수님께서 살리시고, 생명을 주시되, 풍성한 생명을 주시고 영적 에너지를 공급하시는 것입니다.

감리교회 설립자인 존 웨슬리 목사가 하루는 한 친구와 함께 산보를 하고 있었습니다. 그 친구는 사업을 하다 실패한 친구입니다. 그는 아무리 해도 이 난관을 극복할 길이 없다고 말했습니다. 마치 큰 산이 자기의 앞을 가로막고 있는 것 같다고 했습니다. 그러면서 길을 가는데 목장이 나타났습니다. 목장 한 편으로는 소가 나가지 못하게 긴 돌담이 둘러쌓여있었고, 소들은 그곳에 와서는 머리를 쳐들고 하늘을 쳐다보고 있었습니다. 그때 웨슬리는 그 친구에게 말했습니다. "저 소들을 보게. 왜 저 소들이 담 밑에 와서 머리를 쳐들고 하늘을 보고 있는 줄 아나? 우리 인간들도 산이 가로막혀 앞을 볼 수 없을 때에는 위를 보아야 하네," 라고 말했습니다. 역경이 앞을 가로막고 있을 때에는 위를 쳐다보아야 합니다. 하나님을 앙망해야만 합니다. 하나님께서 풍성한 생명을 다시 열어 주실 것이기 때문입니다.

부활의 생명(29절)

29절에는 "선한 일을 행한 자는 생명의 부활로, 악한 일을 행한 자는 심판의 부활로 나오리라,"라는 말씀이 나옵니다. 믿는 자가 현재 소유한 영생은 부활의 생명과 깊은 연관을 가집니다. 믿는 자라도 육신의 죽음은 면할 수가 없습니다. 그러나 현재 영생을 소유한 성도는 미래에 그 육신의 부활을 보장받습니다. 곧 예수님의 재림과 동시에 일어나는 부활 때 생명의 부활을 얻습니다. 곧 영원한 생명을 누리는 축복의 부활을 얻습니다. 그러나 현재 영생을 소유하지 못한 사람은 그 육신이 죽고 부활할 때 생명의 부활을 얻지 못하고 심판의 부활을 얻습니다. 곧 저주의 부활을 얻을 뿐입니다. 부활하되 영원한 불못에 던져지기 위해 부활하는 것입니다.

예수 그리스도는 심판의 대권을 가지시고 천국과 지옥으로 갈 자를 준엄

하게 심판하십니다. 이 심판은 선한 일을 행했느냐, 악한 일을 행했느냐를 판단하시는 겁니다. 선을 행한 자는 생명의 부활로 악한 일을 행한 자는 심판의 부활로 가게 됩니다. 곧 생명의 심판과 사망의 심판입니다. 주님이 여기에 언급한 선행과 악행은 인간 편에서 판단하는 선악이 아닙니다. 하나님의 표준에서 판단하는 선악의 기준입니다. 곧 불신자와 신자의 구분입니다. 믿었느냐, 믿지 않았느냐에 대한 기준을 말합니다. 한 사람의 사후에 일어나는 어떤 삶은 이 세상에서 행한 일과 밀접한 관계가 있습니다. 영국에서 널리 알려진 광고의 말에 '그대가 내일 어떤 기분을 가지겠나 하는 것은 오늘 그대가 무엇을 행하느냐에 달려있다,' 라는 말이 있습니다. 현재의 삶이 치명적으로 중요한 이유는 오늘의 삶이 영원을 결정하기 때문입니다.

한 평생을 지내면서 우리는 장차 오는 삶에 합당하게 살든지 합당하지 않게 살든지 그 한 쪽입니다. 현재의 삶에서 우리는 생명으로 인도하는 길을 선택하든지, 아니면 사망으로 인도하는 길을 선택하든지 그 어느 한 쪽입니다. 현재의 삶이 사후의 삶을 행복과 비참함으로 판가름합니다. 현재의 삶이 사후에 면류관을 받을 것인지 그렇지 않을 것인지를 판가름 합니다. 현재의 삶이 영생을 얻느냐 영적 자살행위를 하느냐를 결정합니다. 현재의 삶이 생명의 부활을 얻느냐, 저주의 부활을 얻느냐를 결정합니다. 다시 말하면, 현재 영생을 소유한 삶을 사느냐 그렇지 않느냐에 따라 죽음 후에 부활의 생명이 있느냐 저주의 생명이 있느냐로 결정되는 것입니다. 예수 그리스도를 믿고 영생을 현재 내가 소유하고 있으면, 그는 죽음 후에도 영광스런 부활의 생명을 누릴 것입니다. 부활의 생명은 하나님 자신의 생명이요, 우리가 영적 존재에 속하게 하는 원천입니다. 예수 그리스도를 믿지 않고 영생을 소유하지 못했으면, 그는 죽음 후에 비참한 저주의 생명을 얻을 뿐입니다.

믿는 자는 생명의 선물을 받았습니다. 현재의 영생을 받았습니다. 영광스런 부활의 생명을 보장받았습니다. 그러므로 현재 성도에게 중요한 것은 이처럼 축복받은 생명을 가지고 무엇을 해야하며, 어떻게 살아가야 하는가를 발견하는 것입니다. 삶의 목적과 방향을 설정하고 내게 주어진 현재의 삶을 어떻게 살아야 하는지를 바르게 알아야만 합니다. 이 사실을 발견하고 알 때, 나의 삶은 풍성해지고 내 생명은 부요해 질 수 있습니다. 곧 나에게 생명을 주신 예수 그리스도를 위해서 살 때, 내 생명은 풍성하고 부요하고 가장 큰 보람을 느끼게 되는 것입니다.

제47장

생명과 죽음의 실제적 사건

(요 5:27~30)

요한복음 5:27~30 "또 인자됨으로 말미암아 심판하는 권한을 주셨느니라. 이를 놀랍게 여기지 말라 무덤 속에 있는 자가 다 그의 음성을 들을 때가 오나니, 선한 일을 행한 자는 생명의 부활로, 악한 일을 행한 자는 심판의 부활로 나오리라. 내가 아무 것도 스스로 할 수 없노라 듣는 대로 심판하노니 나는 나의 뜻대로 하려 하지 않고 나를 보내신 이의 뜻대로 하려 하므로 내 심판은 의로우니라."

사람은 죽습니다. 그러나 부활의 때가 옵니다.

그때가 오면 주님을 믿는 사람들은 생명의 부활을 얻지만

믿지 않는 사람들은 심판의 부활,

즉 영원한 저주의 부활, 형벌의 부활을 합니다.

최후 심판대를 기억하며 준비하는 삶이 되어야 합니다.

일시적이란 말과 영구적이란 말의 차이점이 무엇입니까? 일시적이란 말은 변할 수 있다는 뜻을 내포하고, 영구적이란 말은 변하지 않는다는 뜻을 나타냅니다. 사람들에게는 앞으로 영원히 사는 영생과 영원히 저주의 삶을 사는 영원한 벌을 구별하는 날이 옵니다. 그날이 바로 하나님의 심판의 날입니다. 흔히 많은 사람들은 인간의 생명은 이 세상에서 살다가 죽으면 그것이 끝이라고 생각하고 있습니다. 곧 육신의 죽음을 인간의 마지막 장이라고 믿습니다. 우리가 이 세상에서 생명을 가지고 사는 것은 실제적인 사건입니다. 살다가 마지막 숨을 거두고 죽는 것도 실제적 사건입니다. 또한 성경은 우리의 생명과 죽음이 실제 문제요, 실제 사건이라고 가르치는 동시에 인생의 죽음이 끝은 아니라고 가르칩니다. 죽음 후에 또 다른 생명이 실제적으로 있다고 가르치고 있는 것입니다.

1492년 콜럼버스가 탐험 여행을 떠나기 전에 스페인의 지브랄타 해협(the Strait of Gibraltar)의 맨 끝에는 '헤라클레스의 기둥'이라는 석탑이 세워져 있었습니다. 그 석탑에는 라틴어로 'Ne plus ultra'라는 세 단어가 새겨져 있었습니다. 그 뜻은 이 밖으로는 아무 것도 없다(No more beyond), 즉 이 너머에는 아무런 땅도 없다는 뜻입니다. 이것은 스페인의 동전에도 새겨져 있습니다. 당시 스페인 사람들은 지중해 서쪽 끝, 곧 지브랄타 해협이 땅의 끝이라고 믿었으며, 그들은 이 말 'Ne Plus Ultra'라는 말을 철석같이 믿었습니다. 그러나 콜럼버스가 신대륙(미 대륙)을 발견하고 돌아온 후에 스페인 사람들이 사용하는 동전의 글이 바꾸어졌습니다. 'Plus Ultra' 즉 '더 있다(more beyond)'란 뜻으로 땅이 더 있다는 말로 바뀐 것입니다. 땅이 있다는 말은 그 후에 스페인 왕국의 표어가 되어 그들은 많은 식민지를 만들었습니다.

사후 생명의 성경적 증거

구약의 신실한 성도들은 죽음 후에 생명이 있음을 증거 했습니다.

히브리서 11:13~16에서 아브라함이 죽음 저편의 세계를 바라보면서, "이 사람들은 다 믿음을 따라 죽었으며 약속을 받지 못하였으되 그것들을 멀리서 보고 환영하며 또 땅에서는 외국인과 나그네임을 증언하였으니, 그들이 이같이 말하는 것은 자기들이 본향 찾는 자임을 나타냄이라 그들이 나온 바 본향을 생각하였더라면 돌아갈 기회가 있었으려니와, 그들이 이제는 더 나은 본향을 사모하니 곧 하늘에 있는 것이라 이러므로 하나님이 그들의 하나님이라 일컬음 받으심을 부끄러워하지 아니하시고 그들을 위하여 한 성을 예비하셨느니라," 라고 했습니다.

욥기 19:25~26에서는 "내가 알기에는 나의 대속자가 살아 계시니 마침내 그가 땅 위에 서실 것이라. 내 가죽이 벗김을 당한 뒤에도 내가 육체 밖에서 하나님을 보리라," 고 했습니다.

시편 1:5에서는 "그러므로 악인들은 심판을 견디지 못하며 죄인들이 의인들의 모임에 들지 못하리로다," 라고 하였으며,

시편 96:13에서는 "그가 임하시되 땅을 심판하러 임하실 것임이라 그가 의로 세계를 심판하시며 그의 진실하심으로 백성을 심판하시리로다," 라고 하였습니다.

시편 98:9에서는 "그가 땅을 심판하러 임하실 것임이로다 그가 의로 세계를 판단하시며 공평으로 그의 백성을 심판하시리로다," 라고 했습니다.

시편 49:15에서는 "그러나 하나님은 나를 영접하시리니 이러므로 내 영혼을 스올의 권세에서 건져내시리로다," 라고 하였습니다.

다윗이 밧세바와 불륜의 관계를 맺고 아이를 낳았을 때, 하나님은 그 아이를 치시고 죽게 하셨습니다. 그때 다윗은 금식을 멈추고 모습을 단정히 한 후

에 식사를 했습니다. 신하들이 다윗 왕에게 질문하기를 '왕께서 아이가 죽었는데 어찌 식사를 하십니까?' 라고 물었습니다. 그 때 다윗은 아이가 죽기 전에는 하나님께 긍휼을 베풀어 달라고 기도하기 위해 금식했지만, 이제 하나님이 이 아이를 데려가셨으니 어찌 더 금식을 할 필요가 있겠냐고 하면서 다시 돌아오게 할 수 없다고 했습니다. "지금은 죽었으니 내가 어찌 금식하랴 내가 다시 돌아오게 할 수 있느냐 나는 그에게로 가려니와 그는 내게로 돌아오지 아니하리라 하니라"(삼하 12:23).

신약에는 이런 많은 증거들이 있습니다. 복음서에는 예수님께서 하신 '심판의 날' 이란 말과 '심판' 이란 말이 끊임없이 나옵니다. 요한복음 5:22, 27에서는 심판의 권리를 예수 그리스도께서 가지고 계신다는 것을 친히 천명하시고 산상보훈의 첫 부분과 마지막 부분에서도 심판에 대해 경고하셨습니다.

"옛 사람에게 말한 바 살인하지 말라 누구든지 살인하면 심판을 받게 되리라 하였다는 것을 너희가 들었으나, 나는 너희에게 이르노니 형제에게 노하는 자마다 심판을 받게 되고 형제를 대하여 라가라 하는 자는 공회에 잡혀가게 되고 미련한 놈이라 하는 자는 지옥 불에 들어가게 되리라," (마 5:21~22)

"아름다운 열매를 맺지 아니하는 나무마다 찍혀 불에 던져지느니라," (마 7:19)

사도 바울은 심판을 전도의 중요한 부분으로 삼아 열렬히 선포했습니다.

"이는 우리가 다 반드시 그리스도의 심판대 앞에 나타나게 되어 각각 선악간에 그 몸으로 행한 것을 따라 받으려 함이라," (고후 5:10)

"참고 선을 행하여 영광과 존귀와 썩지 아니함을 구하는 자에게는 영생으로 하시고, 오직 당을 지어 진리를 따르지 아니하고 불의를 따르는 자에게는 진노와 분노로 하시리라," (롬 2:7~8)

사도 바울은 로마서 14:12에서 이렇게 결론짓고 있습니다. "이러므로 우리 각 사람이 자기 일을 하나님께 직고하리라.”

예수님께서 하신 부자와 나사로의 비유는 천국과 지옥을 분명히 우리에게 가르쳐주고 있습니다.

사후의 상태

죽음의 사건은 최초로 아담이 하나님의 계명을 범함으로 왔습니다. “선악과를 따먹으면 정녕 죽으리라”(창 2:17)고 하신 하나님의 말씀대로 아담은 즉시 그 영혼이 죽고 하나님과 분리되었습니다. 그 결과 그의 몸은 흙으로 돌아갈 수밖에 없었습니다. 영혼의 죽음은 육체의 죽음을 수반합니다. 아담과 그 후손 전체가 이런 죽음의 상태에 있을 때에 하나님은 죄인을 구원하여 주셨습니다. 아담에게 가죽 옷을 입혀주신 것은 가죽이 벗겨진 양으로 말미암아 아담의 죄를 대속하시겠다는 하나님의 구원행동이십니다.

하나님의 구원은 죽은 자에게 ‘새 영(New Spirit)’을 주시는 것입니다. 거듭나서 죽은 존재가 새 영을 얻을 때에 그 사람은 ‘새 사람(New Man)’이 됩니다. 이 거듭남은 전적으로 하나님의 역사하심입니다.

고린도후서 5:17에서는 “그런즉 누구든지 그리스도 안에 있으면 새로운 피조물이라 이전 것은 지나갔으니 보라 새 것이 되었도다,” 라고 하였습니다.

구원받은 신자는 이 세상에서 이미 새 생명을 얻어 새 피조물이 되었습니다. 그러나 신자의 몸은 죽을 수밖에 없습니다. 죽은 후에 신자의 영혼은 하나님께로 가고 몸은 땅(흙)으로 돌아갑니다. 그러나 하나님은 신자의 몸, 즉 흙으로 돌아간 죽은 몸을 새 몸으로 창조해 주십니다. 새 몸이 새 영과 연합하여 신령한 사람이 되며 영원히 하나님과 함께 살게 됩니다. 그러나 불신자의 영혼은 육체의 죽음과 동시에 지옥으로 향합니다. 주님이 재림하실 때에 죽은 그의 몸은 죄의 몸 그대로 부활하여 그의 영혼과 함께 영원히 지옥에서 형벌을 당하는 불행한 사람이 되는 것입니다. 이러한 영원한 벌을 받기 위해 불신자는 부활 후에 반드시 심판을 받습니다.

예수님은 악한 일을 행한 자는 심판의 부활로 죽음에서 나온다고 하셨습니다. 심판의 부활이란 저주의 부활입니다. 곧 저주와 영원한 형벌을 받기 위해 부활한다는 것을 뜻합니다.

사후 심판의 중요성

왜 하나님의 심판이 중요합니까? 예수님과 사도들이 왜 심판을 중요하게 취급했습니까? 이것이 우리의 삶을 엄숙하고 경건하게 하기 때문입니다. 콜럼버스가 항해를 하면서 나뭇잎과 나뭇가지들이 떠내려 오는 것을 보고 멀지 않은 곳에 새로운 땅이 있음을 안 것과도 같이, 우리 주변의 모든 환경과 역사적 사건이 앞으로 있을 최종 심판을 알려주고 있습니다. 이 심판을 생각할 때에 우리는 옷깃을 여미고 경건한 자세를 취하게 됩니다. 갈릴리 인들이 빌라도의 손에 살해된 사건과 실로암 망대가 무너져 18명이 압사 당한 일(눅 13:1)을 생각해 보십시오. 우리도 회개하지 않으면 이렇게 망하리라고 예수님께서 말씀하셨습니다. 노아의 시대에 홍수로 심판하신 사건이나 소돔과 고모라를 멸망시키신 사건, 봄베이 도시의 멸망은 이런 심판의 중요성을 우리에게 일깨워줍니다. 하나님이 자기 백성이라도 아끼지 않고 광야에서 심판을 하셨습니다. 하나님과 모세를 원망하는 백성들을 불뱀에게 물려죽게 하시고, 제사장 나답과 아비후가 하나님이 주지 않으신 다른 불로 분향할 때 즉시 죽게 하신 것이나, 하나님과 모세를 원망해서 고라당 250명이 땅속에 생매장 된 사건, 모세 앞에 허위보고를 해서 10지파의 대표자들을 즉시 죽이신 사건 등도 똑같은 예입니다. 존 웨슬리는 말합니다. "생의 매순간에 대한 보고를 하나님 심판대 앞에서 진술해야만 한다. 너희 행한 일을 직고하리라는 인식을 가질 때 하나님께 향한 책임감이 강해진다. 하나님을 위한 쉬지 않는 봉사와 경건한 생활에 최선을 다하라,"라고 했습니다.

초대 교회의 신학자이고 4대 교부의 한 사람이었던 제롬은 자기 귀에 항상 마지막 날 예수님의 재림 나팔 소리가 들리면서 "죽은 자들아, 일어나 심판을 받으러 오라!"라는 소리가 들리는 듯했다고 합니다. 칼빈은 영원한 죽음, 즉 지옥에 대한 지식을 가졌을 때 그는 너무나 두려워서 정신을 잃었다고 합니다. 그리고 눈물과 신음으로 자기의 과거 생활을 회개하고 자신을 하나님께 맡겼다고 합니다.

사후 심판의 중요성은 또한 우리에게 회개를 촉구하는 데 있습니다. 최후 심판대 저편에는 천당과 지옥이 준비되어 있어, 각각 영주할 백성들을 기다리고 있습니다. 그러므로 무서운 심판에 대한 선견은 죄인의 회개를 촉구합니다. 에스겔 33:11에서, 하나님께서 "나의 삶을 두고 맹세하노니 나는 악인이 죽는 것을 기뻐하지 아니하고 악인이 그의 길에서 돌이켜 떠나 사는 것을 기뻐하노라 이스라엘 족속아 돌이키고 돌이키라 너희 악한 길에서 떠나라 어찌 죽고자 하느냐 하셨다,"라고 말씀하시고 계십니다. 심판의 주님을 경외하는 것은 지혜의 시작입니다. 하나님께서 이스라엘 백성들을 광야에서 심판하신 사례들은 모두 그들의 회개를 촉구하기 위함이었습니다.

사후 심판은 또한 성도들에게 위안과 격려를 줍니다. 사후 최종 심판은 악을 반드시 벌하시는 하나님의 공의의 최종 실현입니다. 그러므로 의를 위하여 박해를 받고 신앙을 사수하다가 순교한 성도들이나, 고난 받은 성도들에게 무한한 위안을 줍니다. 예수님은 자기를 십자가에 죽이는 원수들을 위해 기도하실 뿐만 아니고 공의로 심판하시는 하나님께 부탁을 하셨습니다(벧전

2:23). 예수님은 하나님의 공의의 심판을 바라보시었습니다.

요한계시록 6:9~10에서는 "하나님의 말씀과 그들이 가진 증거로 말미암아 죽임을 당한 영혼들이 제단 아래에 있어 큰 소리로 불러 이르되 거룩하고 참되신 대주재여 땅에 거하는 자들을 심판하여 우리 피를 갚아 주지 아니하시기를 어느 때까지 하시려 하나이까,"라고 순교자들의 영혼이 하늘 제단 아래서 자기들의 피를 신원하여 달라고 기도와 간청을 하였고, 그 심판을 바라보며 그 영혼들이 위로를 받는다고 하였습니다.

요한계시록 19:2에서는 "그의 심판은 참되고 의로운지라 음행으로 땅을 더럽게 한 큰 음녀를 심판하사 자기 종들의 피를 그 음녀의 손에 갚으셨도다, "라고 하였습니다. 만일 하나님의 공의로운 심판이 없다고 한다면 기독교는 일종의 이원론을 포함한 것입니다. 악과 선이 동등한 능력과 가치를 가지게 될 것입니다. 세계는 영구히 선과 악이 승부를 가리지 못하는 비참한 세계가 될 것입니다.

만일 심판이 없다고 하면 네로 황제와 사도 바울을 두고 볼 때에 누구나 사도 바울의 길을 따르지 않고 네로처럼 살 것입니다. 최후 심판이 없다면, 악한 왕후 이세벨과 처녀 마리아를 비교할 때, 누가 마리아의 영광을 부러워하겠습니까? 그러나 주님은 말씀하십니다. "의를 위하여 박해를 받는 자는 천국을 얻을 것이다."

하늘에서 우리가 받을 상은 하나님의 최종 심판에서 선포될 것입니다. 무디(D. L. Moody)는 천당과 지옥에 대하여 설교하면서 "주께로 부름 받는 죽음은 축복이다," 라고 했을 때, 신자 중의 한 사람이 그에게 물었습니다. "목사님은 지금이라도 죽을 준비가 되어 있습니까?" 신자가 이렇게 묻자 무디 목사는 이렇게 대답했습니다. "나는 그리스도를 구주로 영접했고, 예수님은 나에게 영생을 주셨기에 죽을 준비가 되어 있습니다. 그러나 솔직하게 말해서 현재는 죽을 준비가 되어 있지 않습니다. 하나님이 나에게 주의 일을 할 수 있도록 살 수 있는 은총을 주셨고, 때가 오면 나에게 죽을 수 있는 은총을 주실 것을 확신합니다." 그가 말한 그대로 무디 목사는 임종 시에 평화로 충만하였습니다. "하늘나라에서 내가 사랑하는 사람들이 나를 기다린다,' 고 하면서 천국을 직접 바라보면서 운명했습니다. 그는 마지막으로 '오늘은 내가 면류관을 쓰는 날이다,"라고 말했습니다.

생명을 갖고 이 세상에서 사는 것은 실제적인 사건입니다. 정해진 생을 살다가 마지막 숨을 거두고 죽는 것도 실제적인 사건입니다. 죽음 후에 심판이 있는 것도 실제적인 사건입니다. 그 심판을 통해서 영원한 벌과 영생의 사건이 있는 것도 사실입니다. 최후 심판을 생각할 때에 경건한 삶을 살아야 하고, 항상 회개하면서 살아야 하며, 충성하고 고난을 감수하며 살아야 합니다. 왜냐하면 심판의 그 날에 하나님이 주시는 위로와 격려와 평안이 있으며 상급의 면류관이 있기 때문입니다. 우리 모두 주님의 최후 심판대 앞에 설 준비를 해야 하겠습니다.

제48장

그리스도를 위한 증거

(요 5:31~38)

요한복음 5:31~38 "내가 만일 나를 위하여 증언하면 내 증언은 참되지 아니하되, 나를 위하여 증언하시는 이가 따로 있으니 나를 위하여 증언하시는 그 증언이 참인 줄 아노라. 너희가 요한에게 사람을 보내매 요한이 진리에 대하여 증언하였느니라. 그러나 나는 사람에게서 증언을 취하지 아니하노라 다만 이 말을 하는 것은 너희로 구원을 받게 하려 함이니라. 요한은 켜서 비추이는 등불이라 너희가 한때 그 빛에 즐거이 있기를 원하였거니와, 내게는 요한의 증거보다 더 큰 증거가 있으니 아버지께서 내게 주사 이루게 하시는 역사 곧 내가 하는 그 역사가 아버지께서 나를 보내신 것을 나를 위하여 증언하는 것이요, 또한 나를 보내신 아버지께서 친히 나를 위하여 증언하셨느니라 너희는 아무 때에도 그 음성을 듣지 못하였고 그 형상을 보지 못하였으며, 그 말씀이 너희 속에 거하지 아니하니 이는 그가 보내신 이를 믿지 아니함이라."

그래도 믿지 못하는 사람들이 있습니다.
예수님이 우리의 구주라는 것을 세례 요한이 증거 했고,
예수님의 사역이 그것을 증거하고 있고, 또 하나님께서
직접 증거 하셨습니다. 그러나 믿지 못하는 자들은
예수님이 구주라는 것을 증거 하라고 외칩니다.

예수님이 38년 된 병자를 고치신 후 유대인들과 충돌하였습니다. 유대인들은 예수님을 안식일을 범한 자, 자기를 하나님과 동등 된 자라고 주장함으로 신성모독이라고 비난했습니다. 이때 예수님은 자기의 행하는 모든 것은 '하나님이 이때까지 일하시니 나도 일한다,' 라고 하여 성부의 하시는 일과 동일하다고 주장하셨습니다. 그리고 하나님께서 심판의 권세를 예수 그리스도에게 주셨다고 증거 했습니다. 이렇게 예수님은 자기가 하나님의 아들이요, 하나님의 뜻을 이루기 위하여 이 세상에 오신 것을 직접 증거 하셨습니다. 유대인들은 이 같은 예수님의 자기 증거를 받아들이지 아니 하였고, 예수님을 불신하고 거절했습니다. 유대인들은 예수님의 이 자기 주장이 어떻게 참된 것을 증명할 수 있느냐면서 예수님의 답변을 요구했습니다. 예수님은 자기를 비난하고 거절하는 유대인들에게 매우 합리적인 논법으로 답변하신 말씀이 오늘 본문의 말씀입니다. 예수님은 유대인의 방법을 사용하고 그들 자신의 논리 규칙을 따르고 있습니다.

유대인의 증거 규칙

유대인들은 어떤 사실이 입증된 것을 인정받으려면 적어도 두 사람의 증인이 있어야 합니다. 사형에 해당하는 죄인에 대하여 2인의 증인을 요구합니다.

"죽일 자를 두 사람이나 세 사람의 증언으로 죽일 것이요 한 사람의 증언으로는 죽이지 말 것이며," (신 17:6) 범죄 사실의 증인도 2인의 증인을 요구했습니다.

"사람의 모든 악에 관하여 또한 모든 죄에 관하여는 한 증인으로만 정할 것이 아니요 두 증인의 입으로나 또는 세 증인의 입으로 그 사건을 확정할 것

이며," (신 19:15)

신약에서도 고린도후서 13:1에서 "내가 이제 세 번째 너희에게 가리니 두세 증인의 입으로 말마다 확정하리라,"라고 책망과 견책, 징계를 줄 때에도 2,3인의 증인으로 확정했습니다.

마태복음 18:16에서 "만일 듣지 않거든 한두 사람을 데리고 가서 두세 증인의 입으로 말마다 확증하게 하라,"고 범죄 사실을 확인하고 권고하기 위해서도 2,3인의 증인이 필요했습니다.

디모데전서 5:19에서 "장로에 대한 고발은 두 세 증인이 없으면 받지 말 것이요,"라고 초대 교회에 장로에 대한 송사도 2,3증인이 있어야 했습니다.

예수님은 정상적인 유대인의 증거에 대한 율법을 충분히 인정하시고 그 답변을 시작하였습니다. 미쉬나에서는 "사람이 자신에 대하여 말한다 해도 신빙할 가치가 없다,"고 했고, 헬라의 유명한 웅변가인 데모스테네스(Demosthene, 주전 384년~주전 322년)은 "율법은 사람이 자기 스스로 증거 하는 것은 인정하지 않는다,"고 하였습니다. 고대의 율법은 사람이 자기 이익이나 자기 보호를 위해 다른 사람이 진술해 줄 때에 효력을 가지게 된다고 했고, 이것은 상식적인 법규였습니다. 예수님은 재판에 대한 유대인의 일반적 표준, 규칙을 받아들이시고 예수님 자신이 자기를 증거 하는 것이라면 유대인이 받아들이지 못한다고 하여도 정당한 일이라고 동의하셨습니다.

세례 요한의 증거(요 5:33)

유대인들이 세례 요한에게 사람을 보내어 그가 누구인지 확인하게 하였습니다. 유대인들은 세례 요한이 혹시나 정치적 메시야가 아닌가 생각했습니다. 그러나 세례 요한은 진리에 대하여 증거 하였습니다. 자기는 메시야가 아니라고 분명히 밝히면서 진리이신 예수님을 증거 했습니다. 세례 요한은 예수님을 '세상 죄를 지고 가는 하나님의 어린 양,' '그는 흥해야 되겠고 나는 쇠하여야 한다,' '나는 그의 신발 끈도 풀기를 감당치 못한다,' 라고 증거 했습니다. 세례 요한이 예수님을 메시야라고 증거 했기 때문에 예수님이 메시야로 판명 되었습니까? 절대로 그렇지 않습니다. 예수님을 메시야라고 증거 하는 사람이 없어도 예수님은 스스로 메시야이십니다.

5:34에서 "나는 사람에게서 증언을 취하지 아니하노라 다만 이 말을 하는 것은 너희로 구원을 받게 하려 함이니라," 라고 하였습니다.

예수님은 사람에게서 증거를 취하지 않습니다. 빛이 빛임을 증거 하려고 할 때 어둠의 증거는 필요하지 않습니다. 빛은 빛 그 자체의 증거로 알려지는 것입니다. 예수님은 '사람에게서 증거를 취하지 않고' 다만 이 말을 하는 것은 우리를 구원하려 하심입니다. 세례 요한의 증거는 예수님 자신을 위한 증거가 아닙니다. 유대인들의 회개를 위한 것입니다. 회개하고 예수님을 믿어서 구원을 얻으라는 증거였습니다. 세례 요한이 예수님을 증거 한 것은 죄인이 예수를 믿고 구원을 얻는 데 필요한 것입니다.

세례 요한의 예수님의 증거를 살펴보면, 예수님은 빛이요, 자신은 등불(lamp)이라는 것입니다. 등불이란 주어진 빛을 비치는 것입니다. 그것 자체가 빛을 발하는 발광체는 아닙니다. 그것은 빛을 비추도록 밝혀진 것입니다. 예수님은 이렇게 말씀하셨습니다. '너희는 세상의 빛이다.' 그런 의미에서 세례 요한은 빛의 휴대자였습니다. 빛의 기능은 안내하는 것입니다. 길을 밝히는 것입니다. 세례 요한은 사람들에게 회개하고 주 하나님께 나아가는 길을 제시했습니다. 등불은 심지로 자신을 태웁니다. 심지가 타야 등불이 빛납니다. 참 된 증인은 하나님과 예수님을 드러내게 하기 위해서 자신을 태워 없애는 자입니다. 태양이 떠오를 때 등불은 태양 빛에 흡수되어 거의 보이지도 않습니다.

세례 요한은 예수님처럼 스스로 빛을 비치는 발광체가 아닙니다. 그는 예수 그리스도의 빛으로 사라지고 마는 등불인 것입니다. 이러한 등불의 빛에 유대인들은 거하기를 좋아하였습니다. 세례 요한의 등불에 그들은 매력을 느꼈던 것입니다. 그래서 예수님께서 "너희가 그때 그 빛에 즐거이 있기를 원하였다(5:35)," 라고 말씀하셨습니다. 이 말씀은 '너희는 태양 빛에 거하는 것을 싫어했고, 작은 등불에 거하는 것을 기뻐한 어리석은 자' 라고 지탄하신 겁니다.

예수 사역의 증거(5:36)

예수님은 아버지께서 나를 (메시야로) 보내셨다고 하십니다. 예수님의 하신 역사는 예수님 자신이 메시야이심을 증거 합니다. 이 증거는 세례 요한의 증거보다 더 큰 증거입니다. 38년 된 병자를 일으킨 기적도 곧 예수님의 사역에 속한 것입니다. 태어날 때부터 맹인이 된 자, 나병환자, 걷지 못하는 자, 죽은 자를 살리신 일, 오병이어, 풍랑을 잔잔하게 하신 모든 것들은 예수님의 사역이고 이것은 그가 예수 그리스도, 곧 성자 하나님이라는 것을 증거 하는 것입니다. 니고데모는 이렇게 고백했습니다. "하나님이 함께 하시지 아니하면 당신이 행하시는 이 표적을 아무라도 행할 수 없다"(요 3:2) 성자의 일은 성부께서 성자에게 위탁하신 성부 자신의 일이기 때문입니다. 예수님이 말씀하시기를 "나의 말하는 것을 믿지 못하겠거든, 내가 행하는 그 일을 인하여 나를 믿으라,"고 하였습니다.

성부 하나님의 증거(5:37)

예수님은 말씀하시기를 '나를 보내신 아버지께서 친히 나를 위하여 증언 하셨느니라,' 하였습니다. 예수님께서 세례 요한에게 세례를 받으실 때 하나 님께서 말씀하셨습니다. "이는 내 사랑하는 아들이요, 내가 기뻐하는 자라 (마 3:16)."

구약시대의 선지자들을 통해서도 그리스도를 증거 하셨습니다. 신자의 마음에도 하나님께서 증거 하셨습니다. 요한일서 5:9~10에서는 "만일 우리가 사람들의 증언을 받을진대 하나님의 증거는 더욱 크도다 하나님의 증거는 이것이니 그의 아들에 대하여 증언하신 것이니라, 하나님의 아들을 믿는 자는 자기 안에 증거가 있고 하나님을 믿지 아니하는 자는 하나님을 거짓말하는 자로 만드나니 이는 하나님께서 그 아들에 대하여 증언하신 증거를 믿지 아니하였음이라," 하나님께서 그 아들 예수 그리스도를 증언 했다고 밝히고 있습니다. 이런 하나님의 음성을 유대인들은 듣지 못하였고, 그 형상도 보지 못했습니다. 그래서 예수님은 이렇게 꾸짖으십니다. "너희는 아무 때에도 그 음성을 듣지 못하였고 그 형상을 보지 못하였으며, 그 말씀이 너희 속에 거하지 아니하니 이는 그가 보내신 이를 믿지 아니함이라." 여기서 형상이라 함은 헬라어 에이도스(εἶδος)로 하나님의 형상이나 외형을 뜻하는 것입니다. 유대인들은 예수님 안에서 하나님의 형상과 음성을 보고 듣는 데 실패했습니다. 왜냐하면 그들의 마음에는 불신앙의 장막이 가려있기 때문입니다.

우리는 예수님의 이런 빛의 증거를 확실히 깨닫고 기꺼이 주님의 등불이 되어야 하겠습니다. 그리고 주 안에서 하나님의 형상과 음성을 보고 들어야 만 하겠습니다.

제49장

성경의 목적

(요 5:39~40)

요한복음 5:39~40 "너희가 성경에서 영생을 얻는 줄 생각하고 성경을 연구하거니와 이 성경이 곧 내게 대하여 증언하는 것이니라. 그러나 너희가 영생을 얻기 위하여 내게 오기를 원하지 아니하는도다."

성경을 읽고 연구하면서도
그 성경의 완전한 뜻을 이해하지 못하는 것은
바로 '예수님이 우리의 구주' 라는 것을 모르고
연구하기 때문입니다.

예수님께서 자기가 구주 메시야이심을 증거 할 때에 유대인들은 그것을 믿지 않았습니다. 유대인들의 증거의 규칙은 자기가 자기를 증거 하는 자기증거는 아무런 증거의 가치가 없다고 생각한 때문입니다. 유대인의 증거의 규칙은 2인, 또는 3인이 증거 해야 그 증거를 받아들였습니다. 예수님은 그들의 증거 규칙을 아시고 이해하시면서 논리적, 조직적으로 빈틈없이 자기에 대한 증인을 제시하고 있습니다. 세례 요한이 예수님을 증거 했고, 성부 하나님께서 예수님을 증거 하셨고, 또 예수님의 사역, 곧 이적의 역사가 예수님이 구주이심을 증거 하였습니다.

성경이 증거 하는 예수님

이것 외에도 네 번째로 성경이 예수님을 증거 합니다. 성경은 예수님이 구주시오, 하나님의 아들이심을 증거 합니다. 본문말씀 39절에 "너희가 성경에서 영생을 얻는 줄 생각하고 성경을 연구하거니와 이 성경이 곧 내게 대하여 증언하는 것이니라,"는 말씀에서 너희라는 대명사는 유대인들을 가리킵니다. 성경은 구약성경을 가리키고 있습니다. 구약성경을 율법, 율법과 선지자, 모세와 선지자, 당신의 율법, 하나님의 지혜라는 별명으로도 부릅니다.

유대인들은 성경 안에서 영생을 얻는다고 생각하기 때문에 성경을 자세히 살피고 연구하고 찾아봅니다. 그들이 찾고 있는 바로 그 성경이 예수님에 대해서 증거 하고 있다는 의미입니다. 예수님의 하신 말씀을 잘 생각해 봐야 그 의미를 깨달을 수 있습니다. 유대인들은 성경 안에서 영생을 얻는다고 생각하기 때문에 성경을 상고합니다. 여기서 '상고한다,'는 말을 살펴보면, 이 말은 헬라어 에라우나오(ἐρευνάω)로 그 뜻은 부지런히 살피다, 또는 탐구한다는 뜻입니다. 그저 성경을 읽는 것이 아니라 탐구한다는 것입니다. 다른 말로 표현한다면, 이 말의 의미는 '무엇인가를 찾아내기 위해서 깊은 관심을 가지고 파고드는 것'을 뜻합니다. 이것이 성경연구의 자세입니다.

유대인 랍비인 힐렐(Hillel)에 의하면 율법의 말씀을 소유한 사람은 그 자신이 미래에 살 수 있는 생명을 소유하였다고 했습니다. 예수님이 "너희가 그 성경 안에서 영생을 얻을 수 있다고 생각했다,"고 하신 말씀이 바로 이 말씀입니다. 그들은 그저 하나님의 말씀만 휴대하고 있으면 영생을 얻는다고 생각했습니다. 성경의 가르치는 중심 내용을 파악하지 못하고 깨닫지 못해도, 그저 성경만 휴대하면 생명을 얻을 수 있다고 생각했던 것입니다. 예수님은 이런 유대인들의 미신적인 생각을 지적하시기 위해, "너희는 성경에서 영생을 얻을 줄 생각하기 때문에 성경을 상고한다,"고 하셨습니다. 예수님은 너희는 그렇게 생각하지만 나는 다르게 생각한다고 말씀하시지 않았습니다. 단순히 유대인의 생각에 대립적으로 자신의 생각을 이야기하시는 것이 아니라 유대인의 미신적 생각을 지적하고 잘못된 것이라고 가르쳐 주시는 것입니다. 곧 영적 말씀을 휴대함으로 영생을 얻는다고 생각하는 것은 틀린 것이요, 근본적으로 잘못된 것이라는 사실을 가르쳐 주시고 계십니다.

모팻 박사가 아프리카 선교사로 활동하고 있을 때였습니다. 하루는 한 소년이 뛰어와서는 그의 옷자락을 잡고 울음을 터뜨렸습니다. "목사님, 동네 개가 내 성경을 찢어 먹었어요." 그러면서 막 울었습니다. 모팻 박사가 그 말을 듣고 자기 성경을 줄 테니 울지 말라고 달랬습니다. 그런데도 소년은 울음을 그치지 않고 말했습니다. "목사님, 저는 원래 나쁜 아이였어요. 그런데 성경을 읽고 착하게 되었어요. 이 성경은 내게 보물과도 같은 거예요." 그러자 모팻 박사는 소년의 말에 기뻐하면서 이렇게 말했습니다. "얘야, 넌 참 착하구나. 성경이 너를 좋은 사람으로 만든 것처럼, 그 나쁜 개도 성경을 뜯어먹었으니 틀림없이 좋은 개가 될 거야." 이 말을 하자 소년이 울음을 뚝 그쳤답니다. 유대인도 마찬가지지요.

구약에서 증거 된 예수님

　유대인들은 서기관들이 베껴 쓴 두루마리 성경을 마치 영적 말씀이라고 생각하고는 입을 맞추고 가장 귀중하게 취급했습니다. 그러나 구약성경이 예수님에 대하여 증거 하고 있다는 사실을 전혀 몰랐습니다. 구약성경이 예수님을 증거 한다고 할 때에 이런 증거는 그들에게 생소하였고 이상하게 들렸습니다. 그들은 구약을 상고할 때 잘못된 방법으로 연구했습니다. 구약의 초점이 누구인지를 알지 못하고 성경을 연구하고 있었으니, 이것은 수박 겉 핥기식의 연구일 뿐이었습니다. 예수님은 그들에게 그 올바른 방법을 가르쳐 주셨습니다. '이 성경이 곧 내게 대하여 증거 해 주신다,' 라고 하시면서 여기에 초점을 맞추어서 구약을 상고해야 한다고 말씀하시는 것입니다. 구약성경은 전부 메시야 그리스도를 예표 한 내용의 말씀이요, 그리스도에 대한 예언이고 그리스도를 증거 하는 말씀입니다.

　창세기 3:15 "여인의 후손이 뱀의 머리를 상하게 하리라" 는 말씀은 그리스도께서 우리를 죄에서 구원하시리라는 예언입니다. 출애굽기와 레위기에서도 그리스도의 피로 희생을 드리는 예언이 나와 있습니다. 시편과 선지서에 나타난 예수님의 직접적인 예언을 살펴보겠습니다.

　예수님의 탄생은 이사야 7:14에서 "그러므로 주께서 친히 징조를 너희에게 주실 것이라 보라 처녀가 잉태하여 아들을 낳을 것이요 그의 이름을 임마누엘이라 하리라," 고 예언되었습니다.

　이사야 9:6에서는 "이는 한 아기가 우리에게 났고 한 아들을 우리에게 주신 바 되었는데 그의 어깨에는 정사를 메었고 그의 이름은 기묘자라, 모사라, 전능하신 하나님이라, 영존하시는 아버지라, 평강의 왕이라 할 것임이라," 라고 예수님을 예언하고 있습니다.

　이사야 53장 전체를 통해서 예수님의 태어나심, 고난을 받으심, 죽으심,

그리고 우리의 죄를 대속하심에 대해 예언하고 있습니다.

시편 16:10에서는 "이는 주께서 내 영혼을 스올에 버리지 아니하시며 주의 거룩한 자를 멸망시키지 않으실 것임이니이다,"라고 예수님의 부활과 우리의 새 생명에 대해 예언하고 있는 것입니다.

본문말씀에 '내게 대하여'라는 말은 헬라어 페리 에모우(περὶ ἐμου)로, 이 의미는 예수님에 대하여 이것저것을 이야기한다는 뜻 이상의 것입니다. 구약의 모든 증거가 예수님께 집중한 것입니다. 그러므로 예수님으로 말미암아 예수님을 통하여야만 영생을 얻는다는 것을 가르칩니다.

어느 목사님이 인도네시아 부흥회 인도 중에 간증시간을 가졌습니다. 그때 어떤 교수 한 분이 질문을 했습니다. '이 성경을 암만 읽어도 옛날 역사이야기로 밖에 생각되지 않습니다. 그런데 어째서 이것이 하나님의 말씀입니까?' 그러자 목사님이 대답 대신에 몇 번을 읽었냐고 물었습니다. 그러자 교수님은 10번 정도 읽었다고 했습니다. 목사님은 오늘 저녁부터 시키는 대로 읽어보라고 하면서 이렇게 말했습니다. "성경을 펴서 읽기 전에 먼저 성경책을 머리에 얹어놓고 이 책이 하나님의 말씀임을 믿는다고 소리 내어 고백한 다음에 이 책을 통해서 내게 말씀해 주시기 바란다는 기도를 한 후에 성경을 읽으십시오," 라고 했습니다. 다음 날 간증시간에 그 교수는 성경책을 머리에 이고 나와서 간증을 했습니다. "목사님께서 말씀한 대로 성경을 머리에 이고 고백하고 기도한 다음에 읽었더니 역사책이 아니라 달고 오묘한 말씀이어서 밤샘을 하면서 읽었습니다,"라고 했습니다.

성경은 살아있는 하나님의 말씀

성경은 영적 말씀인 동시에 살아있는 말씀입니다. 성경 속에서 하나님의 음성을 들어야만 합니다. 하나님의 책망, 교훈, 격려, 소망의 음성을 들어야만 합니다. 성경의 중심이 예수님임을 발견해야만 합니다. 구약에서 예수 그리스도를 전제하지 않는다면, 태양을 제한 태양계와 같은 것입니다. 구약은 오시는 그리스도를 위한 예비사(豫備史), 또는 예언서이고 신약은 이미 오신 예수 그리스도의 발전사(發展史)입니다. 그러므로 구약이 없이 신약을 정확하게 이해할 수 없습니다. 구약을 부인하는 것은 그리스도를 부인하는 것입니다. 구약에 대한 바른 지식이 없을 때 그리스도를 이해할 수 없습니다.

성도의 생활은 성경을 중심으로 해야 하고 예수님을 중심으로 해야 합니다. '내가 생각하는' 것이 아니라 성경이 말씀하신 대로 순종해야 합니다.

이사야 34:16절에서 "너희는 여호와의 책에서 찾아 읽어보라 이것들 가운데서 빠진 것이 하나도 없고 제 짝이 없는 것이 없으리니 이는 여호와의 입이 이를 명령하셨고 그의 영이 이것들을 모으셨음이라,"고 하였습니다. 성경을 상고해야 합니다.

빌리 그래햄 목사가 학생 시절에 자유주의 학교를 다녔습니다. 그는 성경을 비판하는 소리도 듣고 온갖 소리를 다 듣고는 설교할 자신감을 잃고 시카고에 있는 위튼 숲속으로 들어가서는 하나님께 간절하게 기도했습니다. "하나님 제가 여러 가지 학문을 접하다 보니 제 마음 속에 성경에 대한 의심이 생겼습니다. 저는 설교할 의욕을 잃었습니다. 마음에 의심만 가득 합니다. 어떻게 하면 좋겠습니까?"라고 간절히 기도했습니다. 그러자 하나님의 음성이 들렸습니다. "말씀을 신뢰하라. 그리고 이 말씀을 그대로 선포하라." 그는 그 음성을 듣고 자기가 해야 할 일이 무엇인지 깨달았습니다.

인간이 알면 얼마나 알 수 있겠습니까? 하나님의 진리보다 내 생각이 더 클 수 있다고 생각하십니까? 절대로 그렇지 않습니다. 그렇다면 성경을 해부하려고 해서는 안 됩니다. 내 생각과 내 논리에 의해서 성경말씀을 해부해야 하는 것이 아니라, 성경말씀에 의해 내 생각과 내 논리를 해부해야 하는 것입니다. 성경말씀에 의해 우리의 생각과 논리를 심사해야 합니다. 내 생각과 내 논리를 다른 사람들에게 전하는 것이 아니라, 오직 하나님의 말씀, 성경의 말씀 그대로를 증거 해야만 합니다. 내 철학을 말하는 것이 아니고, 내 뜻대로 전하는 것이 아닙니다. 오직 성경이 말하는 대로 전해야만 한다는 것을 명심해야 합니다.

제50장

하나님의 영광을 구하라

(요 5:41~47)

요한복음 5:41~47 "나는 사람에게서 영광을 취하지 아니하노라. 다만 하나님을 사랑하는 것이 너희 속에 없음을 알았노라. 나는 내 아버지의 이름으로 왔으매 너희가 영접하지 아니하나 만일 다른 사람이 자기 이름으로 오면 영접하리라. 너희가 서로 영광을 취하고 유일하신 하나님께로부터 오는 영광은 구하지 아니하니 어찌 나를 믿을 수 있느냐. 내가 너희를 아버지께 고발할까 생각하지 말라 너희를 고발하는 이가 있으니 곧 너희가 바라는 자 모세니라. 모세를 믿었더라면 또 나를 믿었으리니 이는 그가 내게 대하여 기록하였음이라. 그러나 그의 글도 믿지 아니하거든 어찌 내 말을 믿겠느냐 하시니라."

예수님이 구하신 영광은 하나님께로부터 오는 영광입니다.
하나님을 사랑하지 않는 사람들은 예수님을 사랑할 수 없습니다.
사람이 하나님을 높이며 자랑하는 것이 최대의 영예입니다.

예수님 당시의 유대인들은 사람들의 찬사를 받고 싶어 했습니다. 특히 유대사회의 지도자들인 서기관과 바리새인들은 모든 사람들이 자기를 인정해 주도록 복장까지 돋보이게 했습니다. 기도할 때에도 사람에게 보이려고 회당과 큰 거리에서 손을 들고 했습니다. 잔치 집에 초대를 받아도 언제나 상석에만 앉았습니다. 많은 사람들이 운집한 가운데서 인사받기를 좋아했고, 남을 구제할 때에도 모든 사람이 알고 칭찬해 주기를 바랐습니다. 예수님은 이러한 부류의 사람들을 보고 외식하는 자라고 했습니다. 사람에게 영광을 얻으려고 하는 저열한 인생들이라고 나무랐습니다.

마태복음 6:2에서 "그러므로 구제할 때에 외식하는 자가 사람에게서 영광을 받으려고 회당과 거리에서 하는 것 같이 너희 앞에 나팔을 불지 말라 진실로 너희에게 이르노니 그들은 자기 상을 이미 받았느니라," 하셨습니다.

사람으로부터 영광 받고 칭찬받고 인정받기를 원하는 사람은 저급한 사람입니다. 사람이 자기 동료에 비추어 자신을 측량해 보는 동안은 만족할 것입니다. 사람이 인간의 존경과 찬양과 인정을 받는 것을 목표로 한다면 그 목적은 성취할 수 있을 것입니다. 그러나 중요한 것은 나는 나의 이웃만큼 선한가 하는 것이 문제가 아니라, 나는 하나님만큼 선한가 하는 것이 문제입니다. 내가 사람에게 얼마나 인정을 받는가 하는 것이 문제가 아니라 하나님이 나를 어떻게 보시는가가 중요한 것입니다.

본문말씀 요한복음 5:41에서 예수님은 "나는 사람에게서 영광을 취하지 아니한다,"고 말씀하십니다. 세례 요한은 예수님을 가리켜 세상 죄를 지고 가는 하나님의 어린 양이라고 증거 했습니다. 메시야라고 확실하게 증거 했습니다. 예수님이 하나님의 아들이요, 하나님 자신이라고 친히 말씀하실 때에 유대인들은 그가 하나님의 아들이라고 증거 하는 자를 제시하라고 요청했습니다. 그때 예수님은 유대인들이 세례 요한으로부터 예수님에 대한 증거를 들은 사실을 상기시키면서 말씀하시기를, '요한이 진리에 대하여 증거

하였다. 그러나 나는 사람에게서 증거를 취하지 아니한다,' 고 하셨습니다. 이 말은 '세례 요한이 나를 메시야라고 증거 하든 그렇지 않든 나는 메시야요 하나님의 아들이다. 세례 요한이 세상 사람들에게 나를 칭찬하든 그렇지 않든 아무런 관계가 없다. 나는 사람들로부터 영광을 취할 것을 전혀 생각하지 않는다,' 라는 의미입니다.

예수님이 구하신 하나님의 영광

오병이어의 이적 이후에 무리들이 예수님을 가리켜 이는 참으로 세상에 오실 그 선지자라고 하면서 왕으로 삼으려고 할 때 예수님은 이 사실을 알고 산으로 숨으셨습니다. 예수님은 인간에게서 오는 영광을 구하지 아니하고 하나님께로부터 오는 영광을 구하셨습니다.

요한복음 17:5에서는 "아버지여 창세 전에 내가 아버지와 함께 가졌던 영화로써 지금도 아버지와 함께 나를 영화롭게 하옵소서," 라고 하나님과의 진정한 교제에서 영광을 구했습니다. 바울은 로마서 2:29에서 말합니다. "칭찬이 사람에게서가 아니요 다만 하나님에게서니라," 진정한 칭찬은 사람에게 받는 것이 아니라 하나님에게 받는다고 역설합니다.

"하나님의 영광을 구하지 아니하는 사람은 하나님을 사랑하지 않는다," 고 본문말씀에서 예수님은 분명히 말씀하십니다. "너희 속에 하나님을 사랑하는 것이 없는 줄 알았노라." 유대인들은 성경(율법)을 강조하면서도 오히려 율법을 주신 하나님을 사랑하지 아니하고 사람들의 칭찬만 원하고, 구약의 초점인 예수님을 거절하고 불신하고 부인하였습니다. 43절에서는 "나는 내 아버지의 이름으로 왔으나 너희가 영접하지 아니하였다,"라고 하셨습니다. "아버지의 이름으로 왔다" 고 하는 의미는 아버지의 권위를 가지고 왔다는 것이 아닙니다. 아버지를 대표해서 왔다는 것도 아닙니다. 이 의미는 하나님의 계시, 즉 하나님 자신이 왔다고 하시는 말씀입니다.

요한복음 1:12에서 "영접하는 자 곧 그 이름을 믿는 자들에게는 하나님의 자녀가 되는 권세를 주셨으니,"라고 하였습니다.

'왔으나'는 여기서 완료형 시제로 쓰였습니다. 즉 '지금 내가 와 있다' 라는 의미입니다. 현재 하나님이 그들 가운데 와서 계심에도 불구하고 예수님을 거절하는 것은 하나님을 사랑하지 않는 행동이라는 것입니다.

'그러나 사람이 자기 이름으로 오면 영접한다,' 는 본문말씀은 거짓 선지자나 자기 이름으로 행하는 무리들을 일컫습니다.

거짓 선지자의 예가 있습니다. 사도행전 5:36~37에 나오는 드다(Theuclas)와 갈릴리의 유다는 자기 이름으로 와서 사람들을 이끌었습니다. 시몬 바르 코코바(Simon bar Kokhba)도 자기 이름으로 와서 로마에 대항하여 3년 간(주후 132~135) 이스라엘의 나시(군주, 통치자)가 되어 통치했지만 로마군에게 패하고 자결했습니다. 그는 자기가 민수기 24:17에 나오는 "한 별이 야곱의 아들 중에서 나올 것이다"라는 말씀으로, 유대의 랍비인 아키바 벤 요셉으로부터 이 이름을 받았다고 했고, 많은 사람들이 그를 메시야로 간주했었습니다. 이렇게 사람이 자기 이름으로 오면 사람들이 그를 영접한다는 것을 예수님이 예언하신 것입니다. 거짓 선지자를 경계한 것입니다.

데살로니가후서 2:8~10에는 "그 때에 불법한 자가 나타나리니 주 예수께서 그 입의 기운으로 그를 죽이시고 강림하여 나타나심으로 폐하시리라. 악한 자의 나타남은 사탄의 활동을 따라 모든 능력과 표적과 거짓 기적과 불의의 모든 속임으로 멸망하는 자들에게 있으리니 이는 그들이 진리의 사랑을 받지 아니하여 구원함을 받지 못함이라," 거짓 그리스도는 모두 자기 이름으로 와서 영접 받는다는 것입니다.

사람의 영광을 구하지 말라

본문말씀에 "내가 너희를 아버지께 고발할까 생각하지 말라 너희를 고발하는 이가 있으니"라고 하였습니다. 하나님의 영광을 구하지 않는 자의 고발당함에 대해 45~47에서 밝히고 있습니다. 유대인들은 자기들끼리 자기가 유대인이라는 특권을 이야기하고 자랑하며 서로 영광을 구합니다. 이방인들이 유대인들을 칭찬하고 유대주의를 찬양할 때 기뻐합니다. 이런 것들은 모두 사람의 영광입니다. 사람의 영광은 일시적이고 허위적이지만 하나님의 영광은 영구적입니다.

이 양자는 절대로 양립 될 수 없습니다. 이런 자기 교만을 예수님께서는 누가복음 18장에서 '바리새인과 세리의 기도'로 말씀하셨습니다. 즉 바리새인은 혼자 서서 하늘을 교만스럽게 바라보면서 자기가 한 일에 대해 자랑하며 자기 영광을 늘어놓았지만, 세리는 하늘도 제대로 보지 못하고 가슴을 치면서 울며 '내가 죄인입니다,'라고 기도했습니다. 그렇다면 누가 하나님께 올바른 기도를 한 것입니까? 루터는 세상의 영예는 아무 것도 아니라고 말하면서, 사람이 하나님을 높이며 자랑할 때가 최대의 영예이고, 자기를 종, 자녀, 백성이라고 하는 것도 가장 큰 영예라고 했습니다.

하나님께 영광을 구하지 않는 자를 고소할 때, 고소인은 예수님이 아니라 모세라고 했습니다. 예수님은 구원의 주, 살리시는 주님이십니다. 그렇기에 율법과 숭배와 존경과 의지를 지니고 율법의 본성인 정죄를 하는 모세가 그 고소인이 되는 것입니다. 즉 그들이 믿고 따르는 모세 오경에 의해 그들은 고소당하는 것입니다.

하나님의 영광을 구하지 않는 자는 심판을 받습니다. 유대인들은 모세를 믿고 모세 오경을 믿지만, 그들에게 돌아올 것은 바로 모세 오경에 있는 율법에 의한 정죄일 따름이라는 말입니다. 고린도전서 10:31에 "그런즉 너희가 먹든지 마시든지 무엇을 하든지 다 하나님의 영광을 위하여 하라,"고 하였습니다. 하나님의 영광을 위해서 모든 일을 해야 합니다. 하나님의 영광을 구하지 않는 자는 심판을 받고 하나님의 영광을 구하는 자는 새 상급을 받는다는 말씀을 깊이 명심해야 할 것입니다.

제51장

제 4의 기적

(요 6:1~15)

요한복음 6:1~15 "그 후에 예수께서 디베랴의 갈릴리 바다 건너편으로 가시매, 큰 무리가 따르니 이는 병자들에게 행하시는 표적을 보았음이러라. 예수께서 산에 오르사 제자들과 함께 거기 앉으시니, 마침 유대인의 명절인 유월절이 가까운지라. 예수께서 눈을 들어 큰 무리가 자기에게로 오는 것을 보시고 빌립에게 이르시되 우리가 어디서 떡을 사서 이 사람들을 먹이겠느냐 하시니, 이렇게 말씀하심은 친히 어떻게 하실지를 아시고 빌립을 시험하고자 하심이라. 빌립이 대답하되 각 사람으로 조금씩 받게 할지라도 이백 데나리온의 떡이 부족하리이다. 제자 중 하나 곧 시몬 베드로의 형제 안드레가 예수께 여짜오되, 여기 한 아이가 있어 보리떡 다섯 개와 물고기 두 마리를 가지고 있나이다 그러나 그것이 이 많은 사람에게 얼마나 되겠사옵나이까. 예수께서 이르시되 이 사람들로 앉게 하라 하시니 그 곳에 잔디가 많은지라 사람들이 앉으니 수가 오천 명쯤 되더라. 예수께서 떡을 가져 축사하신 후에 앉아 있는 자들에게 나눠 주시고 물고기도 그렇게 그들의 원대로 주시니라. 그들이 배부른 후에 예수께서 제자들에게 이르시되 남은 조각을 거두고 버리는 것이 없게 하라 하시므로, 이에 거두니 보리떡 다섯 개로 먹고 남은 조각이 열두 바구니에 찼더라. 그 사람들이 예수께서 행하신 이 표적을 보고 말하되 이는 참으로 세상에 오실 그 선지자라 하더라. 그러므로 예수께서 그들이 와서 자기를 억지로 붙들어 임금으로 삼으려는 줄 아시고 다시 혼자 산으로 떠나 가시니라."

오병이어의 기적은 예수님께서
사람들의 굶주림을 해결하시려는 육신적 구원이었습니다.
하찮은 아이의 손에서부터 얻은 하찮은 음식으로
예수님은 많은 사람들을 먹이셨습니다.
이제 예수님은 우리 육신의 허기에서 시작해서
영혼의 허기를 구하는 기적을 일으키십니다.

요한복음의 기록에서 이것이 4번째의 기적입니다. 첫 번째는 물로 포도주를 만드시고, 두 번째는 왕의 신하의 아들을 고치시고, 세 번째는 38년 된 병자를 고치셨습니다. 제 4의 기적을 우리는 "오병이어의 기적"이라고 부릅니다. 이 기적은 너무나 위대하고 중요한 기적이기에 4복음서에 모두 기록된 유일한 기적입니다. (마 14:13~21, 막 6:32~44, 눅 9:10~17) 그런데 요한복음에서만 그 시기를 기록하고 있습니다(요 6:4). 그 시기를 요한은 유월절 가까운 때에 베푸신 이적이라고 밝히고 있습니다. 예수님께서 그들의 영적 주림을 해결하는 것은 만나임을 가르쳐 주셨습니다. 즉 예수님이 생명의 떡을 공급하는 자라는 의미입니다.

오병이어 기적의 의미

이것은 또한 빌립을 시험하시면서 베푼 이적입니다. 예수님은 말씀하십니다. "빌립아 이 수많은 군중들에게 어디서 떡을 사서 먹일 수 있겠느냐?" 예수님께서 왜 빌립에게 이렇게 물었습니까? 우선 빌립은 벳세다 사람이므로 그 지역에 대하여 잘 아는 사람입니다. 어디에서 음식을 구입해야 할지를 잘 아는 사람이기 때문입니다. 그러나 이 질문은 빌립을 시험하고자 해서 한 것입니다. 빌립의 신앙 깊이, 신앙의 정도, 그리고 예수님께 대한 신뢰도를 시험하고, 빌립 개인의 신앙을 돕기 위해 실제적인 교육을 하신 것입니다. 이 사실은 공관복음서에는 기록되어 있지 않습니다. 이렇게 질문하셨을 때에, 빌립의 계산은 '각인으로 조금씩 먹게 한다고 할지라도 200데나리온의 떡이 부족하리이다,' 라고 대답했습니다. 데나리온은 로마의 화폐 단위로 하루 품삯을 의미하는 많은 돈입니다. 빌립은 많은 군중을 한 눈으로 보고 그 숫자를 짐작했습니다. 거기에 필요한 양식을 계산해 낼 수 있는 수학적 두뇌가 명석하고 사무적인 인물이었습니다. 이런 사무적인 인물은 거의 실수가 없습니다. 실수가 있다고 해도 매우 적습니다. 그러나 신앙적 모험심은 빈약한 경우가 많습니다.

왜 빌립은 '몇 데나리온의 떡이면 각인이 만족하게 먹을 수 있겠습니다,'라고 대답하지 않고 '몇 데나리온이 모자랄 것입니다,' 라고 대답했습니까? 이성에만 밝고 수학적 두뇌만 가지는 사람은 항상 '부족' 가운데 있기 때문입니다. 인간의 자원은 한정되어 있습니다. 그러나 하나님의 자원은 무한합니다. 이스라엘이 광야생활을 할 때에 어디에서 양식을 얻을 수 있었습니까? 전혀 양식을 얻을 데가 없었습니다. 그러나 하나님은 없는 데서 있게 하셨습니다. 하늘 문을 여시고 만나를 주셨습니다. 메추라기 떼를 보내셨습니다. 구름 기둥으로 그들을 보호해 주시고 사막의 태양을 막아주셨습니다. 불기둥으로 그들을 덮어주셔서 사막의 밤에 혹독한 추위를 막아주셨습니다. 하나님은 그들을 구원하시고 그들이 가나안에 들어가도록 책임지시고 보호해 주셨습니다. 하나님은 무한하신 자원을 지니고 계십니다. 예수님은 이 오병이어의 이적을 통해서 빌립에게 예수님 자신이 자원임을 가르쳐 주신 겁니다. 우리는 인간의 이성으로 하나님의 자원을 제한하지 말아야 합니다. 인간의 가상이나 추측, 생각이나 판단으로 하나님의 자원을 제한하지 말아야 합니다. 하나님이 자원이십니다. 그것을 굳게 믿으시기 바랍니다.

하나님을 제한하지 말라

예수님은 한 아이의 한 끼 음식을 가지고 기적을 베푸셨습니다. 안드레가 한 아이를 데리고 와서 그가 바친 보리떡 5개, 물고기 2마리를 갖고 예수님은 이적을 베푸셨습니다. 안드레는 빌립과는 대조적이었습니다. '한 아이의 한 끼 음식'을 예수님께 이야기한 것은 이 초라한 음식이 어떻게 이 많은 사람들을 먹게 할 수 있을까 의심하면서, 번연히 안 될 줄을 알면서도 그래도 예수님께 말씀드린 겁니다. 그는 비수학적이고 비타산적이었습니다. 안드레의 장점은 사람을 예수님께로 인도하는 것입니다. 그는 자기 형제 시몬 베드로를 먼저 예수님께로 인도한 자입니다. 그가 이번에는 그 수많은 군중을 헤치면서 그 가운데서 한 아이의 한 끼 음식을 찾아 예수님께 보고 드렸습니다. 이 사건이 예수님께 보고 될 때 큰 이적의 역사가 일어났습니다. 안드레는 자기가 할 수 있는 최선을 다했습니다. 이 큰 무리 중에 '이것 밖에는 없습니다. 내가 할 일은 다 했습니다. 그 다음 나머지는 예수님께서 하실 차례입니다,' 하는 것이 바로 안드레의 태도였습니다. 안드레가 이렇게 그 소년을 예수님께 데려옴으로 그 큰 기적을 가능케 한 것입니다.

우리는 어떤 사람을 예수님께로 인도할 때에 무슨 사건이 일어나는지 알 수 없습니다. 하나님이 그 인도 받은 사람을 통하여 무엇을 하실지 아무도 모릅니다. 부모가 자기 자녀에게 하나님을 아는 지식을 가르치고, 그의 사랑을 알게 하고 하나님을 경외하도록 양육한다면, 그 자식이 미래에 하나님과 인간들을 위해, 그리고 교회를 위해 무슨 능력을 발휘할지 우리는 모릅니다. 그것은 오직 하나님께서 하시는 일이기 때문입니다. 오래전에 독일의 어느 학교에 나이 많은 교장이 있었습니다. 그 교장은 아침 마다 교실에 들어가서는 모자를 벗고 학생들에게 예의를 갖추어서 인사를 했습니다. 매일 그러니까 사람들이 그 이유를 물었습니다. 그때 교장은 대답하기를, "이 소년들 중에 어떤 사람이 나올지 모릅니다," 라고 했습니다. 그 말은 정말로 옳았습니다. 그 소년들 중에 그 유명한 마틴 루터가 나왔기 때문입니다.

예수님께 한 끼 음식을 드린 아이는 성경에 이름이 나오지 않는 무명의 아이입니다. 그가 가진 음식은 보리떡 5개였습니다. 보리떡은 모든 떡 중에서도 가장 값이 싼 떡입니다. 생기기도 천하게 생겼고, 아주 가난한 사람이 먹는 음식입니다. 미쉬나의 제물에 대한 규례를 보면 속건제로 짐승의 피, 그리고 소제물로 고운 밀가루와 포도주와 기름을 혼합한 것입니다. 그러나 간음한 여인이 드려야할 제물은 밀가루가 아니고 보리 가루이어야 했습니다. 왜냐하면 보리는 가축의 사료이고 그 여인의 죄는 동물과 같은 죄이기 때문입니다. 물고기는 소금에 절인 큰 멸치와도 같은 생선입니다. 생선은 썩기가 쉽기 때문에 소금에 절여야 합니다. 그 당시에는 냉동시설도 없었고 운반하기도 불편했기에 그저 소금에 절였습니다.

보잘 것 없는 것으로 일으키신 넘치는 기적

주님은 이 아이의 초라한 음식을 사용하시어서 이적을 베푸셨습니다. 예수님의 첫 번째 기적은 물을 포도주로 변하게 하신 것으로 물을 사용하셨습니다. 네 번째 기적에서는 물고기와 보리떡을 사용하셨습니다. 그것으로 5천 명을 먹이셨습니다. 주님은 우리가 가지고 있는 것을 가지고 기적을 일으키셨습니다. 새로운 창조가 아니라 갖고 있었던 것으로 만드신 것입니다. 하나님은 내게 있는 것을 사용하시기 원하십니다. 내게 있는 물질, 재능, 시간, 기술 등을 사용해서 기적을 베푸시는 것입니다. 그 기적을 위해서는 내게 있는 모든 것들을 하나님께 드려야만 합니다. 죄인인 나를 변화시켜서 거듭나게 하시고 영생을 얻게 하시는 것입니다. 나를 다시 창조하는 것이 아니라, 지금 있는 나를 변화시켜서 새로운 나로 다시 태어나게 하시는 것입니다. 나같이 천한 것, 마치 보리떡과 소금에 절인 물고기 같이 천한 음식이 기적에 사용된 것처럼, 하나님은 나같이 천한 것을 사용해서 기적을 일으키시는 것입니다. 그것이 하나님의 역사하심이고 사역이십니다. 쓸모없는 것처럼 보였던 지팡이가 하나님의 기적에 의해서 모세의 손에서 능력을 발휘하였습니다.

예수님께서는 무리를 앉힌 후에 기적을 베푸셨습니다. 예수님께서 오병이어의 이적을 베푸신 곳은 벳세다 율리아스 근처 들판으로 그 곳은 엘 바티야(El-Batiyah)라고 불리었습니다. 그 들판에 예수님은 50, 혹은 100명씩 앉게 하고는 축사하시고 제자들에게 그것을 군중들에게 나누어 주라고 하셨습니다. 이것은 우리에게 질서를 보여주고 있습니다. 우왕좌왕하면서 서로 먼저 먹으려고 하는 것이 아니라 질서 있게 주님이 축사하고 나누어주시는 음식을 먹는 것입니다. 이런 질서는 우리의 교회에서도 필요합니다. 영적 질서가 있어야만 합니다. 인사문제나 살림문제나 모든 문제에 있어서도 언제나 주님이 명령하시는 대로 질서에 따라 행해야 합니다.

이 이적은 사람들을 배부르게 하신 기적입니다. '배부르다'는 헬라어로 에네플레스데산($\epsilon\nu\epsilon\pi\lambda\acute{\eta}\sigma\theta\eta\sigma\alpha\nu$)으로 가축들에게 사료를 먹이는데 사용하는 말입니다. 이 이적에서 우리는 예수님이 아낌없이 주시는 은혜, 풍성히 주시는 은혜, 누르고 넘치도록 채워주시는 은혜를 볼 수 있습니다. 원하는 대로 주시는 은혜를 알 수 있습니다. 내 잔이 넘치도록 채워주시는 은혜를 볼 수 있습니다. 주님은 우리가 원하는 것을 넘치도록 채워주시는 은혜를 알 수 있습니다. 빌립은 '부족하겠습니다,'라고 했지만 예수님은 '배부르시게' 하셨습니다. 우리는 열왕기하 4장에 나오는 엘리사 선지자의 제자 중의 한 사람의 아내에 대한 말씀을 알고 있습니다. 엘리사는 그 여인의 불쌍한 처지를 알고 그 여인이 부르짖는 것을 듣고는 기름 한 병으로 모든 그릇들을 다 채워서 차고 넘치는 기적을 베풉니다. 이처럼 예수 그리스도의 이적은 믿는 자들에게 풍성하게 채워주시는 기적입니다.

본문말씀에 "예수께서 제자들에게 이르시되 남은 조각을 거두고 버리는 것이 없게 하라,"고 하셨습니다. 예수님의 이적은 낭비를 금지하신 기적입니다. 남은 조각을 거두니 12바구니에 가득 찼습니다. 유대인들은 미쉬나에 쓰인 대로 잔치를 할 때 종을 위해 음식을 좀 남겨두거나, 또는 추수를 할 때 가난한 사람들을 위해 곡식을 조금 남겨놓는 관습이 있었습니다. 그것을 페 (פאה, peah)라고 합니다. 이런 관습은 좋은 것이지만, 낭비나 허비하는 것은 하나님이 금하신 것입니다. 그렇기에 예수님은 오병이어로 사람들이 모두 배불리 먹었으니, 남은 것을 낭비할 것을 경계해서 '버리는 것이 없게 하라'고 하십니다. 아껴야 할 항목은 아껴야만 합니다. 그러나 써야할 항목을 아끼는 것은 어리석은 행동입니다. 무조건 아끼는 것이 상책은 아닙니다. 써야할 것은 쓰고 아낄 것은 아끼라고 하시는 주님의 말씀이십니다.

하나님은 오늘도 우리 중에서 일하시고 기적을 베푸십니다. 우리 가정과 교회에 이런 이적이 반드시 일어나야만 합니다. 이적은 우리를 사용하려고 하시는 겁니다. 초라한 것, 가난한 것, 부족한 것으로 하나님은 이적을 나타내십니다. 새로운 것을 창조하시지 않으시고 우리에게 있는 것으로 이적을 나타내시는 것입니다. 그러므로 우리는 이렇게 기도해야 합니다. '주여, 나를 사용하셔서 주님의 기적을 나타내소서!'

제52장

무리들의 반응

(요 6:14~15)

요한복음 6:14~15 "그 사람들이 예수께서 행하신 이 표적을 보고 말하되 이는 참으로
세상에 오실 그 선지자라 하더라. 그러므로 예수께서 그들이 와서 자기를 억지로 붙들어
임금으로 삼으려는 줄 아시고 다시 혼자 산으로 떠나 가시니라."

오병이어의 기적을 보고 사람들은
자기들의 이기적인 생각으로 반응을 나타냈습니다.
자기들의 배를 부르게 해 줄 수 있는 왕을 세우려고 합니다.
그러나 예수님은 사람들의 배만 부르게 하시는 메시야가 아니십니다.
예수님은 우리의 영혼을 구원하려는 메시야이십니다.

예수님이 오병이어로 오천 명을 먹이시는 위대한 기적을 베푸신 후에 예수님에 대한 군중들의 즉각적인 반응이 일어났습니다. 본문말씀에는 수많은 무리들의 공통적인 반응이 기록되어 있습니다.

예수가 누구인가에 대한 반응(14절)

그들은 '이는 참으로 세상에 오실 그 선지자' 라고 이구동성으로 외쳤습니다. 본문에서 '오실 그 선지자' 는 헬라어 본문에 '호 에르코메노스(ὁ ἐρχόμενος)' 로 '오실 자' 즉 메시야를 가리킵니다.

신명기 18:15에서는 모세가 이렇게 말합니다. "네 하나님 여호와께서 너희 가운데 네 형제 중에서 너를 위하여 나와 같은 선지자 하나를 일으키시리니 너희는 그의 말을 들을지니라."

이 말씀은 모세가 예언한 말씀입니다. 유대인들은 누구보다도 모세를 존경했고 숭앙했습니다. 예수님이 오병이어의 기적을 베푸셨을 때, 이들은 예수님이 바로 모세가 예언한 그 선지자라고 생각했습니다. 모세가 '나와 같은 선지자를 일으킨다,' 고 했는데 그 선지자가 바로 예수님이라고 생각했던 것입니다. 여기 그 선지자를 유대인들이 해석한 것은 바로 메시야라는 뜻입니다.

그들이 기대한 메시야는 시편 132:15에 예언된 사람일 것입니다. "내가 이 성의 식료품에 풍족히 복을 주고 떡으로 그 빈민을 만족하게 하리로다."

예수님이 오병이어의 이적으로 굶주린 자들의 배를 불려주셨을 때, 그들은 '이분이 바로 우리 민족의 경제문제를 해결해 주시는 메시야가 아닌가?' 라고 생각했을 것입니다. 군중들이 예수님을 열렬히 지지한 것은 예수님께서 그들이 필요로 하는 것을 주셨기 때문입니다. 즉 그들의 배고픔을 해결해 주셨기 때문입니다.

예수님은 무리들 가운데 병든 자를 고쳐주셨습니다. 먹을 것도 공급해 주셨습니다. 죽은 자를 살려주셨습니다. 예수님이 물질적인 혜택을 주시고 육신적인 요구를 들어주셨기 때문에 그들은 예수님을 따랐고, 예수님을 '그 선지자, 메시야'라고 믿었습니다. 그들은 예수님을 좋아했고 사랑하였습니다. 이것은 매우 타산적인 사랑입니다.

무리들의 이 같은 태도를 생각하면 혐오감을 가지게 됩니다. 그러나 우리 자신도 과연 이 무리들과 흡사한 면이 있지 않은지 생각해 보아야 합니다. 우리가 슬픔에서 위로받기를 원할 때 예수님은 위로를 주십니다. 우리가 역경에서 새 힘 받기를 원할 때 예수님은 강한 힘을 주십니다. 우리가 혼란 속에서 평정을 얻으려고 할 때, 예수님은 평안을 주십니다. 우리가 낙심 속에 빠질 때 예수님은 우리에게 희망과 소망을 주십니다. 우리가 주님께로부터 이런 은혜와 복을 받을 때에 우리의 마음을 열고 예수님을 영접하고 예수님과 교통하고 함께 있고자 합니다. 그러나 예수님께서 어떤 희생을 치르라고 요구하실 때에 우리는 어떤 자세를 취하는지요? 예수님이 우리에게 어떤 수고를 하라고 짐을 지울 때 우리는 어떤 심경을 가집니까? 예수님이 십자가를 지라고 하실 때에 우리는 예수님에 대해 어떤 태도를 취합니까? 혹시 예수님과는 아무런 관계도 없다는 것처럼 예수님을 외면하지는 않습니까? 예수님과는 아무런 상관도 하지 않으려고 하지는 않습니까?

예수님의 기적을 통해서 떡과 고기를 배불리 먹은 무리들은 예수님을 위대한 선지자로 알았습니다. 그는 위대한 왕이요, 메시야라고 생각했고 그가 경제 문제를 해결할 수 있는 분이라고 생각했을 뿐 예수님이 위대한 대 제사장인 줄은 몰랐습니다. 그들은 예수님이 사람들의 죄를 사하기 위해 들림 받을(십자가에 못 박힐) 그런 역할을 하는 구세주라는 사실을 전혀 몰랐습니다. 바로 떡과 고기를 배불리 먹은 그 무리들을 위하여 자신의 몸을 제물로 드리기 위해 이 세상에 오신 것을 그들은 전혀 알지 못했습니다. 많은 사람의 죄를 위한 대속물로 오신 예수님을 바로 알지 못했습니다. 무리들은 예수님의 이적만 보고 감정이 동요하고 들떠 있었습니다. 그들은 이 감정 때문에 하나님이 예수님을 보내신 계획을 알 수 없었습니다. 또한 그것에 대해 알고 싶어 하지도 않았습니다. 함께 음식을 먹고 기뻐하면서 감정에 사로잡힌 그 무리들은 예수님이 누구인가를 바로 알지 못했습니다. 결국 예수님을 즉시 배척하며 십자가에 못 박으라고 소리쳤던 것입니다.

이기주의적 반응

사도 요한이 밝힌 대로 오병이어의 이적은 바로 유월절이 가까워 오던 때에 일어났습니다. 수많은 군중이 유월절을 지키러 가던 도중에 벳세다 들녘에 앉아 기적을 체험했습니다. 그리고 즉흥적인 반응을 보였습니다. 그들은 예수님을 예루살렘으로 억지로 잡아 가서 유월절에 모인 군중들 앞에 세우고 왕으로 삼으려고 했습니다. 당시 로마의 식민정치 하에 있었던 이스라엘은 로마의 정치적 지배를 받고 세금을 바치며 굴욕적인 생활을 하고 있었습니다. 그래서 그들은 팔레스타인 땅에서 로마를 몰아낼 수 있는 메시야를 대망해 왔습니다. 이스라엘을 노예 상태에서 위엄 있는 독립국가로 변혁시킬 수 있는 정치적 메시야를 기다려 왔습니다. 이스라엘을 부강하게 하며 민족들과 열방을 점령하는 강대국가로 만들 메시야를 기다렸습니다. 그러나 예수님은 세상의 왕국을 만들려고 오시지 않았습니다. 무리들은 예수님을 지지하였고 왕으로 삼으려 했습니다. 그러나 단 한 가지 조건이 있었습니다. 그것은 예수님이 그들에게 필요한 것을 준다는 조건이었습니다. 예수님이 군중의 요구를 해결해 줄 수 있어야만 예수님을 지지하겠다는 매우 이기적인 반응을 보인 것입니다.

유대 무리들은 예수님을 자기 자신들의 목적을 위해 이용하고 그들의 꿈에 맞도록 예수님을 이용하겠다는 것입니다. 예수님은 놀라운 능력과 권세가 있는 분이십니다. 자기들의 욕망과 꿈과 계획을 성취하기 위해서는 그의 능력을 100퍼센트 이용해야 하겠다는 것입니다. 그들은 자기들의 안경을 끼고 예수님을 관찰하였습니다. 예수님은 이 같은 군중의 심리를 완전히 파악하시고 혼자 그들을 떠나 산으로 가셨습니다. 그들과 더 이상 상대하지 않고 더 이상 대화를 나누지 않았습니다.

이런 사실을 볼 때에 혹시 우리도 예수님에 대해 이러한 잘못된 태도가 있지 않은가 생각해 보아야 합니다. 우리는 나의 계획과 목적을 달성하기 위해서 예수님을 이용한 적이 없는가 생각해 보아야 합니다. 우리의 기도를 다시 한 번 분석해 보아야 합니다. 주님이 나에게 행하기를 원하시는 그 일을 할 수 있는 힘을 달라고 했는지, 아니면 내가 하고 싶은 일을 할 수 있는 힘을 달라고 했는지 생각해 보시기 바랍니다. 주님의 목적을 이루기 위해 나를 사용해 달라고 기도 했는지, 아니면 나의 목적을 달성하기 위해 주님을 필요로 하고 주님의 도움을 필요로 했는지, 또는 주님을 이용하기를 원하는 기도를 했는지 꼭 생각해 보아야 합니다.

임마누엘 칸트는 인간의 마음속에 있는 양심을 설명하려고 노력했습니다. 이 양심을 설명하기 위해서는 이성만을 가지고는 도저히 불가능했습니다. 양심을 도저히 해석할 수가 없었습니다. 인간의 도덕과 양심을 해석하고 설명하기 위해서는 신(하나님)이 필요했습니다. 그는 요청의 신을 말했습니다. 그 요청의 신은 양심을 설명하기에 필요한 신일뿐입니다. 말하자면 그 신은 칸트 자신의 신입니다. 칸트가 말하는 하나님은 성경의 하나님, 계시의 하나님이 아닙니다. 그 신은 조작한 하나님, 로봇과도 같은 신에 불과한 것입니다.

다른 사람을 목적으로 초대하고 수단으로 대하지 말라는 말이 있습니다. 다른 사람의 인격을 중시하고 인격 대 인격으로 상대하는 것이 사람을 목적으로 대하는 것입니다. 그러나 사람을 이용하여 자기의 유익을 도모하고, 사람을 이용하여 자기 영예를 추구하는 사람을 가리켜 사람을 수단으로 대한다고 합니다. 이렇게 다른 사람을 수단으로 대하는 사람들은 남을 이용해서 자기 욕심을 채우는 사기꾼과도 같은 사람입니다. 이와 같이 유대 군중은 예수님을 수단으로 대했습니다. 그럴 때에 예수님은 그들을 떠나 버렸습니다. 우리는 그들의 잘못된 메시야 관점을 바로 파악하고 우리의 올바른 신앙의 자세를 지켜야 하겠습니다. 내가 그리스도에게 사로 잡혀 그가 원하는 대로 사용되겠다는 헌신적인 믿음과 마음을 가져야만 합니다. 내가 주님이 원하시는 뜻을 이루어 드리는 도구가 되겠다는 마음을 지녀야만 합니다. 만일에 조금이라도 그리스도를 이용하여 내 목적을 달성시켜 보려고 하거나, 나의 주장을 세워보려고 할 때, 주님은 즉시 떠나 버리십니다. 지체하지 않으시고 떠나 버리십니다. 이런 사실을 꼭 아셔야 합니다. 주님이 떠나 버린 후의 유대 군중들을 생각해 보시기 바랍니다. 아무런 가치 없고 의미 없는 군중이 되고 만 것입니다.

'주 음성 외에는 더 기쁨 없도다'

주 떠나가시면 내 생명 헛되네,
즐겁고 슬플 때 늘 계시옵소서.
기쁘고 기쁘도다 항상 기쁘도다.
나 주께 왔사오니 복 주옵소서 아멘.

주님이 내게 요구하시는 것이 무엇인지 알고 그것을 해야만 합니다. 내가 주께로부터 원하는 것이 무엇인가는 중요하지 않습니다. 주님이 내게 요구하시는 것이 무엇인지 알고 그것을 행할 때에 내가 원하는 모든 필요는 주님이 이루어 주십니다. 스펄전 목사에게 어떤 사람이 찾아왔습니다. 그는 대 집회를 준비 중에 있었고, 그 대 집회의 설교자로 스펄전 목사를 세우기 위해 찾아온 것입니다. 그러나 스펄전 목사는 똑같은 시간에 다른 곳에 설교 약속이 되어 있기 때문에 대 집회에서 설교할 수 없다고 거절했습니다. 그때 그 책임자가 말하기를 만 오천 명이나 모이는 곳인데 설교하지 않겠느냐고 말했습니다. 그렇게 많은 군중이 모인 곳에서 설교하는 것이 더 낫지 않느냐는 질문이었습니다. 그러자 스펄전 목사가 대답했습니다. 그 숫자가 중요한 것이 아니라, 그 곳에 하나님의 뜻이 있느냐가 더 중요하다고 말했습니다.

정말로 중요한 것은 하나님의 뜻입니다. 다른 것은 아무런 문제가 되지 않습니다. 하나님의 뜻에 따라 하나님이 내게 요구하시는 것이 무엇인지 그것을 행해야만 진정한 믿음입니다.

그러므로 우리는 예수 그리스도를 바로 알아야만 합니다. 예수님의 원하시는 일과 원하시는 뜻을 이루어 드려야 합니다. 예수님을 이용하는 불경한 자가 되어서는 안 될 것입니다.

제53장

제 5의 기적

(요 6:16~21)

요한복음 6:16~21 "저물매 제자들이 바다에 내려가서, 배를 타고 바다를 건너 가버나움으로 가는데 이미 어두웠고 예수는 아직 그들에게 오시지 아니하셨더니, 큰 바람이 불어 파도가 일어나더라. 제자들이 노를 저어 십여 리쯤 가다가 예수께서 바다 위로 걸어 배에 가까이 오심을 보고 두려워하거늘, 이르시되 내니 두려워하지 말라 하신대, 이에 기뻐서 배로 영접하니 배는 곧 그들이 가려던 땅에 이르렀더라."

예수님은 우리가 어떤 어려움에 처해있더라도
우리를 항상 보고 계시고, 우리를 항상 도우시고,
우리를 안전하게 목적지로 인도하십니다.
예수님은 자연을 다스리시는 창조주 하나님이십니다.

예수님께서는 오병이어의 기적을 베푸신 후 무리를 떠나 기도하러 산으로 가시고 제자들에게는 즉시 배를 타고 무리들을 떠나도록 재촉을 하셨습니다. 제자들은 십 여리쯤 가다가 풍랑을 만나 오랜 시간 동안 고전했습니다. 마태복음 14:25에 예수님이 풍랑을 만나 고전하는 제자들에게 돌아오신 시간을 밤 사경이라고 하였습니다. 그때 예수님은 바다 위를 걸어 제자들에게 오셔서 그들의 불안한 마음을 안심시키시고 위로해 주셨습니다. 예수님께서 바다 위로 걸어오신 기적에서 우리에게 베푸시는 깊은 사랑과 배려를 살펴보게 됩니다.

우리를 항상 보고 계시는 주님

마가복음 6:48에서는 "바람이 거스르므로 제자들이 힘겹게 노 젓는 것을 보시고," 라고 하였습니다. 이때는 갈릴리 바다에 바람 풍랑(Wind storm)이 불었습니다. 폭우나 구름을 동반한 폭풍(Rain storm)은 아닙니다. 제자들은 바다로 항해를 했습니다. 이것은 그들이 택한 길이 아니라 주님이 그렇게 가라고 명하신 길입니다. 그러나 주님의 명하신 그 길에서 제자들은 고난을 받았습니다. 그 항해 길에서 풍랑이 일었고 그들은 새벽 3시가 되도록 괴로이 노를 저으면서 풍랑과 싸웠습니다. 이것은 제자들에게는 고달픔과 위험이었습니다. 죽음이 닥칠 수도 있는 그런 위기였습니다. 그들은 두려움과 싸워야만 했습니다. 이 모습을 주님께서는 고스란히 보시고 계셨습니다. 주님이 산에서 기도하시면서 어떻게 그들을 보았을까요?

예수님은 편재해 계시는 하나님이십니다. 어느 곳에서나 어디에서나 존재하십니다. 하나님은 어디에나 계시고, 우리가 있는 곳에 계시고, 바로 여기에 계십니다. 아담이 범죄 한 후에 자기 자신을 숨겼을 때 하나님을 말씀하십니다. "아담아, 네가 어디에 있느냐?" 하나님은 아담이 어디에 있는지 분명히 알고 계셨습니다.

시편 139:7~10에서는 "내가 주의 영을 떠나 어디로 가며 주의 앞에서 어디로 피하리이까. 내가 하늘에 올라갈지라도 거기 계시며 스올에 내 자리를 펼지라도 거기 계시니이다. 내가 새벽 날개를 치며 바다 끝에 가서 거주할지라도, 거기서도 주의 손이 나를 인도하시며 주의 오른손이 나를 붙드시리이다," 라고 주님이 어디나 계신다는 사실을 밝히고 있습니다.

솔로몬은 열왕기상 8:27에서 "하나님이 참으로 땅에 거하시리이까 하늘과 하늘들의 하늘이라도 주를 용납하지 못하겠거든 하물며 내가 건축한 이 성전이오리이까," 라고 하나님은 어디에나 존재하시는 분이시라는 것을 고백하고 있습니다.

사도행전 17:27~28에서는 "그는 우리 각 사람에게서 멀리 계시지 아니하도다. 우리가 그를 힘입어 살며 기동하며 존재하느니라,"고 하나님이 멀리 계시지 않고 어디서나 우리와 함께 하신다는 것을 밝힙니다. 주님은 우리가 무엇을 하는가를 보고 계시며, 우리에 대하여 모든 것을 아십니다. 우리의 사정이나 환경, 생각, 괴로움, 아픔 등 모든 것을 아시고 계십니다.

"참새 두 마리가 한 앗사리온에 팔리지 않느냐 그러나 너희 아버지께서 허락하지 아니하시면 그 하나도 땅에 떨어지지 아니하리라. 너희에게는 머리털까지 다 세신 바 되었나니(마 10:29~30)," 라고 하였습니다. 그 많은 참새보다 우리를 더 위하십니다. 어떤 고난이나 환란에도 주님께서는 우리를 보고 계시고, 우리를 구원해 주십니다. 욥이 고난을 당할 때에 주님은 그를 관찰하고 그를 구하셨습니다(약 5:11).

마태복음 28:20에서는 "내가 세상 끝날까지 너희와 항상 함께 있으리라 하시니라," 라고 하였습니다. 주님이 언제나 어디에서나 우리와 함께 계실 것이며 우리를 구원해 주실 것을 굳게 믿으시길 바랍니다.

예수님은 아무런 생각 없이 제자들을 주시하신 것이 아닙니다. 도와주시기 위해서 주시하셨습니다. 그리고 풍랑으로 제자들이 시달리고 있을 때에 도와주시기 위해서 밤 4경에 그들을 찾아가셨습니다.

신명기 32:11~12에서는 "마치 독수리가 자기의 보금자리를 어지럽게 하며 자기의 새끼 위에 너풀거리며 그의 날개를 펴서 새끼를 받으며 그의 날개 위에 그것을 업는 것 같이, 여호와께서 홀로 그를 인도하셨고 그와 함께 한 다른 신이 없었도다,"라 하였습니다. 독수리가 그 새끼를 훈련시키는 것과도 같이 주님은 우리를 주시하시고 붙들어주십니다.

우리를 목적지(피난처)로 인도하시는 주님

본문말씀 21절에는 "이에 기뻐서 배로 영접하니 배는 곧 그들이 가려던 땅에 이르렀더라,"라고 하였습니다. 제자들이 목적지에 무사히 도착했다는 것입니다. 주님은 우리의 기도 제목과 소원을 성취시켜 주십니다. 제자들은 주님을 배로 영접했고, 예수님은 제자들을 목적지로 안전하게 인도해 주셨습니다.

에베소서 3:20에서 바울은 예수님을 "우리가 구하거나 생각하는 모든 것에 더 넘치도록 능히 하실 이" 라고 했고 디모데 후서 4:18에서는 "주께서 나를 모든 악한 일에서 건져내시고 또 그의 천국에 들어가도록 구원하시리니 그에게 영광이 세세무궁토록 있을지어다," 라고 찬송했습니다.

그리고 시편기자는 107:30에서 "그들이 평온함으로 말미암아 기뻐하는 중에 여호와께서 그들이 바라는 항구로 인도하시는도다," 라고 했고 또 시편 37:5에서는 "네 길을 여호와께 맡기라 그를 의지하면 그가 이루시고" 라고 우리의 목적을 안전하게 인도하시는 하나님에 대하여 밝히고 있습니다.

이렇게 주님을 영접할 때에 우리 인생의 풍랑이 잔잔해 지는 것을 믿으시길 바랍니다. 문제해결을 모두 예수님께서 맡아주십니다. 교회적으로나 개인적으로나 이런 기도 응답이 온다는 것을 믿고 모든 것을 주께 맡길 때에 이 모든 것이 주님의 은혜 안에서 안전하게 목적지로 순항하게 된다는 것을 믿으십시오.

이스라엘이 광야생활을 할 때에 배고픔은 어쩔 수 없는 일이었고, 인간으로서는 한계상황에 도달했습니다. 그때 주님이 그들을 도와 만나와 메추라기 떼를 보내주셨습니다. 지금 바다에서 풍랑을 만난 제자들은 그보다 더 절박한 위기에 봉착한 것입니다. 이들이 생사의 기로에 섰을 때 예수님이 그들을 주시하시고 오셔서 도와주심으로 무사히 목적지에 도착하게 하였습니다.

시편 121:1~2에서는 "내가 산을 향하여 눈을 들리라 나의 도움이 어디서 올까. 나의 도움은 천지를 지으신 여호와에게서로다,"라고 하였습니다.

나의 도움은 오로지 주님에게서부터 옵니다.

미국의 도널드 반하우스 박사(Donald Grey Barnhouse 1895~1960)는 얼음 집(Ice House)에 대한 이야기를 했습니다. 어떤 얼음 집 주인이 자기가 소중히 여기던 시계를 톱밥 속에 잃어 버렸습니다. 그 시계를 찾기 위해 현상금을 걸었고, 모든 사람들이 갈퀴를 가지고 그 시계를 찾으려고 톱밥을 긁어보았지만 톱밥이 깊고 넓어서 찾지를 못했습니다. 한참을 찾아도 찾지 못하자 사람들은 점점 흥미를 잃었고 포기했습니다. 이윽고 점심시간이 되었는데 한 소년이 그 시계를 찾아온 것입니다. 사람들이 놀라서 어떻게 그 시계를 찾았느냐고 물었습니다. 그러자 소년은 이렇게 말했습니다. '톱밥 위에 엎드려서 시계소리를 들으려 노력했더니 시계소리가 들렸습니다.'

우리는 이렇게 예수님의 소리를 들으려고 귀를 기울여야 합니다. 예수님이 바다 위로 걸어오시자 제자들은 유령으로 착각하고 두려워했습니다. 그때 예수님의 음성을 듣고는 비로소 그분이 예수님이라는 것을 알고는 배로 영접했습니다. 믿음이 적으면 이렇게 예수님도 유령으로 오해할 수 있습니다. 우리는 귀를 기울여서 우리를 도와주시러 오시는 예수님의 발자국 소리를 들어야만 합니다. 특히 고난이나 역경 속에 빠져있을 때에는 예수님의 소리를 못 들을 수도 있습니다. 믿음을 굳건히 해서 예수님의 소리를 들어야만 합니다. 고난이나 역경이 예수님의 권세보다 절대로 크지 않다는 것을 믿으시기 바랍니다. 어려움에 부딪혀 예수님께 부르짖을 때, 예수님은 항상 우리를 지켜주시고 우리의 목적지까지 안전하게 인도하십니다.

엘리야는 갈멜산 사건 후에 이세벨을 피해 광야로 도망친 후에 죽기를 원합니다. 사십 주야를 걸어 호렙산으로 가서 하나님의 명령을 기다렸습니다. 큰 바람소리가 났고, 지진이 일어났고, 큰 불이 나서 그를 위협했으나 주님은 거기에 계시지 않았습니다. 그런 것들이 모두 지나간 뒤에 그는 세미한 소리를 들었습니다. 그리고 하나님의 소명을 듣게 되는 것입니다. 주님께서는 엘리야를 도와서 살려주시고 그에게 명령을 내리셨습니다. (왕상 19장)

어떤 역경이나 환란이 오더라도 두려워하지 맙시다. 주님이 우리와 함께 하시고 우리를 안전하게 우리의 목적지로 인도해 주시리라는 것을 굳게 믿으시기 바랍니다.

"두려워하지 말라 내가 너와 함께 함이라 놀라지 말라 나는 네 하나님이 됨이라 내가 너를 굳세게 하리라 참으로 너를 도와 주리라 참으로 나의 의로운 오른손으로 너를 붙들리라," (사 41:10)

하나님의 아들, 예수님의 자기 계시

마태복음 14:27~33에서는 "예수께서 즉시 이르시되 안심하라 나니 두려워하지 말라. 베드로가 대답하여 이르되 주여 만일 주님이시거든 나를 명하사 물 위로 오라 하소서 하니, 오라 하시니 베드로가 배에서 내려 물 위로 걸어서 예수께로 가되, 바람을 보고 무서워 빠져 가는지라 소리 질러 이르되 주여 나를 구원하소서 하니, 예수께서 즉시 손을 내밀어 그를 붙잡으시며 이르시되 믿음이 작은 자여 왜 의심하였느냐 하시고, 배에 함께 오르매 바람이 그치는지라. 배에 있는 사람들이 예수께 절하며 이르되 진실로 하나님의 아들이로소이다 하더라," 라고 하였습니다.

이 기적의 사건으로 예수님은 하나님의 아들이시고, 하나님 자신이시며, 창조주 하나님이시라는 것을 계시합니다. 자연을 다스리시는 하나님이심을 보여주십니다. 자연의 혼란과 고난의 광풍을 잠잠하게 하십니다. 우리의 생활에서의 역경과 환란과 고난도 이와 같이 잠잠하게 하시는 것을 믿어야 합니다. 죽음을 몰아오는 광풍조차도 예수님께서는 순풍으로 바뀌게 하셨습니다. 그런데 우리 생에서의 역경이야 말해서 무엇하겠습니까? 예수님께 맡기면 모든 것이 순풍으로 돌아선다는 것을 믿습니다. 주님은 어디에나 계시는 분이시고 우리의 주이시며, 우리 안에 내재하여 계시다는 것을 믿으시기 바랍니다. 우리를 항상 주시하시고 도와주시는 주님이시란 것을 믿으시길 바랍니다. 우리를 안전하게 소원의 항구로 인도하시는 주님이시란 것을 믿으시길 바랍니다. 그리고 그 주님은 우리의 경배의 대상이고 하나님의 아들이시며, 창조주 하나님이시라는 것을 믿으시길 바랍니다. 우리 인생의 항해 길에 키를 주님께 맡기며 항해할 때 빙산의 위험이나 광풍, 폭풍일지라도 우리를 해치 못합니다. 주님이 우리를 안전하게 우리의 목적지까지 인도하십니다.

제54장

왜 예수를 찾았는가

(요 6:22~27)

요한복음 6:22~27 "이튿날 바다 건너편에 서 있던 무리가 배 한 척 외에 다른 배가 거기 없는 것과 또 어제 예수께서 제자들과 함께 그 배에 오르지 아니하시고 제자들만 가는 것을 보았더니, (그러나 디베랴에서 배들이 주께서 축사하신 후 여럿이 떡 먹던 그 곳에 가까이 왔더라), 무리가 거기에 예수도 안 계시고 제자들도 없음을 보고 곧 배들을 타고 예수를 찾으러 가버나움으로 가서, 바다 건너편에서 만나 랍비여 언제 여기 오셨나이까 하니, 예수께서 대답하여 이르시되 내가 진실로 진실로 너희에게 이르노니 너희가 나를 찾는 것은 표적을 본 까닭이 아니요 떡을 먹고 배부른 까닭이로다. 썩을 양식을 위하여 일하지 말고 영생하도록 있는 양식을 위하여 하라 이 양식은 인자가 너희에게 주리니 인자는 아버지 하나님께서 인치신 자니라."

예수님을 찾는 목적이 무엇입니까?

배부르기를 원하십니까? 세상의 영화나 권세를 원하십니까?

예수님은 말씀하십니다.

'썩을 양식을 위해 일하지 말고

영생하는 양식을 위해 일하라,' 고 하십니다.

예수님 당시의 사람들은 일정한 업무시간이나 작업시간을 지킬 필요가 없이 살아갔습니다. 그런 그들이 예수님의 기적을 통하여 배부름을 얻고 난 후 유월절 때에 억지로 예수님을 왕으로 세우려는 시도를 했습니다. 그 때 예수님은 그들을 떠나 기도하기 위해서 산으로 들어가셨습니다. 예수님의 기적을 보았던 바로 그날 저녁에 제자들만이 배 한 척을 타고 가버나움 쪽으로 가는 것을 무리들이 보았습니다. 예수님이 아직 무리들 주변에 남아 계신다고 생각한 그들은 예수님을 기다렸지만, 예수님은 더 이상 그들 앞에 나타나지 않았습니다. 그들은 예수님을 찾기 시작했습니다. 기적을 베푸시던 그 장소 주변을 둘러보았지만 예수님을 찾지 못했습니다. 아마 예수님이 제자들이 건너간 가버나움으로 가셨으리라고 생각하고는 배를 타고 예수님을 찾으러 가버나움으로 향했습니다. 이 무리들은 바로 그날 밤에 예수님이 물위를 걸어서 예수님 제자들을 만나 갈릴리 바다를 건너간 사실을 전혀 몰랐지요.

무리들이 가버나움에 도착했을 때, 예수님이 이미 그곳에 와 계시는 것을 보고는 "랍비여, 언제 여기에 오셨습니까?"라고 물었습니다. 주님은 그들의 질문을 무시해 버리고 대답하지 않으셨습니다. 도리어 그들을 책망하시면서 그들의 문제의 핵심을 말씀하셨습니다. "진실로 내가 너희에게 이르노니, 너희가 나를 찾은 것은 표적을 본 까닭이 아니요, 떡을 먹고 배부른 까닭이다,"라고 하셨습니다. 다시 말씀하시기를 "너희는 썩을 양식을 위하여 일하지 말고 영생하도록 있는 양식을 위하여 일하라. 이 양식은 인자가 너희에게 주리니 인자는 아버지 하나님의 인치신 자니라,"라고 하셨습니다.

무리들이 왜 예수님을 찾았는가?

예수님께서 무리들이 예수님을 찾은 이유는 '행하신 표적을 본 것이 아니요, 떡을 먹고 배부른 까닭'이라고 말씀하셨습니다. 유대 무리들이 예수님을 가버나움까지 가서 만나려고 했던 이유는 그들의 주린 배를 채우기 위함이었습니다. 전날에 기적을 통하여 떡과 고기를 배부르게 먹었던 무리들은 다시 배고픔을 느꼈습니다. 그래서 예수님을 찾으려고 가버나움까지 온 것입니다. 이 같이 한심한 군중들을 보시고 예수님은 날카롭게 책망하셨습니다. '너희가 나의 행한 표적을 본 것이 아니다,' 라고 하셨습니다. 그들은 예수님의 표적 행한 것을 육신적인 눈으로 본 것입니다. 그 기적을 통해서 분배된 떡을 먹었고, 배부름을 얻은 체험이 있었습니다. 그런데 왜 예수님은 그 무리들이 예수님이 행한 표적을 보지 못했다고 했습니까? 표적이란 헬라어 세메이온(σημεῖον)으로 '신적 권위와 위엄의 증거(a proof of divine authority and majesty)'를 뜻하고 있습니다.

사도 요한은 특히 이 표적이란 말을 많이 사용했습니다. 다른 복음의 저자보다 이 말을 더욱 많이 사용했습니다. 오병이어의 기적(6:15)은 '나는 생명의 떡(6:35)'이라고 표현하셨고, 맹인의 눈을 뜨게 하심(9:16)은 '나는 세상의 빛(8:12)'이라고 하신 말씀이고, 나사로를 살리심(11:44)은 '나는 부활이요 생명(11:25)'이라는 말씀의 표적이고, 물 위를 걸으심은 하나님의 아들이라는 표적을 나타내고 계시다고 기록했습니다.

예수님이 무리들에게 '나의 행한 표적을 본 것이 아니다'라고 하신 말씀은 유대 무리들이 예수님을 '하나님의 아들'로 알지 못했다는 의미입니다. 그들은 예수님을 단순히 이적 행하는 사람으로만 이해한 것입니다. 즉 기적을 행하는 요술쟁이와도 같이 보았다는 것입니다. 예수님께서 '떡을 먹고 배부른 까닭이다,' 라고 하신 것은 유대 무리들은 떡을 주신 예수 그리스도의 기적을 보고 예수 그리스도를 알려고 한 것이 아니요, 그리스도의 능력을 알려고 한 것도 아니고, 예수 그리스도가 도대체 누구인가를 알려고 한 것도 아니었고, 다만 떡 그 자체만 생각하고 있다고 질책하시는 것입니다.

무리들은 유물주의자들입니다. 무리들은 굶주린 창자를 어떻게 채우느냐 하는 동물적 차원에 속한 사람들이었습니다. '배부르다,'라는 말은 헬라어 '에코르타스떼데(ἐχορτσθητε)'로 이 의미는 가축들이 풀을 뜯어 먹고 배가 찬 상태인 '코르토스(χόρτος)'에서 온 말입니다. 그들은 예수님을 만나 다시 한 번 그들의 배를 채우려고 하는 목적으로 예수님을 만난 것입니다. 이것은 한 끼의 굶주림을 해결하려는 의도였고, 물질적인 축복만을 목적으로 신앙생활을 하는 자를 경계하시는 말씀입니다.

무리들은 하나님이신 예수님을 보지 못했습니다. 기적을 보고 배를 채우는 체험을 하면서도 떡 자체만 생각했지, 떡을 주신 예수님이 어떤 분인가를 알지 못했습니다. 무리들은 주님의 기적을 보았습니다. 그러나 예수님이 하나님으로서 기적의 능력을 베푸시는 것을 보지 못했습니다. 그들의 눈은 멀었고, 마음은 우둔해서 그들이 생각한 것은 하나님이 아니고 떡이었습니다. 즉 그 무리들은 떡을 떡 그 자체로만 받았지 하나님의 선물로 받지는 않은 것입니다. 여기서 크리스천의 물질적 경제관을 다시 정리하는 것이 중요합니다.

크리스천의 물질관

물질은 우리에게 필요합니다. 절대로 물질을 경시해서는 안 됩니다. 창조 원리에서 인생과 물질은 분리할 수 없습니다. 그것은 인간의 몸을 물질인 흙으로 만드셨기 때문입니다. 하나님은 물질을 모두 완성하신 후에 인간을 창조하셨습니다. 인간을 제일 늦게 창조하신 것은 인생을 위해 모든 것을 준비한 후에 인간을 창조하신 것입니다. 잠언 30:8에는 "나를 가난하게도 마옵시고 부하게도 마옵시고 오직 필요한 양식으로 나를 먹이시옵소서,"라고 하면서 물질의 중요성을 우리에게 알리고 있습니다.

물질은 하나님의 일반은총입니다. 즉 모든 사람들에게 주시는 하나님의 은총이라는 의미입니다. 어거스틴은 "이 세상 재물은 그 자체로써 선이다. 그리고 악한 것으로 여겨지지 않게 선한 사람들에게 주어진다. 그러나 가장 크고 또 가장 좋은 선으로 생각되어지지 않게 하기 위하여 악인들에게도 주어진다,"라는 말을 했습니다. 물질은 우리에게 정말로 필요한 것입니다. 물질 개악설(物質皆惡說)은 용납될 수 없습니다. 어떤 사람이 돈에 손을 대는 것이 더럽다고 해서 젓가락으로 돈을 집는 웃지 못 할 이야기가 있습니다. 아주 엄격하게 따져 본다면, 최저한도의 물질생활의 보장 없이는 최저한도의 신앙생활을 하기가 어렵다는 것을 우리 모두가 잘 알고 있습니다.

하나님이 내신 위계질서에서 바른 물질관을 정립해야만 합니다. 사람이 물질을 통제해야 하고 물질의 통제를 받아서는 안 됩니다. 하나님이 우선이고 사람이 그 다음이고 마지막으로 물질이라는 올바른 물질관이 정립되어야 합니다. 하나님이 우선하지만 인간보다 물질이 우선한다고 생각하는 것은 위선입니다. 사람이 모든 것에 우선이라고 생각하는 것은 도덕군자에 속하는 말입니다. 물질이 모든 것에 우선이라고 생각하는 것은 유물론적인 공산주의의 생각입니다. 물질을 더욱 중요하게 생각하는 예를 우리는 성경에서 찾아볼 수 있습니다. 가룟 유다의 경우라든지, 아나니아와 삽비라의 경우, 게하시의 경우를 보면 물질을 중요하게 여기다가 하나님의 저주를 받았습니다.

기독교는 사유재산을 인정합니다. 그러나 하나님을 제외한 물질관, 하나님보다 물질을 더 우위에 두는 경제관은 배척해야만 합니다. 물질을 소유하는 것은 죄가 아닙니다. 그러나 그 물질을 주신 하나님을 망각하는 것이 죄입니다. 하나님이 주신 물질에 빠져 물질주의로 나가는 것이 죄입니다. 물질의 풍요, 특히 넘치는 풍요는 영혼을 파괴시키는 잠재요인입니다. 예수님은 말씀하셨습니다. "사람이 떡으로만 살 것이 아니요(마 4:4)," 물질의 유한성과 영속하지 못함을 우리에게 일깨워 주시는 말씀입니다.

썩을 양식을 위하지 말고 영생하는 양식을 위하여

이 말씀은 격언적인 말씀입니다. 이사야 55:2에서 "너희가 어찌하여 양식이 아닌 것을 위하여 은을 달아 주며 배부르게 하지 못할 것을 위하여 수고하느냐,"라고 하였습니다. 이사야는 사람들이 육신의 굶주림만을 해결하기 위해 수고하는 모습을 보고 이런 말을 한 것입니다. 예수님께서도 유대 무리들이 떡을 구하기 위해 다시 찾아왔을 때, 그들에게 썩을 양식을 위하여 일하지 말고 영생의 양식을 위해 일하라고 가르치셨습니다. 예수님은 유대인들의 관심이 바로 물질적 만족에 있다는 것을 아셨습니다. 그들은 값없이 넉넉한 음식을 먹었고, 또 더 원했습니다. 그러나 예수님께서는 그들이 물질적인 굶주림에 처해있다는 것도 아셨지만, 다른 굶주림에 처해있다는 것도 아셨습니다. 배고픔에는 육신적 배고픔과 영적인 배고픔이 있습니다. 물질적인 배고픔은 음식으로 해결할 수 있지만, 영적인 배고픔은 음식으로는 도저히 해결할 수 없습니다.

주후 60년, 로마 사회에는 역사상 유래를 찾아볼 수 없는 부유와 사치에 대한 기록이 남아있습니다. 로마의 부유층들은 공작새의 골과 나이팅게일의 혀로 요리를 만들어 잔치를 벌였고, 계속해서 나오는 더 좋은 요리를 먹고 즐기기 위해 구토제를 사용했습니다. 배가 부르면 더 이상 먹을 수 없기 때문에 구토제로 토한 다음에 배를 비우고 다시 요리를 먹기 위해서였습니다. 호화스러운 옷을 입고 금은보석으로 치장을 하고 물질적인 풍요를 누렸습니다. 하지만 로마인들은 근본적인 굶주림은 채우지 못했습니다. 그것은 영적인 굶주림이었습니다.

　영국의 시인 매튜 아놀드(Matthew Arnold 1822~1888)는 '이교도의 세상(The Pagan World)'라는 시에서 이런 상태를 표현했습니다.

이교도의 세상(The Pagan World)

매의 눈초리로 서늘하게 넓은 방안에
로마의 귀족은 누워있네
화려한 복장을 하고, 아피안의 대로를
마차를 타고 활주하였네

축제를 열어 맹렬히 술을 들이키고
꽃으로 그 머리에 관을 썼으나
역겨운 시간은 더 나은 위안도
더 빠른 흐름도 없네

In his cool hall, with haggard eyes,
The Roman noble lay;
He drove abroad, in furious guise,
Along the Appian way.
He made a feast, drank fierce and fast,
And crowned his hair with flowers -
No easier nor no quicker passed
The impracticable hours.

찬송가 '주 예수의 강림이 불원하니'
이 세상이 즐기는 재물로는 네 근심과 고초를 못 면하리,
또 숨질 때 위로를 못 얻으며 저 천국에 갈 길도 못 찾으리.

잠시 짧은 글귀(The Mashal:격언)로 다시 이 27절을 찾아보겠습니다.

'썩는 양식을 위해 일하지 마라' 라는 의미는 '마치 물질적 양식이 인간 마음의 공허를 메워줄 수 있는 것처럼 떡을 동경하지 말라. 이런 양식은 인생을 영속시키는 가치가 없는 것을 인정하라,' 라는 뜻입니다.

'그러나 영생하도록 있는 양식을 위하여 일하라' 의 의미는 '하나님이 보내신 자, 곧 메시야 그리스도를 믿으라. 그것이 영생을 주며, 영생을 보유한 참 양식이다,' 라는 뜻입니다.

'이 양식은 인자가 너희에게 줄 것이다' 의 의미는 '내가 내 자신을 나 안에서 믿는 자들에게 줄 것이니, 즉 생명의 떡을 줄 것이니' 라는 뜻입니다.

'인자는 아버지 하나님께서 인치신 자니라' 의 의미는 예수 그리스도 자신이 증거 하시고, 세례 요한이 증거 하고, 기적의 역사가 증거 하고, 하나님 아버지가 직접 증거 하시고, 성경이 증거 한 바로 그 구주이다, '라는 뜻입니다. 즉 하나님 아버지께서 예수님이 진정한 메시야이고, 하나님의 아들이라는 것을 증거 했다는 말입니다.

사람들에게는 영적 굶주림이 있습니다. 진리에 대한 굶주림, 생명에 대한 굶주림, 사랑에 대한 굶주림이 바로 그것입니다. 이것들은 모두 예수님만이 해결할 수 있습니다. '하나님께서 인치신' 에서 인(seal)은 아주 중요한 의미를 갖고 있습니다. 봉인은 세계 각국에서 널리 쓰이던 공적 증명입니다. 성경 지역이나 고대 세계에는 모두 이런 봉인의 기록이 있습니다. 이 봉인은 단순한 서명이 아니라 확증을 세우는 증거의 공적 증명을 말합니다. 이 봉인은 모든 사회에서 광범위하게 쓰였습니다. 상업적인 문서에서는 도장이 박힌 반지로 봉인을 했고, 헬라사회에서는 유언서의 진실성을 유지하느라, 상자나 포대의 내용을 보증할 때에 봉인을 사용했습니다. 낮은 서민들도 물론 봉인을 사용했습니다. 노새를 이용하여 짐을 운반하거나 계약을 할 때에도 봉인을 사용했습니다. 대영박물관에는 아직도 앗수르 왕들이 사용하던 도장들이 보관되어 있습니다. 그것은 진흙에 찍어서 사용되었습니다. 봉인이 찍힌 진흙을 문서에 부착해서 그것을 공적 증거로 인정했습니다. 지금 그 문서들은 모두 소실되었지만 아직도 그 도장들은 남아있습니다.

이렇듯이 봉인은 확실한 증거를 위해 찍는 것이고, 예수님은 하나님의 인치신 자, 즉 봉인을 받은 분이라는 말입니다. 랍비들 사이에 격언이 있습니다. 그들은 '하나님의 인장은 진리이다(탈무드),' 라는 격언입니다. 어느 날 랍비들이 회당에서 함께 울고 기도하고 금식하고 있을 때에 하늘로부터 그들 가운데 하나의 작은 두루마리가 떨어졌습니다. 그들이 그것을 열자 두루마리에는 단 한 마디 말이 적혀있었습니다. 'אֱמֶת' 라고 적혀 있었는데 이것은 처음, 중간, 마지막이라는 글자의 첫 자들이었습니다. 그래서 하나님의 진리는 히브리어로는 '에메트, אֱמֶת' 라고 쓰고, 그 단어는 히브리어의 첫 글자와 중간 글자, 그리고 마지막 글자로 이루어졌습니다.

예수님이 인생의 굶주림을 만족시킬 수 있음은 하나님이 인치셨기(seal) 때문입니다. 그리고 성육신은 하나님의 진리이기 때문입니다. 영혼의 굶주림을 해결한 자는 육신의 배고픔을 해결할 수 있습니다. 그러나 영혼의 굶주림을 해결하지 못한 자는 육신의 배고픔은 해결할 수 있을지 모르나 지옥에서 영원히 배고프고 목마른 고통은 해결할 수 없습니다. 우리는 영생의 양식, 즉 믿음을 위해 일을 해야 하겠습니다.

제55장

하나님의 일

(요 6:28~29)

요한복음 6:28~29 "그들이 묻되 우리가 어떻게 하여야 하나님의 일을 하오리이까. 예수께서 대답하여 이르시되 하나님께서 보내신 이를 믿는 것이 하나님의 일이니라 하시니."

구원을 얻기 위해 어떤 일을 해야 합니까?
무엇을 해야만 구원을 얻는다고 생각하십니까?
우리가 구원을 얻기 위해 할 일은 아무 것도 없습니다.
하나님께서 보내신 이, 즉 예수님을 믿는 것만이
우리가 할 일입니다.

아침이 되자 유대 무리들이 예수님을 찾아가서 육신의 양식을 다시 청하였습니다. 어제와 같이 표적을 나타내어 굶주린 저들의 배를 채워 달라고 요구했습니다. 이때 예수님은 저들에게 '썩을 양식을 위하여 일하지 말고, 영생하도록 있는 양식을 위하여 일하라,' 고 충고하고 가르쳐 주셨습니다. 예수님은 저들의 육신의 배고픔보다 더 배고픈 한 가지 사실을 지적해 주셨습니다. 곧 저들이 영적 굶주림을 해결해야 한다는 것입니다. 그 영혼의 굶주림은 주님께서 해결해 주신다고 직접적으로 가르쳐 주셨습니다.

하나님의 일이란

영생의 양식을 얻기 위하여 일하라는 예수님의 말씀을 유대인들이 듣고 반문했습니다. "우리가 어떻게 해야 하나님의 일들(works of God)을 합니까?"라고 질문한 것입니다. 그들의 이 질문에는 이미 그들의 대답이 내포되어 있습니다. 그들은 스스로 하나님이 요구하시는 일을 할 수 있고, 그 일의 공로와 공적과 봉사로써 영생을 얻을 수 있을 것이라고 생각하였습니다.

예수님이 하나님의 일에 대하여 말씀하셨을 때 유대인들은 그 일이 인간의 선행이라고 이해했습니다. 사람은 선을 행하고 도덕적인 생활을 함으로써 하나님의 은총인 구원과 영생을 얻는다는 것이 유대인들이 항상 가졌던 신념입니다. 유대인들은 사람을 3가지 계층으로 분리하여 생각했습니다. 선한사람과 악한사람 그리고 선과 악의 중간 사람으로 분리했습니다. 언제든지 선을 행하면 선의 계층으로 바뀌어 질 수 있다고 믿었습니다. 유대인들이 예수님께 질문을 던지고 '어떻게 해야 하나님의 일을 하오리까?' 했을 때 그들이 기대한 대답은 유대인들이 행하지 아니하면 안 되는 여러 가지 규칙, 규례, 상세한 조문 등을 열거해 주는 것이었습니다. 규례를 지키고 선을 행하는 것으로 구원을 받는다고 하는 대답을 기대했던 것입니다. 곧 규칙과 규례를 준수하고 철저히 지키는 것이 '하나님의 일들' 이라고 대답해 주실 것이라고 예측했습니다. 그러나 예수님의 대답은 그들이 기대한 것과는 전혀 다른 대답이었습니다. 예수님은 '하나님의 일' 은 '하나님께서 보내신 자를 믿는 것' 이라고 가르쳐 주신 것입니다.

독일의 히틀러가 영국을 침략하려고 할 때, 당시 영국 수상이었던 윈스턴 처칠은 영국 의회에서 이렇게 연설을 했습니다. "나는 영국을 위하여 편안한 시간과 편안한 승리를 제공하지 않을 것입니다. 피와 노력과 땀과 눈물을 제공하겠습니다," 라고 했습니다. 그때 독재자 히틀러는 닭의 모가지 (the neck of chicken)를 비트는 것처럼 영국을 비틀어 버리겠다고 호언장담을 했습니다. 그러나 히틀러의 영국침략은 실패로 돌아갔고, 히틀러가 실패한 후에 처칠 수상은 다시 영국 국민 앞에 서서 연설을 했습니다. 그는 'some chicken!' 이라고 했고, 영국 국민들로부터 우레와 같은 박수가 나왔습니다. 다시 그는 'some neck!' 라고 하자 다시 힘찬 박수를 받았습니다. 히틀러의 장담에 대응하는 그의 연설이었습니다. 이것이 독일과 영국의 전쟁 후에 처칠이 남긴 유명한 금쪽같은 문장입니다.

우리는 흔히 요한복음 3:16의 "하나님이 세상을 이처럼 사랑하사 독생자를 주셨으니 이는 저를 믿는 자마다 멸망치 않고 영생을 얻게 하심이라," 는 성경구절을 황금문장이라고 말합니다. 요한복음 6:29에 "하나님께서 보내신 이를 믿는 것이 하나님의 일이니라," 고 하신 예수님의 이 말씀도 황금문장임에 틀림이 없습니다. 예수님은 이런 짤막한 황금 문장 속에서 크리스천들이 받아 누리는 엄청난 구원과 영생의 축복을 요약하고 있습니다. 곧 영생의 양식은 인간의 노력과 봉사로 얻는 것이 아니라 믿음으로 얻는 하나님의 선물이라는 것입니다.

요한복음 4:10에서 예수님이 사마리아 여인에게 생수를 주신다고 하였을 때, 그 여인은 생수가 지하에서 솟아나는 음료라고만 생각하고는 그것을 달라고 요구하였습니다. 그러나 그 생수가 바로 '예수 그리스도 자신'임을 알려주고 그 생수는 바로 하나님이 주시는 하나님의 선물이라고 하였습니다. 즉 생수는 죄인인 우리에게 주는 하나님의 선물입니다. 예수 그리스도 자신은 죄로 인해 갈증을 느끼고 그 갈증을 해결하지 못하는 사람들에게 생수가 되십니다. 그 생수는 하나님의 선물입니다. 그러므로 선물의 개념은 노력과 봉사로 획득하는 것이 아니라 거저 받는 것이요, 거저 가지는 것이 본래의 의미입니다.

영생은 전적으로 하나님의 선물이다

예수님이 영생하는 양식을 위하여 일하라고 하셨을 때(29절), 먼저 영생의 양식을 예수 그리스도 자신이 주신다고 말씀하셨습니다(27절). 영생의 양식을 위하여 일하라는 예수님의 말씀은 영생의 양식을 주실 때에 믿음으로 받는 것을 의미합니다. 우리는 손을 내미는 단순한 행위로 이 영생의 양식을 받는 것입니다. 곧 영생이란 사람이 선을 행하고 힘써 노력하여 만들어내는 산물이 아니라, 하나님께서 이미 만들어 놓으신 것입니다. 인간의 힘과 노력이 조금도 보탬이 없이 하나님이 홀로 전적으로 만들어 놓으신 영생입니다. 다시 말하면 영생은 구원과 같은 의미인데, 우리가 구원을 얻기 위하여 노력하고 봉사해야 한다는 말이 아닙니다. 하나님이 이미 이 구원을 예비해 놓으셨고, 그것을 우리에게 주시는 것입니다. 하나님께서 독생자를 보내시고 십자가에서 인간의 죄를 위하여 죽으시고, 구원을 완성해 놓았습니다. 그 구원의 축복을 성령께서 우리에게 적용시켜 주시는 것입니다. 이 사실을 바로 믿는 것이 하나님의 일이라고 성경은 가르치고 있습니다.

사람들의 일반적인 사고방식에는 영생과 구원을 얻기 위하여 어떤 선한 일을 해야 한다는 것이 지배적입니다. 성경에서는 이런 질문, '무엇을 해야 영생을 얻습니까?' 라는 질문을 한 인물들이 여러 명 있습니다.

누가복음 18:18에서는 "어떤 관리가 물어 이르되 선한 선생님이여 내가 무엇을 하여야 영생을 얻으리이까," 라고 하여 관리가 영생을 얻기 위해 어떤 일을 해야 하나를 묻습니다.

사도행전 2:37에서는 오순절 때 유대인 무리들이 "베드로와 다른 사도들에게 물어 이르되 형제들아 우리가 어찌할꼬 하거늘," 이라고 했습니다.

사도행전 16:30에서는 빌립보 간수가 바울에게 묻습니다. "선생들이여 내가 어떻게 하여야 구원을 받으리이까 하거늘," 이라고 했습니다.

누가복음 15:19에서는 탕자 아들이 생각하기를 "지금부터는 아버지의 아들이라 일컬음을 감당하지 못하겠나이다 나를 품꾼의 하나로 보소서 하리라 하고," 라 했습니다.

구원을 얻기 위해서는 어떤 일을 해야 한다고 생각하고 있습니다. 이들의 공통적인 점은 구원을 위하여 무엇을 반드시 해야 한다고 생각하지만 무엇을 해야 할지는 몰랐습니다.

사람들은 예배의식이나 종교행위를 통해서 구원을 얻는다고 생각했습니다. 그렇지만 예배행위가 죄인에게 구원을 주지는 못합니다. 마찬가지로 세례도 구원을 줄 수는 없습니다. 아프리카 감비아 지방에서 이 재환선교사의 보고에 의하면, 전통적인 크리스천의 성인식과 세례 증서를 그 지방 사람들은 학교의 졸업증서나 학위증으로 생각하고 있다고 합니다. 그 증서를 구원을 얻은 티켓으로 생각한다고 합니다. 그러나 이런 성인식이나 세례가 구원을 줄 수 없습니다. 어떤 사람들은 자선행위나 구제행위로 구원을 얻는다고 생각합니다. 그러나 이러한 인간의 노력은 거룩하신 하나님의 요구를 충족시킬 수는 없습니다. 왜냐하면 인간의 노력은 불완전하기 때문에 완전하신 하나님의 기준을 만족시킬 수 없기 때문입니다.

오네시모가 입은 구원의 은혜

우리는 이 구절, "하나님의 일은 하나님이 보내신 이를 믿는 것이다(The work of God is to believe on Him),"라는 구절을 다시 더 깊이 생각해 보아야 합니다. 신약성경 중에 빌레몬서가 있습니다. 사도 바울이 골로새에 사는 빌레몬이라는 부자에게 보낸 서신입니다. 빌레몬은 부자로서 여러 명의 노예를 거느리고 살았습니다. 그는 바울의 전도를 받고 기독교로 개종했습니다. 빌레몬이 사업차 여행을 하다가 에베소에서 바울을 만나서 그리스도를 영접하고 신앙생활을 하게 되었던 것입니다. 그가 크리스천이 된 이후에 그 가정에 오네시모란 종이 주인의 재물을 훔쳐서 도망친 사건이 있었습니다. 오네시모는 주인의 눈을 피해서 멀리 로마로 가서 훔친 재물로 편안한 생활을 누리며 지냈습니다. 그러다가 그가 종이었다는 신분이 발각되어 로마의 옥에 갇히게 되었습니다. 그때 바울도 로마의 감옥에 있었던 터이라, 그는 바울의 전도를 받고 개종하였습니다. 오네시모는 계속적으로 사도 바울의 신앙 지도를 받을 때에 성령의 감동을 받았으며, 하나님의 말씀의 빛 가운데 자신의 진상을 살펴보게 되었습니다. 그리고 양심의 가책에서 해방을 받고 싶었습니다. 주인을 속이고 도둑질을 해서 도망친 것이 법을 어긴 죄라는 것을 깨닫고 그는 사도 바울의 충고를 겸손히 기다렸습니다. 그 당시 종이 주인의 재물을 도둑질 하고 탈출했다면, 그 종은 주인이 마음대로 처형할 수 있었습니다. 오네시모는 양심의 가책과 죽음의 공포 속에서 날마다 괴로움을 당하면서 지냈습니다. 이때 사도 바울이 편지를 써서 오네시모로 하여금 주인에게로 돌아가도록 하면서 빌레몬에게 그 편지를 전하도록 했습니다.

오네시모가 주인 빌레몬에게 찾아갔을 때의 상황을 한 번 생각해 봅시다. 빌레몬은 오네시모가 찾아왔을 때 놀랍니다. 오네시모는 자기를 변명하지 않고 그저 사도 바울의 서신을 빌레몬에게 제시합니다. 빌레몬이 사도 바울의 편지를 읽습니다. 송신자는 바울이고 이렇게 쓰여 있습니다. '그리스도 예수를 위하여 갇힌 자 된 바울이 쓰노라. 네게 마땅한 일로 명할 수 있으나 사랑을 인하여 도리어 간구하노라. 나 바울은 예수 그리스도를 위하여 갇힌 자 되었다. 갇힌 중에서 낳은 아들 오네시모를 위하여 네게 간구하노니, 전에는 네게 무익하였으나, 이제는 나와 네게 유익함으로 네게 저를 돌려보내노라. (저는 내 심복이라.)'

사도 바울의 편지에는 '저는 도적질을 하였다. 나쁜 인간이다,' 라는 말은 전혀 없습니다. '저가 돈을 갚을 것이다,' 라는 말도 없습니다.

빌레몬은 사도 바울이 더 강조한 말을 읽어봅니다. "그러므로 네가 나를 동무로 알진대 저를 영접하기를 나를 영접하듯 하고 저가 만일 네게 불의를 하였거나 네게 빚진 것이 있거든 이것을 내게로 회계하라. 나 바울이 친필로 쓰노니 내가 갚으려니와 너는 이외에 네 자신으로 내게 빚진 것을 내가 말하지 아니하노라." 이 편지를 볼 때 빌레몬의 마음은 바울의 편지에 완전히 정복당했고 오네시모가 그의 죄를 고백한 것을 알게 되었습니다. 그가 사도 바울의 추천을 받고 바울과 빌레몬의 관계가 긴밀하다는 확신을 가지고 돌아온 줄도 알았습니다. 사도 바울은 이렇게 오네시모의 보증을 섰습니다. 그는 늙었고 감옥에 있었으나 빚을 갚고 있었습니다. 빌레몬은 그의 종 오네시모를 용서하고 사도 바울을 영접하는 것처럼 종을 영접했습니다. 이것을 다시 예로 들어서 설명해 봅시다. 빌레몬을 하나님이라고 생각하고, 사도 바울을 예수 그리스도로 가정해 본다면, 그리고 오네시모가 죄인인 우리들이라고 생각해 보면 이런 관계를 상상할 수 있습니다. 우리는 하나님을 떠난 존재이고 하나님의 것을 도둑질 했습니다. 하나님의 영광과 예배와 복종하지 않은 것은 도둑질과 같은 것입니다. 우리는 우리의 힘으로 이 죄를 갚을 길이 없습니다. 그런데 예수 그리스도를 통해서 하나님이 우리의 모든 빚을 용서하고 탕감해 주시는 것입니다. 하나님의 선하신 뜻으로 용서해 주신 것입니다. 그렇다면 우리도 무엇을 해야 합니까? 나의 선행을 신뢰하고 도덕적 개혁을 하고 종교의식을 의지해야만 합니까? 그렇지 않습니다.

예수 그리스도에게 나아가야 하고, 예수님을 의지해야 합니다. 예수님이 말씀하시기를, '오네시모 같은 도망친 종이 아버지에게 범죄 했다. 그는 하나님에게 변상할 능력이 전혀 없다. 그러나 그가 나를 믿는다고 하면서 변화되었으면, 내가 구하니 하나님께 이 죄인의 빚을 내가 갚겠다,' 고 하시는 겁니다. 믿음이란 예수님이 나의 채무 금액을 갚을 만한 돈을 내 예금통장에 벌써 예치시켜놓으신 것과 똑같습니다. 곧 하나님이 예수님을 세상에 보내시고 십자가에 죽게 하사 우리의 죄를 용서하시고 죄에서 구원하시고 영생을 주시려고 했다는 사실을 받아들여야 하는 것입니다.

빈 손 들고 앞에 가 십자가를 붙드네,

의가 없는 자라도 도와주심 바라고

생명 샘에 나가니 나를 씻어주소서.

믿음이란 하나님이 해 놓으신 일을 그저 받아들이는 것입니다. 믿음이 영생을 얻는 공로가 될 수 없습니다.

에베소서 2:8~9에 "너희는 그 은혜에 의하여 믿음으로 말미암아 구원을 받았으니 이것은 너희에게서 난 것이 아니요 하나님의 선물이라, 행위에서 난 것이 아니니 이는 누구든지 자랑하지 못하게 함이라,"라고 하였습니다.

예수 그리스도를 믿는 것이 바로 하나님의 일입니다. 이것이 얼마나 귀하고 아름다운 진리입니까? 그리고 얼마나 쉬운 일입니까? 그저 예수님을 믿는다고만 하면 우리는 하나님의 일을 하는 것이고 그것으로 하나님의 선물을 받는 것이고 또 구원과 영생을 받는 것입니다.

제56장

생명의 떡

(요 6:30~35)

요한복음 6:30~35 "그들이 묻되 그러면 우리가 보고 당신을 믿도록 행하시는 표적이 무엇이니이까, 하시는 일이 무엇이니이까. 기록된 바 하늘에서 그들에게 떡을 주어 먹게 하였다 함과 같이 우리 조상들은 광야에서 만나를 먹었나이다. 예수께서 이르시되 내가 진실로 진실로 너희에게 이르노니 모세가 너희에게 하늘로부터 떡을 준 것이 아니라 내 아버지께서 너희에게 하늘로부터 참 떡을 주시나니, 하나님의 떡은 하늘에서 내려 세상에 생명을 주는 것이니라. 그들이 이르되 주여 이 떡을 항상 우리에게 주소서, 예수께서 이르시되 나는 생명의 떡이니 내게 오는 자는 결코 주리지 아니할 터이요 나를 믿는 자는 영원히 목마르지 아니하리라."

모세가 만나를 주어 사람들의 육신을 구원했지만,
예수님은 하늘에서부터 오는 생명의 떡을 주어
사람들의 영혼을 구원하십니다.
그 생명의 떡을 먹는 사람들은 영원히 배고프지 않고,
영원히 목마르지 않을 것입니다.

하나님의 일이란 하나님이 보내신 이를 믿는 것이라고 예수님이 말씀하셨을 때, 즉 예수님 자신이 메시야라고 증거 하셨을 때, 유대인들은 그렇다면 우리가 당신을 믿을만한 표적이 무엇이냐고 했습니다. 이런 질문을 한 것은 유대 무리들은 랍비들의 교훈을 생각하고 있었기 때문입니다. 메시야가 오실 때는 그가 다시 만나를 주신다고 랍비들이 가르쳤습니다. 만나는 이스라엘이 광야에서 40년 동안 생활할 때 먹은 양식입니다. 하나님이 하늘에서 매일 아침 내리신 양식입니다. 이것은 흰색으로 꿀을 섞은 과자 맛이 나는 것으로 광야 생활에서의 주 양식이었습니다. 모세가 이스라엘을 인도할 때에 하나님이 하늘로부터 주신 양식입니다. 모세는 우리가 다 알다시피 이스라엘을 애굽에서 구원한 자입니다. 랍비의 교훈에 이런 말이 있습니다. "최초의 구원자가 이스라엘에게 만나를 주었듯이 최후의 구원자도 그렇게 하실 것이다. 최초의 구원자가 하늘로부터 만나를 주심과 같이 두 번째 구원자도 만나를 주시리라(미드라쉬 라바(Midrash Rabba) Eccl. 1:9)"

또 이렇게 가르칩니다. '너희는 이 세대에 만나를 발견하지 못하리라 그러나 오는 세대에는 찾게 되리라(미드라쉬 메킬타(Midrash Mekhilda) Exod. 16:25),' '만나는 누구를 위하여 예비 되었는가? 오는 시대(세대) 의인들을 위하여 예비 된 것이다(미드라쉬 탄추마 베살라크(Midrash Tanchuma Beshallach) 21:66),' 라고 하였습니다. 유대인들은 또 이런 전설을 믿고 있습니다. '만나 항아리는 최초의 성전 법궤 안에 숨겨져 있다. 솔로몬 성전이 파괴되었을 때 예레미야가 숨겼고, 그것은 메시야가 다시 올 때에 나타난다,' 라고 믿었습니다.

예수님이 자기를 하나님이 보내신 자, 곧 메시야라고 말하셨을 때, 유대의 무리들은 예수님에게 '당신이 그 주장을 증명하기 위하여 하늘로부터 오는 떡을 내어 놓으라,' 라고 도전하는 것입니다. 메시야가 다시 오면 만나를 준다고 유대인들은 랍비로부터 배웠고 그렇게 믿었기 때문입니다. 그러므로 그들은 당신이 오병이어의 이적을 베풀어 오천 명을 먹인 것은 하늘로부터 온 양식이 아니라고 생각한 것입니다. 왜냐하면 그들은 메시야가 만나를 매일 내려줄 것으로 믿고 있었는데, 오병이어의 이적은 오직 한 번, 그러니까 단회에 그쳤기 때문에 그렇게 생각한 것입니다. 메시야가 오면 모세의 시대와 같이 계속적으로 매일 아침 만나를 거둔 것처럼 계속적으로 양식을 받을 수 있다고 배웠고 그렇게 믿어왔습니다. 그러니까 그들은 예수님께 '당신이 이런 표적을 계속 보여주기 바란다,' 는 의미입니다. 요한복음 6:30에서 "그들이 묻되 그러면 우리가 보고 당신을 믿도록 행하시는 표적이 무엇이니이까," 라고 하면서 유대의 무리들이 예수님보고 당신을 메시야로 믿을 수 있는 표적을 보여 달라고 요구합니다.

모세의 만나와 예수님의 하늘 양식

유대인 무리들은 그 만나를 모세가 준 것이라고 착각하고 있었습니다. 그러나 예수님은 표적을 구하는 그 무리들에게 두 가지로 대답하셨습니다. '만나를 주신 이는 모세가 아니라 하나님이시다,' 라는 것과, '만나가 실제적으로 하나님의 떡이 아니라 하나님의 떡을 상징하는 심벌(symbol)에 불과한 것이다,' 라는 것입니다. 하나님의 떡이란 하늘로부터 내려와서 사람들에게 단순히 육신의 굶주림만 만족시키는 것이 아니고, 하나님의 떡으로 생명을 주시는 분인 메시야라고 가르쳤습니다. (33절)

32절에서 "예수께서 이르시되 내가 진실로 진실로 너희에게 이르노니 모세가 너희에게 하늘로부터 떡을 준 것이 아니라 내 아버지께서 너희에게 하늘로부터 참 떡을 주시나니," 라고 하시면서 참 떡을 만나의 상징으로 하나님께서 주셨다고 하셨습니다. 이 참 떡은 물질적인 떡을 의미합니다. 이렇게 예수님께서 하나님의 떡을 설명하시자 유대인 무리들은 "주여, 이 떡을 항상 우리에게 주소서,"라고 요청했습니다. 그들은 아직도 영적 의미를 물질적 의미로 받아들이고 있습니다. 이것은 수가성의 사마리아 여인과 똑같은 경우입니다. 예수님께서 생수를 주시겠다고 할 때 사마리아 여인은 그것이 물질적인 생수라고 생각하고는 "내 수고를 덜게 해 주소서,"라고 하면서 그 물을 구한 것과 똑같은 경우입니다.

유대인 무리들이 물질적인 떡으로 하나님의 떡을 생각하고 그것을 요구할 때, 예수님은 이렇게 말씀하셨습니다. "나는 생명의 떡이다. 내게 오는 자는 결코 주리지 아니하며 목마르지 아니 하리라."

에고 에이미(나는 … 이다)의 말씀들

'나는 … 이다(I am)'의 문장 형식이 요한복음에는 7회가 나옵니다. 6:35에 생명의 떡, 8:12에 세상의 빛, 10:7,9에 문, 10:11,14에 선한 목자, 11:15에 부활이요, 생명, 14:6에 길, 진리, 생명, 15:5에 포도나무로 나옵니다. '나는 … 이다(I am)'의 형식은 모세가 하나님의 이름을 물었을 때 나온 표현으로 하나님께서는 'I am that I am(나는 스스로 존재한다),'이라고 말하셨습니다. 이 것과 동일하게 예수님도 이런 'I am'이라는 표현을 쓰신 것입니다. 말하자면 예수님께서도 하나님과 똑같이 '나는 스스로 존재하는 자다(I am that I am)"라고 하신 것입니다. '나는 … 이다'는 헬라어로 '에고 에이미(ἐγ εἰμί)'라고 씁니다. 곧 예수님 자신이 죄인인 인간에게 생명을 주시는 하나님이시요, 생명 그 자체이심을 말씀하신 것입니다. 생명의 떡을 주시는 자와 생명, 그 자체를 분리시킬 필요는 없습니다. 십자가의 제물과 제사장(예수 그리스도)이 동일한 의미이고, 영생의 선물을 주시는 분과 그 선물(예수 그리스도)는 동일하기 때문입니다. 그러므로 예수님의 교훈을 받을 때에는 예수님 자신도 겸하여 영접해야 합니다.

예수님이 생명의 떡이라고 할 때, 그 떡은 우리의 생명을 위한 필수품입니다. 예수님 당시에 떡은 오늘 이 시대보다 더욱 절실하게 요청된 양식입니다. 서민들은 보리떡을 먹지만 이것도 부족했습니다. 이 떡은 죽고 사는 필수적 양식입니다. 그런 의미에서 미국은 식량을 무기화하지 않았습니다. 미국은 소련이나 다른 공산주의 국가에도 식량은 판매했습니다. 떡이 없을 때 살 수가 없습니다. 옷이나 가구, 집 등은 없어도 살 수 있습니다. 그러나 떡 없이는 살 수 없습니다. 마찬가지로 우리의 몸이 물질적인 떡 없이 살 수 없는 것과 같이 우리의 영혼도 생명의 떡 없이는 살 수가 없는 것입니다. 때로 불신자나 저급한 신자들은 집과 좋은 직장이나, 좋은 차, 먹을 양식, 그리고 가족들이 필요하지 예수는 필요 없다고 말하면서 예수님을 등한 하게 여기는 사람들이 있습니다. 이런 사람들은 예수님이 절실하게 필요하다고 느끼지 않습니다. 그러나 예수님은 말씀하십니다. "내가 길이요, 진리요 생명이니, 나로 말미암지 않고는 아버지께로 갈 자가 없느니라." 즉 예수님이 없이는 영적 생명을 유지할 수 없다는 말씀입니다.

떡은 모든 사람에게 적합한 양식입니다. 사람들은 양식을 먹을 때 자기가 선호하는 것을 먹는 경향이 있습니다. 어떤 사람은 고기를 선호하고 어떤 사람은 과일을 선호하고, 어떤 사람들은 신 음식을 먹지 않고, 어떤 사람들은 단 음식을 먹지 않습니다. 편식을 하거나 음식 알레르기 때문에 특별한 음식만을 먹는 사람들도 있습니다. 그러나 생명의 떡, 영적 생명의 떡은 누구에게나 필요하고 적합한 양식입니다. 지혜로운 자나 어리석은 자나, 부자나 가난한 자나, 왕이나 노예나, 지식인이나 무식한 사람이나, 여자나 남자나, 동양인이나 서양인이나 모두 이 영적 양식인 생명의 떡이 필요하고 적합합니다. 그 생명의 떡이신 예수님은 누구에게나 적합한 모든 사람들의 구주이십니다. 인간으로서, 죄인으로서 우리에게 적합한 양식입니다.

날마다 계속 공급받아야 하는 하늘 양식

떡은 매일 먹어야만 합니다. 떡은 주식이기 때문입니다. 우리의 몸을 위해서 매일 음식을 계속 먹어야 하는 것처럼 영적인 양식인 생명의 떡도 매일 먹어야만 합니다. 만나는 광야생활 40년 동안 계속되었지만 40년이 지난 후에는 끊겼습니다. 즉 시간적 제약이 있다는 말입니다. 본문 33절에서 '하나님의 떡은 하늘에서 내려'라는 구절에서 '내려'는 헬라어 '카타바이논(καταβαίνων)'으로 이것은 계속적으로 끊이지 않고 내리는 활동을 가리킵니다. 본문 말씀에서는 이 생명의 떡이 만나의 40년 시간적 제약과는 달리 영원히 계속해서 끊임없이 공급된다는 의미입니다.

아모스 8:11에 "주 여호와의 말씀이니라 보라 날이 이를지라 내가 기근을 땅에 보내리니 양식이 없어 주림이 아니며 물이 없어 갈함이 아니요 여호와의 말씀을 듣지 못한 기갈이라,"고 하나님의 말씀을 듣지 못한 기갈은 영적 기근과 영적 기갈이라고 했습니다.

이런 기갈을 이기기 위해서는 하나님의 말씀을 계속적으로 공급받아야만 합니다. 계속적인 기도와 말씀에서 하나님의 양식을 계속적으로 공급받아야만 합니다. 그러므로 이렇게 기도해야 합니다. "저의 물질적 필요를 이루어 주시고, 하늘에서 내려오는 영적인 떡도 공급해 주십시오,"라고 말입니다.

생명의 떡은 영적인 성장을 가져옵니다. 육적인 떡은 신체의 건강을 줍니다. 아기들도 잘 먹어야 발육 상태가 좋고, 사람들도 잘 먹어야 영양실조가 오지 않습니다. 풍족한 영양을 공급해 줘야 신체가 발달됩니다. 마찬가지로 영적인 생명의 떡을 잘 섭취해야 영적인 영양실조가 없습니다. 영적인 떡이 부족하면 신앙과 교회가 영적 영양실조로 이어지게 됩니다. 초대교회의 강건함은 바로 여기에 있었습니다. 사도들의 가르침을 받을 때 초대교회는 강해졌습니다. 박해를 이기고 날마다 구원 받는 자가 많아졌습니다.

예레미야 15:16에는 "내가 주의 말씀을 얻어 먹었사오니 주의 말씀은 내게 기쁨과 내 마음의 즐거움"이라고 했습니다. 영적인 양식을 먹고 영적인 기쁨을 얻었다고 하는 것입니다.

떡이 어떻게 이루어집니까? 먼저 곡식을 파종하고, 싹이 트고 자라나서, 추수를 합니다. 그 추수한 곡식을 키질로 골라 알곡을 골라내고 빻아서 가루로 만듭니다. 이 과정에서 그 곡식의 원형은 깨어집니다. 딱딱한 알곡이 부드러운 가루가 됩니다. 그것을 오븐에 굽든지 화로에서 구워내면 바로 떡이 되는 것입니다. 생명의 떡은 어떻게 이루어졌습니까? 예수님이 성육신하셔서 성장하십니다. 십자가의 고난으로 죽으십니다. 이 과정에서 완전히 예수님이 가루가 되시는 겁니다. 하나님의 거룩하신 불로 다시 떡으로 구워져서 우리에게 공급되는 것입니다. 생명의 떡, 영적인 떡을 매일 섭취해야만 합니다. 정신적으로 영적으로 건강하고 성장해서 건강한 성도가 되고 건강한 교회가 되는 것입니다.

예수께로 올 수 있는 자

(요 6:36~37)

요한복음 6:36~37 "그러나 내가 너희에게 이르기를 너희는 나를 보고도
믿지 아니하는도다 하였느니라. 아버지께서 내게 주시는 자는 다 내게로 올 것이요
내게 오는 자는 내가 결코 내쫓지 아니하리라."

우리는 예수님의 이적을 보고도 영적 무능력 때문에
그것을 믿지 못합니다.
하지만 예수님은 우리에게 선택과 절대 권력을 약속하십니다.
우리는 하나님이 선택해 주셔서 예수님께 오는 것입니다.
그리고 예수님은 영원히 우리를 지키신다고 약속하십니다.

유 대인 무리들은 예수님이 오병이어의 이적을 베푸시는 것을 직접 목도하였고, 예수님이 하늘에서부터 온 생명의 떡이라고 설명하는 것을 자기들의 귀로 직접 들었습니다. 그들은 갈릴리 해변에서 가버나움까지 다시 예수님을 만나러 와서 표적을 구하였습니다. 즉 메시야가 되는 표적을 구하였습니다. 그러나 그들은 예수님을 믿지 않았습니다. 예수님은 그들의 불신앙적인 태도에 조금도 놀라지 않았습니다. 그저 담담하게 이렇게 말씀하십니다. "그러나 내가 너희에게 이르기를 너희는 나를 보고도 믿지 아니하는도다 하였느니라." 직접 본다고 다 믿는 것은 아닙니다.

유대 무리들이 예수 그리스도를 믿지 않는 이유는 예수님의 행위가 부족하거나 예수님의 말씀이 부족해서가 아니었습니다. 그들은 예수님을 믿을 수 있는 믿음이 없었기 때문에 믿지 않은 겁니다. 다시 말하면 그들이 예수님을 믿지 아니한 것은 예수님이 그리스도로 믿어지지 않기 때문에 믿지 않은 것입니다. 곧 그들은 하나님의 선택을 받지 못했으므로 예수님을 믿지 않았습니다.

인간의 전적 무능력(man's total spiritual inability)

인류의 시조 아담의 범죄로 인간은 영적으로 무능력상태에 빠지고 말았습니다. 에덴동산에서 하나님과 맺은 약속을 어김으로 인간은 영적으로 타락했습니다. 여기 무능력이란 인간 자신의 능력으로 하나님을 찾아갈 수 없는 것을 말합니다. 인간 자신의 능력으로 하나님을 기쁘시게 할 수 없고 하나님을 믿을 수 없는 상태를 가리킵니다. 날개가 부러진 새는 날아갈 능력을 상실했기에 날아갈 수 없습니다. 새가 날아가려는 의지는 있을지라도 날아갈 수 있는 능력은 없는 무능력 상태에 빠져 있는 것입니다.

육식동물은 육식을 하는 것이 본성입니다. 육식동물 앞에 건초나 곡물을 주면 먹지 않을 것은 당연한 일입니다. 육식동물은 건초나 곡물을 본성적으로 싫어합니다. 채식동물은 고기를 주면 먹지 않습니다. 그것을 본성적으로 싫어하고 풀을 먹기 좋아합니다. 인간이 전적으로 타락했다는 것은 그 존재의 핵심, 곧 본성이 하나님을 찾아가기에는 전적으로 무능하다는 것입니다.

로마서 3:10~11에는 "기록된 바 의인은 없나니 하나도 없으며, 깨닫는 자도 없고 하나님을 찾는 자도 없고," 라고 하였습니다. 이 구절은 인간의 전적인 타락을 가리키는 말씀입니다. 이 말씀은 우리에게 세 가지 관점에서 인간의 전적인 타락을 가르쳐주고 있습니다.

'의인은 없나니' 는 인간의 도덕적 타락을 말해줍니다.

'깨닫는 자도 없다' 는 인간의 지적 영역의 타락을 말해줍니다.

'하나님을 찾는 자도 없다' 인간의 의지의 타락을 보여주고 있습니다.

이런 영적 무능력 상태를 사도 바울은 '영적 죽음' 이라고 표현하고 있습니다.

에베소서 2:1에서는 "그는 허물과 죄로 죽었던 너희를 살리셨도다,"라고 우리가 허물과 죄로 죽은 영적 사망자라고 하였습니다.

로마서 6:23에서는 "죄의 삯은 사망이요,"라고 우리가 우리의 죄로 죽은 자라고 하고 있습니다.

'죽었다' 라는 개념은 의식이 없고 감정이 없으며 의지가 없는 상태를 말합니다. 유대인들이 육신의 눈으로 예수 그리스도의 오병이어의 기적을 보았고, 육신의 귀로 하나님의 참 떡에 대한 설명을 들었으나 깨닫지 못하였고, 예수님을 구주로 믿을 수 없었습니다. 그것은 그들이 전적으로 타락한 인간들이었기 때문입니다. 즉 그들의 본성이 타락하여 영적으로 사망했으므로, 예수님을 믿을 수 없는 무능력상태에 빠져 있었던 것입니다.

하나님의 선택과 절대 주권

죄로 인하여 타락한 존재, 죽은 존재가 구원을 얻으려면 하나님의 능력이 작용해야만 합니다. 하나님이 개입해야만 합니다. 죄로 인한 타락으로 인간은 그 영혼이 전적으로 무능해졌을 뿐만 아니라 그 생각까지도 악으로 기울어진 상태입니다. 타락한 인간은 타락한 인간을 구원할 수가 없습니다. 물에 빠져 죽어가는 사람이 물에 빠져 죽어가는 다른 사람을 구할 수 없는 것과 같은 이치입니다. 전능하신 하나님만이 죄인을 구원할 수 있고, 전적 무능상태에 있는 사람을 하나님 자신에게로 이끌 수 있는 것입니다. 이 같은 하나님의 이끄시는 작용과 활동을 선택(election)이라고 합니다. 본문 6:37의 말씀 "아버지께서 내게 주시는 자는 다 내게로 올 것이요,"라는 말씀이 우리에게 가르치는 중요한 뜻은 모든 것이 하나님의 손안에 있다는 것입니다. 만물의 본래 위치는 하나님의 장중입니다.

일반적으로 사람들은 모든 것이 하나님의 장중에 있다는 것을 인정하지 않고 믿지 않으려고 합니다. 다만 내 자신이 선택한 방향으로 모든 것을 추진해 갈 수 있다고 생각하는 것을 좋아합니다. 자신의 의지를 강조하는 것입니다. 그러나 이런 생각은 다 망상일 뿐입니다. 성경이 말하기를 "모든 주권이 하나님의 것이다,"라고 합니다.

역대상 29:11에서는 "여호와여 위대하심과 권능과 영광과 승리와 위엄이 다 주께 속하였사오니 천지에 있는 것이 다 주의 것이로소이다 여호와여 주권도 주께 속하였사오니 주는 높으사 만물의 머리이심이니이다,"라 하였습니다. 하나님이 가지신 이 주권을 절대주권이라고 합니다. 하나님의 주권에 도전할 다른 주권이 없습니다. 피조물로서의 인간의 주권이 창조주 하나님의 주권에 항거하거나 도전할 능력이 전혀 없습니다. 하나님은 절대 주권을 가지고 많은 사람들 중에서 선택한 사람을 예수 그리스도에게 주신다고 하였습니다. 즉 어떤 사람은 선택하시나 다른 사람은 선택에서 제외된다는 말입니다. 본문 37절에서 '아버지께서 내게 주시는 자' 란 하나님께서 선택한 자를 가리킵니다. 예수님의 이런 표현이 요한복음에서는 반복해서 나옵니다.

요한복음 17:2에는 "아버지께서 아들에게 주신 모든 자," 라 했고, 17:6에서는 "세상 중에서 내게 주신 사람들," 이라고 했으며, 17:9에서는 "내가 비옵는 것은 내게 주신 자들을 위함이니이다," 라 했고, 17:11,12,14에서는 "아버지께서 내게 주신 저희를 보전해 주옵소서," 라고 했습니다. 주님께서는 대제사장적 기도를 드릴 때 하나님이 예수 그리스도에게 주신 택한 사람들, 즉 선민을 위하여 기도했습니다.

이 선택의 시기는 에베소서 1:4에서 "곧 창세 전에 그리스도 안에서 우리를 택하사," 라고 하셔서 창세전에 선택하셨다고 기록하고 있습니다. 또한 이 선택을 가리켜 하나님의 신령한 복이라고 하였습니다.

로마서 9:10~13에서는 "그뿐 아니라 또한 리브가가 우리 조상 이삭 한 사람으로 말미암아 임신하였는데, 그 자식들이 아직 나지도 아니하고 무슨 선이나 악을 행하지 아니한 때에 택하심을 따라 되는 하나님의 뜻이 행위로 말미암지 않고 오직 부르시는 이로 말미암아 서게 하려 하사, 리브가에게 이르시되 큰 자가 어린 자를 섬기리라 하셨나니," 라고 하여 '큰 자가 어린 자를 섬기리라' 하시는 하나님의 예언을 알 수가 있습니다. 이것은 그 선택이 인간이 태어나기 전에 있었고, 그들이 무슨 선이나 악을 행하기 전에 선택했으며, 또한 하나님의 절대 주권의 선택이라는 것을 우리에게 알려줍니다. 즉 자식들이 잉태되기 전에 하나님이 미리 선택하셨으며, 큰 자가 어린 자를 섬기리라고 하나님께서 미리 예정하시고 예언하셨습니다. 같은 부모와 같은 시간에 같은 장소에서 태어났지만 하나님은 야곱을 선택하시고 에서는 선택하지 않으셨습니다. 문제는 내가 하나님의 선택권에 들었느냐, 구원을 받았는가,

영생을 얻었는가입니다.

고린도전서 12:3에는 "그러므로 내가 너희에게 알리노니 하나님의 영으로 말하는 자는 누구든지 예수를 저주할 자라 하지 아니하고 또 성령으로 아니하고는 누구든지 예수를 주시라 할 수 없느니라," 라고 하였습니다.

성령을 받은 사람은 예수 그리스도를 구주로 고백한다는 말씀의 내용입니다. 예수 그리스도를 나의 구주로 고백하는 사람은 구원 받은 사람이요. 하나님이 선택한 사람임에 틀림이 없습니다.

가룟 유다는 예수 그리스도에 대하여 주라고 고백하지 않았습니다. 그는 항상 예수님을 랍비라고만 불렀습니다. 마지막 때 예수님을 유대인들에게 은 30에 팔려고 모든 사전 계획을 짜놓고 만찬에 참예했을 때, 예수님이 제자들에게 "너희 중에 하나가 나를 팔리라"고 하셨습니다. 제자들은 각자 "주여, 내가 그입니까?" 라고 물었는데 가룟 유다만이 "랍비여, 내가 그입니까?" 라고 물었습니다. 예수님은 "네가 대답하였다," 라고 하셨습니다.

선택과 구원은혜의 확실성

본문 37절에서 "내게 오는 자는 내가 결코 내쫓지 아니 하리라,"고 하셨습니다. 내게 오는 자는 내가 바깥 캄캄한 곳, 즉 지옥으로 내쫓지 않겠다는 말씀이십니다. 성도 구원의 확실성을 가르치는 말씀입니다. 아버지 하나님이 선택하시고 구원의 은혜를 주시기로 예정된 사람은 주님이 결코 추방하지 않는다는 말씀입니다. 흔히 구원의 확실성이 없는 사람들은 불안과 염려와 공포 속에서 신앙생활을 합니다. 만족과 기쁨이 없는 수심에 쌓인 삶을 살아갑니다. 구원의 근거는 예수 그리스도의 십자가 대속에 있습니다. 이 구원은 "하나님이 하신 것" 입니다. "내가 한 것" 이 절대로 아닙니다. 곧 구원은 내가 행함으로, 또는 나의 일로 받는 것이 아닙니다. 하나님이 이루어 놓으신 구원, 완성해 놓으신 구원을 믿음으로 그저 선물로 받는 것입니다. 믿음으로 손을 내밀면 받는 것입니다. 그러므로 여기 믿음은 구원받는 공로가 아니라 방편에 불과한 것입니다.

믿음에는 두 종류가 있습니다. 하나는 알미니우스주의(Arminianism)적인 믿음으로 나의 의지로 예수 그리스도를 믿는다는 것입니다. 이것은 믿음이 공로가 될 가능성이 있습니다. 믿다가 낙심할 수도 있고, 그렇게 될 때에 구원을 받을 수 없게 됩니다. 그때 지옥으로 가는 것이고 지옥행은 자기의 책임이 됩니다. 다른 하나는 칼빈주의(Calvinism, 또는 개혁주의)적인 믿음입니다. 이 믿음은 하나님의 은혜로 예수 그리스도를 믿는 것입니다.

에베소서 2:8에서 "너희는 그 은혜에 의하여 믿음으로 말미암아 구원을 받았으니 이것은 너희에게서 난 것이 아니요 하나님의 선물이라,"라고 하였습니다.

요한복음 10:28에서는 "내가 그들에게 영생을 주노니 영원히 멸망하지 아니할 것이요 또 그들을 내 손에서 빼앗을 자가 없느니라,"라고 했습니다.

디모데후서 4:18에서는 "주께서 나를 모든 악한 일에서 건져내시고 또 그의 천국에 들어가도록 구원하시리니 그에게 영광이 세세무궁토록 있을지어다 아멘," 이라고 했습니다.

로마서 8:30에서는 "또 미리 정하신 그들을 또한 부르시고 부르신 그들을 또한 의롭다 하시고 의롭다 하신 그들을 또한 영화롭게 하셨느니라," 라고 하였습니다. 즉 하나님께서 예정하신 자를 부르시고, 부르신 자를 의롭다 하시고, 영화롭게 하셨습니다. 이것은 하나님의 단독 사역이고 이것이 바로 구원입니다. 하버갈(Havergal)이란 성도는 임종 시에 자기 친구에게 이사야 42장을 읽어달라고 청했습니다. 그 친구가 성경을 읽을 때 그는 42:6을 주의해서 다시 읽어달라고 했습니다. "나 여호와가 의로 너를 불렀은즉 내가 네 손을 잡아 너를 보호하며 너를 세워 백성의 언약과 이방의 빛이 되게 하리니(사 42:6)." 하버갈은 이 말씀 중에 '하나님이 불렀다는 말씀, 손을 잡았다는 말씀, 보호한다는 말씀'을 믿고 세상을 떠난다고 말하였습니다. 그는 그만큼 확신을 가지고 있었습니다.

위대한 과학자고 신앙인인 페러데이(Michael Faraday, 1791~1867)는 임종 시에 신문기자들과 일문일답을 했습니다. 기자들이 '당신의 영혼은 장차 어떻게 될 거라고 추측하십니까?'라고 묻자 페러데이는 '추측이라고요? 나는 추측에 살지 않소. 나는 확신에 살고 있소,'라고 대답했습니다.

하나님의 선택(God's election)은 성도에게 주시는 하나님의 신령하신 복입니다. 이 선택은 거절할 수 없는 하나님의 은혜입니다. 거절당하시는 하나님이라면 상대적인 하나님이고 절대적인 하나님이 아니십니다. 절대적인 하나님께서 주시는 은혜는 거절할 수 없는 은혜이고 하나님의 선택은 절대적인 선택인 것입니다. 우리는 감사와 찬송과 기쁨의 생활을 해야 합니다.

에베소서 1:3에서 사도 바울은 "찬송하리로다 하나님 곧 우리 주 예수 그리스도의 아버지께서 그리스도 안에서 하늘에 속한 모든 신령한 복을 우리에게 주시되,"라고 하나님의 놀라운 선택의 진리를 설명하기 전에 먼저 '찬송하리로다, 하나님이 예정하셨다,'라고 했습니다. 성도의 봉사는 하나님이 우리를 선택하신 구원의 은혜에 보답하는 일이고 구원을 얻은 자의 열매이지 구원의 조건은 아닙니다. 구원의 확신이 있는 사람이라야 하나님의 일을 능률적으로 할 수 있다는 것을 꼭 기억하시기 바랍니다.

제58장

하나님의 뜻을 행하러 오신 분

(요 6:38~40)

요한복음 6:38~40 "내가 하늘에서 내려온 것은 내 뜻을 행하려 함이 아니요 나를 보내신 이의 뜻을 행하려 함이니라. 나를 보내신 이의 뜻은 내게 주신 자 중에 내가 하나도 잃어버리지 아니하고 마지막 날에 다시 살리는 이것이니라. 내 아버지의 뜻은 아들을 보고 믿는 자마다 영생을 얻는 이것이니 마지막 날에 내가 이를 다시 살리리라 하시니라."

예수님의 선택은 영원히 포기가 없습니다.
'하나도 잃어버리지 않고 다시 살리시려는' 선택입니다.
이것이 바로 하나님께서 예수님을 이 땅에 보내신
거룩하신 뜻입니다.

예수님은 자기를 가리켜 '하늘에서 내려온 자'라고 하였습니다.(38절) 곧 예수님의 근본은 하나님이시요, 하나님으로서 인간의 몸을 입고 오셨다고 말씀하십니다. 이스라엘 백성이 하늘에서 내린 떡, 곧 만나를 먹고 40년간 광야 생활을 했던 사실을 상기시키면서 자기가 하늘에서 내려온 참떡이라고 말씀하셨습니다. 예수님이 성육신하신 목적을 이렇게 밝히십니다. "내가 하늘에서 내려온 것은 내 뜻을 행하려 함이 아니라 나를 보내신 이의 뜻을 행하러 왔다"고 했습니다. 곧 예수님을 보내신 하나님의 뜻을 성취하러 오셨다는 의미입니다.

39절에서 구체적으로 하나님의 뜻이 무엇인가를 밝히고 있습니다. 하나님이 예수 그리스도에게 주신 자를 하나도 잃어버리지 아니하는 것이 바로 하나님의 뜻입니다. 하나님이 그리스도에게 주신 자란, 곧 하나님께서 선택하신 자들을 가리킵니다. 선택받은 자를 하나도 잃어버리지 않는 것이 바로 하나님의 뜻이란 말입니다. 다시 말하면, 하나님이 선택하신 자는 절대로 구원을 상실하지 않고 끝까지 구원을 얻게 하신다는 뜻입니다. 끝까지 구원을 얻도록 하나님의 능력이 그를 보호하신다는 의미입니다. 예수 그리스도께서도 선택받은 자를 절대로 추방하지 않고 끝까지 구원을 얻도록 보호하십니다. (37절)

포기가 없는 하나님의 선택

하나님의 선택에 대해 우리가 잘못 생각하고 있는 부분이 있습니다. 나의 죄가 하나님의 선택을 무효화시킨다고 생각하기 쉽습니다. 우리는 흔히 내가 범죄 하고 믿음이 연약해 지면 하나님의 버림을 당한다고 생각하기 쉽습니다. 나의 믿음이 미지근하고 성장의 속도가 느릴 때 혹시 하나님이 나를 버리지 않았을까 의심하기도 합니다. 주님을 봉사할 힘이 적고 나이가 많아 늙었을 때, 혹시 하나님이 나를 외면하시지나 않나 생각도 합니다. 그러나 하나님이 한번 택하신 자는 절대로 하나님이 버리지 않으시고 지키시며 보호해 주십니다. 아무리 실수하고 범죄 하여도 하나님께서 그를 버리지 않으십니다. 우리는 이런 사례를 탕자의 비유에서 찾아볼 수 있습니다.

우리는 흔히 내가 예수님을 부인하면 하나님이 나를 버리실 것이라고 생각합니다. 그러나 내가 아무리 주님을 부인하여도 하나님은 우리를 버리지 않으십니다. 베드로가 주님을 세 번 부인했습니다. 처음 예수님을 모른다고 했고, 다시 맹세하며 모른다고 했고, 마지막으로 저주하며 맹세하면서 모른다고 부인했습니다. 베드로가 예수님을 부인하는 순간 그는 예수님과 멀어졌습니다. 그러나 예수님은 베드로와 멀어지지 않았고, 예수님은 베드로를 보시고 계셨습니다. 갈릴리 바다에까지 베드로를 찾아가셔서 다시 소명을 주시고 주님께 봉사도록 하였습니다. 세 번이나 '나를 사랑하느냐' 라고 물으시면서 재 소명을 주셨습니다. 이것은 그가 세 번을 부인했던 사실을 상기시킨 것이 아니겠습니까? 선택받은 사람이 그가 범하는 죄 때문에 하나님의 선택이 무효화되는 경우는 결코 없습니다.

로마서 8:1에서 "그러므로 이제 그리스도 예수 안에 있는 자에게는 결코 정죄함이 없나니," 라고 했습니다. 예수 그리스도께서 우리의 죄를 대신해서 죽으셨기 때문입니다.

우리는 육체적 고난이 하나님의 선택을 무효화시킨다고 생각하기 쉽습니다. 외적 박해가 우리로 하여금 신앙을 포기하게 하고 하나님을 떠나게 한다고 생각하기 쉽습니다.

로마서 8:36에서 "기록된 바 우리가 종일 주를 위하여 죽임을 당하게 되며 도살 당할 양 같이 여김을 받았나이다 함과 같으니라," 라고 하였습니다.

박해, 고난이란 말의 원 뜻은 '테이블 위에 손을 누르는 것' 과 같이 미미한 일입니다. 고난을 의미하는 영어 'tribulation'은 곡식을 타작하기 위한 기계를 일컫는 말입니다. 이러한 육체적 고난과 박해가 하나님의 선택을 무효화할 수 있을까요?

로마서 8:35에는 "누가 우리를 그리스도의 사랑에서 끊으리요 환난이나 곤고나 박해나 기근이나 적신이나 위험이나 칼이랴," 하여 어떤 고난이나 외적 박해도 우리를 하나님의 사랑에서 끊을 수 없다고 밝히고 있습니다.

초대교회는 로마의 박해를 받았습니다. 자녀들이 보는 앞에서 부모의 사지를 끊고 처형하였습니다. 그러나 이런 박해 속에서도 천국에서 다시 영화로운 몸으로 부활할 수 있다는 소망을 가졌습니다. 선택받은 자들은 시험을 두려워하지 않습니다. 영혼과 육신을 함께 지옥에 보내려는 이를 두려워해야 합니다.

로마서 8:38~39에서는 "내가 확신하노니 사망이나 생명이나 천사들이나 권세자들이나 현재 일이나 장래 일이나 능력이나, 높음이나 깊음이나 다른 어떤 피조물이라도 우리를 우리 주 그리스도 예수 안에 있는 하나님의 사랑에서 끊을 수 없으리라," 라고 하였습니다.

우리는 시험이 하나님의 선택을 무효화시킨다고 생각하기 쉽습니다. 우리가 시험을 받을 때에도 하나님이 우리를 지킬 수 있습니까?

에베소서 2:10에서 "우리는 그가 만드신 바라 그리스도 예수 안에서 선한 일을 위하여 지으심을 받은 자니 이 일은 하나님이 전에 예비하사 우리로 그 가운데서 행하게 하려 하심이니라," 라고 하였습니다.

우리를 주님의 형상을 닮아가도록 하기 위하여 하나님은 우리에게 시련과 채찍을 아끼지 않습니다.

고린도전서 10:13에서 "사람이 감당할 시험 밖에는 너희가 당한 것이 없나니 오직 하나님은 미쁘사 너희가 감당하지 못할 시험 당함을 허락하지 아니하시고 시험 당할 즈음에 또한 피할 길을 내사 너희로 능히 감당하게 하시느니라.”라고 하였습니다.

어린 소년이 1페니라는 작은 돈을 은행에 저축해서 저금통장을 만들었습니다. 며칠 지나서 은행 창구에 이 소년이 가서 '내 저금 1페니가 있습니까?' 라고 물었습니다. 은행원은 웃으며 여기에 네가 저축한 1페니가 있다고 하면서 보여줍니다. 우리는 이 저축한 1페니와도 같습니다. 하늘 은행에 저축했기 때문에 언제나 그곳에 보관되어 있는 것입니다. 하나님께 '나의 구원이 확실합니까,' 라고 성가신 질문을 매일 매주 매달 해보아도, 하나님은 항상 확실하다고 대답해 주십니다.

구원 완성의 날을 기대하라

마지막 날에 선택받은 자들을 일으키는 것이 하나님의 뜻입니다. 즉 부활은 구원의 완성입니다. 구원완성을 성경으로 보면, 그리스도께서 구원하시려고 죄의 대가를 지불하신 사람들은 결코 정죄에 들어갈 수 없습니다. 지금도 예수님이 성도를 위하여 끊임없이 중재하고 계시기 때문입니다.

히브리서 7:25에 “그러므로 자기를 힘입어 하나님께 나아가는 자들을 온전히 구원하실 수 있으니 이는 그가 항상 살아 계셔서 그들을 위하여 간구하심이라,”고 하였습니다.

또한 구원완성은 성도와 그리스도와의 신비적 연합입니다.

로마서 6:3~6에서는 “무릇 그리스도 예수와 합하여 세례를 받은 우리는 그의 죽으심과 합하여 세례를 받은 줄을 알지 못하느냐. 그러므로 우리가 그의 죽으심과 합하여 세례를 받음으로 그와 함께 장사되었나니 이는 아버지의 영광으로 말미암아 그리스도를 죽은 자 가운데서 살리심과 같이 우리로 또한 새 생명 가운데서 행하게 하려 함이라. 만일 우리가 그의 죽으심과 같은 모양으로 연합한 자가 되었으면 또한 그의 부활과 같은 모양으로 연합한 자도 되리라. 우리가 알거니와 우리의 옛 사람이 예수와 함께 십자가에 못 박힌 것은 죄의 몸이 죽어 다시는 우리가 죄에게 종 노릇 하지 아니하려 함이니,"라 하였습니다.

예수님의 죽으심을 본받아 연합한 자가 되었으면, 또한 그의 부활을 본받아 연합한 자가 되는 것입니다. 이런 구원확신은 현재에도 가질 수가 있습니다.

베드로후서 1:10에서는 "그러므로 형제들아 더욱 힘써 너희 부르심과 택하심을 굳게 하라 너희가 이것을 행한즉 언제든지 실족하지 아니하리라,"라고 하였습니다.

하나님께서 언제나 우리를 지켜주신다는 것을 믿고 하나님이 우리를 지켜주시는 힘을 믿으시기 바랍니다. 확신의 삶을 살기를 바랍니다.

"우리가 그 안에서 그를 믿음으로 말미암아 담대함과 확신을 가지고 하나님께 나아감을 얻느니라," (엡 3:12)

"내가 이것을 너희에게 이름은 내 기쁨이 너희 안에 있어 너희 기쁨을 충만하게 하려 함이라," (요 15:11)

"평안을 너희에게 끼치노니 곧 나의 평안을 너희에게 주노라 내가 너희에게 주는 것은 세상이 주는 것과 같지 아니하니라 너희는 마음에 근심하지도 말고 두려워하지도 말라," (요 14:27)의 말씀처럼 평안을 갖고,

"부지런하여 게으르지 말고 열심을 품고 주를 섬기라," (롬 12:11)의 말씀처럼 봉사하는 삶을 살기에 힘쓰시기 바랍니다.

제59장

두 가지 종류의 만나

(요 6:41~51)

요한복음 6:41~51 "자기가 하늘에서 내려온 떡이라 하시므로 유대인들이 예수에 대하여 수군거려 이르되 이는 요셉의 아들 예수가 아니냐 그 부모를 우리가 아는데 자기가 지금 어찌하여 하늘에서 내려왔다 하느냐. 예수께서 대답하여 이르시되 너희는 서로 수군거리지 말라, 나를 보내신 아버지께서 이끌지 아니하시면 아무도 내게 올 수 없으니 오는 그를 내가 마지막 날에 다시 살리리라. 선지자의 글에 그들이 다 하나님의 가르치심을 받으리라 기록되었은즉 아버지께 듣고 배운 사람마다 내게로 오느니라. 이는 아버지를 본 자가 있다는 것이 아니라 오직 하나님에게서 온 자만 아버지를 보았느니라. 진실로 진실로 너희에게 이르노니 믿는 자는 영생을 가졌나니, 내가 곧 생명의 떡이니라. 너희 조상들은 광야에서 만나를 먹었어도 죽었거니와 이는 하늘에서 내려오는 떡이니 사람으로 하여금 먹고 죽지 아니하게 하는 것이니라. 나는 하늘에서 내려온 살아 있는 떡이니 사람이 이 떡을 먹으면 영생하리라 내가 줄 떡은 곧 세상의 생명을 위한 내 살이니라 하시니라."

모세의 만나를 먹은 사람들도 모두 죽었습니다.
그러나 예수님이 주시는 생명의 떡을 먹는 사람들은
영원한 생명을 얻습니다.
생명의 떡을 먹음으로 예수님은 우리 안에 살기 시작하고,
우리 또한 예수님 안에 살기 시작합니다.

예수님께서 자기를 가리켜 하늘에서 내려온 떡이라고 하실 때에 유대
무리들이 수군거렸습니다. "이는 요셉의 아들이 아닌가? 그 부모를
우리가 아는데 자기가 어떻게 하늘에서 내려온 자라고 하는가?" 수군댔습니
다. 여기서 '수군거린다,' 란 말은 어떤 교훈에 대하여 반대하고 분노할 때에
일어나는 사람들의 혼란한 소리를 의미합니다. 예수님의 교훈이 너무나 일
관성이 있고 너무나 권위가 있었기 때문에 유대 지도자들은 예수님의 교훈
을 더 이상 흠 잡을 수 없었습니다. 그래서 그들은 예수님의 개인에 대해서
신랄한 비평을 가하는 것입니다. "그가 갈릴리 촌사람이고 목수의 아들이며
서민에 불과하지 않는가? 그런데 자기가 어떻게 하늘에서 내려온 자라고 말
하는가?" 이렇게 개인사에 대해서 비평을 가했습니다.

유대인들이 예수 그리스도를 하나님의 아들로 인정하든지 그렇지 않든지
예수 그리스도는 하나님의 아들이시기 때문에 예수님은 자기 개인에 대해서
설명하시거나 이야기 하시지 않았습니다.

본문 말씀 44절에서 "나를 보내신 아버지께서 이끌지 아니 하시면 아무라
도 내게 올 수 없느니라. 내게 오는 자를 내가 마지막 날에 다시 살리리라,"고
말씀하셨습니다. 이것은 37절의 '아버지께서 내게 주신 자' 와 39절의 '내게
주신 자' 와 연결이 되는 말씀입니다. 특히 44절의 '아버지께서 이끌지 아니
하시면' 에서 '이끌다,' 는 용어는 예레미야 31:3~6의 말씀인 "인자함으로 이
스라엘을 인도하였다"는 말을 헬라어로 번역한 것입니다. 헬라어 헬큐에인
(ἑλκυειν)으로 '이끌다' 는 '인도한다,' 와 동일한 의미입니다. 요한복음
21:6, 11의 '그물을 끌어올리다,' 에서 헬라어 헬큐사이(ἑλκύσαι, 6절)와 헬
큐센(ἑλυκυσεν, 11절)으로 이 단어는 무겁게 담긴 그물을 해변으로 옮긴다
는 뜻이 있습니다. 사도행전 16:19의 '죄수를 잡아 이끈다,' 에서 헬라어 '헬
큐산(ἑλκυσαν)' 으로 이 뜻은 바울과 실라가 종의 주인에게 붙들려 관원에게
'끌려갔다' 라는 의미입니다. 요한복음 18:10의 '베드로가 칼을 칼집에서 빼

어냈다' 에서 헬라어 '헬큐센(ἐλκυσεν)' 으로 이것은 '빼어냈다,' 라는 의미로 쓰였습니다. 이 단어의 원형은 '헬코(ἐλκύω)' 로써 '인도하다, 이끌다, 빼다,' 등의 의미가 있습니다. 사도 요한은 '헬코(ἐλκύω)' 를 '예수님께서 사람들을 이끄신다,' 는 신령한 의미로 보았습니다.

하나님께서 이끄신다는 말씀 속에는 하나님의 전능의 힘, 전권이 내포되어 있고, 이것은 반드시 이루어진다는 뜻입니다. 그러나 하나님이 이끌어 주신다고 해도 하나님의 이끄심에 사람이 거절할 수 있다고 생각하는 사람들이 있습니다. 또 하나님이 이끄신다는 이 말씀 속에는 인간의 항거나 거절이 있다는 것입니다. 이것은 16세기에 에라스무스와 루터의 논쟁에서 잘 나타나 있습니다. 루터는 인간은 스스로 하나님께로 돌아갈 수 없는 영적으로 완전히 타락한 존재이기에 하나님이 이끌어주셔야 하나님께로 돌아갈 수 있다고 했습니다. 그러나 에라스무스는 하나님이 이끌어 주신다고 해도 거절할 수 있다고 했습니다. 그는 당나귀 주인이 한 다발의 당근을 가지고 나귀 코앞에 들이대면 나귀를 움직일 수 있다는 비유를 했습니다.

에라스무스는 1524년에 '자유의지에 관한 설교(De libero Arbitrio)' 라는 논문을 발표하여 루터가 했던 주장을 반박했습니다. 에라스무스는 루터와는 달리 '자유의지' 를 구원으로 이끄시는 하나님의 역사에 협동하거나 반대할 수 있는 '인간의지의 능력' 이라고 했습니다. 말하자면 구원에 있어서 하나님의 은혜는 주동적인 역할을 하고 있지만, 인간의 의지가 하나님의 은혜에 협동해야 할 필요성을 강조하고 있습니다. 하나님의 은혜가 없다면 구원을 위한 인간의 노력은 아무 것도 이룰 수 없지만, 선행적(先行的)인 하나님의 은혜에 협동하려는 인간의 의지가 없이는 구원에 이를 수도 없다고 주장했습니다.

루터는 에라스무스의 이 같은 주장에 반대하여 구원이 인간의 노력이나 선택으로 되지 않는 것이라고 하나님의 주권을 강조했습니다. 1525년에 '의지의 구속(De servo arbitrio)'을 발표하여 인간의 의지는 타락하여 선을 행할 능력이 없으며 구원은 전적으로 하나님이 우리에게 주신 것이라고 인간의 역할을 부인했습니다.

하나님의 이끄심에 거절한다고 해도 신약에서 인간의 거절이 성공한 예는 한 곳에도 없습니다. 항상 하나님이 이끄시는 힘은 승리했습니다. 어거스틴 은 "하나님께서 은혜를 주시고 이끄시는 자는 어떤 악인이라 해도 믿지 않을 수가 없다,"고 했고, 칼빈은 "하나님께 복종하려는 의지까지도 하나님이 주 셔야 한다,"고 했습니다. 루터는 "우리를 이끄시는 것은 죄인을 사형대로 이 끄시는 것 같지 않고, 모든 사람이 사랑하고, 누구든지 기꺼이 가고자 하는 자의 은혜로운 초청을 의미한다,"라고 했습니다.

아버지께 듣고 배운 자만이 예수 그리스도에게로 올 수 있다

구약에서 선지자의 글 중에서 저희가 다 하나님의 가르침을 받으리라고 기록되어 있습니다. 이사야 54:13에서 "네 모든 자녀는 여호와의 교훈을 받 을 것이니,"라고 하였습니다.

예레미야 31:53에서는 "만군의 여호와 이스라엘의 하나님께서 이와 같이 말씀하시니라 너는 가서 유다 사람들과 예루살렘 주민에게 이르기를 너희가 내 말을 들으며 교훈을 받지 아니하겠느냐 여호와의 말씀이니라,"라고 하였 습니다.

신명기 4:36에서는 "여호와께서 너를 교훈하시려고 하늘에서부터 그의 음 성을 네게 듣게 하시며,"라고 하였습니다. 하나님께서 성령으로 이끄시는 자 만이 하나님께 듣고 배울 마음이 일어나며 이런 사람들이 다 예수 그리스도 께로 옵니다. 하나님의 가르침을 받는다는 말씀은 하나님과의 교제만을 말하는 것이 아니라 하나님과의 관계를 의미합니다.

데살로니가전서 4:9에서 "형제 사랑에 관하여는 너희에게 쓸 것이 없음은 너희들 자신이 하나님의 가르치심을 받아 서로 사랑함이라,"라고 하였습니다. 웨스트코트(Westcott)는 "신자는 하나님의 학교의 종신학생이다,"라고 말했습니다.

생사의 문제

유대인들의 조상들은 40년간 만나를 먹었으나 결국에는 죽었습니다. 그러나 하늘로부터 내려온 참 떡은 생명의 떡을 의미합니다. 그것은 사람으로 하여금 먹고 죽지 않게 하려고 하심으로 하나님께서 우리에게 내려주신 떡입니다. 이 떡을 먹음으로 영생을 얻습니다. 예수님이 줄 떡은 세상의 생명을 위한 떡입니다. 그것은 예수님이 말씀하신대로 '내 살' 즉 예수님의 살입니다. 예수님께서는 이 산 떡을 구체적으로 설명하십니다. 이것은 바로 그리스도께서 십자가에 죽을 것을 예언하고 있습니다. 예수 그리스도는 생명의 떡입니다. 곧 생명 자체이신 예수 그리스도를 의미합니다. 이 생명의 떡을 먹는다는 의미는 '믿는다,'는 뜻입니다. 이것은 맛보는 것이 아니라 먹는 것이고, 이 떡을 먹음으로 예수님은 우리의 안에서 살기 시작하고, 우리는 예수님 안에서 살기 시작하는 것입니다. 유대인 랍비는 이런 교훈을 남겨놓았습니다. "광야에서 죽은 조상들은 다가올 삶에 참여하지 못하리라. 그들은 하나님의 인도하심에 순종하지 않았기에 약속의 땅에서 제외되었다. 그들은 약속의 땅만 잃은 것이 아니라 장차 올 생명까지도 잃었다." 이런 랍비의 교훈을 유대인들이 알고 있었기에 예수님은 이 교훈을 이용해서 이 말씀을 하시는 것입니다. 광야의 만나 사건을 가지고 생사의 문제를 말씀하시는 겁니다. 하나님은 생명의 떡인 아들을 우리에게 주셨습니다. 그 아들은 우리에게 그 자신을 주셨습니다.

예수님이 자기를 만나라고 말씀하시면서 하늘에서 내려온 떡이라고 하실 때, 이 의미는 우리 인간의 가장 중요한 필요와 부족을 만족시킨다는 말씀입니다. 인간 영혼의 가장 중요하고 근본적인 부족을 만족시키는 것입니다. 우리의 아이들이 많은 것을 요구합니다. 옷, TV, 시계, 차, 스마트 폰 등등을 요구합니다. 그러나 아이들이 생각하고 요구하는 것으로 그들의 필요를 충족시킬 수는 없습니다. 아이들의 부족을 충족시키는 일만을 한다면, 아이들은 바른 인간이 될 수 없습니다. 아이들에게 옳고 그른 것을 판단할 수 있는 능력을 계발시켜 주어야 합니다. 아이들이 목표에 올바른 판단을 하기 위해 그것에 대한 지도와 격려를 해야만 합니다. 그들이 생각하는 부족은 절대적인 필요가 아닙니다. 그 당시의 유대인이나 오늘의 사람들은 '인간의 욕구와 필요' 만 추구합니다. 그러나 이런 욕구와 필요가 충족된다 하더라도 근본적인 부족은 채워질 수가 없습니다. 이것은 생과 사의 문제이고 영혼의 구원 문제입니다. 이 문제는 오직 하나님만이 해결해 주실 수 있고, 그 부족을 채워주실 수 있습니다. 예수님께서 '나는 생명의 떡이다' 라고 하는 말씀에서 우리의 근본 부족을 해결해 주시는 분은 오직 예수 그리스도 밖에는 없다는 사실을 믿으시기 바랍니다.

제60장

참된 양식 참된 음료

(요 6:52~59)

요한복음 6:52~59 "그러므로 유대인들이 서로 다투어 이르되 이 사람이 어찌 능히 자기 살을 우리에게 주어 먹게 하겠느냐. 예수께서 이르시되 내가 진실로 진실로 너희에게 이르노니 인자의 살을 먹지 아니하고 인자의 피를 마시지 아니하면 너희 속에 생명이 없느니라. 내 살을 먹고 내 피를 마시는 자는 영생을 가졌고 마지막 날에 내가 그를 다시 살리리니, 내 살은 참된 양식이요 내 피는 참된 음료로다. 내 살을 먹고 내 피를 마시는 자는 내 안에 거하고 나도 그의 안에 거하나니, 살아 계신 아버지께서 나를 보내시매 내가 아버지로 말미암아 사는 것 같이 나를 먹는 그 사람도 나로 말미암아 살리라. 이것은 하늘에서 내려온 떡이니 조상들이 먹고도 죽은 그것과 같지 아니하여 이 떡을 먹는 자는 영원히 살리라. 이 말씀은 예수께서 가버나움 회당에서 가르치실 때에 하셨느니라."

예수님을 믿는다는 것은
예수님과 신비한 연합을 해서 살아간다는 말입니다.
예수님의 살을 먹고 예수님의 피를 마신다는 것은
예수님을 믿는다는 말입니다.
예수님을 믿고 의지하는 것이 바로
예수님의 살과 피로 인해 영생을 얻는 것입니다.

지금까지 예수님이 유대인들에게 하신 말씀은 간단명료했기 때문에 유대인들은 그들 스스로 예수님의 말씀의 정확한 결론을 알고 있었습니다. "나는 생명의 떡이다."(35, 48절) "사람은 이 떡을 먹어야 한다."(50절, 51절) "이 떡은 나의 살이다."(51절)

그러나 오늘 본문말씀을 듣고 유대인들은 예수님의 말씀을 문자적으로만 해석해서 다시 수군거리기 시작했습니다. "어찌 이 사람이 능히 제 살을 우리에게 주어서 먹게 할 수 있겠느냐?" 이 때 예수님은 한 가지 더 첨부하여 말씀하시기를 "인자의 살을 먹지 아니하고 인자의 피를 마시지 아니하면 너희 속에 생명이 없느니라,"고 하셨습니다. 구약에서 짐승의 고기는 먹되 피는 먹지 말라고 교훈하고 있습니다.

"그러나 고기를 그 생명 되는 피째 먹지 말 것이니라,"(창 9:4)

"너희는 기름과 피를 먹지 말라 이는 너희의 모든 처소에서 너희 대대로 지킬 영원한 규례니라,"(레 3:17)

레위기 17:10~14에서는 "이스라엘 집 사람이나 그들 중에 거류하는 거류민 중에 무슨 피든지 먹는 자가 있으면 내가 그 피를 먹는 그 사람에게는 내 얼굴을 대하여 그를 백성 중에서 끊으리니, 육체의 생명은 피에 있음이라 내가 이 피를 너희에게 주어 제단에 뿌려 너희의 생명을 위하여 속죄하게 하였나니 생명이 피에 있으므로 피가 죄를 속하느니라, 그러므로 내가 이스라엘 자손에게 말하기를 너희 중에 아무도 피를 먹지 말며 너희 중에 거류하는 거류민이라도 피를 먹지 말라 하였나니, 모든 이스라엘 자손이나 그들 중에 거류하는 거류민이 먹을 만한 짐승이나 새를 사냥하여 잡거든 그것의 피를 흘리고 흙으로 덮을지니라. 모든 생물은 그 피가 생명과 일체라 그러므로 내가 이스라엘 자손에게 이르기를 너희는 어떤 육체의 피든지 먹지 말라 하였나니 모든 육체의 생명은 그것의 피인즉 그 피를 먹는 모든 자는 끊어지리라,"고 '피를 먹지 말라,' 고 하셨습니다.

예수님의 피와 살을 먹는다는 의미

짐승의 피를 먹지 말라는 구약의 가르침이 있음에도 예수님은 짐승의 피보다 더욱 고귀하고 보배로운 자기 피, 즉 사람의 피를 마셔야 생명이 있다고 하십니다. 이것은 무슨 뜻입니까? 주님의 말씀은 실제적으로 자기의 피를 사람에게 주어 마시도록 한다는 뜻이 아니라 하나의 심벌로 이야기한 것입니다. 즉 육체의 생명이 피에 있다고 하면 영혼의 생명은 반드시 예수 그리스도의 피를 수혈 받아야(통해야) 얻어진다는 말씀입니다. 예수님의 살을 먹고 그의 피를 마신다고 하는 것은 예수님을 믿는 것을 실제적으로 표현한 말씀입니다. 음식을 먹고 물을 마시는 것이 실제적인 행동인 것처럼 예수님을 믿는 사실도 하나의 실제적인 행위입니다.

믿는다고 하는 것은 추상적인 개념이 아니라 실제 행동인 것입니다. 우리가 주님을 나의 구주로 믿는다고 할 때, 주님이 누구인가를 알고, 주님이 나를 위해 십자가에서 죽으셨다는 사실을 믿고 동의하며, 나의 생명과 삶의 전부를 예수님께 일임해야만 합니다. 믿음은 항상 행위를 동반하며 행동을 수반합니다. 믿는 자의 예배, 기도, 찬송, 봉사, 구제, 전도, 선교는 바로 믿는 자의 행동입니다. 이 같이 행동하는 믿음이라야 살아있는 믿음입니다. 주님은 이 믿음의 행위를 먹고 마시는 것에 비유하여 설명하셨습니다. 먹고 마시는 행동은 생명을 위한 필수적인 행동입니다. 마찬가지로 예수님을 믿는 행위도 영혼의 생명을 위한 필수적인 행동입니다. 그래서 주님은 우리에게 '반드시 예수 그리스도를 믿어야 생명이 있다,' 고 가르치십니다.

예수 그리스도의 살을 먹고 그 피를 마신다는 것은 바로 사람이 반드시 예수님을 믿어야 한다는 사실을 가르쳐 줍니다. 믿음은 선택 사항이 아니라 필수 사항입니다. 인자의 살을 먹지 아니하고 인자의 피를 마시지 아니하면 그 속에 생명이 없다고 주님은 강조하여 교훈하십니다. 주님을 참으로 믿는 믿음의 결과를 우리에게 세밀하게 가르쳐 주십니다.

우리는 구원의 확실성을 얻는다

본문 54절에서 "내 살을 먹고 내 피를 마시는 자는 영생을 가졌고, 마지막 날에는 그를 다시 살리리라,"고 하셨습니다. '예수를 믿는 자는 영생을 얻을 것이라,' 가 아니라 이미 영생을 가졌다고 하셨습니다. 예수님을 믿는 자는 영생을 가졌으니 그 생명은 바로 하나님의 생명입니다. 영생이란 그저 무한정하고 끝없는 생명이 아니라 하나님 자신의 생명을 말합니다. 이 생명을 부여 받을 때에 하나님 나라(천국)에 조응하며 살 수 있습니다. 우리는 주님을 믿음으로 이미 영생을 소유한 자들입니다. 곧 하나님과 같이 살 수 있고 천국에 조화되어 살 수 있는 생명을 가진 자들입니다. 성도가 죽었을 때 그 영혼은 즉시 천국생활에 조응하도록 꾸며집니다. 그러나 육신은 흙으로 돌아가 부식됩니다. 주님이 다시 오시는 그날에 그 육신도 부활하여 천국생활에 조응하도록 변화됩니다. 사도 바울은 이러한 몸을 영화로운 몸이라고 하였습니다. 빌립보서 3:21에서는 "우리의 낮은 몸을 자기 영광의 몸의 형체와 같이 변하게 하시리라," 라고 하였습니다.

인자의 살을 먹고 인자의 피를 마신 자는
예수 그리스도와 신비로운 연합을 이루어 살아간다

본문말씀 56절에는 "내 살을 먹고 내 피를 마시는 자는 내 안에 거하고 나도 그 안에 거하느니라,"고 하였습니다. 요한복음 15:1~8에서는 포도나무와

가지의 비유가 나옵니다. 이것은 우리가 주님의 안에 거하고 주님이 우리 안에 거한다는 것을 비유로써 설명하고 있습니다.

특히 15:5에서는 "나는 포도나무요 너희는 가지라 그가 내 안에, 내가 그 안에 거하면 사람이 열매를 많이 맺나니 나를 떠나서는 너희가 아무 것도 할 수 없음이라,"는 말씀에서 포도나무와 포도나무 가지는 생명적인 연합을 의미합니다. 그 연합은 또한 결실을 위한 연합입니다. 이것은 마치 우리가 결혼하면 변화되는 것과 비슷합니다. 그리스도와 연합하면 우리의 생명과 신분의 변화가 일어납니다. 결혼 전에 신부는 오직 한 가지 신분만 가지고 있습니다. 그러나 결혼한 후에는 다른 신분을 가지게 됩니다. 먼저 성의 변화가 옵니다. 미국의 경우에는 남편의 성을 따르게 되는 것입니다. 그리고 법적 신분이 달라집니다. 전에는 미혼이었기에 자기 혼자 하고 싶은 것을 하며 자기 취향대로 살았습니다. 그러나 결혼 후에는 남편과 연합하여 생활해야 합니다. 법적 서류에도 공동으로 서명해야만 합니다. 결혼을 하면 또 심리적 변화가 옵니다. 나 개인을 위하여 살던 마음이 남편과 자식들에게 관심을 기울이게 되는 것입니다. 그리고 책임감과 부담감을 가지게 됩니다. 결혼 후에는 사회적 변화가 일어납니다. 가정 공동체를 이루었을 때 남편과 아내는 공통적인 의견과 공통적인 목표, 공통적인 생활방법을 추구하게 됩니다.

구약에서는 이스라엘 백성들을 하나님의 신부라고 불렀고, 하나님은 이스라엘의 신랑이라고 불렀습니다. 신약에서는 교회와 예수님과의 관계를 신부와 신랑의 관계로 묘사합니다. 곧 우리 성도들의 집단체가 교회임으로 성도들은 예수 그리스도의 신부요, 예수님은 성도들의 신랑이라는 것입니다. 우리가 예수님과 연합했다는 것은 우리의 생명과 신분의 변화를 가져왔다는 뜻입니다. 예수님을 믿고 예수님을 나의 마음속에 영접할 때에 나의 이름이 바뀌어 '성도'가 됩니다. 성도가 되면 생활 스타일이 변화됩니다. 신령한 남편이신 예수 그리스도를 기쁘시게 하며 예수 그리스도의 뜻에 따라 살아야 하는 것입니다. 성도가 되면 하나님 나라를 유업으로 물려받는 법적신분의 변화가 일어납니다. 성도가 되면 심리적 변화가 일어나서 하나님의 교회에 관심을 갖고, 영적생활과 불쌍한 불신자에 대한 전도와 선교에 관심을 갖게 됩니다. 성도가 되면 사회적 변화가 일어납니다. 전에는 세상 사회에 관심을 갖고 불신자와 교제하고 그들의 행동을 따르고 좋아했지만, 성도가 되면 하나님의 신령한 공동체, 곧 교회 생활에 관심을 갖게 됩니다.이런 생활의 결실은 바로 우리가 주님과 가진 신령한 연합의 결과입니다.

우리가 예수 그리스도와 연합했다는 사실은 우리가 예수님의 생명을 받았을 뿐 아니라 예수님의 생명을 풍성히 더 받을 것을 의미합니다. 우리가 처음 믿을 때에는 그릇이 작습니다. 생명을 풍성히 받기에 아직 부족합니다. 그러나 믿음이 깊어질수록 생명을 받는 그릇이 커집니다. 마치 물을 받을 때 큰 그릇에 더 물을 많이 담을 수 있는 것과도 같이 믿음이 깊어질수록 생명을 받는 정도가 더 풍성해 지고, 그리스도의 생명을 체험하는 일이 다르게 되는 것입니다. 하나님은 그리스도의 생명이 우리에게 충만하도록 우리의 영적 용량을 확대시켜 주십니다.

인자의 살을 먹고 인자의 피를 마시는 사람은 강건과 에너지를 공급받는다

57절에 "내가 아버지로 인하여 사는 것 같이 나를 먹는 그 사람도 나로 인하여 살리라,"고 하신 말씀은 우리가 그리스도의 힘 안에서 살기 위해 현재 일용하는 생명을 받는 것을 말합니다. 성도의 생활은 그리스도의 능력으로 유지되고 성장합니다. 성도 영혼의 영양분은 그리스도의 힘으로 가능합니다.

사도 바울은 갈라디아서 2:20에서 "내가 그리스도와 함께 십자가에 못 박혔나니 그런즉 이제는 내가 사는 것이 아니요 오직 내 안에 그리스도께서 사시는 것이라 이제 내가 육체 가운데 사는 것은 나를 사랑하사 나를 위하여 자기 자신을 버리신 하나님의 아들을 믿는 믿음 안에서 사는 것이라,"라고 말하였습니다.

마가복음 5장에는 거라사 지방에 귀신들린 사람의 이야기가 나옵니다. 그는 쇠고랑과 쇠사슬로 매였었지만, 그것들을 몇 번이고 끊어버렸습니다. 그래서 더 이상 묶어놓을 수도 없을 만큼 제어불능 상태였습니다. 이렇게 강한 귀신이 예수 그리스도 앞에 무릎을 꿇고 빕니다. 예수 그리스도를 힘입고 사는 사람은 하늘이 무너져도 무서워하지 아니하고 불 같은 시험이 와도 두려워하지 않습니다. 예수님의 능력을 힘입은 성도는 박해 중에서도 순교의 능력을 받았고, 절망치 않고 박해를 능히 이길 수 있습니다. 우리는 주의 능력을 힘입은 신앙생활을 해야만 합니다. 구원의 확신을 얻고 그리스도와 신비한 연합을 통하여 하나님의 능력을 공급받고 승리하는 신앙생활을 하여야 하겠습니다.

제61장

성령과 생명의 말씀

(요 6:60~65)

요한복음 6:60~65 "제자 중 여럿이 듣고 말하되 이 말씀은 어렵도다 누가 들을 수 있느냐 한 대, 예수께서 스스로 제자들이 이 말씀에 대하여 수군거리는 줄 아시고 이르시되 이 말이 너희에게 걸림이 되느냐, 그러면 너희는 인자가 이전에 있던 곳으로 올라가는 것을 본다면 어떻게 하겠느냐, 살리는 것은 영이니 육은 무익하니라 내가 너희에게 이른 말은 영이요 생명이라. 그러나 너희 중에 믿지 아니하는 자들이 있느니라 하시니 이는 예수께서 믿지 아니하는 자들이 누구며 자기를 팔 자가 누구인지 처음부터 아심이러라. 또 이르시되 그러므로 전에 너희에게 말하기를 내 아버지께서 오게 하여 주지 아니하시면 누구든지 내게 올 수 없다 하였노라 하시니라."

우리의 죄 때문에
예수님의 말씀을 알아들을 수 없고 어렵게 느껴집니다.
그때 예수님은 십자가의 부활을 말씀하십니다.
믿지 않는 자들은 자신들의 이익을 위해 기꺼이
영생을 팔아 버리는 자들입니다.
마음을 열고 성령을 받으면
믿음의 신비를 이해하고 깨달을 수 있습니다.

예수님이 하늘에서 내려오신 산 떡이고 예수님의 살과 피를 먹고 마시는 자라야 영생을 얻을 수 있다고 하신 말씀을 들은 무리들은 어떤 무리들입니까? 먼저 대다수의 유대인들을 들 수 있습니다. 이들은 예수님의 말씀을 일축해 버리고 불신했습니다. 이들은 자기만족에 도취하고 유대인의 역사와 전통을 자랑하는 무리들입니다.(요 6:28,30,31) 예수님이 생명의 떡이라고 하실 때에 그들의 조상은 하늘에서 내린 만나를 먹었다고 자랑했습니다. 그들은 선조의 역사와 전통을 자랑한 어리석은 무리들이었습니다.

그 다음으로 따르던 무리들을 들 수 있습니다. 이 무리들은 보통 예수님을 따르려고 했던 군중들입니다. 이들은 예수님이 하늘에서 내려오신 자라고 자기 계시를 하실 때에 예수님을 깔보고 과소평가하며 수군거린 사람들입니다. "자기가 나사렛 목수의 아들이면서, 어떻게 하늘로서 온 자라고 하는가? 자기가 어떻게 제 살을 우리에게 주어 먹게 할 수 있단 말인가?" 하고 수군거린 무리들이었습니다(41, 42, 66절).

마지막으로 예수님께서 하신 말씀을 들은 12제자들입니다. 본문말씀 60~65의 내용은 예수님을 따르던 갈릴리 사람들이 예수님의 말씀과 설교에 대한 반응을 기록하고 있습니다.

그들은 예수님의 말씀이 이해하기 어렵다고 했습니다. 즉 "이것은 어려운 교훈이다. 누가 그것을 받아들일 수 있겠는가?"라고 한 것입니다. 주님께서 자기를 가리켜 하늘에서 내려온 산 떡이요, 자기의 살을 먹고 자기의 피를 마셔야 생명을 얻는다는 말씀을 하실 때 여러 제자들이 '이 말씀은 어렵도다. 누가 들을 수 있느냐?' 하면서 수군거리기 시작했습니다. 이때 예수님께서는 자기를 따르는 제자들의 수군거림을 아시고 '나의 설교가 너희에게 걸림이 되느냐?' 고 질문하셨습니다.

여기서 '걸림이 되다,' 는 헬라어 '스칸달리제이(σκανδαλίζει)' 는 원형이 '스칸달리조(σκανδαλίζω)' 입니다. 이 단어의 뜻은 여러 가지가 있습니다.

짐승을 잡는 덫이나 틀의 미끼 대(bait stick)라는 뜻이 있습니다. 건드리면 스프링이 튀어 올라서 짐승을 잡는 그런 미끼 대입니다. 또한 이 단어는 단순히 '방해된다(offend)' 라는 뜻이 아닙니다. 그것은 '죽인다,' 라는 뜻을 가지고 있습니다. 올무 속으로 떨어지게 하는 원인이 된다는 뜻이고, 범죄 하게 하는 원인이 된다는 의미입니다. 그러니까 예수님의 이 질문은 "내 이 설교가 너희로 하여금 덫에 걸려 죽게 하느냐?" 또는 "너희가 이 설교를 들음으로 범죄 하게 되느냐?" 또는 "나의 이 설교가 너희를 죄로 인도하느냐?" 라는 의미를 내포하고 있는 것입니다. 곧 예수님이 "나의 살을 먹고 나의 피를 마시는 자라야 그 속에 생명이 있느니라,"고 하신 말씀을 다른 의미로 해석할 때에 그들은 매우 불쾌한 생각을 가졌다는 사실을 예수님께서 아신 것입니다. "어떻게 사람의 살을 먹으며 사람의 피를 마신다는 말인가? 그것은 몸서리쳐지는 끔찍한 일이 아닌가?" 라고 생각했던 것입니다. 예수님은 이렇게 생각하는 제자들의 마음을 아시고 "너희가 더 이상 내가 한 설교를 문자적으로 해석하지 말라. 곧 나의 살을 먹고 나의 피를 마셔야 영생한다는 말을 문자적으로 해석하는 것을 중지하라,"고 하십니다. 그것은 엄청나게 잘못된 해석이라고 증거 하셨습니다. 그리고 예수님이 하신 말씀은 영적 말씀이요 생명의 말씀이라고 바로 주님 자신이 해석하셨습니다.

성육신의 신비를 보이는 하나님

무리들이 예수님의 말씀을 '어렵다' 라고 한 이유가 있습니다. 그들은 성육신의 교리를 이해하지 못했기 때문입니다. 주님이 "인자는 하늘에서 내려온 산 떡이다" 라고 하셨을 때 그것은 주님이 육신을 입기 전에도 존재하셨다는 것을 암시하고 있습니다. 62절에서 "인자의 이전 있던 곳으로 올라가는 것을 보면 어찌 하려느냐?"라고 하신 말씀에서 여기 이전 있던 곳이란 곧 육신을 입기 전에 존재하신 곳을 의미합니다. 예수님은 육신을 입고 탄생하시기 전에 벌써 하나님으로 존재하셨습니다. 예수님은 자신을 가리켜 하늘에서 내려온 자라고 하신 것입니다. 예수님은 한 분이시지만 두 성질, 즉 신성과 인성을 가지신 분이십니다. 하나님이 육신으로 오신 것입니다. 이것은 보이지 않는 하나님이 보이는 하나님으로 계시한 것입니다. 유대인들은 이 사실을 부정합니다. "하나님은 영이심으로 보이지 않는 존재인데 어떻게 육안으로 볼 수 있는 하나님이 있단 말인가?"라고 부정합니다.

이 성육신은 누가복음 1:26~38에 상세히 나타나 있습니다. 천사 가브리엘이 마리아에게 나타나서 아이를 낳을 것이라고 예언합니다. 그러자 마리아가 "나는 사내를 알지 못하니 어찌 이 일이 있을 수 있습니까?"라고 묻습니다. 바로 인간 이성의 저항을 말해줍니다. 그러나 마리아의 이 같은 인간 이성의 저항에도 성령의 능력으로 잉태를 했습니다. 하나님의 모든 말씀은 능치 못하심이 없으십니다. 하나님의 말씀대로 이루어집니다. 이 성육신은 처녀의 몸에서 잉태되어야 할 필요성이 있었습니다.(아담의 원죄를 배제하는 것입니다.) 성령으로 말미암아 처녀의 몸에 잉태를 하는 것은 속죄 제물이 흠이 없어야 하는 것처럼, 우리의 죄를 대속하시기 위해 속죄의 제물로 오신 예수님은 흠이 없어야 합니다.

예수님을 따르는 보통 제자들은 '예수님이 하늘에서 내려온 산 떡'이라고 하실 때 "이 말씀은 어렵도다. 누가 들을 수 있겠는가?"라고 하였는데 이것은 예수님의 말씀이 어려운 것이 아니라, 그들이 이 말씀을 받아들일 수 있는 마음 상태가 되어 있지 않다는 것입니다. 그들의 마음이 어려운 상태였기에 예수님의 말씀이 그들에게 어려운 것입니다.

그들이 이 말씀을 어렵다고 한 이유는, 또한 그들은 예수님의 십자가 사건을 이해하지 못했기 때문입니다.

요한복음 6:51에서 "나의 줄 떡은 곧 세상의 생명을 위한 내 살이로다,"는 십자가의 죽음을 예시한 말씀입니다.

그때 무리들의 반응은 '이 사람이 어찌 제 살을 우리에게 주어 먹게 하겠느냐?' 면서 문자적인 해석을 합니다. 한 사람이 죽어서 수많은 사람의 죄의 대가를 지불한다는 대속의 진리를 이 무리들은 파악하지 못했습니다. 구원은 전적으로 하나님의 은혜이고 대가없는 선물이라는 사실을 이들은 알지 못했습니다. 그저 인간의 공로나 율법을 지킴으로 구원을 받는다고만 생각했습니다. 예수님의 제자 베드로도 처음에는 예수님의 대속의 죽음을 이해하지 못했습니다. 가이사랴 빌립보에서 주님이 제자들에게 "사람들이 인자를 누구라고 하느냐?"라고 묻자 베드로가 "주는 그리스도시요, 살아계신 하나님의 아들이시나이다,"라고 하여 주님의 복을 받았습니다.(마 16:13~16, 막 8:27~29) 이 베드로의 신앙고백 이후에 예수님은 즉시 십자가와 부활을 예고하셨습니다. 그러자 베드로가 항의를 합니다. "베드로가 예수를 붙들고 항변하여 이르되 주여 그리 마옵소서 이 일이 결코 주께 미치지 아니하리이다,"라고 하자, 예수님께서 대답하십니다. "사탄아 내 뒤로 물러 가라 너는 나를 넘어지게 하는 자로다 네가 하나님의 일을 생각하지 아니하고 도리어 사람의 일을 생각하는도다,"라고 하시는 것입니다. 이때까지도 베드로는 예수님의 십자가 대속의 죽음을 이해하지 못했습니다. 그러나 후에 베드로는 그것을 이해하고 말하기를 "대속함을 받은 것은 은이나 금 같이 없어질 것으로 된 것이 아니요, 오직 흠 없고 점 없는 어린 양 같은 그리스도의 보배로운 피로 된 것이니라,"라고 베드로전서 1:18~19에서 고백하고 있습니다.

오늘도 우리가 이 십자가 대속의 죽음을 설명하고 설교할 때, 이 주제는 너무 딱딱하고 이해하기 어렵습니다. 그리고 항상 들어오던 이야기라 흥미 없다고 멀리하는 병든 신자들도 있습니다. 신학교를 졸업하고 목사 안수를 받고 설교 준비를 많이 한 젊은 목사가 웅변적으로 설교를 했습니다. 청산유

수와도 같은 달변에다 아름다운 이야기로 엮어서 수필 같은 문장을 섞어가면서 웅장한 설교를 한 다음에 자기 스스로도 자기 설교를 만족하게 생각했습니다. 많은 성도들이 그 목사에게 '오늘의 말씀 참 좋았습니다,' 라고 칭찬을 아끼지 않았습니다. 그런데 한 나이 드신 권사님이 말씀하시기를 "오늘 목사님의 설교에는 십자가가 빠졌더군요," 라 했다는 일화가 있습니다. 그 말을 들은 젊은 목사는 아차 싶어서 자기가 한 멋진 설교가 알맹이가 빠진 껍데기의 설교라는 사실을 깨달은 겁니다.

십자가의 신비

"나의 줄 떡은 세상을 위한 내 살이로다," 라고 하신 말씀은 십자가에서 상처를 받고 찢겨지는 예수님의 성체를 암시하는 말씀입니다. 유대인 중 예수님을 따르는 제자들이 예수님의 이 말씀이 어렵다고 평가한 것은 문자적인 해석만을 했기 때문입니다. 이것은 인간적인 해석이고 육적인 생각입니다. 이 말씀이 어렵다고 하지만 이 말씀은 진리입니다.

제자들이 자력으로는 예수님의 말씀을 믿을 수 없기 때문에 예수님의 말씀이 어렵다고 말한 것입니다. 예수님의 말씀을 믿을 수 있는 자가 누구이며, 이해하고 깨달을 자가 누구입니까? 하나님께서 선택하여 예수님께로 오게 하는 자입니다. 성령께서 그들 마음에 그것을 깨닫게 해 주실 때에 믿을 수가 있는 것입니다. 그들 스스로는 절대로 믿을 수 없고 깨달을 수 없습니다.

불신자에게 전도를 할 때 어떤 이는 어렵다고 하고 어떤 이는 믿어진다고 합니다. 구원의 진리를 증거 하려고 해도 믿을 수가 없고 어렵다고 결론을 짓는 사람이 있는 반면에 쉽게 믿어진다고 하는 사람이 있습니다. 성령께서 이렇게 은혜를 주시는 것입니다. 여러분 중에도 '믿기 어렵다' 고 하는 분들이 있을지도 모릅니다. 구원진리의 말씀을 배우지도 않고 '어렵다,' 고만 말해서는 안 됩니다. 말씀을 배울 때에 '어렵다,' 는 말을 하지 말기 바랍니다. 성경을 배울 때에 하나님의 은혜로 구원을 얻는 것을 이해할 수 있습니다. 성령의 감동과 하나님의 선택과 하나님의 절대 주권을 배우는 것이 중요합니다. 예수님이 영적 차원에서 하신 말씀을 육적 차원에서 이해하려고 하니 어려운 것입니다. 양식이라고 하면 육신의 양식만이 있는 것이 아니고 영혼의 양식이 있다는 것을 생각하기 바랍니다.

마태복음 4:4에 "사람이 떡으로만 살 것이 아니라 하나님의 입으로부터 나오는 모든 말씀으로 살리라," 는 말씀을 믿으시기 바랍니다. 영적 말씀을 배워야 이해가 가고 깨달을 수 있습니다. 초등학교 학생에게 기하, 대수와 같은 고등수학을 말하면 이해할 수가 없습니다. 그러나 그것을 배우면서 익혀갈 때에 비로소 모르는 것 어려운 것을 알게 되는 것입니다.

디모데후서 3:14에서는 "배우므로 확신에 이르라,"고 했습니다. '어렵다' 라든지 '모른다' 하지 말고 마음을 열고 성령을 받으면 문자적인 해석이 아닌 영적인 해석으로 모든 것을 이해하고 깨달을 수 있다는 것을 기억하기 바랍니다.

제62장

너희도 가려느냐?

(요 6:66~71)

요한복음 6:66~71 "그 때부터 그의 제자 중에서 많은 사람이 떠나가고 다시 그와 함께 다니지 아니하더라. 예수께서 열두 제자에게 이르시되 너희도 가려느냐. 시몬 베드로가 대답하되 주여 영생의 말씀이 주께 있사오니 우리가 누구에게로 가오리이까, 우리가 주는 하나님의 거룩하신 자이신 줄 믿고 알았사옵나이다. 예수께서 대답하시되 내가 너희 열둘을 택하지 아니하였느냐 그러나 너희 중의 한 사람은 마귀니라 하시니, 이 말씀은 가룟 시몬의 아들 유다를 가리키심이라 그는 열둘 중의 하나로 예수를 팔 자러라."

우리는 모두 죄 때문에 진리를 볼 수 없습니다.

비록 같은 죄인이어도 그 결과는 달라집니다.

변절의 반응을 보이는 사람들이 있고,

충성과 결심의 반응을 보이는 사람들이 있는 반면에,

타락과 배신의 반응을 보이는 사람들이 있습니다.

여러분은 어떤 반응을 보이시겠습니까?

유 대 군중들이 한때는 예수님께 몰려들었습니다. 예수님이 유월절에 예
루살렘에 계실 때에 많은 사람들이 예수님이 행하시는 이적을 보고
그의 이름을 믿었습니다(2:23). 예수님의 제자들에게 세례를 받으려고 나온
자들이 많았습니다(4:1~3). 사마리아 여인이 회개하고 예수님을 믿고 난 후
에 그 여인이 전도함으로 수많은 군중이 예수께로 몰려오기도 했습니다
(4:39, 45). 갈릴리에 도착하셨을 때도 큰 무리가 예수님을 따랐습니다(6:2).
벳세다 들판에서는 오천여 명이 운집하여 예수님이 이적으로 베풀어주신 떡
과 고기로 배부름을 얻기도 했습니다(6:11). 이처럼 자기를 따르는 군중들에
게 예수님은 "나는 하늘로부터 내려온 떡이다. 생명이다. 내가 참된 음료요,
참된 양식이다,"라고 하시면서 '나를 믿으라,' 고 가르쳤습니다. 너희는 썩을
양식을 위해 일하지 말고 썩지 않는 영원한 양식을 위해 일하라고 가르쳐 주
셨습니다. 오늘 본문말씀 속에서 예수님의 신령한 말씀을 들은 무리들은 제
각기 다른 반응을 보이고 있습니다.

변절의 반응 (66절)

66절에 "그 때부터 그의 제자 중에서 많은 사람이 떠나가고 다시 그와 함
께 다니지 아니하더라,"라 하였습니다. 이 무리들은 예수님에 대하여 등을
돌리고 예수님과 더 이상 관계를 가지지 않은 자들입니다. 이들은 예수님의
이적도 보았고, 예수님이 오병이어의 이적을 통하여 주신 떡과 고기로 배부
름을 얻었던 자들입니다. 회복 불가능한 병자를 말씀 한 마디로 치유시키시
는 주님의 능력을 그들의 눈으로 똑똑하게 보았으나 이제는 주님을 떠나는
무리로 변했습니다. '제자 중에서 많은 사람이 떠나가고,' 는 이렇게 직역이
됩니다. '그들은 뒤에 남겨둔 일들을 위해 돌아갔다.' 그들이 매일 일상적으

로 추구하고 예수님을 따르기 전에 가졌던 사고방식과 생활방식으로 환원했다는 말입니다.

이 같은 대다수의 무리들은 예수님을 억지로 이스라엘의 왕으로 세우고자 한 사람들임에 틀림없습니다. 예수님은 궁핍한 그들의 경제 문제를 해결할 수 있는 분이요, 온갖 병자를 고칠 수 있는 능력의 소유자이므로 백성들의 생활에 유익한 존재라고 판단했습니다. 나아가서는 로마를 정복하고 이스라엘을 로마의 압제에서 해방시키며, 세계를 지배하는 왕국을 세울 수 있는 분이라고 생각했기 때문에 예수님을 왕으로 세우고자 했던 것입니다. 곧 이스라엘이 기대한 정치적 메시야가 바로 예수님이 아닌가 판단했던 것입니다.

그러나 예수님은 이들의 요구에 한 번도 응하지 아니하고 도리어 자기의 살을 먹고 자기의 피를 마셔야 영생한다는 진리의 말씀, 영적인 말씀만 가르치기에 전력했습니다. 곧 자기 자신의 십자가 죽음을 예언하시며 자기를 믿으라고 강조했습니다. 그들은 예수님의 이 말씀에 대하여 수군거리기 시작했고, 이 말씀은 어렵다고 하면서 이미 그들의 마음은 예수님을 떠나가고 있었습니다.

참 진리를 이해하지 못한 제자는 언제든지 이탈할 가능성이 있습니다. 참으로 예수 그리스도, 주님을 구하지 아니하고 주님을 이용하여 자기의 유익을 추구하려는 자에게는 슬픈 파국이 오고야 맙니다. 변절한 무리들은 제자의 직분을 순전히 이기적인 것으로 이해한 자들입니다. 예수님만큼 우리에게 많은 것을 줄 수 있는 분은 없습니다. 그러나 우리가 예수님을 섬기기 위해서가 아니고 무엇을 얻기 위해서만 행동한다면 우리는 분명히 예수님을 등지고 말 것입니다. 제자라는 직분 때문에 내가 예수님께로부터 더 많은 것을 얻을 수 있다고 생각했지만 기대했던 것을 받지 못했을 때에 그들은 예수님을 떠나버리고 말았습니다.

충성과 결심의 반응(67~69절)

주님은 자기를 등지고 떠나가는 많은 군중들을 보시면서 12제자들에게도 "너희들도 가려느냐?"라고 물으셨습니다. 이 질문은 변절하여 돌아가는 무리들처럼 너희도 가려면 가라는 뜻이 아니고 시험하시는 질문입니다.

여기서 헬라어 부정사 '메(μή)'를 주님이 쓰신 이유는 그 반대되는 대답을 기대하시면서 쓰신 것입니다. 즉 "너희도 가지 않겠느냐?"는 예수님께서 제자들이 "우리가 어떻게 주님을 떠나겠습니까? 잠시라도 떠날 수 없습니다."라는 대답을 기대하셨다는 의미입니다. 이 질문에 베드로는 즉시 반응을 보였습니다. "주여, 우리가 누구에게로 가오리이까?" 인간의 구조는 반드시 누구에게로 가야만 하도록 되어 있습니다. 곧 인간은 스스로 만족을 얻을 수 없고 반드시 창조주 하나님, 구원의 주 하나님을 의지하고 살 수 있도록 되어 있는 인간의 구조적 본능을 말해주고 있는 것입니다. 인간에게는 본능적으로 종교적 본능이 있습니다. 신을 찾고 신을 섬기려는 본능이 있습니다. 베드로가 "주여, 우리가 누구에게로 가오리까?"라고 한 대답은 "우리는 아무에게도 갈 곳이 없습니다. 우리의 마음의 소원을 만족시켜 줄 수 있는 사람은 아무도 없습니다."라는 고백입니다.

베드로는 계속해서 말합니다. "영원의 말씀이 당신께 있나이다." 이 말씀은 예수님이 이미 63절에서 하신 말씀입니다. "내가 너희에게 이른 말이 영이요, 생명이다." 베드로는 예수님의 말씀이 단순한 소리가 아니라는 것을 감지했습니다. 그의 말씀들은 생명력이 넘치고 활동력이 있으며 구원에 이르게 하는 말씀이요 은혜의 방편임을 알았습니다. 베드로의 말이 다시 이어집니다. "당신이 하나님의 거룩하신 자인 줄 믿고 알았나이다." 여기서 '믿고 알다'라는 동사가 완료형으로 되어있습니다. 그 뜻은 "우리는 여태까지 믿었고 또 계속해서 믿을 것이다."라는 의미입니다. "우리가 지식과 진리를 얻었고 그 진리 안에서 머물겠나이다," 라는 고백입니다.

특히 여기에서 '안다' 라는 동사는 '어떤 사람과 관계를 가짐으로 안다,' 라는 것을 의미합니다. 어떤 사람과 개인적인 경험을 가짐으로써 아는 것을 말합니다. 곧 '안다' 라고 하는 것은 '나' 와 '예수님' 의 경험적 관계를 말합니다. 베드로가 2년 동안 예수님과 교제를 가지고 경험함으로써 안다는 것입니다. 즉 예수님과 접촉함으로써 예수님이 누구인지, 예수님이 어떤 분인지 알았다는 것입니다.

리차드슨(Richardson)은 이렇게 지적했습니다. "만일 어떤 사람이 믿지 않으면, 그 사람은 알 수가 없다. 사도 요한의 저서에서 쓰인 '안다(to know)' 의 용법은, 어떤 사람과의 경험적인 관계를 통해서 관계를 갖는다는 의미이다. 이것은 인지(직접 만나는 경험이 아니라 어디서 보고 듣고 배운 것)에 의한 단순한 지식과는 다르다. 이것은 나와 너의 직접적인 관계를 말한다. 과학적, 객관적(직접적의 반대로써의)인 지식이 아니다." 리차드슨의 말을 다시 종합하면, 베드로는 직접 그의 눈으로 보고 예수님과 관계를 가지면서 경험해서 '안다' 는 말입니다.

베드로는 예수님의 지위와 인격을 여기에서 밝히고 있습니다. 그는 '당신은 하나님의 거룩한 자' 라고 고백합니다. '하나님의 거룩한 자' 라는 의미는 가장 고귀한 지위에 계신 주님이라는 의미이고, 예수님은 전적으로 세상과 구별된 분이라는 의미입니다. 세상은 죄 때문에 거룩하지 않습니다. 그러나 예수님은 그의 인격과 생명이 무죄하시며 거룩하시다는 뜻입니다. 베드로가 고백한 '하나님의 거룩한 자' 라는 호칭을 가버나움의 회당에서 더러운 귀신 들린 사람도 예수님을 가리켜 '하나님의 거룩하신 자' 라고 고백했습니다. 베드로는 예수님에 대한 신앙고백을 너무나 확실하게 하였음으로 예수님께서 "바요나 시몬아, 네가 복이 있도다," 라고 말씀하셨습니다. 각 공관복음서에 나타난 이 베드로의 신앙고백을 사도 요한은 요한복음에서 상세하게 설명하고 있는 것입니다. 예수님이 제자들을 보시고 '너희도 가겠느냐?' 라고 물으실 때, 베드로가 대답하기를 "영생의 말씀이 계시매 우리가 누구에게로 가오리이까? 우리는 예수님을 등지고 달아나지 아니 하리이다," 라고 고백한 것입니다.

그러나 베드로의 이 고백이 그대로 실현되었습니까? 예수님께서 "네가 닭이 울기 전에 세 번 나를 부인하리라,"고 하셨고, 베드로는 "내가 죽는 자리까지 예수님을 따르겠나이다," 라고 했습니다. 하지만 베드로는 예수님의 말씀처럼 세 번이나 예수님을 부인했습니다. 처음에는 단순부정을 두 번째는 맹세부정을 그리고 마지막으로 저주부정을 했습니다.

시엔케비치의 소설 '쿼바디스' 의 한 장면이 떠오릅니다. 로마의 네로 황제 때 박해를 피해 베드로가 로마를 벗어나려고 할 때, 오히려 예수님은 로마로 들어가려고 합니다. 그때 예수님은 박해를 받으시며 피난을 가시니 베드로는 예수님께 피눈물을 흘리면서 묻습니다. "주여, 어디로 가시나이까?" 그리고 마침내 회개를 하고 신앙을 재기한 후에 십자가를 거꾸로 지고 순교를 합니다. 과연 그가 했던 말 '누구에게로 가오리이까?' 라는 말을 실현시키는 순교였습니다.

간혹 우리 성도들도 신앙의 정상궤도에서 이탈할 때도 있습니다. 그러나 그것을 깨닫는 순간 즉시로 베드로가 했던 것처럼 궤도를 수정해야만 합니다.

1553년에 헨리 8세의 뒤를 이어 영국의 여왕으로 등극한 메리여왕은 기독교를 아주 잔인하게 박해했습니다. 그 당시 기독교 주교로 있던 휴 레이티머 (Hugh Latimer)와 리들리(Ridley) 주교가 예수님에 대해 진리를 주장하다가 1555년에 메리 여왕에 의하여 순교하게 됩니다. 두 주교가 화형에 처해질 때, 레이티머 주교가 동료인 리들리 주교에게 불에 타면서 소리를 지릅니다. "안심하게, 리들리. 그 역할을 하는 거야! 우리는 오늘 영국에 하나님의 영광에 의해 촛불을 밝히는 거야. 그리고 그 촛불은 영원히 꺼지지 않을 걸세." 이들도 베드로처럼 순교로써 신앙을 고백했던 것입니다.

타락의 반응(70~71절)

베드로가 "주여 영생의 말씀이 계시매 우리가 뉘게로 가오리까?"라는 말을 한 후에 예수님께서는 "내가 너희 열둘을 택하지 아니했느냐? 그러나 너희 중의 하나는 마귀니라(요 6:70)."고 하셨습니다. 여기서 마귀는 헬라어 '디아볼로스(διβολός)'로 그 의미는 중상 모략자, 속이는 자라는 의미입니다. 이것은 그가 제자 소명을 받은 처음부터 마귀라는 뜻은 아닙니다. 예수님을 2년간 따르다가 시험을 받습니다. 많은 제자들이 물러갈 때 그는 그대로 남아있었습니다. 어떤 면에서 볼 때 가룟 유다는 하나님을 떠난 자들과 동등하게, 또는 더 나쁜 상태로 돌입합니다. 그는 그 이후로도 예수님과 1년을 더 같이 지냅니다. 하나님의 은혜의 단비가 내려질 때 더 부패해집니다.

레오나르도 다빈치가 그린 '최후의 만찬'의 그림은 명화 중의 명화로 손꼽힙니다. 처음 레오나르도 다빈치가 최후의 만찬을 그려달라고 청탁을 받았을 때, 그는 모델을 찾으려고 했습니다. 그때 다른 화가인 한 친구와 사이가 나빠져서 최후의 만찬을 그리기 전에 큰 싸움을 했다고 합니다. 레오나르도 다빈치가 최후의 만찬에 나오는 인물 중에서 가룟 유다를 제일 먼저 그렸는데, 그는 자기와 싸운 동료 화가의 얼굴을 가룟 유다로 그렸습니다. 원수 같은 그 친구의 얼굴이 가룟 유다와 더불어 대대로 전해지게 하려는 의도였습니다. 그리고 다음으로 그가 예수님의 얼굴을 그리려고 하는데, 아무리 애써도 예수님의 얼굴이 떠오르지가 않아서 실패를 거듭했습니다. 그러다가 그가 왜 실패를 거듭했나를 생각하다 그 원인을 찾아냈습니다. 친구에 대한 증오심이 유다의 얼굴에 살아나 예수님의 모습을 생각할 수 있는 여지를 말살시키고 있었던 것입니다. 그는 즉시 유다의 얼굴을 지우고 그 친구를 찾아가서 화해를 했습니다. 그러자 그의 머리에 예수님의 모습이 뚜렷하게 떠올랐다고 합니다.

사람은 변할 수 있습니다. 사람은 변태성을 가지고 있습니다. 우리가 하나님의 사람인지 마귀의 사람인지 확실히 구별하고 선택해야만 합니다. 우리가 진리를 만났을 때 사람은 세 가지 반응을 보입니다. 진리를 떠난다는 반응과 진리에 충성하고 결심한다는 반응, 그리고 진리를 반대하고 진리를 배반하는 타락의 반응이 그것입니다. 진리에 충성하고 결심한다는 반응을 가질 때 예수님의 생명이 우리 안에 들어오는 것을 명심합시다.

〈요한복음 강해 1권 끝〉

"내가 그로라!"

21세기에 다시 읽는
요한복음 제1권

■
초판 1쇄 인쇄 / 2014년 12월 25일
초판 1쇄 발행 / 2014년 12월 30일

■
지은이/강 영 석
펴낸이/민 병 문
펴낸곳/새한기획 출판부

편집처/아침향기
편집주간/강 신 억

■
100-230 서울 중구 수표동 47-6 천수빌딩 1106호
☎ (02)2274-7809 • 070-4224-0090
FAX • (02)2279-0090
E.mail • saehan21@chollian.net

■
미국사무실 • The Freshdailymanna
2640 Manhattan Ave. Montrose, CA 91020
☎ 818-970-7099
E.mail • freshdailymanna@hotmail.com

■
출판등록번호/제 2-1264호
출판등록일/1991. 10. 21

값 20,000원

ISBN 978-89-94043-76-0 94230

Printed in Korea